Goldmann Sachbuch

Von Wolfgang Leonhard
ist in der Reihe Goldmann Sachbuch
außerdem erschienen:

Was ist Kommunismus?
Wandlungen einer Ideologie
(11221)

Wolfgang Leonhard

Eurokommunismus

Herausforderung für Ost und West

Neuausgabe 1980

Wilhelm Goldmann Verlag

Redaktion: Hans Dollinger / Ria Schulte

Made in Germany · 4/80 · 1. Auflage · 1112
Genehmigte Taschenbuchausgabe

Umschlaggestaltung: Atelier Adolf & Angelika Bachmann, München
Gesamtherstellung: Mohndruck Graphische Betriebe GmbH, Gütersloh
Verlagsnummer: 11256
Lektorat: Renate Richter · Herstellung: Lothar Hofmann
ISBN 3-442-11256-7

Inhalt

Vorwort

Der Eurokommunismus erregt überall in der Welt beträchtliches Aufsehen und hat zu großen Diskussionen geführt. Manche beurteilen den Eurokommunismus als einen tiefgehenden, bedeutsamen Wandlungsprozeß, als ernstzunehmende Abkehr vom Sowjetkommunismus der Vergangenheit und als Entwicklung einiger kommunistischer Parteien zu einem neuen Demokratie-Verständnis.
Andere sehen im Eurokommunismus nur ein großangelegtes Täuschungsmanöver, mit dem Ziel, den eigenen Einfluß zu vergrößern, Machtpositionen in Regierungen westlicher Länder zu erringen, wobei die Eurokommunisten danach »ihr wahres Gesicht zeigen« würden.
In jüngster Zeit sind auch »mittlere Einschätzungen« entwickelt worden, mit dem offensichtlichen Bestreben, sowohl Aspekte einer ernstzunehmenden Wandlung als auch taktische Manöver und Gefahren des Eurokommunismus miteinander zu vereinbaren.
In dem vorliegenden Buch wird versucht, die neue Strömung des Eurokommunismus in ihrer Entwicklung und Bedeutung darzustellen und die Zielsetzungen der eurokommunistischen Parteien kritisch zu untersuchen. Dabei beschränkt sich dieses Buch keineswegs nur auf die meist im Mittelpunkt stehenden kommunistischen Parteien Italiens, Frankreichs und Spaniens, sondern das Schwergewicht liegt auf der Darstellung des Eurokommunismus als einer internationalen Strömung im Kommunismus. Der Eurokommunismus wird damit nicht lediglich als Problem der italienischen Innenpolitik angesehen, sondern als eine Strömung kommunistischer Parteien, die in hochindustrialisierten demokratischen Ländern tätig sind und dabei den Versuch unternehmen, ihre Politik, ihre Strategie und ihre Konzeptionen den

Bedingungen einer parlamentarisch-demokratischen modernen Industriegesellschaft anzupassen.

Im ersten Teil des Buches werden die Zielsetzungen der Eurokommunisten dargestellt, die wichtigsten gegenwärtigen eurokommunistischen Parteien und ihr Einfluß erwähnt und über die Einschätzung des Eurokommunismus in den westlichen Ländern berichtet.
Der zweite Teil schildert die Entstehung des Eurokommunismus als internationale Strömung. Die Herausbildung des Eurokommunismus wird dabei als Bestandteil und Resultat der großen Differenzierung des Weltkommunismus betrachtet.
Als entscheidende Schlüsselereignisse dieses Prozesses werden dabei der Bruch Jugoslawiens mit Moskau im Juni 1948, der 20. Parteitag und Chruschtschows Geheimreferat über Stalin im Februar 1956, der Moskau-Peking-Konflikt und der »Prager Frühling« von 1968 und die sowjetische Okkupation geschildert. Anschließend wird die Entwicklung des Eurokommunismus nach 1968, darunter auch die bedeutsame europäische KP-Konferenz im Juni 1976, behandelt. Das Schwergewicht liegt auf der These, daß es sich beim Eurokommunismus um das Ergebnis einer langfristigen historischen Entwicklung handelt.
Der dritte Teil des Buches konzentriert sich auf die Entwicklung der einzelnen europäischen kommunistischen Parteien. Durch diese Darlegungen soll versucht werden, die Frage zu beantworten, unter welchen Umständen eine prosowjetische Partei sich in eine eurokommunistische Partei verwandeln kann, wie diese Prozesse erfolgen, welche Faktoren dabei entscheidend sind, welche Probleme und Schwierigkeiten, Möglichkeiten und Perspektiven sich in einem solchen Wandlungsprozeß ergeben. In diesem Teil werden neben den zumeist im Zentrum stehenden kommunistischen Parteien Italiens, Spaniens und Frankreichs auch die eurokommunistischen Parteien in Dänemark, Schweden, Island, Griechenland und Großbritannien skizziert sowie, außerhalb Europas, die eurokommunistischen Entwicklungen der KP Japans, Australiens und der MAS in Venezuela.
Die Einschätzung des Eurokommunismus, die Auswirkungen einer möglichen Regierungsbeteiligung von Eurokommunisten in westlichen Ländern, die Stellung der Eurokommunisten zur

NATO und zum Prozeß der europäischen Einigung werden im letzten Teil des Buches behandelt. Dabei schien es mir – im Unterschied zu den häufigen Diskussionen – notwendig zu sein, sich nicht nur auf die Auswirkungen auf den Westen, auf das westliche Bündnissystem zu beschränken, sondern auch die Ausstrahlungen des Eurokommunismus auf die Länder des Sowjetblocks zu behandeln – sowohl die Beziehungen zu den offiziellen Führungen als auch zu den oppositionellen Reformströmungen. Der Untertitel des Buches »Herausforderung für Ost und West« soll diesen Aspekt unterstreichen.

Die erste Ausgabe des Buches erschien im Februar 1978. In dieser Neuausgabe wurden die inzwischen erfolgten neueren Ereignisse bis Ende 1979 einbezogen und damit das Buch auf den neuesten Stand gebracht. Die aktuellen tagespolitischen Ereignisse des Eurokommunismus werden zwar dargestellt, aber das Ziel dieses Buches liegt vor allem darin, den historischen Prozeß der Herausbildung des Eurokommunismus zu schildern und zu analysieren, die Entwicklung unterschiedlicher eurokommunistischer Parteien zu vergleichen, ihre Zielsetzung zu untersuchen, um die neue Strömung des Eurokommunismus – in seiner Bedeutung und in seinen Grenzen – einzuschätzen und zu beurteilen.

Manderscheid/Eifel, im Dezember 1979 WOLFGANG LEONHARD

I.

Der gegenwärtige Stand des Eurokommunismus

1.

Die wichtigsten Konzeptionen des Eurokommunismus

Ein neuer Begriff entsteht

Der Begriff »Eurokommunismus« wurde im Sommer 1975 von dem aus Jugoslawien stammenden Journalisten Frane Barbieri, einem Redakteur der Mailänder Tageszeitung »Il Giornale Nuovo«, geprägt: »Ich habe den Ausdruck, soweit ich mich erinnere, zum erstenmal in meinem Leitartikel ›Breschnews Fälligkeiten‹ benutzt, der am 26. Juni 1975 im ›Giornale‹ erschien. Darin schrieb ich: ›Inzwischen gewinnt auch das von Santiago Carrillo lancierte Konzept des Eurokommunismus immer mehr an Festigkeit, das sich auf die westeuropäische Gemeinschaft stützt und wenig mit der strategischen Vision Moskaus zusammenpaßt‹ . . . «[1]

Neben Frane Barbieri wird auch der Chefredakteur der Turiner Tageszeitung »La Stampa«, Arrigo Levi, als Schöpfer des Begriffs Eurokommunismus bezeichnet.[2] Wieder andere nennen den katholischen Philosophen Auguste della Noce als Erfinder des Namens Eurokommunismus.[3]

Fast unmittelbar danach wurde dieser Begriff in der gesamten Weltpresse und in allen einschlägigen Diskussionen übernommen. Das war ein Zeichen dafür, daß schon lange nach einem Begriff gesucht wurde, mit dem man eine wichtige neue Strömung im Weltkommunismus charakterisieren konnte, eine Strömung, die sich von Moskau loslöste, andere Wege einschlug, neue Methoden und Ziele der sozialistischen Gesellschaft proklamierte und zu verwirklichen begann.

Diese Strömung, in Ansätzen bereits in den fünfziger Jahren sichtbar, wurde in den sechziger Jahren von Experten meist als

»Autonomismus« oder »Reformkommunismus« bezeichnet. Bereits Mitte der fünfziger Jahre hatte Boris Meissner für diese neue Strömung den Begriff »Reformkommunismus« geprägt und darauf hingewiesen, daß sie, im Unterschied zum Nationalkommunismus, nicht nur auf die Verselbständigung und Unabhängigkeit, sondern auf die freiheitliche Gestaltung der erstrebten Gesellschaft gerichtet sei.[4]

Der Mitte der siebziger Jahre entstandene Begriff Eurokommunismus wurde so schnell populär, daß sogar die Eurokommunisten selbst, wenn auch anfangs etwas zögernd, die Bezeichnung übernahmen. Sie wurde von führenden Vertretern der italienischen und spanischen Kommunisten benutzt, später auch von schwedischen und jugoslawischen Kommunisten – allerdings stets mit einer gewissen Distanz und dem Hinweis, daß dieser Begriff nicht ganz der Realität entspräche. So erklärte der Generalsekretär der Kommunistischen Partei Italiens, Enrico Berlinguer, die Bezeichnung »Eurokommunismus« sei zwar nicht von den italienischen Kommunisten geprägt worden, aber die weite Verbreitung des Begriffes zeuge davon, wie tief das Verlangen sei, in den Ländern Westeuropas Lösungen neuer Art für die Umwandlung der Gesellschaft im sozialistischen Sinn durchzusetzen.[5]

Auch Santiago Carrillo, der Generalsekretär der KP Spaniens, verwies darauf, daß der Begriff Eurokommunismus zwar widerspruchsvoll, aber in der öffentlichen Meinung als Charakterisierung einer neuen Strömung im Kommunismus verbreitet sei. Die Eurokommunisten stünden vor der Aufgabe, »die Probleme von Demokratie und Sozialismus auf dem heute angemessenen geschichtlichen Niveau anzugehen«. Ein »Sieg der sozialistischen Kräfte in den westeuropäischen Ländern« würde nicht »die staatliche Macht der Sowjetunion vergrößern, noch die Ausbreitung des sowjetischen Einparteienmodells bedeuten«. Es werde eine Erfahrung mit einem »entwickelteren Sozialismus sein, der einen positiven Einfluß auf die demokratische Entwicklung der heute bestehenden sozialistischen Länder haben wird«.[6]

Stane Dolanc, der Sekretär des Bundes der Kommunisten Jugoslawiens, erklärte, der Eurokommunismus sei ein Emanzipationsprozeß einiger kommunistischer Parteien gegenüber über-

holten Konzeptionen.[7] Die Ziele der jugoslawischen Kommunisten seien »beinahe identisch mit dem Eurokommunismus«.[8] Edvard Kardelj, Mitglied des Präsidiums des Bundes der Kommunisten Jugoslawiens und seit mehr als drei Jahrzehnten engster Mitarbeiter Titos in der jugoslawischen Führung, meinte, die kommunistischen Parteien Westeuropas hätten erkannt, daß sie nicht als Werkzeug der Blöcke wirken könnten, sondern »selbständiges Subjekt ihrer Nation« sein müßten. Daher beschritten sie »einen unabhängigen Weg« und eröffneten »neue Wege zum Sozialismus in Westeuropa«. Obwohl die jugoslawischen Kommunisten nicht immer und in allen Punkten mit einzelnen Ansichten dieser Parteien übereinstimmten, stehe es außer Zweifel, »daß der Eurokommunismus eine sehr bedeutende, fast entscheidende Erscheinung in der Geschichte der kommunistischen Bewegung darstellt«.[9]
Und Lars Werner, der Vorsitzende der schwedischen Kommunisten, sagte, die Bezeichnung Eurokommunismus sei zwar nicht von den Kommunisten erfunden worden, »aber wir schämen uns ihrer auch nicht«. Beim Eurokommunismus handle es sich nicht um einen Block, wohl aber um die unbestreitbare Tatsache, daß einige kommunistische Parteien in den kapitalistischen Industriestaaten Europas, Australiens und Japans für eine sozialistische Gesellschaft eintreten, »in der der Demokratismus alle Bereiche des sozialen Lebens umfaßt, die Gewerkschaften eine selbständige Kraft mit Streikrechten bleiben und auch der Opposition alle demokratischen Freiheiten garantiert sind«.[10]
Der Begriff »Eurokommunismus« ist tatsächlich etwas widerspruchsvoll. Obwohl er für die Darstellung eines neuen Phänomens innerhalb des Weltkommunismus wichtig ist, umfaßt er den Rahmen und Inhalt der neuen Strömung nicht genau, und zwar vor allem aus folgenden Gründen:
a) Der Begriff »Eurokommunismus« könnte den Eindruck erwecken, als ob alle europäischen Kommunisten zu seinen Anhängern zählten. Das stimmt nicht. Es gehören nur einige europäische kommunistische Parteien dazu, während andere nach wie vor der sowjetischen Linie folgen.
b) Der Begriff »Eurokommunismus« verweist auf ein rein europäisches Phänomen. Auch das ist unzutreffend, denn der Eurokommunismus umfaßt auch einige außereuropäische kommuni-

stische Parteien oder Strömungen (wie etwa die KP Japans). In der Regel sind dies kommunistische Parteien in entwickelten kapitalistischen Industrieländern mit demokratischer Grundordnung.

c) Der Begriff »Eurokommunismus« könnte den Eindruck erwecken, als ob es sich hier um eine festgefügte Organisation handelt, mit einem anerkannten Zentrum und einer verpflichtenden Generallinie. Dem ist nicht so. Im Unterschied zur sowjetischen Richtung, deren Vertreter sich regelmäßig treffen und eine gemeinsame Generallinie ausarbeiten, verfügt der Eurokommunismus nicht über eine verbindliche Generallinie. Es handelt sich um kommunistische Parteien, deren Konzepte in vielen Punkten eine bestimmte Ähnlichkeit aufweisen, die aber auch über eine große Autonomie verfügen.

Ihre Vertreter treffen sich allenfalls auf bilateraler Ebene, wobei es auch manchmal Kommuniqués über gemeinsame Zielsetzungen gibt, die aber unterschiedliche Wege und Ziele der einzelnen Parteien durchaus zum Ausdruck bringen können. Vor allem in den aktuellen Fragen der Innen- und Außenpolitik werden je nach der Situation des betreffenden Landes die Akzente verschieden gesetzt.

Die gemeinsamen Zielsetzungen der Eurokommunisten

Die Gemeinsamkeiten, zu denen sich alle Eurokommunisten bekennen, lassen sich Ende der siebziger Jahre in acht entscheidenden Thesen zusammenfassen:

1.) *Autonomie und Gleichberechtigung:* Alle Eurokommunisten lehnen die Existenz eines einheitlichen Zentrums der kommunistischen Weltbewegung ab. Sie wenden sich gegen eine ideologisch verpflichtende Generallinie, einheitlich gesteuerte Zentralorgane und Lehrbücher. Die Eurokommunisten sind der Auffassung, daß sich diese Formen überlebt haben und nicht mehr den unterschiedlichen Bedingungen der kommunistischen Parteien in den einzelnen Ländern entsprechen. Sie lehnen auch die gesamte sowjetische Konzeption vom proletarischen Internationalismus ab, die eine solche Einheit zu rechtfertigen versucht und die Unterordnung unter die Sowjetunion beinhaltet. Statt dessen plädieren die Eurokommunisten für den Grundsatz »Einheit in Vielfalt«, für das Recht jeder einzelnen kommunistischen Partei, ihre eigene Politik unabhängig zu bestimmen und zu verwirklichen, und zwar auf der Grundlage der Tradition des eigenen Landes, der eigenen ökonomischen, politischen und kulturellen Besonderheiten.

Die Beziehungen zwischen den kommunistischen Parteien – sowohl zwischen regierenden als auch nichtregierenden – sollen sich auf der Grundlage der absoluten Gleichberechtigung und der gegenseitigen Nichteinmischung in die inneren Angelegenheiten entwickeln. Statt des »proletarischen Internationalismus« der moskautreuen Kommunisten bevorzugen die Eurokommunisten den Begriff der »internationalen Solidarität« im Sinne einer freiwilligen Vereinbarung zwischen den kommunistischen Parteien verschiedener Länder auf der Basis der Gleichberechtigung, Unabhängigkeit und Selbständigkeit jeder Partei. Die Eurokommunisten kritisieren die von Moskau befürworteten kommunistischen Weltkonferenzen, weil sie in der Regel von Versuchen begleitet sind, eine einheitliche Generallinie und eine einheitliche Ideologie festzulegen, während sie selbst den Dialog und den Erfahrungsaustausch ohne jegliche Verpflichtung anstreben. Hinzu kommt, daß nach ihrer Auffassung die Kommunisten durch eine derartige Generallinie von anderen sozialistischen und demokratischen Kräften isoliert werden. Die Eurokommunisten befürworten gemeinsame Begegnungen von Kommunisten, Sozialisten, Sozialdemokraten und anderen fortschrittlichen Kräften. Sie legen dabei auch besonderen Nachdruck auf die Zusammenarbeit mit progressiven christlich-katholischen und liberalen Kräften.

2.) *Demokratischer Weg zum Sozialismus:* Die Eurokommunisten lehnen – wenn auch mit unterschiedlicher Konsequenz und Deutlichkeit – die sowjetische Konzeption einer gewaltsamen Revolution und Errichtung einer Diktatur des Proletariats ab und befürworten einen demokratischen Weg zum Sozialismus, der sich auf die Mehrheit der Bevölkerung stützen soll.

Nach Auffassung der Eurokommunisten ist die Oktoberrevolution von 1917 in Rußland nicht zu allen Zeiten und für alle Länder, vor allem nicht für entwickelte kapitalistische Staaten mit demokratischen Traditionen, das verbindliche Modell für den

Übergang zum Sozialismus. Die heutigen Bedingungen in den industrialisierten Ländern seien völlig anders, weshalb es auch absolut unmöglich sei, russische Erfahrungen von 1917 auf andere Länder und andere Epochen zu übertragen. Veränderte gesellschaftliche Situationen, veränderte soziale Beziehungen, veränderte Klassenkräfte und die Bedeutung einer parlamentarisch-demokratischen Tradition machten neue Formen des Übergangs zum Sozialismus notwendig.

Diese Konzeption eines demokratischen Weges zum Sozialismus beinhaltet vor allem die Anerkennung des Parteienpluralismus, also die unbeschränkte Tätigkeit aller Parteien und aller politischen Gruppierungen und die regelmäßige Abhaltung allgemeiner direkter und geheimer Wahlen. Dies bedeutet auch eine neue Interpretation der Institution des Parlaments. Parlamentarische Körperschaften können nicht, wie einst Lenin immer wieder proklamierte, lediglich als Tribüne zur Anprangerung der Mißstände des Kapitalismus und zur Propagierung des Sozialismus benutzt werden, sondern sie müssen als eine wesentliche Einrichtung im politischen Leben angesehen werden, die während einer Übergangsperiode zum Sozialismus und auch für eine zukünftige sozialistische Gesellschaft eine große Rolle spielt.

Diese eindeutige Bejahung des demokratischen Weges zum Sozialismus wird jedoch in der Regel gleichzeitig mit einer klaren Abgrenzung gegen sozialdemokratische Vorstellungen verknüpft. Nach Auffassung der Eurokommunisten beschränken sich die Sozialdemokraten mit ihren Reformen nur darauf, übermäßige Mißstände des Kapitalismus zu beseitigen, nicht aber die Gesellschaft selbst zu verändern. Die Eurokommunisten erklären dagegen, der demokratische Weg zum Sozialismus beinhalte eine grundlegende Wandlung der Gesellschaft, und man dürfe sich dabei nicht in der Illusion eines ruhigen, erschütterungsfreien evolutionären Übergangs wiegen. Nach Auffassung der Eurokommunisten bedeutet daher der demokratische Weg zum Sozialismus sowohl eine deutliche Abkehr von früheren kommunistischen Vorstellungen einer gewaltsamen Revolution zum Zwecke der Errichtung einer Diktatur des Proletariats als auch eine Abgrenzung von den oberflächlichen Reformen, wie sie von sozialdemokratischen Parteien proklamiert und verwirklicht

werden. Der demokratische Weg zum Sozialismus ist in eurokommunistischer Sicht eine auf der mehrheitlichen Zustimmung der Bevölkerung beruhende und im Rahmen parlamentarischer Möglichkeiten vollzogene Übergangsperiode vom Kapitalismus zum Sozialismus.
Im Detail wird diese Übergangsperiode von den einzelnen eurokommunistischen Parteien unterschiedlich interpretiert. Von der KP Italiens wird sie oft als Periode der strukturellen Reformen bezeichnet. Die KP Frankreichs spricht von tiefgreifenden Veränderungen im wirtschaftlichen, politischen und sozialen Leben im Sinne einer »fortgeschrittenen Demokratie«. Die KP Spaniens beurteilt sie in ihrem 1975 veröffentlichten Programm als eine »Periode der politischen und sozialen Demokratie«. Auch die vorgeschlagenen Maßnahmen in dieser Übergangsperiode weichen in den einzelnen Ländern beträchtlich voneinander ab. Im Zentrum der meisten dieser Übergangsprogramme steht die Zielsetzung, das monopolistische Großeigentum, also die großen Monopolunternehmen, großen Privatbanken und Versicherungen, zurückzudrängen und allmählich zu überwinden. Die Eurokommunisten wollen dies jedoch nicht durch Verstaatlichung erreichen, durch staatliche Unternehmen, die von Behörden geleitet werden, sondern durch eine schrittweise zu vollziehende Nationalisierung. Die nationalisierten Unternehmen sollen dezentralisiert und von demokratisch gewählten Organen geleitet werden, wobei die Arbeitnehmer maßgeblich zu beteiligen sind. Private Kleinbetriebe und private mittlere Unternehmen sollen von diesen wirtschaftlichen Umwandlungen nicht berührt werden. Ähnlich sollen auch der Großgrundbesitz und die Bodenspekulation eingedämmt und schließlich überwunden werden, das Eigentum der Bauernschaft bleibt jedoch erhalten. Interessant ist, daß manche eurokommunistische Parteien auch Veränderungen in anderen Bereichen vorsehen, darunter bei der Leitung der Massenmedien, im kulturellen Bereich, in der Wissenschaft und im Bildungswesen. Allerdings werden dabei in den einzelnen Ländern unterschiedliche Akzente gesetzt.
3.) *Breite Bündnispolitik ohne Anspruch auf eine »führende Rolle« der KP:* Nach Auffassung der Eurokommunisten ist ein demokratischer Weg zum Sozialismus nur zu realisieren durch

eine breite Bündnispolitik mit anderen sozialen, politischen und weltanschaulichen Kräften und Schichten auf der Basis der gegenseitigen Toleranz, des Dialogs und der Selbständigkeit der einzelnen Kräfte.
Der entscheidende Unterschied zu der auch von den prosowjetischen kommunistischen Parteien befürworteten Bündnispolitik liegt jedoch in folgendem: In der sowjetischen Richtung des Weltkommunismus wird bei einer solchen Politik stets der Anspruch auf die führende Rolle der kommunistischen Parteien erhoben, weil diese durch das Bekenntnis zum Marxismus-Leninismus angeblich über die tiefere Einsicht verfügen und durch ihre Aktivität und Energie bei der Durchsetzung des gemeinsamen Programms die führende Rolle erringen sollen und müssen. Die anderen Bündnispartner sind damit logischerweise der KP untergeordnet. Die Eurokommunisten verzichten auf eine führende Rolle und sehen ihre Parteien in einem solchen Bündnis als gleichberechtigte Partner mit anderen politischen Strömungen und Organisationen. »Wenn wir einen demokratischen Weg zum Sozialismus wollen, der sich auf die Mehrheit der Bevölkerung stützt und von dieser befürwortet wird«, erklärte Enrico Berlinguer, der Führer der KP Italiens, »ergibt sich daraus nicht nur eine neue Politik der Bündnisse, sondern auch ein bestimmtes System politischer Beziehungen.«
Überhaupt ist für die Eurokommunisten die Überwindung des vereinfachten Klassenschemas, wie es bei den Kommunisten der sowjetischen Richtung üblich ist, charakteristisch. Viele Eurokommunisten lehnen zum Beispiel den vagen Begriff »Mittelstand« ab und befürworten eine genaue Analyse unterschiedlichster Bevölkerungsschichten und sozialer Kräfte, die in ein neu zu gliederndes Bündnissystem einzubeziehen sind. Die Eurokommunisten betonen stets, nicht nur ein Bündnis der Linken, sondern auch ein Bündnis mit Gruppierungen in der Mitte des politischen Spektrums anzustreben. So bemühen sich die italienischen Kommunisten um eine Zusammenarbeit und Verständigung mit den Christlichen Demokraten, Sozialisten, Republikanern und Sozialdemokraten. Sie betonen nachdrücklich, keine Linksalternative, sondern eine demokratische Alternative anbieten zu wollen, einen »historischen Kompromiß« zwischen Kommunisten und christlichen Demokraten. Dabei geht es nicht darum, katho-

lische Arbeiter von ihrer Religion und Kirche zu entfremden. Die Bedeutung der katholischen Kirche und des politischen Katholizismus wird ausdrücklich anerkannt. Ähnliches gilt übrigens für Japan, wo die KP ein breites Bündnis von Kommunisten, Sozialisten, Sozialdemokraten und der Komeito anstrebt, einer auf dem buddhistischen Glauben basierenden fortschrittlichen Mittelgruppierung.

4.) *Öffnung des Marxismus und Bekenntnis zum Dialog:* Eine Bündnispolitik unter Gleichberechtigten erfordert eine neue Einstellung zum Marxismus. Tatsächlich lehnen die Eurokommunisten – wenn auch mit unterschiedlicher Deutlichkeit und Tragweite – die sowjetische Form des Marxismus-Leninismus als einheitliche Weltanschauung ab. Diese Ideologie stützt sich ausschließlich auf die Lehren von Marx, Engels und Lenin und deren Interpretation durch sowjetische Autoren und erhebt den Anspruch, die alleinige Wissenschaft von Natur, Gesellschaft und menschlichem Denken zu sein, die für alle Völker in Vergangenheit, Gegenwart und Zukunft zu gelten habe.

Einem solchen Absolutheitsanspruch widersprechen die Eurokommunisten; sie lehnen daher den Begriff »Marxismus-Leninismus« ab und sprechen vom »wissenschaftlichen Sozialismus«, ein Begriff, der ursprünglich auch von Marx und Engels verwendet wurde. Sie verzichten darauf, jede einzelne ihrer Maßnahmen durch ideologische Hinweise zu begründen und zu rechtfertigen, und machen den Eintritt in die Partei nicht vom Bekenntnis zum wissenschaftlichen Sozialismus abhängig. Sie erweitern den Marxismus durch eine Vielzahl anderer, in der Sowjetunion und im Ostblock verpönter marxistischer und sozialistischer Autoren, und sie legen Wert auf eine freie Diskussion über die unterschiedlichen Probleme des wissenschaftlichen Sozialismus, wobei oft sehr divergierende, manchmal sogar gegensätzliche Auffassungen in den Zeitschriften der Eurokommunisten verbreitet werden. Damit sind auch die Voraussetzungen zu einem völlig neuen Verhältnis zum Christentum gegeben.

Die Eurokommunisten lehnen den Begriff »ideologischer Kampf« ab. Sie verzichten auf den verbindlichen Atheismus, den sie als eine historisch bedingte Zeiterscheinung des vergangenen Jahrhunderts betrachten. Sie treten für einen gleichberechtigten Dialog mit verschiedenen Weltanschauungen ein, mit dem Ziel, voneinander zu lernen. Nach den Gegebenheiten der einzelnen Länder gibt es dabei jeweils andere Gesprächspartner: Bei den Eurokommunisten in Spanien, Italien und Frankreich steht der kommunistisch-katholische Dialog im Vordergrund, die KP Japans befürwortet einen ähnlichen Dialog mit den Buddhisten, die KP Australiens und Schwedens mit der protestantischen Kirche.

5.) *Kritische Einstellung zur Sowjetunion und Osteuropa:* Die Eurokommunisten lehnen es ab, kritiklos alle Entwicklungen, Maßnahmen und Erklärungen der sowjetischen Führung bzw. der Führung anderer Ostblockstaaten zu verherrlichen und zur Grundlage der eigenen Politik zu machen. Dies ist wohl einer der wichtigsten Unterschiede zum Sowjetkommunismus. Die prosowjetischen Parteien betrachten die Zustände in der Sowjetunion und in den mit ihr verbündeten Ostblockstaaten als »realen Sozialismus« und sehen in diesem das einzige verbindliche und zu verwirklichende Sozialismusmodell. Die Eurokommunisten dagegen würdigen zwar die Oktoberrevolution von 1917 und den Versuch der Sowjetunion, als erstes Land eine neue sozialistische Gesellschaft zu errichten, sie lehnen es aber ab, die gesamte sowjetische Entwicklung als vorbildlich zu erklären und das im Osten verwirklichte System als alleingültiges Modell des Sozialismus anzuerkennen. Die Eurokommunisten kritisieren deshalb auch die übermäßige Zentralisierung und Bürokratisierung der wirtschaftlichen und politischen Macht im Osten. Sie beanstanden die ungenügende Analyse und mangelnde Überwindung des Stalinismus in der Sowjetunion. Sie bemängeln in der gegenwärtigen Politik der Ostblockstaaten die einseitige Orientierung auf den technologischen Fortschritt, auf Computer und Elektronik, ohne Berücksichtigung der notwendigen Veränderungen und Reformen im sozialen, politischen und kulturellen Bereich. Sie kritisieren die mangelnde Verwirklichung einer sozialistischen Gesetzlichkeit und fordern die Entwicklung einer sozialistischen Demokratie. Sie kritisieren die »Russifizierung« in der UdSSR, die ungenügende Respektierung der nichtrussischen Völkerschaften und antisemitische Erscheinungen sowie die mangelnde Berücksichtigung der neuen gesellschaftlichen und politischen Probleme durch die Ideologen der UdSSR und der mit ihr verbündeten Ostblockstaaten.

Folgerichtig haben die Eurokommunisten dann auch wiederholt gegen die Unterdrückungsmaßnahmen in der Sowjetunion und in den anderen Ostblockstaaten protestiert. Sie haben Kritik an der Okkupation der Tschechoslowakei geübt und an einer Vielzahl von Maßnahmen, die im Rahmen der sogenannten Normalisierung in der Tschechoslowakei vollzogen wurden. Sie protestierten gegen die Unterdrückungsmaßnahmen nach den polnischen Arbeiteraufständen von 1970 und den Unruhen in Polen im Jahre 1976.

Die Eurokommunisten erklären in diesem Zusammenhang, daß nicht jede Kritik an der Sowjetunion mit Antikommunismus gleichzusetzen sei. Sie unterscheiden deutlich zwischen reaktionärem, militantem Antikommunismus auf der einen und einer berechtigten Kritik an der Situation in den Ostblockstaaten auf der anderen Seite. Während die prosowjetischen Kommunisten jede, auch die sachlichste Kritik an irgendeinem Ereignis in der Sowjetunion als »Antikommunismus« bezeichnen, verwahren sich die Eurokommunisten gegen derartige Pauschalurteile und verweisen dabei auf die Erklärung der Ostberliner Konferenz der europäischen kommunistischen Parteien Ende Juni 1976, wonach »nicht alle, die mit ihrer Politik nicht übereinstimmen oder eine kritische Haltung zu ihrer Tätigkeit einnehmen, als Antikommunisten zu bezeichnen sind«.

Die Eurokommunisten begründen ihre Kritik an der Sowjetunion und dem Ostblock meist mit folgenden Argumenten: Die sozialistische Revolution siegte zunächst in Ländern, in denen die ökonomische Entwicklung ungenügend herangereift war, in Ländern, in denen die industrielle Arbeiterschaft nur einen geringen Teil der Bevölkerung ausmachte. Unter solchen Voraussetzungen mußte die Industrialisierung unter besonders ungünstigen Bedingungen nachvollzogen werden. Diese Entwicklung führte in der Sowjetunion und in einem Teil der osteuropäischen Staaten zu Autoritarismus, Bürokratisierung, Zentralisierung, Verschmelzung von Partei und Staat, zur Einschränkung und Unterdrückung der demokratischen Freiheiten und einer Entwicklung, die unter anderem auch in einem ausgeprägten Personenkult ihren Ausdruck fand. Nach Stalins Tod, vor allem nach dem 20. Parteitag im Februar 1956, wurde die Hoffnung auf eine beginnende Entstalinisierung enttäuscht, weil

die Entstalinisierung, Liberalisierung und Demokratisierung in den Anfängen steckenblieb. Heute wird in der Sowjetunion zwar die wirtschaftliche Modernisierung gefördert, die sozialen und politischen Aspekte dieser Wandlung zu einer modernen Industriegesellschaft werden jedoch nicht analysiert oder gar in Betracht gezogen. Das heutige politische System in der Sowjetunion und in den mit der Sowjetunion verbündeten Ländern entspricht daher weder den Möglichkeiten noch den Notwendigkeiten einer entwickelten sozialistischen Gesellschaft.
Trotzdem versuchen die Eurokommunisten den völligen Bruch mit der Sowjetunion zu vermeiden, offensichtlich, um den Kontakt mit den Reformkräften in der Sowjetunion und in Osteuropa nicht zu verlieren. Sie betonen stets ihre »kritische Solidarität« mit der Sowjetunion, eine Solidarität mit allen positiven Entwicklungen, verbunden aber eben mit dem Recht auf Kritik an langfristigen negativen Entwicklungstendenzen, die mit einem demokratischen Sozialismus nicht zu vereinbaren sind.
6.) *Eintreten für ein pluralistisch-demokratisches Sozialismusmodell:* In eurokommunistischer Sicht ist das in der UdSSR und im Ostblock verwirklichte System zu monopolistisch, zu diktatorisch, zu zentralistisch und zu bürokratisch; daher kann ein solches System nicht auf entwickelte Industriestaaten mit parlamentarisch-demokratischen Traditionen übertragen werden. Die Eurokommunisten befürworten deshalb ein Sozialismusmodell, in dem die demokratischen Freiheiten und die Beteiligung der Bürger an allen staatlichen Angelegenheiten garantiert sind. Über die Schwerpunkte dieses sozialistischen Alternativmodells gibt es unterschiedliche Auffassungen: Die Mehrheit der Eurokommunisten – vor allem in den westeuropäischen Ländern und in Japan – erstrebt ein pluralistisch-demokratisches Sozialismusmodell, das alle demokratischen Rechte und Freiheiten der Bürger garantiert, sich auf den Boden der Rechtsstaatlichkeit gründet, keine Staatsideologie kennt und sich vor allem durch ein Mehrparteiensystem in der sozialistischen Gesellschaft auszeichnet, wobei das Votum der Bevölkerung entscheidend ist. Letzteres wird sogar so weitgehend akzeptiert, daß die Kommunisten im Falle einer Wahlniederlage dieses Votum auch im Sozialismus respektieren würden.

Andere Eurokommunisten aber – vorwiegend in Jugoslawien – plädieren für eine gesellschaftliche Selbstverwaltung mit dem Schwerpunkt in Betrieben und Produktionsstätten, die durch gewählte Arbeiterräte oder Produzentenräte zu leiten sind und dann durch ein Delegiertensystem für das ganze Land verbunden werden sollen. Es gibt auch eurokommunistische Strömungen, die beide Aspekte, das parlamentarische Mehrparteiensystem und die gesellschaftliche Selbstverwaltung, in der einen oder anderen Form miteinander verbinden wollen.

7.) *Abkehr von der leninistischen Parteistruktur:* Die Eurokommunisten lehnen – wiederum mit unterschiedlicher Tragweite und in unterschiedlicher Deutlichkeit – die Parteistruktur der sowjetischen KP und der mit ihr verbündeten kommunistischen Parteien ab, und zwar sowohl die heute praktizierte Form als auch das leninistische Parteiprinzip überhaupt. Gemeint ist die Konzeption des sogenannten »demokratischen Zentralismus« – der in Wirklichkeit ein bürokratischer Zentralismus ist – mit seiner Befehlsgewalt von oben nach unten, mit der Vorstellung von einer revolutionären Elitepartei und strengster Parteidisziplin, mit der Forderung nach einem ideologischen Bekenntnis für die Mitglieder und dem Konzept des sogenannten »Transmissionsriemens«, wonach andere Organisationen, wie etwa Gewerkschaften, Jugendverbände, Genossenschaften, Kulturvereinigungen, sich der KP-Führung unterzuordnen haben und dem Bekenntnis zum Marxismus-Leninismus sowjetischer Prägung verpflichtet sind.

Die Eurokommunisten befürworten statt dessen eine Reform der Parteistruktur. Dabei gibt es unterschiedliche Akzentuierungen zwischen jenen Parteien, in denen die Diskussion und Verwirklichung des Eurokommunismus eben erst begonnen hat, und jenen Parteien, die schon seit langem die Voraussetzungen für solche Reformen geschaffen und viele entscheidende Wandlungen bereits in der Praxis vollzogen haben. Im allgemeinen gelten für alle Eurokommunisten entweder als Zielvorstellung oder als bereits eingeleitete Reformen in Richtung einer neuen Parteistruktur folgende Grundsätze:

a) Die Kommunistische Partei soll nicht nur für Marxisten und Leninisten offen sein, sondern auch für Menschen mit völlig unterschiedlichen weltanschaulichen Auffassungen. Parteiveranstaltungen sollen öffentlich sein. Auch Nichtparteimitglieder können und sollen daran teilnehmen.

b) Führende Parteifunktionäre können nicht gleichzeitig führende Funktionen in anderen Organisationen übernehmen, etwa in den Gewerkschaften. Parteifunktionäre können nicht beliebig lange tätig sein, es muß ein Rotationssystem existieren, ein regelmäßiger Wechsel der Parteifunktion.

c) In der Parteipresse, auf Parteiveranstaltungen, auf Parteikongressen sollen unterschiedliche Auffassungen offen ausgesprochen und frei diskutiert werden. Parteimitglieder und Parteifunktionäre haben das Recht, eigene Auffassungen, die nicht der Parteilinie entsprechen, in Form von Interviews und Artikeln auch in Zeitungen und Zeitschriften, die nicht der Partei gehören, zu veröffentlichen und in bürgerlichen Verlagen in Form von Broschüren und Büchern drucken zu lassen.

d) Kommissionen und Beschwerdeausschüsse der Partei sollen nicht Teil des Parteiapparates sein, sondern die Interessen der Mitglieder vertreten. In solchen Kommissionen dürfen daher auch keine hauptamtlichen Funktionäre tätig sein, sondern nur von den Mitgliedern gewählte Personen.

e) Bei Gemeinde-, Landtags- und allgemeinen Parlamentswahlen können auch Nichtparteimitglieder auf die Liste von eurokommunistischen Parteien gesetzt werden und diese in den Parlamenten vertreten.

f) Parteimitglieder und Funktionäre können nicht wegen weltanschaulicher Fragen, oder weil sie mit der Parteilinie nicht übereinstimmen, ausgeschlossen werden. Früher ausgeschlossene Mitglieder und Funktionäre, die in heutiger Sicht zu Unrecht ausgeschlossen wurden, werden rehabilitiert und erhalten nach Möglichkeit ihre früheren oder ähnlich hohe Funktionen wieder.

g) Die Parteiarchive sind nicht nur einer geschlossenen Gruppe von Parteifunktionären zugänglich, sondern auch Personen, die nicht der Partei angehören.

Diese Punkte sind bei einigen eurokommunistischen Parteien bereits weitgehend verwirklicht, andere befinden sich noch in der Phase der Diskussion über solche Zielvorstellungen. Charakteristisch für alle Eurokommunisten ist aber, daß die leninistische Parteidoktrin nicht mehr obligatorisch ist.

8.) *Eigenständige Außenpolitik:* Alle eurokommunistischen Parteien nehmen zu den Aspekten der sowjetischen Außenpolitik eine differenzierte Haltung ein, wobei sie manche Aspekte der sowjetischen Außenpolitik unterstützen, andere kritisieren und andere vollkommen eigenständig formulieren. Im Unterschied zu den prosowjetischen Kommunisten lehnen es die Eurokommunisten ab, als verlängerter Arm der Sowjetunion und des Warschauer Pakts zu wirken. Sie setzen sich für eine selbständige Außenpolitik ein, die sowohl die Unabhängigkeit von der Sowjetunion und den Ostblockstaaten als auch ein neues Verhältnis zu anderen außenpolitischen Aspekten beinhaltet, so vor allem ein neues Verhältnis zur Volksrepublik China, teilweise auch zur Europäischen Gemeinschaft und zum westlichen Verteidigungsbündnis (NATO). Lediglich die sowjetische These der Koexistenzpolitik wird in der Regel, wenn auch nicht völlig kritiklos, von den Eurokommunisten akzeptiert.
In folgenden Punkten unterscheiden sich die außenpolitischen Ziele der Eurokommunisten von der Außenpolitik des Kreml:
a) Die pauschale sowjetische Verurteilung der Volksrepublik China, die Kampagne gegen die chinesischen Kommunisten, wird von allen eurokommunistischen Parteien abgelehnt. Sie setzen sich, wenn auch im einzelnen unterschiedlich, für eine sachliche Darstellung der Vorgänge in der Volksrepublik China ein und bemühen sich um ein vorurteilsloses, objektives Verständnis der Phänomene des Maoismus.
b) Die einseitige Gegenüberstellung des Warschauer Pakts als Kampfbündnis für Frieden und Sozialismus auf der einen Seite und der NATO als Bündnis des Kapitalismus und des Krieges auf der anderen wird von den Eurokommunisten abgelehnt. Einige eurokommunistische Parteien, wie etwa die KP Italiens und die KP Spaniens, setzen sich das Ziel, die Teilung des europäischen Kontinents in militärische Blöcke zu überwinden, allmählich die militärischen Stützpunkte und die Stationierung ausländischer Truppen – und zwar in beiden Paktsystemen – in den europäischen Staaten aufzulösen und ein Europa anzustreben, das fähig ist, gleichberechtigte Beziehungen sowohl zu den USA als auch zur Sowjetunion zu entwickeln.
c) Alle Eurokommunisten – wenn auch in unterschiedlicher

Form und Schärfe – kritisieren die sowjetische Vorherrschaft über die osteuropäischen Staaten.
d) Neben der unter Eurokommunisten weitverbreiteten Zielsetzung, die Blöcke in Europa zu überwinden, sind einige eurokommunistische Parteien, wie die KP Italiens und die KP Spaniens, bereit, den Prozeß der europäischen Einigung innerhalb der EG zu unterstützen; dabei treten sie im Rahmen der EG für eine Demokratisierung ihrer Organe und für eine Reduzierung der Macht der nationalen und internationalen Monopole ein. Andere Parteien, wie die KP Frankreichs, fügen einschränkend hinzu, sie würden sich innerhalb der EG für die eigene nationale Handlungsfreiheit Frankreichs, die eigenen politischen, wirtschaftlichen und sozialen Programme einsetzen. Dagegen lehnt die KP Großbritanniens (wie auch alle anderen Linkskräfte in Großbritannien) den Beitritt Englands zur EG ab. Einige Eurokommunisten, wie die KP Japans, erklären sich offen gegen manche territorialen sowjetischen Eroberungen im Zweiten Weltkrieg und setzen sich für die Rückgabe einiger von der Sowjetunion besetzter Gebiete ein (Kurilen-Inseln).
Auch die Stellung zur NATO hat sich verändert. So erklärt die KP Italiens, das Endziel liege zwar in der Überwindung der Blöcke, man müsse jedoch von der gegenwärtigen Situation ausgehen. Solange in Europa und in anderen Teilen der Welt ein strategisch-militärisches Gleichgewicht zwischen den USA und der UdSSR existiere, müsse man dem aufmerksam und realistisch Rechnung tragen. Ein etwaiger einseitiger Austritt einzelner Länder aus dem einen oder anderen Pakt sei jedenfalls nicht realistisch. Ein Austritt Italiens aus der NATO würde lediglich dazu führen, daß der internationale Entspannungsprozeß behindert oder sogar abgebrochen würde. Die KP Frankreichs erklärt, sie würde die Bündnisverpflichtung Frankreichs in der NATO nicht vernachlässigen, aber gleichzeitig darauf bestehen, im Rahmen des Bündnisses dem Land seine weitestmögliche Unabhängigkeit zu erhalten.

2.

Welche Parteien sind eurokommunistisch?

In den meisten Publikationen und Stellungnahmen zum Eurokommunismus werden heute nur die kommunistischen Parteien Italiens, Frankreichs und Spaniens zu dieser neuen Strömung im Weltkommunismus gezählt. Dies ist darauf zurückzuführen, daß die KP Italiens und die KP Frankreichs starke Faktoren in der politischen Landschaft ihrer Länder sind und ihre Mitverantwortung in der Regierungspolitik dort in naher Zukunft möglich ist. Das Interesse an der KP Spaniens geht darauf zurück, daß in dieser Partei manche eurokommunistischen Ideen bisher am konsequentesten realisiert wurden.
Mitunter wird von einem Nord-Süd-Gefälle im europäischen Kommunismus gesprochen und der Eindruck erweckt, als ob die drei im Mittelmeerraum angesiedelten kommunistischen Parteien die neuen Ideen verkörpern, während im Zentrum und im Norden Europas die prosowjetischen kommunistischen Parteien vorherrschen. Dies erweist sich jedoch bei genauerer Betrachtung als unrichtig, weil nicht nur im Mittelmeerraum, sondern auch im Norden Europas eurokommunistische Tendenzen wirksam geworden sind, teilweise sogar noch früher als in manchen romanischen Ländern. So verständlich das aktuelle und machtpolitische Interesse für die KP Italiens, Frankreichs und Spaniens auch sein mag, es handelt sich beim Eurokommunismus keineswegs nur um die Parteien dieser Länder.
Zur Strömung des Eurokommunismus zählen wir heute zunächst sechs nichtregierende kommunistische Parteien Europas:
1. *Die KP Italiens* mit 1,7 Millionen Mitgliedern, die bereits seit 1956 eine eigenständige Entwicklung vollzieht. Bei den Wahlen am 3. Juni 1979 erhielt sie 30,4 Prozent der Stimmen und ist mit

201 Abgeordneten (von insgesamt 630) im italienischen Parlament vertreten. Sie stellt die stärkste und entscheidendste Kraft der neuen Strömung des Eurokommunismus dar.
2. *Die KP Schwedens,* die den Kurs der Neuorientierung 1964 begann, sich 1967 den Namen »Linkspartei-Kommunisten« gab, bei den letzten schwedischen Wahlen im September 1979 5,3 Prozent der Stimmen erhielt und mit 20 Abgeordneten im Parlament vertreten ist.
3. *Die KP Großbritanniens,* die zwar nicht im Parlament vertreten ist, aber Einfluß auf die Gewerkschaften und teilweise auch auf Intellektuelle ausübt.
4. *Die KP Spaniens,* die seit 1968 im Kampf gegen eine prosowjetische Gruppierung konsequent den Weg einer selbständigen Neuorientierung beschritten hat. Sie erhielt bei den ersten freien spanischen Wahlen im Juni 1977 9,4 Prozent der Stimmen, bei den zweiten Wahlen im März 1979, 10,7 Prozent der Stimmen und ist mit 23 Abgeordneten (von insgesamt 350) im spanischen Parlament vertreten. Nach den Kommunalwahlen vom April 1979, wo die KP Spaniens über 13 Prozent der Stimmen erhielt, ist sie in einer Vielzahl von Stadtverwaltungen vertreten.
5. *Die KP Griechenlands,* die sich 1968 nach inneren Auseinandersetzungen während des illegalen Kampfes gegen das damalige Obristenregime in eine prosowjetische Auslandsrichtung und eine unabhängige Inlandsrichtung spaltete, wobei die eurokommunistische Inlandsrichtung bei den Wahlen im November 1977 allerdings nur auf 2,7 Prozent der Stimmen kam.
6. *Die KP Frankreichs,* mit über 500 000 Mitgliedern die zweitstärkste kommunistische Partei außerhalb des sowjetischen Machtbereichs, die bei den letzten Parlamentswahlen im März 1978 20,6 Prozent der Stimmen auf sich vereinigte. Sie begann erst seit 1972, sich der eurokommunistischen Richtung anzunähern, wobei der Ballast der stalinistischen Vergangenheit bei der KP Frankreichs deutlicher zutage tritt als bei anderen eurokommunistischen Parteien.
Neben diesen sechs eurokommunistischen Parteien müssen noch die kommunistischen Parteien zweier Länder erwähnt werden, die sich inzwischen weitgehend in eine sozialistische Richtung entwickelten und auch den Begriff »kommunistisch« nicht mehr in ihren Parteinamen tragen. Dies gilt für die *Sozialistische*

Volkspartei Dänemarks, die Anfang 1959 aufgrund einer Spaltung der dänischen Kommunisten entstand und als erste Partei für einen demokratischen Weg zum Sozialismus und ein demokratisches Sozialismusmodell eintrat. Ähnliches gilt für die Kommunisten *Islands,* seit 1968 als *Volksallianz* bekannt, die bei den letzten Wahlen im Juni 1978 22,9 Prozent aller Stimmen erhielt und wiederholt an der isländischen Regierung beteiligt war. Die dänischen Volkssozialisten und die isländische »Volksallianz« haben ihren Wandlungsprozeß nach außen auch durch eine Namensänderung dokumentiert, nehmen seit Anfang der 60er Jahre an keinen von Moskau einberufenen kommunistischen Konferenzen mehr teil und beschränken ihre äußeren Beziehungen auf Sozialdemokraten und Eurokommunisten.
Zur Strömung des Eurokommunismus sind außerdem – und dies zeigt erneut, wie widersprüchlich der Begriff ist – noch drei kommunistische Parteien außerhalb Europas zu rechnen. Dazu gehört vor allem die wichtige *KP Japans* mit fast 400 000 Mitgliedern, die bei den letzten Wahlen 10,4 Prozent der Stimmen auf sich vereinigen konnte und sich besonders konsequent für eurokommunistische Vorstellungen einsetzt. Ferner müssen die relativ kleine, aber in ihren politischen Ansichten bedeutungsvolle *Kommunistische Partei Australiens* erwähnt werden sowie die Mehrheit der Kommunisten *Venezuelas,* die sich seit Anfang 1971 von der prosowjetischen KP loslösten und seitdem als *Bewegung für den Sozialismus* (MAS) im Sinne der Eurokommunisten wirken.
Hinzu kommen kritische Marxisten – sowohl Einzelpersonen als auch Gruppierungen – in den osteuropäischen Ländern und in der Sowjetunion, die unter illegalen oder halblegalen Bedingungen Auffassungen vertreten, die weitgehend dem Eurokommunismus entsprechen. Dazu gehören Robert Havemann und der 1976 ausgebürgerte Wolf Biermann, der Ökonom Lipinski und der ehemalige Unterrichtsminister Bienkowski in Polen; der Pädagoge und Historiker Roy Medwedjew, der ehemalige General Grigorenko, der 1976 ausgebürgerte Mathematiker Pljuschtsch und andere in der UdSSR, ferner eine große Zahl ehemaliger führender Repräsentanten des »Prager Frühlings« in der Tschechoslowakei, die heute in der Bürgerrechtsbewegung der »Charta 77« mitwirken, und schließlich einige Exponenten

der sogenannten »Budapester Schule« in Ungarn.
Die Strömung des Eurokommunismus stellt somit eine Synthese von einigen westeuropäischen, einigen außereuropäischen kommunistischen Parteien und einigen kritisch-marxistischen Gruppierungen und Strömungen innerhalb der Ostblockstaaten dar.

Schon dadurch wird deutlich, daß der Eurokommunismus nicht durch Tagesprobleme der italienischen Innenpolitik zu erklären ist, sondern daß wir es hier mit einer Bewegung zu tun haben, die sich in den einzelnen Ländern unterschiedlich artikuliert, die aber insgesamt gesehen Kommunisten aus allen Kontinenten der Erde miteinbezieht und daher eindeutig als internationale Bewegung gewertet werden muß.

Es handelt sich beim Eurokommunismus auch nicht nur um eine Verselbständigung im Sinne eines bloßen Nationalkommunismus. Die Los-von-Moskau-Bewegung ist mit einer gleichzeitigen grundlegenden Neuorientierung der Politik verbunden. Dabei wird nicht nur ein neuer Weg – demokratische Entwicklung zum Sozialismus – vorgeschlagen, sondern auch ein völlig neues Ziel angestrebt, nämlich das pluralistisch-demokratische Sozialismusmodell. Und schließlich betrifft die Neuorientierung im Eurokommunismus auch grundsätzliche Fragen der marxistischen Theorie, die Abkehr von vielen entscheidenden Grundthesen des sowjetischen Marxismus-Leninismus.

3.

Die unterschiedliche Einschätzung des Eurokommunismus im Westen

Die Konzeptionen des Eurokommunismus sind so weit vom traditionellen Kommunismusbild entfernt, daß es zu einer lebhaften Debatte in der Öffentlichkeit mit sehr unterschiedlichen Auffassungen gekommen ist. Dabei spielte auch die Möglichkeit eine Rolle, daß in einigen Ländern Europas – Italien, Frankreich oder Spanien – Eurokommunisten in naher Zukunft an der Regierung beteiligt sein könnten.

In der Eurokommunismus-Diskussion im Westen ließen sich schon bald einige Hauptrichtungen erkennen: Auf der einen Seite stehen jene, die im Eurokommunismus lediglich ein großangelegtes Täuschungsmanöver sehen, eine typisch konzipierte kommunistische Taktik. Andere leugnen nicht positive Ansätze in der eurokommunistischen Entwicklung, mahnen jedoch zur Skepsis, weil diese Wandlung noch nicht beendet sei, man mit Gegenkräften und Rückschlägen zu rechnen habe und es daher noch verfrüht sei, endgültige Schlußfolgerungen zu ziehen. Schließlich gibt es auch Auffassungen, die im Eurokommunismus einen begrüßenswerten Reformprozeß sehen, der neue Perspektiven eröffne, zu einer Lösung der dringenden sozialen und wirtschaftlichen Probleme führen könne und für die bürokratischen Diktaturen im Osten eine weitaus größere Gefahr darstelle als für die westlichen parlamentarischen Systeme.

Die Auffassung, bei den Erklärungen der Eurokommunisten handle es sich nur um ein großangelegtes Täuschungsmanöver und eine mögliche Regierungsbeteiligung würde gefährliche, ja katastrophale Auswirkungen für die NATO und EG haben, wurde und wird in den USA vor allem vom ehemaligen US-

Präsidenten Gerald Ford und vom früheren Außenminister Henry Kissinger vertreten.
So erklärte Gerald Ford Ende Oktober 1977, der Eurokommunismus sei kein Kommunismus mit menschlichem Antlitz oder demokratischen Tendenzen, sondern vielmehr ein »maskierter Stalinismus und verkappte Tyrannei«. Wenn dem Siegeszug des Kommunismus in Europa kein Riegel vorgeschoben werde, würde sich bald »das Leichentuch der Einparteienherrschaft« auf Europa niedersenken.[11]
In ähnlicher Weise unterstrich Henry Kissinger die Gefahren des Eurokommunismus. Falls kommunistische Regierungen in Westeuropa etabliert würden, erklärte er im April 1976, werde die westliche Allianz zusammenbrechen und die USA isoliert sein. Ein Regierungseintritt kommunistischer Parteien Westeuropas würde einen grundlegenden Wandel der gesamten amerikanischen Politik zur Folge haben.[12] Nach einer Regierungsbeteiligung der Kommunisten in Italien würden Frankreich, Portugal, Spanien und Griechenland diesem Beispiel folgen. Die europäisch-amerikanischen Beziehungen würden sich dadurch drastisch verändern. Kissinger meldete vor allem drei entscheidende Vorbehalte an: 1.) Die Kommunisten hätten eine leninistische autoritäre Parteiorganisation; 2.) sie würden unausweichlich den Verteidigungshaushalt ihrer Länder gegenüber dem Sowjetblock verringern und 3.) eine Politik führen, die sich völlig von der prowestlichen Politik europäischer Regierungen der Gegenwart unterscheidet.[13]
Auch in Europa wurden (und werden) ähnliche Stimmen laut. So meinte der CDU-Politiker und Präsident der Europäischen Union Christlicher Demokraten (EUCD) Kai-Uwe von Hassel, bei den Eurokommunisten handle es sich »lediglich um eine veränderte Taktik«, die »nichts an dem Ziel der Kommunisten ändert«. Sie wollen »auf diese Weise leichter an die Macht gelangen, um alsbald ein aus Osteuropa hinreichend bekanntes kollektivistisches System zu errichten«.[14]
Senator Enzo Bettiza, ein führender Repräsentant der Liberalen Partei Italiens im Europa-Parlament, hält die Zusage der Eurokommunisten, eine pluralistische Gesellschaftsordnung mit Mehrparteiensystem zu akzeptieren und nach verlorenen Wahlen die Macht abzugeben, für unglaubwürdig. Man müsse »hinter

die legalistische und formal einwandfreie demokratische Fassade« blicken, dann werde man bemerken, »daß die italienischen Kommunisten in Wirklichkeit weniger eine echte Zusammenarbeit mit den verschiedenen Kräften anstreben als vielmehr vorhaben, diese zu dominieren, lahmzulegen und auszuhöhlen«. Man solle »nicht den Fehler machen, die Taktik, mit der sich die Eurokommunisten den Zugang zur Macht erobern wollen, zu verwechseln mit den Methoden, die sie eines Tages anwenden könnten, wenn die an der Macht wären«.[15]

Der luxemburgische Ministerpräsident Gaston Thorn, auf internationaler Ebene Präsident der Liberalen Weltunion und der Föderation liberaler Parteien Europas, meinte im Mai 1977: »Was heißt denn Eurokommunismus? Ich kenne nur einen Kommunismus. Kommunisten bleiben Kommunisten, sie haben ihre Ziele nicht aufgegeben.«[16]

Einer möglichen Regierungsbeteiligung von Eurokommunisten im Bereich der EG sehe er »mit Besorgnis« entgegen. In der Europapolitik könnte »eine kommunistische Regierungsbeteiligung einschneidende Veränderungen mit sich bringen«. Es falle ihm nicht leicht, den jüngsten europafreundlichen Beteuerungen einiger westeuropäischer kommunistischer Parteien Glauben zu schenken, weil sie bisher am stärksten gegen Europa opponierten. Falls die Kommunisten aufgrund des Wahlergebnisses in die Regierungen ihrer Länder eintreten, müsse man jedoch die Regeln der Demokratie respektieren.[17]

In der Bundesrepublik Deutschland werden ähnliche, teilweise noch ablehnendere Auffassungen vertreten. So erklärte der CSU-Vorsitzende Franz Josef Strauß: »Moskau läßt den Eurokommunismus so weit laufen, wie dieser Eurokommunismus geeignet ist, die Sozialdemokraten – das heißt die Sozialisten unter den Sozialdemokraten – für eine Volksfrontpolitik zu gewinnen. Es kann aber keine Rede davon sein, daß sich ein selbständiger Eurokommunismus im Westen entwickelt. Denn Kommunismus und Freiheit sind nach wie vor unvereinbar.«[18]

Eine besonders deutliche Warnung äußerte auch der Innenminister des Bundeslandes Schleswig-Holstein, Rudolf Titzck: »Wer heute mit Kommunisten und besonders mit jenen eurokommunistischen Meistern der Tarnung paktiert, hat keine Gewähr dafür, daß ihm dies zum Vorteil gereicht. Er kann nicht einmal sicher sein, unbeschadet davonzukommen. Die Weltgeschichte ist ein Friedhof von Leuten, die mit Kommunisten Bündnisse eingegangen sind . . . Der Eurokommunismus könnte sehr wohl das Trojanische Pferd zur Zerstörung der freien Welt werden.«[19] Der Mitherausgeber der »Frankfurter Allgemeinen Zeitung«, Joachim Fest, hält »die Vorstellung für illusorisch, die Kommunisten könnten sich dem demokratischen Ablösungsprozeß je unterwerfen«.[20] Und der CDU-Vorsitzende Kohl definiert den Eurokommunismus schließlich als »Teil des Weltkommunismus, der nur danach beurteilt werden sollte, wie er sich verhält, wenn er an der Macht ist. Alles andere ist verbales Hinhalten.«[21]

Die bisher zitierten Äußerungen gehen von einem seit langem geprägten Kommunismusbild aus. Sie widerspiegeln die oft tragischen Erfahrungen, die, vor allem während der Stalin-Ära, zahlreiche Menschen mit dem Kommunismus gemacht haben: Schauprozesse und die Massensäuberungen in der Sowjetunion, das Lagersystem mit Millionen von Häftlingen, den Hitler-Stalin-Pakt mit dem Geheimabkommen zwischen den beiden Diktatoren über die Aufteilung Polens und Osteuropas, die nach dem Krieg erfolgte stalinistische Gleichschaltung der osteuropäischen Länder mit Verhaftungen von Hunderttausenden Andersdenkender (darunter auch vieler Sozialdemokraten und christlicher Antifaschisten), die Berliner Mauer und die Tötungsanlagen, der Schußbefehl an der deutsch-deutschen Grenze und schließlich in besonderem Maße die Okkupation der Tschechoslowakei. Für eine solch negative Beurteilung spielen schließlich die vor allem in Osteuropa nach 1945 bekanntgewordenen taktischen Methoden mancher kommunistischer Parteiführungen eine Rolle, die zunächst mit demokratischen Vokabeln Bündnispartner suchten, schon bald aber in einem solchen Bündnis die führende Rolle zu spielen begannen und sich die Bündnispartner unterordneten oder sich ihrer gar zu entledigen suchten, sobald die eigene Machtstellung dies gestattete.

Sicher wird man solche Erfahrungen nicht auf die leichte Schulter nehmen können, und ein gewisses Mißtrauen dürfte nach wie vor gegenüber den Kommunisten der sowjetischen Richtung gerechtfertigt sein, die sich von keinem dieser Ereignisse und Methoden distanzierten. Es erhebt sich jedoch die Frage, ob man

wirklich alle Vorgänge im Kommunismus ausschließlich von den genannten Erfahrungen aus beurteilen kann.
Die Geschichte des Kommunismus bestand nicht nur aus taktischen Manövern, sondern es hat auch echte tiefgreifende Wandlungen gegeben – man denke etwa an den Bruch Jugoslawiens mit Moskau und die eigenständige Politik Jugoslawiens seit dieser Zeit, an den für die gesamte Weltpolitik entscheidenden Moskau-Peking-Konflikt und an den »Prager Frühling« in der ČSSR.
Die Erkenntnis, daß es ernstzunehmende Wandlungen im Kommunismus gegeben hat, bewog eine Anzahl westlicher Staatsmänner, Politiker und Publizisten, auch den heutigen Eurokommunismus als neue Strömung in Rechnung zu stellen und die von den Eurokommunisten vertretenen Konzeptionen nicht von vornherein als Täuschungsmanöver abzutun. Eine Reihe von Staatsmännern, Politikern und Publizisten bekunden daher ihre Bereitschaft, wenn auch teilweise mit einer gewissen Skepsis, manche der heutigen Erklärungen der Eurokommunisten als ehrlich zu akzeptieren.
Bereits Ende November 1976, also noch zur Regierungszeit von Gerald Ford und Henry Kissinger, erklärte der heutige Sicherheitsbeauftragte des amerikanischen Präsidenten, Zbigniew Brzezinski, eine neue amerikanische Regierung würde zwar nicht die Teilnahme von Kommunisten an westeuropäischen Regierungen befürworten, aber es sei absolut lächerlich, »Gesprächen mit Breschnew zuzustimmen, sie aber Berlinguer zu verweigern«.[22] Die neugewählte US-Regierung lehnte Drohungen mit Repressalien im Falle eines kommunistischen Regierungseintritts ab. Solche Maßnahmen würden »mehr Schlechtes als Gutes bewirken«. Man dürfe die Brücke nicht abbrechen, auch wenn die Kommunisten einige Ministersessel besetzten.[23]
Anfang Mai 1977 erklärte US-Präsident Carter auf die Frage, wie die USA auf das Anwachsen der Eurokommunisten in Ländern wie Frankreich und Italien reagieren würden: »Ich glaube, der erste Grundsatz, dem wir alle verpflichtet sind, ist, daß die Bürger Europas durchaus in der Lage sind, in politischen Angelegenheiten ihre eigenen Entscheidungen durch freie Wahlen zu treffen.« Die USA wünschen, daß die betreffenden Regierungen

demokratisch bleiben, keine totalitären Elemente einflußreich oder vorherrschend werden und die demokratischen Parteien in den kommenden Jahren sich behaupten werden. Der beste Weg, einen wachsenden kommunistischen Einfluß auf die europäische Politik zu verhindern, liege darin, daß demokratische Regierungen »wirksam offen und menschlich und mit echtem andauerndem Verständnis für die Bedürfnisse und die Erwartung des Volkes funktionieren können«.[24] Im September 1977 erklärte Präsident Carter erneut, die USA sollten nicht der Versuchung erliegen, die Meinung der Wähler in Italien, Frankreich und Spanien zu beeinflussen. Westeuropäische NATO-Länder, in denen die Kommunisten an der Regierung beteiligt würden, müßten nach Ansicht des US-Präsidenten nicht automatisch das Verteidigungsbündnis verlassen.[25]
Bei den Diskussionen in Europa spielt nicht nur die aktuelle Frage des Regierungseintritts und seiner Auswirkungen eine Rolle, sondern vor allem auch die Grundeinschätzung, nämlich, ob und inwieweit es sich beim Eurokommunismus um eine langfristige Wandlung oder lediglich um taktische Manöver handelt. In zunehmendem Maße wird dabei deutlicher zwischen den Kommunisten sowjetischer Richtung auf der einen und den Eurokommunisten auf der anderen Seite unterschieden.
So erklärte der Vorsitzende der Sozialdemokratischen Partei Deutschlands, Willy Brandt: »Ich bleibe gegenüber jeder Spielart von Kommunismus sehr skeptisch, nach all den Erfahrungen, die gerade wir in Deutschland mit der SED gemacht haben.« Andererseits müsse daran erinnert werden, »daß die Kommunisten in Frankreich und Italien nach dem Zweiten Weltkrieg schon an der Regierung waren«. Die Kommunisten in Frankreich und noch mehr in Italien und Spanien sollten nicht auf Dauer aus der Nation ausgeschlossen bleiben, was immer sonst auf unserer Seite an Wachsamkeit geboten scheint. Falls sich diese Prozesse weiterentwickeln, »mögen sich die Leute vielleicht in zehn Jahren vielleicht noch Kommunisten nennen, aber der Sache nach werden sie etwas anderes sein als das, was wir bei uns unter Kommunisten verstehen«.[26]
Auch der langjährige schwedische Ministerpräsident, der Sozialdemokrat Olof Palme, erklärte, er könne diejenigen nur schwer verstehen, »die ausschließlich mit Mißtrauen die ideologische

Umwertung innerhalb der kommunistischen Parteien betrachten«. Man müsse es doch als Vorteil ansehen, wenn sich diese Parteien zu demokratischen Freiheiten und Rechten bekennen würden, wenn sie grundlegende menschliche Rechte verteidigen wollten und die Bedeutung des Reformismus für gesellschaftliche Veränderungen einzusehen begännen. Allerdings könne nur die Entwicklung erweisen, ob der Sinneswandel der Kommunisten echt sei.[27]

Der Hinweis auf den beginnenden Wandlungsprozeß bei gleichzeitiger Vorsicht und Skepsis kommt auch in mehrfachen Äußerungen des sozialdemokratischen österreichischen Bundeskanzlers Bruno Kreisky zum Ausdruck: »Wir Sozialdemokraten haben keinen Anlaß, es als Niederlage zu empfinden, wenn die beiden größten kommunistischen Parteien des demokratischen Europa in aller Form Abschied nehmen von politischen Formeln, die zum ehernen Bestand des sogenannten Marxismus-Leninismus gehören«, erklärte er im März 1976.[28]

Einschränkend fügte Bundeskanzler Kreisky hinzu, für ihn sei der Eurokommunismus etwas, das er nur mit einem Anführungszeichen akzeptieren könne. Es erhebe sich die Frage, wieviel Vertrauen man Kommunisten nach all den vielen Wandlungen in ihrer 60jährigen Geschichte schenken kann. Er räume den italienischen Kommunisten ein, daß sie nun eine Zeit vor sich hätten, in der sich ihre demokratische Verläßlichkeit bewähren könne und müsse. Bei den französischen Kommunisten sei dies viel schwieriger. Wenn die Kommunisten wirklich verläßliche Demokraten werden wollten, müßten sie allerdings mehr als die Diktatur des Proletariats über Bord werfen.[29]

Die grundsätzliche Ablehnung des bürokratisch-diktatorischen Kommunismus östlicher Prägung bei gleichzeitiger vorsichtiger Bereitschaft, Wandlungen des Eurokommunismus anzuerkennen, fand ihre Widerspiegelung auch in dem im Herbst 1977 veröfentlichten neuen Programm-Entwurf der österreichischen Sozialisten. Darin heißt es: »Die Sozialisten treten unerschütterlich für die Demokratie ein. Sie lehnen jegliche Form der Diktatur ab.« Daher seien die Sozialisten unbeugsame und kompromißlose Gegner nicht nur des Faschismus, sondern auch des Kommunismus. Es sei ein Zeichen der Stärke sozialdemokratischer Ideen, »daß große kommunistische Parteien Europas sich in den letzten Jahren demokratischen Grundsätzen in steigendem Maße annähern und sich gleichzeitig dem kommunistischen zentralistischen Dogmatismus zu entziehen trachten«. Angesichts der vielen Wandlungen des Kommunismus in der Vergangenheit »beobachten wir Sozialdemokraten diese Entwicklung mit kritischer Sorgfalt, um ihre Ernsthaftigkeit zu überprüfen. Sollte es sich in der Tat um einen echten, tiefgreifenden Gesinnungswandel handeln, so ergeben sich neue Perspektiven für die Entwicklung der sozialen Demokratie.«[30]

Besonders interessant sind einige Äußerungen italienischer Christdemokraten und italienischer Sozialisten, die aus eigener Erfahrung über die Zusammenarbeit mit den italienischen Kommunisten urteilen können. So erklärte Luigi Granelle, führender Vertreter der italienischen christlichen Demokraten und Mitglied des Europäischen Parlaments, daß zwischen den beiden Lagern unüberbrückbare ideelle und politische Gegensätze bestehenbleiben, aber im Eurokommunismus »durchaus positive Aspekte verzeichnet werden« könnten. Als Beispiele verwies er auf die positivere Einstellung der Eurokommunisten zur Europäischen Gemeinschaft und zum westlichen Bündnis. »Eine realistische Einschätzung des Phänomens Eurokommunismus vorzunehmen und ihm gegenüber gesprächsbereit zu bleiben ist die Aufgabe aller demokratischen Parteien in Europa.« Angesichts der Krise der marxistisch-leninistischen Dogmatik und der Suche nach neuen Modellen, die sich von den Systemen in Osteuropa unterscheiden, sowie einer demokratisch-pluralistischen Zielsetzung der Eurokommunisten sei eine historische Gelegenheit gegeben, »die kommunistischen Parteien zu veranlassen, in Theorie und Praxis das Verhältnis zwischen Macht und Freiheit, zwischen Klasse und Partei, zwischen Zentralismus und Pluralismus, zwischen nationaler Unabhängigkeit und Internationalismus neu zu bestimmen«.[31]

In ähnlicher Weise äußerte sich Senator Gaetano Arfe, Vorstandsmitglied der Sozialistischen Partei Italiens und Mitglied des Europäischen Parlaments. Das Problem Eurokommunismus könne nicht derart gestellt werden, »daß man die Aufrichtigkeit der führenden Kommunisten in Zweifel zieht«. Hinter den Positionen der Eurokommunisten stünden Tatsachen von historischer Tragweite, obwohl der Prozeß noch nicht beendet sei. Die

weitere Entwicklung werde entscheidend durch die Fähigkeit der europäischen Sozialisten bestimmt, »aktiv Einfluß zu nehmen, ohne Vorurteile zu analysieren und eine Debatte mit derselben Ernsthaftigkeit und demselben Nachdruck zu eröffnen wie die Kommunisten«.[32]
Abschließend sei noch auf die Einschätzung zweier Sachkenner hingewiesen, die sich besonders ausführlich mit dem Problem des Eurokommunismus beschäftigt haben. Horst Ehmke, der diesem Thema eine eigene Abhandlung widmete, meinte, es sei notwendig, einen deutlichen Unterschied zwischen prosowjetischen und eurokommunistischen Parteien zu machen. Die Unvereinbarkeit sozialdemokratischer Vorstellungen mit dem Konzept der SED und ihres westdeutschen Ablegers, der DKP, ändere sich nicht, denn die deutschen Sozialdemokraten hätten die Unterdrückung der SPD in der sowjetisch besetzten Zone nicht vergessen. Es bleibe ein unverzichtbarer Bestandteil des demokratischen Sozialismus, seine Alternativen dem sowjetkommunistischen Gesellschaftsmodell entgegenzustellen.
Angesichts der Differenzierung im internationalen Kommunismus müßten jedoch auch die sozialdemokratischen Beurteilungen differenzierter werden. Gegenüber den eurokommunistischen Parteien reiche eine bloße Politik der Abgrenzung nicht aus. Die neuen Ansätze der Eurokommunisten zur Überwindung traditioneller dogmatischer Positionen des Kommunismus, ihre Distanzierung von der vorbehaltlosen Unterstützung der sowjetischen Außenpolitik und die Tatsache, daß sie den ideologischen, politischen und sozialen Pluralismus akzeptieren, mag zwar in vieler Hinsicht taktisch bedingt sein, habe jedoch eine erhebliche Bedeutung und stelle einen Einschnitt in der Geschichte des Kommunismus dar. »Wir werden nüchtern beobachten, ob sich diese Entwicklung taktisch erschöpft oder aber zu einer wirklichen Öffnung westeuropäischer kommunistischer Parteien für freiheitliche Ideen führen wird.« Man werde nicht jede proklamierte Wendung bereits als Realität ansehen, aber in der Beurteilung berücksichtigen. »Die demokratischen Sozialisten werden daher skeptische und kritische Betrachter der Entwicklung bleiben«.[33]
Auch Richard Löwenthal erklärte, man könne bei den Kommunisten Italiens, Frankreichs, Spaniens und Japans eine Abkehr

»vom Leninschen Glauben an gewaltsame Umstürze und Parteidiktatur erkennen«. Vor allem die Entwicklung der italienischen Kommunisten könne man nicht als von oben gelenkten, plötzlichen Kurswechsel ansehen, da er in offener Diskussion und über einen längeren Zeitraum erfolgt sei und bald andere Kommunisten beeinflußt habe. Vieles spreche dafür, meinte Löwenthal, daß Veränderungen des Kommunismus in Westeuropa und Japan im Gange sind, die, soweit sie gelingen sollten, dazu führen, daß die Parteien aufhören werden, Kommunisten in dem uns bekannten Sinne zu sein.[34]

Das breite Spektrum der unterschiedlichen Auffassungen gegenüber dem Eurokommunismus zeigt nicht nur, wie sehr diese Frage im Mittelpunkt der öffentlichen Diskussion steht, sondern auch die Schwierigkeiten, diese immer bedeutungsvollere neue Strömung einzuschätzen. Sicher gibt es keine endgültige »richtige« oder »falsche« Antwort und auch kein unfehlbares Kriterium, die zukünftigen Entwicklungen des Eurokommunismus vorherzusagen. Die Frage, ob es sich bei Eurokommunismus lediglich um eine Taktik oder um eine bedeutsame Neuorientierung handelt, wird gewiß noch lange diskutiert werden. Ein Aspekt könnte jedoch die Einschätzung zumindest etwas erleichtern: die Betrachtung der bisherigen historischen Entwicklung, die zur Herausbildung des Eurokommunismus geführt hat. Dieser historische Hintergrund scheint mir häufig bei den aktuellen Diskussionen nicht genügend berücksichtigt worden zu sein.

Vieles spricht dafür, daß man die heutige Strömung des Eurokommunismus als einen Teil jenes großen Differenzierungsprozesses des Weltkommunismus ansehen kann, der im Verlauf von einigen Jahrzehnten dazu geführt hat, daß der frühere einheitlich monolithische Weltkommunismus unter sowjetischer Führung der Vergangenheit angehört. In einem schwierigen und widerspruchsvollen Prozeß haben sich drei Hauptströmungen herausgebildet: der Kommunismus sowjetischer Prägung, der Maoismus und der entstehende Eurokommunismus. Der Eurokommunismus erscheint als das Ergebnis weitreichender Wandlungen in der gesamten kommunistischen Weltbewegung, als Konsequenz des Übergangs vom monolithischen Weltkommunismus der Stalin-Ära zum differenzierten Weltkommunismus von heute.

[illegible] Charakter [illegible] gewahrt [illegible] Ursprung und Partei-
[illegible] Vorrang der Funktion der [illegible]
[illegible] komplex [illegible]
[illegible] Diskussion [illegible]
[illegible] und andere Kommuni-
[illegible]
[illegible] Westeuropa und
[illegible]
[illegible]

[illegible] dieser Analyse [illegible]
[illegible] nicht nur [illegible]
[illegible] der [illegible] sich [illegible]
[illegible]
[illegible] es keine [illegible]
[illegible]
[illegible]
[illegible] Frage, ob es sich bei [illegible]
[illegible]
[illegible] diskutiert werden. [illegible]
[illegible]
[illegible] Entwicklung
[illegible] des Eurokommunismus [illegible]
[illegible]
[illegible] worden zu sein.
[illegible] des Euro-
kommunismus [illegible]
[illegible] Westkommunismus [illegible]
[illegible]
[illegible]
[illegible]
[illegible] der Kommunismus [illegible] Frage [illegible]
[illegible] Der Eurokommu-
[illegible]
[illegible] Weltbewegung [illegible]
[illegible]
[illegible] Weltkommunismus [illegible]

II.

Entstehung und Entwicklung des Eurokommunismus

1.

Die Krise des Stalinismus und die beginnende Differenzierung im Weltkommunismus

Von der Mitte der zwanziger bis Mitte der fünfziger Jahre bestand ein einheitlicher monolithischer Weltkommunismus unter sowjetischer Führung. Bestimmend für die Kommunisten aller Länder waren die Interessen der Sowjetunion, das heißt die Interessen der sowjetischen Führung. Die kommunistischen Parteien der unterschiedlichsten Länder gaben zur selben Frage stets genau die gleichen Erklärungen ab. Sie verherrlichten Stalin und führten die Direktiven aus Moskau aus. Alle Erklärungen, Beschlüsse, Verordnungen der Sowjet-Führung wurden kritiklos übernommen.
Kommunistische Parteien trugen damals unter ihrem Namen stets den Zusatz »Sektion der Kommunistischen Internationale«. Alle Erklärungen des Exekutivkomitees der Kommunistischen Internationale, des höchsten Gremiums der Kommunisten, bekannt unter den magischen vier Buchstaben EKKI, wurden wörtlich und unverändert nachgedruckt. Drei Jahrzehnte hindurch waren kommunistische Parteizeitungen so unterschiedlicher Länder wie Australien und Schweden, Venezuela und Italien kaum voneinander zu unterscheiden. Obwohl bereits damals Tausende von Kommunisten Bedenken gegen diese Praxis hatten, dokumentierten sie nach außen hin Einstimmigkeit in allen Details.

Die Ursachen des monolithischen Weltkommunismus

Für den damaligen monolithischen Weltkommunismus gibt es vier entscheidende Ursachen:

1.) *Der psychologisch-politische Faktor:* Alle Kommunisten hatten damals nur ein Vorbild, die Sowjetunion. Die russischen Kommunisten hatten als einzige eine erfolgreiche Revolution durchgeführt. Alle übrigen von kommunistischen Parteien geführten oder unterstützten Revolutionen endeten in den zwanziger Jahren mit einer Niederlage. Die Bolschewiki dagegen hatten ihr Ziel erreicht. Daraus ergab sich fast von selbst eine Unterordnung unter die sowjetische Führung, anfangs völlig freiwillig aus reiner Bewunderung und aus echter innerer Begeisterung heraus, in zunehmendem Maße aber auch aus Verpflichtung, Disziplin und Gehorsam.

In allen Parteizeitungen und Schulungslehrgängen der dreißiger und vierziger Jahre wurde immer wieder die Erklärung Stalins vom 1. August 1927 zitiert und wiederholt: »Ein Revolutionär ist, wer ohne Vorbehalt, bedingungslos, offen und ehrlich . . . bereit ist, die UdSSR zu schützen und zu verteidigen, denn die UdSSR ist der erste revolutionäre, proletarische Staat in der Welt, der den Sozialismus aufbaut. Ein Internationalist ist, wer vorbehaltlos, ohne zu schwanken, ohne Bedingungen zu stellen, bereit ist, die UdSSR zu schützen, weil die UdSSR die Basis der revolutionären Bewegung der ganzen Welt ist.«[1] Für die Kommunisten aller Länder galt die Sowjetunion damals als das Vaterland des Proletariats, später wurde sie als Vaterland der Werktätigen bezeichnet. Auch im wichtigsten Dokument der Kommunistischen Internationale, in dem Programm, das im Sommer 1928 auf dem VI. Kongreß angenommen wurde, hieß es, die internationale Arbeiterbewegung sei verpflichtet, im Falle eines Krieges Massenaktionen zum Sturz der imperialistischen Regierungen und des Bündnisses mit der Sowjetunion zu organisieren.[2]

Die Treue zur Sowjetunion äußerte sich in den unterschiedlichsten Formen. Kommunistische Delegationen küßten beim Eintreffen in der Sowjetunion demonstrativ die heilige Erde des sowjetischen Bodens. In Deutschland begrüßten sich die Kommunisten Ende der zwanziger Jahre mit »Heil Moskau«. Die wenigen kritischen Kommunisten sahen zwar auch die Mängel des sowjetischen Systems, rechtfertigten diese aber mit historischen Erklärungen: Schließlich war die Sowjetunion das erste Land, das den Sozialismus aufbaute. Ein jahrhundertelang rückständiges Agrarland wurde mit der Technik des 20. Jahrhunderts konfrontiert und durch die kapitalistische Einkreisung bedroht. Die meisten Kommunisten hielten sich an die Devise, daß jede kommunistische Partei nur dann erfolgreich operieren könne, wenn sie sich auf die gewiß immer stärker werdende Sowjetunion stütze.

2.) *Die gemeinsame Schulung der kommunistischen Funktionäre:* Obwohl damals von den verschiedenen kommunistischen Parteien in den einzelnen Ländern auch kurzfristige Ausbildungskurse veranstaltet wurden, fand die grundlegende Schulung für die Funktionäre der kommunistischen Parteien aller Länder stets in der Sowjetunion statt. Seit Mitte der zwanziger Jahre wurden ausgewählte Kommunisten aus allen Ländern in der Sowjetunion ausgebildet. Die wichtigste Schule war die berühmte Lenin-Schule. Obwohl auch ausländische Kommunisten als Lehrkräfte zugelassen waren, war der sowjetische Einfluß bestimmend. Der Marxismus-Leninismus wurde allein in sowjetischer Interpretation gelehrt, die Geschichte der bolschewistischen Partei galt als einziges Modell und Vorbild. Die Politik der kommunistischen Parteien in anderen Ländern wurde in der Regel nur als Abwandlung des gemeinsamen Ziels einer internationalen Sowjetrepublik dargestellt. Für alle Länder war nach der geplanten Revolution die Diktatur des Proletariats nach dem sowjetischen Muster verbindlich festgelegt. Alle weiteren Übergangsstadien der sowjetrussischen Entwicklung wurden als allgemeingültig und verbindlich für alle Parteien angesehen; nur in untergeordneten Fragen durfte modifiziert werden.

Im Herbst 1941, also während des Krieges, wurde in Kuschnarenkowo bei Ufa die Kominternschule als Nachfolgerin der Lenin-Schule gegründet. Sie existierte bis zur Auflösung der Komintern im Frühsommer 1943. Aus eigenem Erleben weiß ich, daß etwa ein Drittel der Kursanten, wie die Teilnehmer genannt wurden, aus älteren Kommunisten bestand; zwei Drittel waren Kinder ausländischer Kommunisten, die in der Sowjetunion lebten, hier erzogen und als Nachwuchskräfte in Aussicht genommen wurden. Gemeinsame Lehrgänge wurden stets auf

russisch abgehalten, denn die meisten der Funktionäre hatten inzwischen Russisch als Parteisprache gelernt. Lediglich kleinere Vorlesungen und Seminare für die einzelnen Sektionen wurden in der jeweiligen Nationalsprache abgehalten. In der Komintern-schule wurde noch deutlicher der Marxismus-Leninismus sowjetischer Prägung gelehrt und alle anderen linken Auffassungen scharf als Abweichungen deklariert.
Das Gefühl der Gemeinsamkeit und das Bewußtsein, zu einer Weltpartei zu gehören, spielten eine entscheidende Rolle. Hinzu kam die selbstverständliche Verpflichtung, sich stets der Parteidisziplin zu unterwerfen. Die Schüler nahmen nicht nur die gleiche Ideologie auf, sondern auch die gleiche Art des Denkens, die gleiche Art des Sprechens, ja oft sogar den gleichen typisch sowjetisch-bürokratischen Tonfall. Durch die gemeinsame Schulung wurde eine absolute Vereinheitlichung erreicht. Diese wurde noch verstärkt durch die uniformen Publikationen: gemeinsame Zeitschriften der Kommunistischen Internationale für die Kommunisten aller Länder. Die »Kommunistische Internationale« und die »Internationale Pressekorrespondenz« gaben stets den sowjetischen Standpunkt zu allen internationalen Fragen und Ereignissen in allen Ländern gleichlautend wieder. Während der Stalin-Ära lasen die Kommunisten in der Regel keine bürgerlichen Zeitungen, sondern informierten sich ausschließlich aus der eigenen Presse.
3.) *Die organisatorische Komponente:* Die Kommunisten waren verpflichtet, alle Resolutionen und Direktiven des Exekutivkomitees der Kommunistischen Internationale, des EKKI, nicht nur zu veröffentlichen, sondern als bindende Richtlinie zu betrachten, über die Parteiführungen der betreffenden Länder hinweg Beschlüsse der Komintern durchzuführen. Nach der Oktoberrevolution standen die meist jährlich einberufenen Weltkongresse noch im Vordergrund, auf denen es offene und erregte Diskussionen gab. Doch seit Mitte, vor allem aber seit Ende der zwanziger Jahre, also mit dem Übergang vom revolutionären Leninismus zum bürokratischen Stalinismus, wurden die Komintern-Kongresse nur noch ganz selten einberufen. Mehr und mehr gingen die Macht- und Entscheidungsbefugnisse auf das Exekutivkomitee der Komintern (EKKI) über, das eine ähnliche Bedeutung bekam wie das Zentralkomitee der sowjeti-

schen KP. In den dreißiger Jahren wurden die entscheidenden Dinge schließlich nur noch in kleinen Führungszentren beschlossen, im sogenannten Präsidium des EKKI, das dem Politbüro der KPdSU entsprach, oder im Sekretariat des EKKI, vergleichbar dem ZK-Sekretariat der KPdSU.

Durch die sogenannten Bevollmächtigten des EKKI wurde die Komintern-Politik in allen Ländern durchgesetzt. Daneben gab es noch die sogenannten Instrukteure der Komintern für bestimmte Arbeitsgebiete. Sowohl die Bevollmächtigten als auch die Instrukteure gehörten in der Regel nicht der Nation oder der Partei an, zu der sie entsandt wurden. Der große organisatorische Apparat verstärkte den Einfluß der Moskauer Zentrale und förderte den zentralistischen Charakter der Kommunistischen Internationale. Diese Tatsache wird heute von Eurokommunisten auch öffentlich zugegeben.

4.) *Die finanzielle Abhängigkeit:* Fast alle kommunistischen Parteien der Welt waren finanziell von der Sowjetunion abhängig. Dies hatte ernste psychologische Folgen. Bereits in den zwanziger Jahren gab es Kommunisten, denen die Entwicklung bedenklich erschien. Und manche kommunistische Führer versuchten, sich von der finanziellen Abhängigkeit zu befreien. Der berühmteste war Tito, der dazu erklärte: »Es war notwendig, die Partei unabhängig von jeder fremden Finanzierung zu machen. Auch dies ist eine grundlegende Vorbedingung für wirklichen Erfolg. Wenn man eine Beihilfe von draußen zu erwarten hat, gewöhnt man sich nie daran, in der nächsten Umgebung nach hilfsbereiter Anhängerschaft Ausschau zu halten. Das Geld aus Moskau, das uns für die kommunistische Parteiarbeit von 1919 bis 1937 zugeflossen war, hatte mehr Schaden als Nutzen angerichtet. Von dem Augenblick an, da ich an der Spitze der Partei stand (1937), nahmen wir keine fremde Hilfe mehr an. So waren wir gezwungen, uns ganz auf die eigenen Hilfsquellen zu verlassen, und unser Finanzproblem war damit ein politisches geworden, denn nun hing unsere Unterstützung von dem Ausmaß des Einflusses ab, den wir auf das Volk hatten. Außerdem rechneten wir jetzt auch viel genauer, weil es unser eigenes Geld war, das uns die Arbeiter aus ihrem Lohn, die Bauern aus ihrem geringen Verdienst gespendet hatten.«[3]

Durch diese vier Faktoren – das psychologisch-politische

Moment der Verherrlichung der Sowjetunion, die gemeinsame Schulung, der zentralistisch gelenkte Organisationsapparat zur Dirigierung und Kontrolle und die finanzielle Abhängigkeit von der Sowjetunion – wurde der monolithische Charakter der kommunistischen Weltbewegung bis in die Mitte der fünfziger Jahre erhalten.

Die gesamte Stalin-Ära von der Mitte der zwanziger bis zur Mitte der fünfziger Jahre ist für alle Kommunisten heute keineswegs nur Geschichte. Die drei Jahrzehnte Stalin-Zeit spielen gerade heute bei den Diskussionen über den Eurokommunismus eine wichtige Rolle. Sicher sind die Erinnerungen an die Vergangenheit nicht nur negativ. Auch bei Kommunisten gibt es eine gewisse Nostalgie, die Erinnerung an das internationale Zusammengehörigkeitsgefühl in einer Weltbewegung, an die internationalen Treffen, an die Freunde, die man hatte. Aber all diese Erinnerungen werden selbst bei jenen, die heute noch der sowjetischen Richtung angehören, von harter Kritik überschattet.
Die drei Jahrzehnte des Stalinismus haben zu einer entscheidenden Erkenntnis geführt: Die Unterordnung unter Moskau mit seinem zentralistischen System, die Verpflichtung, sowjetische Staatsinteressen kritiklos zu vertreten, die Unterdrückung jeglicher eigenständiger Bestrebungen haben der kommunistischen Bewegung in Europa maßlos geschadet. Schon damals setzte sich die Erkenntnis durch, daß die größten Erfolge dann erzielt wurden, wenn eine gewisse Selbständigkeit erreicht war, wie bespielsweise während des antifaschistischen Befreiungskampfes im Zweiten Weltkrieg. Schon zu jener Zeit dachten viele kritische Kommunisten bereits an eine mögliche Verselbständigung und Neuorientierung, obwohl solche Gedanken nicht einmal ausgesprochen werden durften. Trotzdem oder gerade deshalb waren es die bitteren Erfahrungen während des Stalinismus, die den Grundstein für die spätere Entwicklung legten. Ohne die Erfahrungen des Stalinismus wäre der heutige Eurokommunismus nicht denkbar.

Die Hauptwidersprüche in der Krise des Stalinismus

Hinter der Fassade der Stärke, Macht und politischen Einheit waren jedoch Widersprüche und Gegensätze von außerordentlicher Tragweite entstanden, die weitreichende Veränderungen erforderlich machten. Im Innern der Sowjetunion bestand ein tiefer Widerspruch zwischen dem von Stalin errichteten Apparat und seinen Methoden – Polizei, Terror, Sklavenarbeit und bürokratisch-zentralistische Reglementierung aller Lebensbereiche – und den Problemen, die die inzwischen entstandene sowjetrussische Industriegesellschaft mit sich brachte. Moderne soziale Kräfte – Industriearbeiter, Techniker, Ingenieure, Manager und Wissenschaftler – hatten an Bedeutung und Einfluß gewonnen. Die Sowjetunion hatte gegen Ende der Stalin-Ära ein industrielles Niveau erreicht, das differenzierte Lenkungsmethoden und Menschen erforderte, die aus eigenem Antrieb und eigenem Interesse an der Bewältigung der zunehmend komplizierter werdenden Probleme arbeiteten, also eigene Initiative entfalten mußten. Für die weitere Entwicklung der Sowjetgesellschaft waren eine Abkehr von der terroristisch-bürokratisch-zentralistischen Diktatur Stalins und der Übergang zu moderneren, rationelleren, elastischeren und liberaleren Herrschaftsformen dringend erforderlich.

Vor allem aber – und in unserem Zusammenhang besonders wichtig – erwies sich das System der monolithischen Führung der kommunistischen Weltbewegung als völlig überholt.

Die zentralistische kommunistische Weltbewegung unter Moskauer Führung war auf die Existenz eines einzigen sozialistischen Landes, die UdSSR, zugeschnitten. Aber die Sowjetunion war nun nicht mehr das einzige kommunistisch regierte Land der Welt. Mit den Revolutionen in Jugoslawien unter Führung der jugoslawischen Kommunisten und Tito (1941–1945) und in China, geführt von den chinesischen Kommunisten und Mao Tse-tung, die am 1. Oktober 1949 die Volksrepublik China proklamierten, war eine völlig neue Situation eingetreten. Beide kommunistisch geführten Revolutionen hatten aus eigener Kraft gesiegt und wiederholt, gegen sowjetische Rezepte, eigene Konzeptionen entwickelt und in der Praxis verwirklicht. Der Sieg dieser beiden Revolutionen leitete das Ende der Monopolstellung Moskaus im Weltkommunismus ein. Während es unmittelbar nach Kriegsende und in den ersten Jahren danach noch gelungen war, die volksdemokratischen Länder Ost- und Südosteuropas im Status von Satelliten zu erhalten, wurde dies etwa ab 1950 zunehmend schwieriger. Die osteuropäischen Länder, wirtschaftlich und politisch gestärkt, begannen ein Eigengewicht zu entwickeln. Mit der eigenständigen Entwicklung Jugoslawiens seit 1948 war eine marxistische Alternative zum Sowjetkommunismus stalinistischer Prägung entstanden. Und nach dem Sieg der chinesischen Revolution im Oktober 1949 war ein neuer Machtfaktor in der kommunistischen Welt aufgetreten, der auf die Dauer nicht übersehen werden konnte.

Aber es ging nicht nur um die Beziehung zwischen Moskau und den kommunistischen Parteien, sondern auch um die kommunistischen Parteien selbst. Diese waren vor allem in den westeuropäischen Industrieländern mit dem Eintritt ins atomare Zeitalter, mit der zweiten industriellen Revolution und zunehmender internationaler wirtschaftlicher Integration mit einem gewaltigen Komplex neu zu bewältigender Aufgaben konfrontiert worden. In den bis dahin streng stalinistisch-dogmatisch ausgerichteten kommunistischen Parteien suchte man nach neuen Lösungen.

So mußten nicht nur die Beziehungen zwischen den kommunistischen Parteien neu überdacht und geordnet werden, sondern auch die politische Zielsetzung, die politische Strategie, die Methoden und die Bündnispolitik jeder einzelnen kommunistischen Partei neu ausgearbeitet werden. Dies konnte aber nicht ohne unterschiedliche Auffassungen und Gegensätze sowohl innerhalb der Weltbewegung als Ganzer als auch innerhalb jeder einzelnen Partei vor sich gehen.

Die Differenzierung zwischen den kommunistischen Parteien

Wie wirkten sich nun diese Widersprüche in der Praxis in den letzten Jahren der Stalin-Ära aus? Auf zwei Ebenen vollzog sich eine immer stärkere Differenzierung: einerseits im Bereich der Beziehungen innerhalb der kommunistischen Weltbewegung vor allem über die Frage, in welchem Ausmaß oder in welchen Gren-

zen kommunistische Parteien selbständig sein sollten; andererseits in der Fragestellung, wie und in welchem Ausmaß eine Neuorientierung zu lenken und durchzusetzen sei.
Zu beiden Fragenkomplexen bildeten sich folgende unterschiedliche Typisierungen oder Richtungen heraus. Es gab einmal die *Stalinisten,* die damals – wie übrigens auch noch heute – die Zusammenarbeit unter sowjetischer Führung möglichst eng gestalten wollten. Sie wollten diese Zusammenarbeit organisatorisch verankern und soweit wie möglich die Formen der Kommunistischen Internationale auch unter den inzwischen völlig veränderten Verhältnissen aufrechterhalten. Dann gab es eine mittlere Richtung – ich möchte sie *Zentristen* nennen –, die erkannte und auch heute noch darauf beharrt, daß die Einheit der Weltbewegung nicht mehr mit Stalins Praktiken und Mitteln zu verwirklichen ist. Sie hoffte aber, das Bekenntnis zur gleichen Ideologie und zu gleichen Zielsetzungen würde genügen, um die Einheit zu wahren, sofern man den kommunistischen Parteien einen gewissen Spielraum zubilligt und auf internationalen Konferenzen mit gewisser Diskussionsfreiheit gemeinsame programmatische Zielsetzungen und Prinzipien verkündet.
Die dritte Richtung waren die *Autonomisten,* die heute als Eurokommunisten bekannt sind. Diese Gruppierung unter den Kommunisten trat immer deutlicher für die Unabhängigkeit und Selbständigkeit jeder einzelnen kommunistischen Partei ein und erstrebte ohne ein führendes Zentrum eine bilaterale oder multilaterale Zusammenarbeit ausschließlich auf der Grundlage einer freiwilligen Solidarität und gegenseitigen Nichteinmischung.
Noch viel bedeutender aber als die unterschiedlichen Auffassungen über die Formen der internationalen Zusammenarbeit wirkten sich die Herausbildungen unterschiedlicher Richtungen über die Frage der Neuorientierung aus. Diese entstanden innerhalb jeder einzelnen kommunistischen Partei. Von den Richtungen, die sich bereits am Ende der Stalin-Ära herausbildeten, sind vier Gruppierungen besonders charakteristisch:
Die stalinistischen Parteibürokraten: Der vom Stalinismus geprägte Parteifunktionär sah und sieht in Macht, Disziplin und Organisation seine Erfüllung, interessiert sich kaum für theoretische Fragen des Marxismus und setzt rücksichtslos und skrupel-

los die Anordnungen der Moskauer Führung durch. Ideologische und weltanschauliche Begriffe und Ziele haben für ihn nur insoweit Wert, als sie der Festigung der eigenen Macht dienen. Reformen und Neuerungen, seien sie auch noch so gering, führt er meist nur höchst widerwillig aus, er wird aber aktiv, wenn ein harter Kurs angekündigt und vollzogen wird. Seine Lieblingsmaximen stammen meist von Stalin. Stalins These von der »ständigen Verschärfung des Klassenkampfes« liegt ihm besonders, weil diese die Wachsamkeitskampagnen oder die Absetzung nachdenklicher und selbständiger Kommunisten rechtfertigt. Der stalinistische Parteibürokrat scheut sich nicht, in Reden Begriffe wie »sozialistische Demokratie« oder sogar »sozialistischer Humanismus« zu verwenden, sofern eindeutig feststeht, daß es sich hier nur um schmückende Beiwörter handelt, die das bestehende Machtgefüge und seine eigenen Privilegien nicht gefährden.

Eine Diskussion über Stalin, den Stalinismus und das System hält er für unnötig, ja schädlich. Die kapitalistische Umkreisung und die ausländischen Agenten haben dieses System in seinen Augen notwendig gemacht. Im übrigen seien die »Verletzungen der sozialistischen Gesetzlichkeit« – gemeint ist damit das Schicksal von Millionen Opfern des Stalinismus – längst überwunden.

Anstelle von sachkundigen ökonomischen und technologischen Erwägungen befürwortet der stalinistische Funktionär sozialistische Wettbewerbe, Ehrenzeichen und Aufrufe zur Steigerung der Produktion. Die Priorität der Schwerindustrie hält er für eine gültige Maxime, die Steigerung der Konsumgüterproduktion dagegen für ein Zeichen der Verweichlichung. Ökonomische und technische Experten sind für ihn ein notwendiges Übel; Gesellschaftswissenschaftler, Schriftsteller und Künstler überhaupt nur tragbar, wenn ihre Tätigkeit eindeutig darauf ausgerichtet ist, ihn, den stalinistischen Bürokraten, zu preisen, zu verherrlichen und seine Funktion ideologisch zu begründen. Anders geartete Meinungen, neue Erkenntnisse und Konzeptionen sind für ihn automatisch Abweichungen, auf die es nicht lohnt einzugehen, sondern die es sofort administrativ zu bekämpfen gilt. Für den stalinistischen Bürokraten – und dies gilt nicht nur für damals, sondern auch heute für viele jüngere, nach Stalins Tod aufgewachsene Stalinisten – ist die hierarchische

Ordnung mit klarer Befehlsgewalt von oben nach unten eine Selbstverständlichkeit. Die Massen der Werktätigen zählen nur, wenn sie den Führern Beifall klatschen und in geordneten Demonstrationszügen die Transparente mit den von der Führung festgelegten Losungen an den Führern vorbeitragen. Spontane Aktionen aber, selbst wenn Hunderttausende von Menschen daran teilnehmen, sind stets von »Agenten des Klassenfeindes« inspiriert und organisiert und müssen von Polizei und Truppen auseinandergejagt werden.
Der stalinistische Bürokrat hält sich ganz automatisch für »die Partei«, obwohl sein Typ, wie die Entwicklung der letzten Jahrzehnte immer deutlicher zeigte, in der Regel nur eine kleine Minderheit der kommunistischen Partei eines betreffenden Landes darstellt. In dem großen nach Stalins Tod einsetzenden Differenzierungsprozeß ist er und seinesgleichen jedoch nicht zu übersehen. In vielen Fällen bildeten und bilden noch heute die stalinistischen Bürokraten eine blockierende Gegenkraft, die allen Bestrebungen der Verselbständigung und Neuorientierung entgegenwirkt.
Die kritischen Reformkommunisten: Auf der entgegengesetzten Seite standen bereits während der Stalin-Ära die suchenden und kritischen Kommunisten, für die die humanistischen Konzeptionen und Ziele des Marxismus, die Befreiung der Menschen von Ausbeutung und Unterdrückung, im Vordergrund standen, die die Entwicklung des Stalinismus kritisch betrachteten und eine Alternative zum Stalinismus suchten. Sie sind der Partei aus Protest gegen soziale Unterdrückung und Ungerechtigkeit beigetreten – manchmal auch provoziert durch nationale Unterdrükkung! – in dem Bestreben, einer Kampfgemeinschaft anzugehören, die für die Befreiung der Arbeiterklasse und der Werktätigen, für eine brüderliche Gesellschaft, für die Gleichberechtigung der Menschen, die Beseitigung der sozialen und nationalen Ungerechtigkeit kämpft.
Ausgehend von dieser Zielsetzung wird ihre Kritik am Stalinismus verständlich. Die Stalin-Frage ist für die kritischen Kommunisten deshalb so bedeutsam, weil sie erkennen, wie weit die Sowjetunion unter Stalin und dessen Nachfolgern von diesen Grundsätzen abgewichen ist. Die Privilegien der Funktionäre, der Personenkult, der teils versteckte, teils offene Nationalis-

mus, die Unterdrückung nicht nur der Klassenfeinde, sondern der werktätigen Bevölkerung, die Beschränkung der Meinungsfreiheit, die Unterdrückung der Wissenschaften, Kunst und Literatur, die verpflichtende Generallinie, die erniedrigenden Selbstkritiken, das geisttötende Ja-Sagen bei jedem plötzlichen Wechsel der politischen Linie, die rechthaberische Besserwisserei, die ständig von anderen Linkskräften isoliert – all dies führte bei diesen kritischen und nachdenklichen Kommunisten schon während der Stalin-Ära zu der allmählichen Erkenntnis, daß es sich dabei nicht um vorübergehende, zeitweilige örtliche Fehler oder Mißstände handelte, sondern um eine grundlegende Fehlentwicklung. Dies provozierte zur Suche nach der Alternative zum Kommunismus stalinscher Prägung, nach neuen Wegen und neuen Zielen oder – um einen viel später entstandenen Begriff zu benutzen – nach einem freiheitlicheren Modell des Sozialismus und einem demokratischeren Weg, dieses Ziel zu erreichen.

Die Zentristen: Zwischen den beiden Richtungen gab und gibt es als mittlere Richtung die schon erwähnten Zentristen. Sie vertreten die Meinung und haben sie auch schon damals vertreten, man müsse zwar neue Wege suchen, dürfe aber »nicht zu weit gehen«. Man müsse über die Fehler des Stalinismus diskutieren, aber »in den notwendigen Grenzen«. Natürlich müßten ihrer Meinung nach Reformen verwirklicht werden, aber vorwiegend im wirtschaftlichen Bereich und stets unter sorgfältiger Kontrolle.

Die Herausbildung dieser drei unterschiedlichen Typen von Kommunisten – der Stalinisten, Zentristen und Reformer – war in allen kommunistischen Parteien bereits während der Stalin-Ära, vor allem in der Periode des Spätstalinismus von 1948 bis 1953, zu beobachten.

Der gläubige Stalinist und seine Wandlung: Entscheidend bei der Herausbildung und den späteren Auseinandersetzungen zwischen den drei geschilderten Kräften, die es seit 1948 im europäischen Kommunismus gibt, scheint mir die Wandlung und deren Auswirkung bei ehrlichen, aufrichtigen und gläubigen Stalinisten ab dieser Zeit zu sein.

Dieser gläubige Stalinist darf nicht mit dem geschilderten stalinistischen Parteifunktionär verwechselt werden. Als ehrlicher und engagierter Kommunist hielt der gläubige Stalinist alle negativen Folgen des stalinistischen Sozialismus für eine Verleumdung der bürgerlichen Presse. Diese gläubigen Stalinisten stellten im Kommunismus in allen Ländern eine wichtige Kraft dar. Solange sie ihrem Glauben an die Sowjetunion und Stalin die Treue hielten, waren sie die wichtigste Stütze der stalinistischen Bürokraten, obwohl sie sich charakterlich himmelweit von diesen unterschieden. Je mehr aber diese ehrlichen und stalingläubigen Kommunisten kritischer wurden und zu erkennen begannen, daß ihr Glaube nicht den Tatsachen entsprach – ein Prozeß, der in der Regel mit einer tiefen seelischen Erschütterung verbunden war –, um so mehr lösten sie sich vom Klischee des stalinistischen Bürokraten und wandelten sich schließlich häufig zu den aktivsten Vorkämpfern der Autonomie und Neuorientierung. Zu den stalingläubigen Kommunisten gehörten beispielsweise auch Robert Havemann, Roger Garaudy oder Alexander Dubček – und Hunderttausende andere.

Die zu verschiedenen Zeiten und aus verschiedenen Gründen erfolgende Wandlung der stalingläubigen Kommunisten gewann für den Differenzierungsprozeß eine entscheidende Rolle, denn die stalinistischen Parteibürokraten, die Reformer und Zentristen blieben meistens in ihrer Haltung konstant. Die stalingläubigen Kommunisten aber, die sich allmählich wandelten, waren schließlich für den Differenzierungsprozeß und für die Herausbildung des Eurokommunismus von entscheidender Bedeutung, weil sie heute seine Zielsetzungen meist am entschiedensten vertreten.

2.

Jugoslawien – ein Grundstein des heutigen Eurokommunismus

Die Anfänge einer eurokommunistischen Entwicklung gehen auf den Bruch Jugoslawiens mit Moskau im Sommer 1948 zurück: »Die jugoslawische Revolution ist eine große historische Tat in Europa«, schrieb Santiago Carrillo und unterstrich ihren Beitrag »zur schöpferischen Arbeit, der darin besteht, den Sozialismus neu zu überdenken«.[4]
Tatsächlich war Jugoslawien das erste Land, das sich von Moskau lossagte und einen eigenständigen Weg beschritt. Viele entscheidende Konzeptionen des Eurokommunismus, wie z. B. die Gleichberechtigung der kommunistischen Parteien und der sozialistischen Länder, wurden erstmals in Jugoslawien nach dem Bruch mit Moskau vertreten. Jugoslawien brach nicht nur mit Moskau, sondern hat ein eigenes Modell des Sozialismus verwirklicht, den Selbstverwaltungssozialismus, der sich weitgehend von dem der Sowjetunion und der Ostblockstaaten unterscheidet. Jugoslawien spielt schließlich eine entscheidende Rolle in der eurokommunistischen Bewegung und unterstützt die Autonomie der westeuropäischen kommunistischen Parteien.
Aus all diesen Gründen muß der Bruch Jugoslawiens mit Moskau und die anschließende eigenständige Entwicklung als Grundstein für den heutigen Eurokommunismus gewertet werden.

Die jugoslawische Revolution

Nach dem Überfall Hitler-Deutschlands auf Jugoslawien im April 1941 brach der Vielvölkerstaat in weniger als zwei Wochen auseinander. Serbien wurde von deutschen Truppen besetzt, Montenegro und Teile Dalmatiens von den Italienern; Kroatien wurde ein selbständiger faschistischer Staat. Die unter dem geflohenen König Peter gebildete Exilregierung in London blieb ohne wesentlichen Einfluß auf die weiteren Ereignisse. Von nun an wurde die von Tito geführte Kommunistische Partei zur entscheidenden Kraft des Widerstandes gegen die ausländische Besatzung. Als erster Widerstandsbewegung in Europa gelang es den jugoslawischen Kommunisten, von selbstbefreiten Gebieten aus eine feste Basis für die Volksrevolution zu schaffen. Von Anfang an stellte Tito nicht nur den nationalen, sondern auch den revolutionären Charakter des Befreiungskampfes in den Vordergrund. Im Rahmen der Partisanenbewegung wurden proletarische Brigaden gebildet, und in den befreiten Gebieten wurden Volksbefreiungskomitees als neue Machtorgane gewählt.

Schon Anfang 1942 kam es zu Spannungen mit der Stalin-Führung, die alles daran setzte, eine eigenständige sozialistische jugoslawische Revolution zu bremsen. Die Gründe waren für Stalin teils außenpolitischer Natur (Bündnis mit England und den USA), vor allem aber fürchtete er, daß eine siegreiche, selbständige revolutionäre Bewegung Jugoslawiens seiner Kontrolle entgleiten könnte. So wurde die versprochene sowjetische Hilfe im Frühjahr 1942 wieder zurückgezogen, und Stalin beschwerte sich, wie bereits erwähnt, mehrfach über den revolutionär-sozialistischen Charakter der jugoslawischen Partisanenbewegung. Die Meinungsverschiedenheiten gingen so weit, daß die Kommuniqués der jugoslawischen Partisanenführung während des Krieges in der Sowjetpresse nicht veröffentlicht wurden.

Im Herbst 1942 zählten die Partisanentruppen bereits 150 000 Mann. Im November 1942 wurde der »Antifaschistische Rat der Volksbefreiung Jugoslawiens« einberufen. Die ursprüngliche Absicht, eine provisorische Regierung auszurufen, wurde jedoch von Moskau untersagt. Ein Jahr später, im November 1943, bei der zweiten Sitzung – dieser Tag ist heute der Nationalfeiertag

Jugoslawiens –, wurde ein Nationalkomitee als Kern einer neuen Regierung gebildet. Wichtige Beschlüsse dieser zweiten Tagung wurden erneut in der Sowjetpresse nicht veröffentlicht. Erst im Februar 1944, als die jugoslawische Volksbefreiungsarmee bereits aus eigener Kraft mehr als zwei Drittel des Landes befreit hatte, traf eine sowjetische Militärmission ein, ab Herbst 1944 kämpften in Jugoslawien vorübergehend sowjetische Truppen.
Die jugoslawische Volksrevolution hatte eine gewaltige Ausstrahlungskraft, auch auf viele kommunistische Parteien der Welt.
Bei Kriegsende hatten die jugoslawischen Kommunisten ihr Land allein befreit. Es war keine Gleichschaltung wie in den anderen osteuropäischen Ländern, sondern Jugoslawien erlebte die zweite siegreiche Revolution nach der Oktoberrevolution in Rußland 1917. Aber die jugoslawische Revolution von 1941 bis 1945 hatte in einer veränderten Welt auch einen anderen Charakter. Der aus der Revolution geborene jugoslawische Kommunismus stand von Anfang an dem inzwischen in Rußland etablierten bürokratisch-diktatorischen Stalin-Kommunismus gegenüber.

Meinungsverschiedenheiten mit Moskau zwischen 1945 und 1948

Nach 1945 wurden die jugoslawischen Kommunisten in kurzer Zeit mehrfach tief enttäuscht. So erfuhren sie, daß Stalin und Churchill im Oktober 1944 für Jugoslawien eine Aufteilung der Interessensphären im Verhältnis 50:50 abgesprochen hatten.
Sie erlebten, wie die Sowjetführung nun ihre Berater in alle Schlüsselpositionen in Staat, Wirtschaft und Armee entsandte und fast mit einer Machtfülle ausstattete wie die Kolonialherren in einer überseeischen Besitzung. Die sowjetrussischen Berater erhielten viermal so hohe Gehälter wie jugoslawische Armeekommandeure und dreimal so hohe Gehälter wie die Mitglieder der jugoslawischen Regierung.
Die Jugoslawen mußten mitansehen, wie der sowjetische

Geheimdienst damit begann, in ihrem Land ein eigenes Spitzelsystem aufzubauen, und dafür jugoslawische Staatsbürger anwarb, darunter auch Parteimitglieder und höhere Funktionäre.
In der Wirtschaft mußten sie die Einrichtung von »gemischten Gesellschaften« hinnehmen, deren erkennbares Ziel es war, die jugoslawische Wirtschaft der sowjetischen unterzuordnen. Nach langen Verhandlungen gab es zuerst eine gemischte Gesellschaft für Flugwesen und eine für den Schiffsverkehr. Die jugoslawischen Anteile wurden nach den Preisen von 1938 berechnet, die sowjetischen Anteile nach den völlig anders liegenden Preisen von 1946/47. An der Spitze stand ein sowjetischer Generaldirektor. Es gab keine Generalversammlungen, keine Buchprüfung; der sowjetische Direktor entschied alles, und die Tarife wurden nach sowjetischen Regelungen festgesetzt: die billigsten für die Sowjetunion, die mittleren für andere Donauländer, die höchsten für Jugoslawien. 1946 und 1947 drang die Sowjetführung darauf, weitere solche gemischte Gesellschaften zu bilden, darunter für Erdöl, Kohle, Blei und Zink, Aluminium und schließlich sogar für Eisen und Stahl.
Mehr und mehr erkannten die Jugoslawen auch, daß sich die Sowjetunion dem Aufbau von Grundindustrien für die Industrialisierung des Landes widersetzte, die Jugoslawien für die Erlangung seiner ökonomischen Unabhängigkeit benötigte. So wie die Vertreter der Sowjetunion gegen Wirtschaftspläne und Industrialisierungsprogramme opponierten, wurde immer deutlicher, daß Jugoslawien nur als Rohstofflieferant und Lieferant für Agrarprodukte im Ostblock dienen sollte.
Schließlich mußten die Jugoslawen auch eine zunehmende sowjetrussische Einmischung im kulturellen Bereich und in den Massenmedien hinnehmen. Sie mußten sowjetische Zeitungsartikel nachdrucken, sowjetische Filme spielen und sowjetische Theaterstücke aufführen und sollten auf diese Weise das kulturelle Leben weitgehend russifizieren.
Schrittweise erkannten die jugoslawischen Kommunisten, daß Stalin sie nicht wie ein gleichberechtigtes sozialistisches Land behandelte, sondern wie ein von ihm abhängiges Land seines eigenen Einflußbereiches. Vor diesem Hintergrund kam es dann zu jenen dramatischen Ereignissen in der Zeit von Februar bis

Juni 1948, mit denen Moskau den Ausschluß Jugoslawiens aus dem Kominform vorbereitete.

Stalins Kampagne gegen Jugoslawien (Februar bis Juni 1948)

Zuerst ging es der Stalin-Führung darum, Jugoslawien eine Art Schuldbekenntnis abzunötigen. Am 10. Februar 1948 lud Stalin höchstrangige Repräsentanten Jugoslawiens und Bulgariens zu einem dringenden Treffen nach Moskau ein. Bei einer Besprechung warf Stalin den Jugoslawen dann in äußerst scharfer Form vor, sie hätten sich zur Gewohnheit gemacht, die Sowjetregierung niemals in außenpolitischen Dingen zu Rate zu ziehen. Dies dürfe sich nicht wiederholen. Für den gleichen Abend wurde ein Abkommen vorbereitet, wonach Jugoslawien in Zukunft mit der Sowjetunion alle außenpolitischen Fragen abstimmen müsse.
Die Unterzeichnung dieses Abkommens erfolgte in einer entwürdigenden Prozedur. Spätnachts wurde Kardelj geweckt, dringend zu Molotow befohlen und mußte dort den aus zwei Schreibmaschinenseiten bestehenden Vertragstext unterzeichnen. Molotow forderte ihn barsch auf: »Unterschreiben Sie das!« Kardelj schilderte später, wie wütend er war, welche Demütigung, Widerwärtigkeit und Peinlichkeit er fühlte, als er erkannte, daß es sich um das Diktat einer Großmacht gegenüber einem kleineren, schwächeren Staat handelte und nicht um einen Vertrag zwischen sozialistischen Bruderstaaten. Er wollte zunächst nicht unterzeichnen, entschied sich aber dann doch dafür, um die Situation nicht noch unnötig zu verschärfen. Psychologisch interessant ist, daß er in der Aufregung seinen Namen dorthin schrieb, wo Molotow hätte unterschreiben sollen. Molotow zerriß ärgerlich das Papier, die letzte Seite wurde neu geschrieben und dann von beiden unterzeichnet.[5]
Mit diesem Vertrag hatte Stalin nun eine Handhabe, um jeden, auch nur den kleinsten außenpolitischen Schritt Jugoslawiens zu kontrollieren. Aber die Stalin-Führung hielt das noch nicht für ausreichend und beschloß, den Druck auf Jugoslawien aufrechtzuerhalten. Zehn Tage später wurde den jugoslawischen Vertre-

tern in Moskau mitgeteilt, die Sowjetunion werde keine weiteren Wirtschaftsverhandlungen mehr führen und die Entsendung der für Jugoslawien wichtigen Rohstoffe werde vorübergehend unterbrochen. Das war der Beginn einer Wirtschaftsblockade mit dem klaren Ziel, Jugoslawien generell zum Einlenken zu zwingen.

Am 18. und 19. März 1948 zog dann die Sowjetunion alle ihre Berater aus Jugoslawien zurück in der Hoffnung, daß Jugoslawien angesichts der großen Schwierigkeiten in seiner Wirtschaft doch noch zum Einlenken zu bewegen sei – eine Methode, die Moskau später auch gegen China und Albanien anwandte. Am 20. März richtete die jugoslawische Parteiführung einen Brief an die Sowjetführung mit der Bitte um Erklärung ihres Verhaltens. Gleichzeitig wurden in diesem Brief, wenn auch höflich, die sowjetischen Methoden der Informationssammlung auf unterer Ebene kritisiert und die Bereitschaft erklärt, der Sowjetunion alle gewünschten Informationen direkt von der Zentrale zuzuleiten.

Eine Woche später, am 27. März, kam die Antwort aus Moskau. Den jugoslawischen Kommunisten wurde vorgeworfen, sie behinderten die Tätigkeit der sowjetischen Berater, streuten antisowjetische Gerüchte aus, würden der Sowjetunion Großmachtchauvinismus vorwerfen, behaupteten, daß die Sowjetunion sich Jugoslawien ökonomisch unterordnen wolle und der Sozialismus in der Sowjetunion aufgehört habe, revolutionär zu sein. Das Groteske an dieser Anschuldigung bestand darin, daß die jugoslawischen Kommunisten diese Kritik damals noch gar nicht ausgesprochen hatten, ja wahrscheinlich nicht einmal so kraß in dieser Richtung gedacht hatten, daß Stalin aber annahm, sie *könnten* so denken. Die Angriffe richteten sich vor allem gegen jene vier Führer, die die vier entscheidenden Schlüsselpositionen innehatten, auf die die Sowjets Einfluß nehmen wollten, nämlich Wirtschaft (Kidrić), Armee (Vukmanović), Innenministerium (Ranković) und Propaganda und Presse (Djilas). Stalin hoffte, daß Tito die betreffenden Mitarbeiter fallenließe, damit den ersten Rückzieher mache und zu weiteren Zugeständnissen gebracht werden könne. Für alle Fälle sollten aber gleichzeitig auch die anderen jugoslawischen Führer eingeschüchtert werden, denn der Brief aus Moskau bezichtigte die jugoslawischen

Führer auch schwerster parteifeindlicher Äußerungen und verglich sie mit Trotzki. Dann folgte der drohende Satz: »Wir halten Trotzkis politische Karriere für lehrreich genug.« Trotzki war ermordet worden, der Hinweis war also zweifelsfrei. Unterzeichnet war der Brief von Stalin und Molotow.
Nach diesem Brief folgte am 1. April 1948 die entscheidende Sitzung des jugoslawischen Zentralkomitees in der Bibliothek des ehemaligen Königspalastes von Dedinje, an der hinter verschlossenen Türen nur Mitglieder des Zentralkomitees teilnahmen. Nicht einmal ein Stenograph war zugelassen. Tito las den Text des sowjetischen Briefes und den Entwurf seiner Antwort vor. In diesem Entwurf stand, daß die Beziehungen zur Sowjetunion nur auf dem Prinzip der Unabhängigkeit und des gegenseitigen Vertrauens beruhen können. In der anschließenden Diskussion befürworteten 17 Mitglieder des Zentralkomitees diese Absage an Stalin. Lediglich ein Mitglied, Zujović, der damalige Sekretär der Volksfront, der enge Beziehungen zur Sowjetbotschaft unterhielt, erklärte sich gegen die Antwort.
Ein Teilnehmer dieser Geheimkonferenz von Dedinje schrieb später, sie habe eine neue Ära in den Beziehungen zwischen den sozialistischen Ländern und den kommunistischen Parteien eröffnet.[6] Mir scheint, das ist nicht übertrieben. Man kann diese Konferenz vom 1. April 1948 durchaus als den Beginn jener Entwicklung ansehen, die zum Eurokommunismus führen sollte.
Die Antwort aus Jugoslawien sah Stalin zum erstenmal in der ungewohnten Situation, den Widerstand einer ganzen Partei gegen sich zu haben. Es war für Stalin klar, daß er weder durch wirtschaftliche Drohungen noch durch politischen Druck eine Spaltung der jugoslawischen Parteiführung erreicht hatte. Nun machte er den Versuch, andere kommunistische Parteien einzuschalten, um Druck auf Jugoslawien auszuüben. In einem Brief vom 4. Mai 1948 – unterzeichnet von Stalin und Molotow – erklärten die Kreml-Führer, die jugoslawische Angelegenheit sei dem Kommunistischen Informationsbüro (Kominform) vorgelegt worden. Wiederholt machte die Sowjetführung dabei den Versuch, die Jugoslawen zu diesem Treffen einzuladen, offensichtlich, um auf diesem Wege Titos und anderer jugoslawischer Führer habhaft zu werden. Das jugoslawische Zentralkomitee

lehnte jedoch die Einladungen ab und schlug statt dessen der Sowjetführung vor, eine Delegation nach Jugoslawien zu entsenden, um die Probleme an Ort und Stelle zu untersuchen. Auf diesen Vorschlag ging die Sowjetführung jedoch nicht ein. Nach mehrfacher Verschiebung fand dann die Kominform-Tagung in der letzten Juniwoche in Bukarest statt.
Man traf sich im ehemaligen königlichen Palast in Bukarest, insgesamt nahmen 21 KP-Führer daran teil. Die Delegation der Sowjetunion bestand aus Shdanow, Malenkow und Suslow, je zwei Spitzenfunktionäre waren aus Bulgarien und Polen anwesend, je drei aus Rumänien und Ungarn, vier Vertreter kamen aus der Tschechoslowakei. Die KP Frankreichs war durch die Stalinisten Duclos und Fajon vertreten, von der KP Italiens kamen Palmiro Togliatti und Pietro Secchia. Auffallend war, daß weder Polens KP-Führer Gomulka noch der bulgarische KP-Führer und ehemalige Generalsekretär der Kommunistischen Internationale, Georgi Dimitroff, an der Konferenz teilnahmen.

Der Bruch mit Moskau

Eine von Moskau vorbereitete Resolution, die in Bukarest von Shdanow begründet wurde, verlangte den Ausschluß der KP Jugoslawiens aus der Kominform. Nach jugoslawischer Darstellung hatten einige Parteiführer vorsichtig opponiert, vor allem der damalige rumänische KP-Führer Gheorghiu-Dej, der später bei den Autonomiebestrebungen Rumäniens eine wichtige Rolle spielte. Er habe einige »störende« Fragen gestellt, aber der eingespielte Apparat war nicht mehr zu bremsen, vor allem, nachdem Shdanow erklärt hatte: »Wir sind im Besitz von Informationen, daß Tito ein imperialistischer Spion ist.« Danach wurde die Kominform-Resolution angenommen. Zum erstenmal in der Geschichte des Kommunismus wurde damit eine regierende kommunistische Partei mit Acht und Bann belegt.
Der Inhalt der Resolution von Belgrad ist relativ unbedeutend. Er besteht aus unbegründeten, oft widersprüchlichen Anklagen, wie »bürgerlicher Nationalismus, falsche Agrarpolitik, Unterstützung kapitalistischer Elemente auf dem Dorf, sowjetfeindli-

che Einstellung«, und beschuldigt die Jugoslawen sowohl einer »Linksabweichung« als auch gleichzeitig einer »opportunistischen Einstellung«. Es handelte sich dabei ganz offensichtlich um eine Diskreditierung und um den Versuch, die jugoslawischen Kommunisten zur Selbstkritik zu zwingen. Bedeutsam in diesem Zusammenhang ist der Hinweis am Schluß des Dokumentes, wo das Kommunistische Informationsbüro die Hoffnung aussprach, daß es innerhalb der KP Jugoslawiens auch »gesunde Kräfte« gäbe. Diese wurden offen zum Sturz der offiziellen Führung aufgerufen: »Die Aufgabe dieser gesunden Kräfte der KP Jugoslawiens besteht darin, die gegenwärtigen Führer zu zwingen, ihre Fehler offen und ehrlich einzugestehen und zu korrigieren . . . falls die gegenwärtige Führung der KP Jugoslawiens sich dazu unfähig erweist, sie abzusetzen und eine neue internationalistische Führung der KP Jugoslawiens aufzustellen.«[7]

Über die Kominform-Resolution wurde in allen kommunistischen Parteien leidenschaftlich diskutiert. Offenkundig begann nun eine Differenzierung innerhalb der Bewegung. Die auf Selbständigkeit hoffenden Kommunisten, darunter damals auch ich, schwankten zwischen der Befürchtung, die jugoslawischen Kommunisten könnten dem Stalin-Ultimatum nachgeben, und der Hoffnung, sie würden, als erste kommunistische Partei, der Stalin-Führung ein »Nein!« entgegenschleudern. Nach zwei Tagen erfolgte die Antwort: Die Jugoslawen lehnten in einem längeren Brief vom 30. Juni die Kominform-Resolution ab. Sie erklärten, die Resolution sei auf unbegründeten Behauptungen aufgebaut, sie stelle den Versuch dar, das Ansehen der KP Jugoslawiens zu zerstören und in der internationalen Arbeiterbewegung Verwirrung hervorzurufen. Ruhig und sachlich wurden in dem Brief mit einer Fülle von Fakten die Beschuldigungen im einzelnen widerlegt, aber gleichzeitig auch eigene kritische Einwände vorgebracht. So verwahrten sich die Jugoslawen dagegen, daß der sowjetische Geheimdienst versuchte, seine Agenten in eine brüderliche kommunistische Partei einzuschleusen. Eine solche Haltung gegenüber einem Lande, das den Sozialismus aufbaut, sei unerlaubt. Unmißverständlich schlossen die jugoslawischen Kommunisten mit der Erklärung, sie seien nicht bereit, die Anschuldigungen der Kominform-Resolution anzuerkennen, würden aber gleichzeitig »mit noch größerer Ausdauer die Arbeit am Aufbau des Sozialismus« fortsetzen.[8]

Der eigenständige Weg Jugoslawiens

Die Stalin-Führung veranlaßte sofort eine gewaltige Kampagne gegen Jugoslawien. Alle kommunistischen Parteien der Welt mußten die jugoslawischen Kommunisten verurteilen. Moskau verstärkte den Druck auf Jugoslawien durch einen einseitigen Bruch von Verträgen und Abmachungen, eine Wirtschaftsblokkade, Grenzprovokationen, Verleumdungen und Falschmeldungen, Massenverhaftungen von wirklichen und vermeintlichen »Titoisten« in den Ostblockländern und durch eine Rundfunkpropaganda, die alles überstieg, was man je gehört hatte. Die sowjetischen Sender und die Stationen der Ostblockstaaten sendeten damals mehr auf serbokroatisch als in allen anderen Sprachen zusammengenommen.
Unter diesen äußerst schwierigen Bedingungen wurde in Jugoslawien versucht, in Theorie und Praxis einen neuen Weg zu beschreiten, der seit langem von Tausenden von Kommunisten in vielen Ländern erwartet wurde. In den vielen kommunistischen Parteien Europas waren nicht wenige Parteimitglieder und Funktionäre insgeheim auf der Seite der jugoslawischen Kommunisten. Selbst einige KP-Führer ließen dies erkennen. Der inzwischen kranke und gebrochene Dimitroff stimmte der Kominform-Resolution nur widerwillig zu. Gomulka soll sich ebenfalls kritisch über die Resolution geäußert haben. Bei der Abstimmung in dem aus 16 Mitgliedern bestehenden Zentralsekretariat der SED-Führung in Ost-Berlin stimmten damals zwei Mitglieder gegen die Annahme der antijugoslawischen Resolution. Einer davon war Erich W. Gniffke, der im September 1948 die Sowjetzone verlassen mußte.[9]
In den ersten Monaten nach der Kominform-Resolution wurde in Jugoslawien laufend Kritik an den unberechtigten Vorwürfen geübt und die Sowjetunion wiederholt aufgefordert, sie möge eine Delegation nach Jugoslawien entsenden, um sich selbst von der Unhaltbarkeit der Anschuldigungen zu überzeugen. Aus Moskau kam keine Antwort. Noch bis zum späten Frühjahr 1949

– das kann ich selbst bezeugen, da ich damals dort lebte – wurden in Jugoslawien sowjetische Filme gezeigt, sowjetische Bücher und sowjetische Zeitungen überall an allen Kiosken frei verkauft. Die Jugoslawen bemühten sich zunächst, vor allem die Verleumdungen richtigzustellen. Jeden Tag konnte man in der Parteizeitung »Borba« eine mehrspaltige, manchmal die ganze Seite füllende Rubrik mit dem Titel »Gegen Verleumdung und Desinformation« finden. Darin wurden jeweils die unrichtigen Anschuldigungen des Ostblocks der letzten 24 Stunden richtiggestellt. Erst im Spätsommer 1949 wurde dieser Artikel aufgegeben, denn es war unmöglich, alles richtigzustellen, was im Verlaufe von 24 Stunden von der Sowjetführung, der Führung der Ostblockstaaten und der Führung der kommunistischen Parteien fast aller Länder der Welt gegen Jugoslawien vorgebracht wurde. In Jugoslawien selbst hatte diese Propaganda wenig Wirkung, dort ging die Publizistik inzwischen dazu über, die grundsätzlichen politischen Probleme der Eigenständigkeit zu erörtern.[10]

Drei entscheidende Konzeptionen wurden in Jugoslawien seit Sommer 1949 verkündet, die heute zum unverrückbaren Bestand des Eurokommunismus gehören:

a) Die Gleichberechtigung zwischen kommunistischen Parteien in der Weltbewegung und die Ablehnung eines führenden Zentrums;

b) die ökonomische und politische Gleichberechtigung der sozialistischen Länder;

c) das Recht auf einen eigenen Weg zum Sozialismus, gemäß den eigenen Traditionen, den kulturellen, politischen und ökonomischen Bedingungen des betreffenden Landes.

Aus der Fülle der vielen damaligen Veröffentlichungen hier nur ein Satz aus einer Schrift von Milovan Djilas vom Sommer 1949: »Zu denken, daß die Völker alle auf dieselbe Art, nach demselben Rezept, zum Sozialismus kommen würden, wäre ebenso sinnlos wie sich den Sozialismus als eine Kaserne vorzustellen, in der alle Völker gleichberechtigt in Reih und Glied aufgestellt sein werden.«[11] Eduard Kardelj vertrat erstmals in der kommunistischen Weltbewegung die These, daß auch *nach* einer siegreichen sozialistischen Revolution keineswegs automatisch eine kontinuierliche Entwicklung zum Sozialismus gewährleistet sei, sondern man sich zwischen zwei möglichen Entwicklungswegen entscheiden und entweder zielstrebig den Weg zu einer sozialistischen Demokratie gehen müsse oder aber die Gefahr einer bürokratischen Deformation mit dem Aufbau eines bürokratischen Apparates heraufbeschwöre. Wobei man wissen müsse, daß eine bürokratische Entwicklung zur Unterdrückung der schöpferischen Initiative der Bevölkerung, zur Erziehung von Kriechern und zu einer geistigen Stagnation führe. Um eine bürokratische Entartung zu verhindern, forderte Kardelj die Erweiterung der Demokratie auf allen Gebieten des gesellschaftlichen Lebens. Das Ziel müsse eine Selbstverwaltung sein, in der die Bevölkerung auf allen Stufen an der Verwaltung des Staates und – als der eigentliche Produzent – an der Leitung der Wirtschaft zu beteiligen sei. Als ersten Schritt in diese Richtung schlug Kardelj schon damals, im Mai 1949, die Bildung von Arbeiterräten vor.[12]

Vom bürokratischen Zentralismus zur Arbeiterselbstverwaltung

Was damals in Jugoslawien vor sich ging, war eine ständige Wechselwirkung zwischen neuen Erkenntnissen auf der einen und praktischen Schlußfolgerungen auf der anderen Seite. Die kritische Beurteilung der bürokratischen Deformation in der Sowjetunion führte logischerweise dazu, in der Praxis nun die Dezentralisierung und Entbürokratisierung zu verwirklichen, und dies wiederum gab neue Anstöße zu weiterem kritischem Denken.

Schon 1949 begann eine weitreichende Dezentralisierung. Die Kompetenzen der zentralen Behörden wurden mehr und mehr an die einzelnen Volksrepubliken, Bezirke und Gemeinden übertragen. Die Betriebe und Unternehmen erhielten größere Selbständigkeit, und versuchsweise wurden im Herbst 1949 die ersten Arbeiterräte in den Betrieben eingeführt.

Es war keine ideale Situation für eine Umgestaltung der Gesellschaft. Im August 1949 erfolgte das Ultimatum der Sowjetregierung, dann kam es zu Truppenkonzentrationen an der jugoslawischen Grenze, im September 1949 kündigte die Sowjetunion alle Verträge und schickte eine drohende Note an Jugoslawien, unterzeichnet vom damaligen stellvertretenden Außenminister

Gromyko. Die Gefahr einer militärischen Invasion war unübersehbar. Trotzdem wurden die innenpolitischen Reformen fortgesetzt. Nach mehrmonatigen Versuchen in jugoslawischen Betrieben wurde Ende 1950 die entscheidende Veränderung vollzogen: die Einführung geheim gewählter Arbeiterräte in *allen* jugoslawischen Unternehmen. Dies war der erste Schritt, das Staatseigentum in gesellschaftliches Eigentum zu verwandeln und die bürokratisch-zentralistische Planwirtschaft durch eine sozialistische gesellschaftliche Selbstverwaltung zu ersetzen.
Interessant und sicher nicht zufällig war, daß Tito in seiner Rede vom 26. Juni 1950 vor dem Parlament die Einführung der Arbeiterräte in Jugoslawien mit den negativen Erfahrungen der bürokratischen Zentralisierung in der Sowjetunion begründete. Tito erklärte, daß eine bürokratische Entwicklung die größte Gefahr für eine sozialistische Entwicklung sei, weil sie mit ihren tausend Fangarmen wie ein Polyp die weitere Entwicklung zum Sozialismus behindere. Sie sei vor allem deshalb so gefährlich, weil sie sich unmerklich in alle Poren der gesellschaftlichen Tätigkeit einschleiche und die Menschen sich ihrer zuerst gar nicht bewußt würden. Tito sagte weiter, das Staatseigentum sei nicht, wie dies die Führer der Sowjetunion behaupten, die höchste, sondern die niedrigste Form des gesellschaftlichen Eigentums. Man solle sich daher erneut der Marxschen Formel von der »Assoziation der freien Produzenten« bewußt werden. Die gesellschaftliche Produktion müsse von den Produzenten selbst geleitet werden, die Leitung der Betriebe durch gewählte Arbeiterräte sei der einzige und richtige Weg für eine sozialistische Gesellschaft.[13]
Mit diesen Erklärungen wurden dann in allen jugoslawischen Unternehmen die Betriebe an die Arbeiter übergeben. Dabei tauchte eine Losung auf, die man im Kommunismus schon längst vergessen hatte: »Die Fabriken den Arbeitern.« Bei den Wahlen in den jugoslawischen Betrieben zu den Arbeiterräten wurde erstmals – damals eine Sensation – verlangt, daß auf den Kandidatenlisten doppelt so viele Namen stehen müßten wie gewählt werden, um eine wirkliche Wahl zu ermöglichen.
Zwar hatten die Arbeiterräte anfangs nur begrenzte Wirkungsmöglichkeiten, weil die staatliche Planwirtschaft noch existierte, aber der qualitative Umschlag zog weitere Wandlungen nach sich, ja machte sie sogar notwendig. Im Verlauf des Jahres 1951

erfolgte der Übergang von einer zentralen Detailplanung, wie sie in den Ostblockstaaten heute noch vorherrscht, zur allgemeinen ökonomischen Koordinierung. Im Juni 1951 faßte das jugoslawische Zentralkomitee einen Beschluß, wonach Erklärungen von Mitgliedern der Parteiführung nicht mehr für alle Parteimitglieder verbindlich sind, sondern nur noch die immer seltener werdenden offiziellen Parteiresolutionen. Damit sollte auch eine freiere Debatte über grundsätzliche Fragen ermöglicht werden.[14]
Die Reformen nach dem Bruch mit Moskau wurden auf dem 6. Kongreß der jugoslawischen Kommunisten vom 2. bis 7. November 1952 analysiert und weiter vorangetrieben. Auf diesem Kongreß wurde die jugoslawische KP in »Bund der Kommunisten« umbenannt – einerseits, um sich von den kommunistischen Parteien stalinscher Prägung zu unterscheiden, andererseits, um an die ursprüngliche Konzeption von Marx zu erinnern, wonach die Kommunisten keine besondere Partei sind, die die Arbeiterklasse führt, sondern ein Teil der Arbeiterklasse selbst. Der Apparat der hauptamtlichen Funktionäre wurde drastisch reduziert, die Autonomie und Selbständigkeit der unteren Parteiorgane beträchtlich vergrößert. Der Bund der Kommunisten, so wurde erklärt, erteilt weder im wirtschaftlichen noch staatlichen Leben unmittelbare Anweisungen, sondern konzentriert sich auf die politische und ideologische Arbeit, auf das Wirken durch Überzeugungskraft. Das waren Formulierungen, wie sie 16 Jahre später in den Gedankengängen des »Prager Frühlings« von 1968 ebenfalls zu lesen waren. Der Parteikongreß beschloß außerdem, die Leitung der Wirtschaftsbetriebe durch die Arbeiter, also die Selbstverwaltung der Produzenten, fortzusetzen, die Rechte der unmittelbaren Produzenten zu erweitern und den bürokratischen Zentralismus zurückzudrängen.[15]
Wenige Monate später, im Frühjahr 1953, wurde der letzte Überrest des Stalinismus in Jugoslawien überwunden: die Kollektivierung der Landwirtschaft. Nach längeren inneren Diskussionen wurde beschlossen, allen Mitgliedern der landwirtschaftlichen Produktionsgenossenschaften in Jugoslawien die Möglichkeit zu geben, selbst zu entscheiden, ob sie diesen weiter angehören wollten oder nicht. Die Mehrzahl entschloß sich für die zweite Lösung. Die verbliebenen Genossenschaften stützten sich von nun an auf den freien Willen ihrer Mitglieder.

Die Auswirkungen auf die europäischen Kommunisten

Unter den Bedingungen des Stalinismus konnten sich diese Entwicklungen auf die kommunistischen Parteien anderer Länder nicht so auswirken, wie dies bei einem freien Informationsaustausch möglich gewesen wäre. Trotzdem haben sich die jugoslawischen Kommunisten auch mit der Situation in den anderen kommunistischen Parteien wiederholt ausführlich beschäftigt. Es erschienen jugoslawische Wochenzeitschriften in fremden Sprachen, die in kommunistischen Parteien anderer Länder oft heimlich gelesen und kommentiert wurden. Die jugoslawischen Kommunisten wiesen darauf hin, daß die prosowjetischen Parteien stagnierten und zu einem Hindernis für die weitere Entwicklung geworden seien. Die prosowjetischen Parteien hätten mit den objektiven Wandlungen der gesellschaftlichen Verhältnisse nicht Schritt gehalten. In Stalins Schablone gepreßt, seien sie sowohl nach ihrem politischen und ideologischen Gehalt als auch nach ihren Organisationsformen unfähig geworden, weiterhin im Kampf der fortschrittlichen Kräfte für den Sozialismus an der Spitze zu stehen.[16]

Tito prophezeite in seiner Rede auf dem VI. Kongreß des Bundes der Kommunisten 1952, die jugoslawische Entwicklung werde ein Ansporn für Veränderungen in anderen kommunistischen Parteien sein. Das jugoslawische Beispiel, erklärte Tito, hätte dazu geführt, »daß man sich in allen kommunistischen Bewegungen der Welt kritisch über die Maßnahmen und die Politik der Sowjetunion einzustellen begann«. In vielen kommunistischen Parteien, vor allem der westlichen Länder, verstärkte sich die Kritik an der moskaufreundlichen Politik: »Immer stärker kommt das Streben zum Ausdruck, daß die kommunistischen Parteien der einzelnen Länder in erster Linie die Interessen der werktätigen Bevölkerung ihres Landes, nicht aber fremde Interessen berücksichtigen müssen.«[17]

Von 1948 bis Ende 1952 flohen 8500 Menschen, oft unter Lebensgefahr, aus den damaligen stalinistischen Ländern Osteuropas nach Jugoslawien, darunter viele Parteimitglieder und sogar Parteifunktionäre.[18] In einigen westeuropäischen Ländern gründeten damals ausgeschlossene oder ausgetretene KP-Mitglieder und Funktionäre eigene Gruppen und Organisationen, die – von jugoslawischen Schriften angeregt – ähnliche Probleme diskutierten und zu ähnlichen Schlußfolgerungen kamen. Diese kleinen Gruppen waren damals politisch recht bedeutungslos. Ihr geringer Einfluß war vor allem damit zu erklären, daß die Stalin-Führung zu jener Zeit noch stark genug war, um eine Ausbreitung der Ideen des jugoslawischen Modells auf die Kommunisten anderer Länder zu verhindern.

Der Weg zur Belgrader Deklaration von 1955

Stalin starb im März 1953. Schon kurz danach begannen sich in Moskau Bestrebungen abzuzeichnen, die Beziehungen der Sowjetunion zu den Ländern Süd- und Osteuropas zu überprüfen und neu zu gestalten. Dazu war aber eine zumindest teilweise Aussöhnung mit Jugoslawien notwendig. Seit dem Frühsommer 1953 begannen daher, zunächst sehr vorsichtig, sowjetische Annäherungsversuche. Sie verstärkten sich im Laufe des Jahres 1954, und im September 1954 veröffentlichten sowjetische Zeitungen erstmals wieder Reden Titos ohne feindselige Kommentare. Im November 1954 erklärte Moskau, die Sowjetregierung sei von ihrer Seite bereit, zur völligen Normalisierung der sowjetisch-jugoslawischen Beziehungen beizutragen.[19] Die Verwirklichung dieses Vorhabens dauerte aber noch eine Weile, denn es kam zu heftigen Auseinandersetzungen innerhalb der Kreml-Führung, wobei sich vor allem Molotow gegen eine Verbesserung der Beziehungen zu Jugoslawien aussprach.[20] Erst am 25. Mai 1955 traf eine sowjetische Delegation unter Führung Chruschtschows und unter Teilnahme des damaligen Ministerpräsidenten Bulganin und seines Stellvertreters Mikojan in Belgrad ein. Es war ein einmaliges Ereignis. Zum erstenmal fuhren Spitzenführer der UdSSR in ein unabhängiges sozialistisches Land, um sich dort für die frühere sowjetische Politik öffentlich zu entschuldigen. Chruschtschow zog nach der Landung auf dem Flughafen ein Manuskript aus der Tasche und gab die sensationelle Erklärung ab, daß er die antijugoslawische Kampagne seit 1948 zutiefst bedaure. Allerdings schob er die Schuld am Konflikt allein dem langjährigen sowjetischen Sicherheitsdienstchef Berija in die Schuhe: »Wir haben das Material, worauf die schweren Beschuldigungen und Beleidigungen beruhten, die damals gegen die Führer Jugoslawiens erhoben wurden, sorgfältig geprüft. Die Tatsachen zeigen, daß dieses Material von Feinden des Volkes, den verachtungswürdigen Agenten des Imperialismus, die sich durch Betrug in die Reihen unserer Partei eingeschlichen haben, fabriziert worden war. Wir sind zutiefst davon überzeugt, daß die Zeit, da unsere Beziehungen getrübt waren, hinter uns liegt.«[21]

Zehn Tage später, nach harten und langwierigen Auseinandersetzungen zwischen den jugoslawischen Kommunisten und den sowjetischen Führern, wurde am 3. Juni 1955 die Belgrader Deklaration veröffentlicht, auf die sich seitdem nicht nur die jugoslawischen Kommunisten stützen, sie wurde auch für den späteren Eurokommunismus von entscheidender Bedeutung. Diese Belgrader Deklaration erkannte nicht nur den unterschiedlichen Weg zum Sozialismus an, sondern sogar die Existenz unterschiedlicher Modelle. Denn es wurde eindeutig gesagt, »daß Unterschiede der konkreten Formen des Sozialismus ausschließlich Angelegenheiten der einzelnen Länder sind«.

Aber nicht nur der Inhalt, sondern auch die Methoden der sowjetisch-jugoslawischen Auseinandersetzungen haben große Bedeutung für den Eurokommunismus. Weder Tito noch ein anderes Mitglied der jugoslawischen Führung ist von 1948 bis 1955 zur Berichterstattung oder zur Entschuldigung in irgendeine andere Ostblockhauptstadt gefahren, wie dies leider während des »Prager Frühlings« mehrfach geschah. Die Jugoslawen scheuten sich auch nicht, durch eine Kritik am System der UdSSR die Rechtfertigung für ihren eigenen Weg zu untermauern. Sie ließen sich durch Moskauer Drohungen – einschließlich der Drohung einer Invasion sowjetischer Truppen – nicht einschüchtern. Und bei der Wiederannäherung bestanden sie darauf, in der ersten gemeinsamen Deklaration den eigenen Standpunkt deutlich zum Ausdruck zu bringen.

3.

Die Auswirkungen des 20. Parteitages der KPdSU auf den europäischen Kommunismus

Der 20. sowjetische Parteitag vom Februar 1956 diente der damaligen Chruschtschow-Führung dazu, die bereits eingeleiteten Entstalinisierungsmaßnahmen zu sanktionieren und den Weg für eine weitere Abkehr von Stalin im Sinne einer kontrollierten Reform von oben frei zu machen. Mit der Entstalinisierung wollte die Chruschtschow-Führung das von Stalin übernommene System den neuen Bedingungen anpassen. Durch Reduzierung des Terrorsystems, Befreiung von überlebten Dogmen, Modernisierung der Herrschaftsmethoden, Dezentralisierung des Wirtschaftssystems und eine stärkere Berücksichtigung der Konsumgüterproduktion wollte die Chruschtschow-Führung eine vom Parteiapparat gelenkte Reform vollziehen. Im Rahmen dieser Entwicklung ging es der Chruschtschow-Führung auch darum, neue Beziehungen zu den Ländern Ost- und Südosteuropas zu entwickeln. Die führende Rolle der Sowjetunion sollte aufrechterhalten bleiben, aber in moderneren und geschmeidigeren Formen. Dies sollte auch für die kommunistische Weltbewegung gelten.

Von Stalins Tod im März 1953 bis zum 20. Parteitag im Februar 1956 waren in der Sowjetunion die ersten, wenn auch noch manchmal widerspruchsvollen und zaghaften Schritte einer Abkehr von Stalin und manchen Erscheinungen des Stalinismus getan worden. Der 20. Parteitag sollte nun den beschrittenen Weg bestätigen und durch eine Kritik an Stalin den Boden zu einer weitergehenden – aber immer von oben kontrollierten – Entstalinisierung ebnen.

Erstaunliche Eingeständnisse

Bereits auf den öffentlichen Sitzungen des Parteitages – über die wörtlich in der gesamten Sowjetpresse berichtet wurde – gab es erstaunliche Eingeständnisse: Unter Stalin habe eine Atmosphäre der Ungesetzlichkeit und Willkür geherrscht, der Staatssicherheitsdienst habe gefälschtes Anklagematerial gegen ehrliche leitende Funktionäre und einfache Sowjetbürger fabriziert. Unter Stalin seien die Aktivitäten der Parteimitglieder unterdrückt worden, in der Außenpolitik hätten sich durch sowjetische Schuld in einigen Fällen die Beziehungen zu anderen Ländern verschlechtert. In historischen Arbeiten seien Tatsachen verfälscht, viele ehrliche Parteiführer zu Unrecht als Volksfeinde abgestempelt worden.

Diese Kritik wurde mit einem nachdrücklichen Eintreten für die sozialistische Gesetzlichkeit verbunden, für eine realistischere Betrachtung der eigenen Geschichte, für die Rehabilitierung unschuldig verurteilter Personen, für die verschärfte Kontrolle des Staatssicherheitsdienstes und für die Revidierung vieler Leitsätze Stalins, dazu gehörte auch die Ausarbeitung einer neuen Parteigeschichte.

Noch bedeutend wichtiger für die Herausbildung des Eurokommunismus war jedoch die Verkündung der These über den unterschiedlichen Weg zum Sozialismus. Alle wichtigen Sowjetführer – darunter auch Chruschtschow und Suslow – erklärten, die Formen des Übergangs zum Sozialismus würden immer mannigfaltiger und in den kapitalistischen Ländern würde sich der Übergang zum Sozialismus künftig durch noch stärkere Eigenarten auszeichnen, es werden »immer neue Formen des Übergangs zum Sozialismus entstehen«. In der Resolution des Parteitages wurde sogar erklärt, es ist »völlig gesetzmäßig, daß die Formen des Übergangs der Länder zum Sozialismus in Zukunft noch mannigfaltiger werden«.[22] Verknüpft wurde diese These mit der Möglichkeit einer friedlichen sozialistischen Umgestaltung. Nach wie vor, so wurde auf dem Parteitag erklärt, handle es sich um einen revolutionären Prozeß, aber der Übergang zum Sozialismus müsse keineswegs in allen Ländern und unter allen Umständen mit einem Bürgerkrieg verbunden sein. In einer Reihe kapitalistischer Länder bestünde heute die reale Möglichkeit, diesen

Übergang auf friedlichem Wege zu vollziehen.
Die neuen Konzeptionen über den unterschiedlichen Weg zum Sozialismus und die Möglichkeit eines friedlichen Charakters der sozialistischen Revolution kamen für die auf dem 20. Parteitag anwesenden 55 ausländischen KP-Delegationen offensichtlich völlig überraschend. Sie waren überhaupt nicht davon informiert worden – übrigens auch nicht darüber, daß Stalin kritisiert werden sollte.
Von allen ausländischen KP-Delegationen gingen nur zwei auf die neuen Thesen vom unterschiedlichen Weg ein. Der anwesende französische KP-Führer Thorez erinnerte zaghaft an ein Interview vom 18. November 1946, in dem die KP Frankreichs erklärt hatte, es wäre durchaus möglich, einen anderen Weg zu beschreiten als den, den die russischen Kommunisten beschritten hatten. Thorez erwähnte dabei aber nicht, daß er selbst dieses Interview gegeben hatte. Und gleichzeitig gab Thorez das Versprechen ab, die KP Frankreichs werde stets »den großen Ideen von Marx, Engels, Lenin und Stalin« treu bleiben – eine recht eigentümliche Erklärung, da die Sowjetführung sich ja gerade von Stalin distanziert hatte.
Nur der italienische KP-Führer Togliatti nutzte sofort die Situation. Er erklärte in seiner Begrüßung, daß der sowjetische Weg nicht in jeder Hinsicht für andere Länder obligatorisch sein könne, um dann eine für damalige Verhältnisse weitgehende Schlußfolgerung zu ziehen: »Die italienischen Kommunisten stehen vor der Aufgabe, einen italienischen Weg zu finden. Dieser Weg muß die historische Entwicklung des Landes, seine soziale Struktur, die Mentalität und Bestrebungen der breiten Massen der Werktätigen berücksichtigen und es möglich machen, für Italien entsprechende Formen zu finden, um die Mehrheit des Volkes für die sozialistische Umgestaltung der Gesellschaft zu gewinnen.« Diese Erklärung, die in der »Prawda« und in allen Ostblockstaaten nachgedruckt worden ist, gab dem aufmerksamen Beobachter einen ersten Hinweis darauf, daß die italienische KP in den neuen Entwicklungen am weitesten vorangehen würde.[23]

Am letzten Tag des Parteitages, am 25. Februar, fand das berühmte Geheimreferat Chruschtschows statt. Chruschtschow erinnerte in seinem sensationellen Referat erstmals an Lenins Testament und auch an den Vorschlag Lenins, Stalin abzusetzen. Bis dahin war das Testament Lenins geheim, und eine Erwähnung dieses Testaments wurde, wie inzwischen dokumentarisch nachgewiesen ist, mit mehrjährigen Lageraufenthalten bestraft. Chruschtschow sagte, Lenins Befürchtungen in seinem Testament seien berechtigt gewesen. Er unterstrich Stalins despotische Veranlagung und konzentrierte sich vor allem auf die große Säuberung von 1936 bis 1938, auf die Massenunterdrückung, auf die Bedeutung des Begriffes »Volksfeinde« und auf die Tatsache, daß Geständnisse durch physischen Druck auf die Angeklagten erpreßt worden seien. Treueste und ergebenste Kommunisten, die in Wirklichkeit niemals Feinde oder Spione waren, seien zu Volksfeinden erklärt worden. Sie hätten sich oft selbst bezichtigt, um die barbarischen Folterungen nicht länger ertragen zu müssen. Von 139 Mitgliedern und Kandidaten auf dem 17. Parteikongreß im Jahre 1934 wurden in der großen Säuberung 98, d. h. 70 Prozent, verhaftet und liquidiert. Im ganzen Lande, so schilderte Chruschtschow, bestand Unsicherheit, Argwohn, Mißtrauen, während Verleumder und Karrieremacher aller Art am Werke waren. Die Repressalien gegen die Rote Armee vom Kompaniechef und Bataillonskommandeur aufwärts bis zu den höheren Militärführungsstäben hätten die sowjetischen Streitkräfte geschwächt; alle Militärs, die in Spanien oder im Fernen Osten tätig waren, seien fast vollständig liquidiert worden. Dieser Aderlaß der Roten Armee sei der entscheidende Grund für die Niederlage der sowjetischen Truppen in den ersten Monaten des Jahres 1941 gewesen.
Besonders erschütternd und für die Anwesenden neu war die Schilderung von Stalins Verhalten während des Zweiten Weltkrieges. Chruschtschow erwähnte die Tatsache, daß Stalin alle Warnungen westlicher und sowjetischer Informanten über einen bevorstehenden Angriff Hitlers im Juni 1941 nicht beachtet hatte, daß er bei Kriegsbeginn völlig den Mut verlor und bereits die Niederlage einkalkuliert hatte, sich in den ersten Monaten

überhaupt nicht mehr an militärischen Operationen beteiligte, demoralisiert war, Anzeichen von Nervosität und Hysterie zeigte und während des ganzen Krieges niemals einen Frontabschnitt besucht hatte.
Chruschtschow erwähnte auch Stalins Massendeportationen ganzer Völkerschaften im Kaukasus, die durch keine militärischen Überlegungen gerechtfertigt waren, und – das war sowohl für die anwesenden Delegierten als auch für sämtliche Kenner der Sowjetunion neu – daß Stalin sogar die Bevölkerung der Ukraine deportieren wollte, dies aber nicht möglich war, weil die Ukrainer zu zahlreich waren und kein Raum für eine Deportation solchen Ausmaßes vorhanden war. Nach Kriegsende, schilderte Chruschtschow sichtlich bewegt, sei Stalin noch launischer, reizbarer und brutaler geworden. Sein Mißtrauen und sein Verfolgungswahn hätten unglaubliche Ausmaße angenommen, er hätte künstlich Verschwörungen inszeniert, um das Land in eine neue große Säuberung zu stürzen. In außenpolitischen Fragen erwähnte Chruschtschow lediglich, daß Stalin für den jugoslawischen Konflikt verantwortlich gewesen sei, er habe Tito unterschätzt, was ein Zeichen seines Größenwahns gewesen sei.[24]
Obwohl sich Chruschtschows Kritik zu sehr auf die Person Stalins bezog und zuwenig auf dessen System, war dieses Geheimreferat von großer Bedeutung. Es wurde zum Symbol der Entstalinisierung, zur Zäsur gegenüber der stalinistischen Vergangenheit. Besonders wichtig war, daß diese Kritik vom Ersten Sekretär des Zentralkomitees der KPdSU selbst verkündet worden war. Man muß sich einmal in die damaligen Kommunisten hineindenken, sowohl in die russischen als noch mehr in die Kommunisten Europas: Drei Jahrzehnte waren sie im Geist nicht nur der Hochachtung und Bewunderung, sondern der Liebe zu Stalin erzogen worden – nun mußten sie die Wahrheit über ihr Idol erfahren.[25]

Die Auswirkungen auf die europäischen Kommunisten

Für die kritischen und nachdenklichen, nach neuen Wegen suchenden Kommunisten war die Entstalinisierung eine Bestätigung dessen, was sie immer gehofft hatten, sie gab ihren Reformwünschen einen entscheidenden Auftrieb. Für die gläubigen Stalinisten dagegen war sie der tiefste Schock, den man sich vorstellen kann. Sie wurden nun in allen Ländern von der eigenen Parteiführung mit der Wahrheit über Stalin konfrontiert. Der westdeutsche Schriftsteller Ralph Giordano, damals noch ein junger Kommunist in Leipzig, schilderte seine Reaktion auf die Wahrheit über Stalin so:

»Chruschtschows sogenannter Geheimbericht vom 25. Februar ist in der DDR nie abgedruckt worden, aber was schon bald darauf als Gerücht zu uns drang, wies erstaunlich viel von *den* Einzelheiten auf, die später die Lektüre dieses Berichtes bestätigte. Der erste Schock erfolgte im Leipziger Ratskeller. Ein Dutzend von uns hockte zusammen, und was wir soeben erfahren hatten, ließ uns zu Salzsäulen erstarren. Alles klang gedämpft, gewispert, wie etwas Unglaubliches, Unfaßbares, das bei lauter Wiederholung nicht zu ertragen gewesen wäre: Ein Widerspruch, ja ein einziger Blick schon habe in *seiner* Gegenwart genügt, jemanden auf Nimmerwiedersehen verschwinden zu lassen – die Garde der alten Bolschewiki durch *ihn* vernichtet – die Mehrzahl der Delegierten und Kandidaten des 17. Parteitages getötet oder verhaftet – Kirow mit *seinem* Wissen ermordet – *seine* Drohung an den Staatssicherheitsminister, ihn köpfen zu lassen, falls die verhafteten Kreml-Ärzte kein Geständnis machten – Lager – Massenverschleppungen – Entwurzelung ganzer Völkerstämme – Verlesung von Briefen verzweifelter Kommunisten aus dem Gefängnis, in das *er* sie geworfen hatte – Furcht der Bevölkerung um das nackte Leben über mindestens zwei Jahrzehnte hin? Es konnte nicht sein! Stalin, Verkörperung unserer Kraft, Symbol, Freund, Beschützer, Vater in der Ferne, Personifizierung der Revolution, allwissend, gütig und gerecht – Stalin nun ein gewalttätiger, von Verfolgungswahn besessener Monomane, eitel, bösartig, ein gemeiner Diktator? Es durfte nicht sein! Wir erhoben uns, wanderten durch die Straßen, wie im Traume, fielen vom Fleische . . . «[26]

Chruschtschows Geheimreferat, zunächst in Bruchstücken, schließlich im ganzen Text veröffentlicht, hat das Denken aller Kommunisten zutiefst erschüttert. Einmal von stalinistischen Fesseln befreit, ließ sich nun nichts mehr in eine genau vorausbestimmte Bahn dirigieren. Unterschiedliche Tendenzen und Strö-

mungen traten in den verschiedenen kommunistischen Parteien nun offen zutage. Den meisten osteuropäischen Parteiführungen gelang es, den Schock aufzufangen und sich mit der Umbenennung von Straßen oder der Absetzung einiger besonders belasteter Funktionäre zu begnügen. Nur vorsichtig begann man sich mit den im eigenen Land vollzogenen Schauprozessen zu beschäftigen. Lediglich in Polen kam es sofort im März 1956 zu weitergehenden Ereignissen. Selbst die offiziellen Parteizeitungen berichteten über die schweren inneren Auseinandersetzungen. Bei Diskussionen und auf Parteiversammlungen wurde nicht nur über den Personenkult Stalins diskutiert, sondern die gesamten Entartungsmerkmale des Stalinismus erörtert: die Entartung des Parteilebens, die Folgen der stalinistischen Disziplin und des Zwanges, die von oben auferlegte Einstimmigkeit, die Verwandlung des Regierungsapparates in ein terroristisches Organ der Selbstherrschaft.
Verwirrung gab es jedoch nicht nur in Osteuropa, sondern auch unter den westeuropäischen Kommunisten, die im einzelnen eine völlig unterschiedliche Stellung bezogen. Die KP Frankreichs unterstrich in den entscheidenden Tagen des März 1956 fast ausschließlich Stalins Verdienste und war bestrebt, die Auseinandersetzung mit dem Stalinismus herunterzuspielen. Anders dagegen reagierte die KP Italiens. Bereits am 15. März 1956 erklärte Togliatti, der 20. Parteitag der KPdSU habe eine neue Situation geschaffen, die sich von der alten nicht nur quantitativ, sondern auch qualitativ unterscheide. Unter Stalin habe es die verzweifelte Perspektive eines endlosen, wechselseitigen Verfolgungskampfes gegeben. Stalins Mißtrauen habe zu ungerechten Unterdrückungsmaßnahmen und zu Verstößen gegen die sozialistische Gesetzlichkeit geführt, in der man nur Geständnisse zuließ und sich niemals auf Beweismaterial stützte. Nunmehr, so erklärte Togliatti, komme es darauf an, die Kritik zu präzisieren und im Zug eines erneuerten Studiums der sowjetischen Entwicklung neue Schlußfolgerungen zu ziehen.[27] Auch die KP Großbritanniens sprach nun eine offene Sprache. Tagelang wurden Leserbriefe veröffentlicht[28], in denen Dinge ausgesprochen wurden, die früher als parteifeindlich galten und die den tiefen Gewissenskonflikt zum Ausdruck brachten, den viele Kommunisten damals durchmachen mußten.

Die Auflösung des Kommunistischen Informationsbüros (Kominform)

Mitten in die beginnende Diskussion der Entstalinisierung platzte ein neues Ereignis: Mitte April 1956 wurde das Kommunistische Informationsbüro (Kominform) aufgelöst. Am 18. April 1956 veröffentlichten alle kommunistischen Zeitungen eine kurze »informatorische Mitteilung über die Einstellung der Tätigkeit des Informationsbüros der kommunistischen und Arbeiterparteien« mit der Erklärung, das Kominform-Büro habe seine Funktion erfüllt. Dabei wurde hervorgehoben, daß das Kominform-Büro zur Festigung des Internationalismus beigetragen habe, aber den neuen Bedingungen nicht entspreche.[29] Die »Prawda« formulierte einen Tag später klarer als je zuvor die Selbständigkeit der kommunistischen Parteien: Mehr denn je gelte es heute, die »Eigenheiten der nationalen Bedingungen ihrer Länder besonders sorgfältig zu berücksichtigen«. Die kommunistischen Parteien wurden von der »Prawda« aufgefordert, eine Politik zu entwickeln, »die den Besonderheiten und Traditionen eines jeden Volkes am meisten entspricht«.[30]
Die Auflösung des Kominform-Büros wurde von allen kommunistischen Parteien begrüßt. Zwei kommunistische Parteien taten dies jedoch nicht ohne Kritik. Die jugoslawischen Kommunisten begrüßten zwar die Auflösung, kritisierten aber den Wortlaut der Veröffentlichung, vor allem den Hinweis, daß das Kominform eine positive Rolle gespielt habe. Dies sei keineswegs der Fall gewesen, sondern dem Internationalismus sei im Gegenteil großer Schaden zugefügt worden; eine historische Analyse müsse dies noch deutlicher machen.[31] Unerwartet erklärte auch der italienische KP-Führer Togliatti, es sei ein Fehler gewesen, in den Jahren 1948 bis '49 von außen in die Angelegenheiten der jugoslawischen Partei einzugreifen, die Zusammensetzung der Kominform-Führung sei heterogen gewesen, die Aktivität des Kominform immer unergiebiger geworden. Togliatti gab seiner Hoffnung Ausdruck, daß nun nach der Auflösung des Kominform »sich eine größere Autonomie der kritischsten Bewertung der Fortschritte und der Fehler« ergeben würde.[32] Jugoslawien, das sahen nun alle Kommunisten, stand nicht mehr allein. Die italienische KP, die stärkste kommunisti-

sche Massenpartei Europas, begann sich jugoslawischen Auffassungen zu nähern, ein weiterer, wenn auch kleiner Schritt auf dem Wege zum Eurokommunismus.

Togliattis Konzeption des »Polyzentrismus«

Noch während des Tito-Besuches in Moskau gab Italiens KP-Führer Palmiro Togliatti ein ausführliches Interview, das später auch in der Parteizeitung »Unità« veröffentlicht wurde. Der Wortlaut dieses Interviews ist ein weiterer Meilenstein in der Herausbildung des Eurokommunismus.
Togliatti lieferte darin nach den Jugoslawen als erster europäischer Kommunist eine eigenständige, kritische Analyse der Sowjetunion. Er begrüßte zwar Chruschtschows Enthüllungen über Stalin, kritisierte aber gleichzeitig die sowjetischen Genossen, da sie es bisher versäumt hätten, das »dornige Thema der politischen und historischen Gesamtbeurteilung anzuschneiden«. Persönliche Charaktereigenschaften Stalins als Ursache für die Entwicklung darzustellen könne, so Togliatti, »nicht als befriedigend« betrachtet werden, denn eine solche Beurteilung stütze sich nicht auf marxistische Kriterien. Das wirkliche Problem sei, wie die Sowjetgesellschaft »bis zur Degeneration« abweichen konnte und abgewichen ist. Erstmalig war damit von einem ausländischen KP-Führer das Wort »Degeneration« im Zusammenhang mit der Sowjetunion verwandt worden. Offen sprach Togliatti von der Bürokratisierung – und wies dabei besonders auf die Partei hin: »Für uns steht es außer Zweifel, daß die Irrtümer Stalins in Verbindung standen mit einer übermäßigen Gewichtszunahme der bürokratischen Apparate im wirtschaftlichen und politischen Leben der Sowjetunion, und man geht wohl nicht fehl mit der Behauptung, daß die Partei der Ausgangspunkt für die schädliche Beschränkung der Demokratie und das allmähliche Überhandnehmen der bürokratischen Organisationsformen war.« Nur vor diesem Hintergrund, meinte Togliatti, müsse man die Rolle Stalins sehen, der sich als der »Organisator und Dirigent des bürokratischen Apparates« erwiesen habe, und zwar von dem Zeitpunkt an, als der Apparat »die Formen des demokratischen Lebens verdrängte«. Dies war

die Basis des »bis zur Degeneration abgleitenden Ein-Mann-Regimes«, eine Situation, die bis zu seinem Ableben andauerte und die »möglicherweise auch heute noch in gewissem Maße nachwirkt«. Togliatti sprach davon, daß es bei einer Fortsetzung der stalinistischen Politik in der Sowjetunion »vielleicht sogar zu einem Umbruch gekommen« wäre.

Togliattis Schlußfolgerungen aus dieser erstaunlichen Analyse waren: Die Kritik an Stalin habe das allgemeine Problem der Gefährdung durch die bürokratische Degeneration und die Erstickung des demokratischen Lebens aufgeworfen. Es sei daher zu hoffen, daß es im Zuge der neuen Entwicklung in der Sowjetunion zu wichtigen neuen Diskussionen komme, bei denen es darum gehe, die Tragweite der alten Fehler zu präzisieren. Es sei auch zu hoffen, daß die Korrekturen ohne Zögern und mutig durchgeführt werden, »mit dem Ergebnis, daß sich für die sozialistische Gesellschaft ein neuer Antrieb zu weiteren Fortschritten in allen Richtungen auf breiter, gesunder, an neuen lebendigen Impulsen reicher demokratischer Basis ergibt«.

Für die kommunistische Weltbewegung folgerte Togliatti, die Kritik an Stalin habe »das Verlangen nach einer ständig wachsenden Autonomie« hervorgerufen, dies könne »für unsere Bewegung nur von Vorteil sein«. Die Situation habe sich so weitgehend verändert, daß das sowjetische Modell »nicht mehr obligatorisch sein kann und darf«. Es bilde sich nun ein »polyzentristisches System« heraus, und selbst innerhalb der kommunistischen Bewegung könne man »nicht mehr von einer einheitlichen Führung sprechen«.[33]

Dies war seit dem Bruch der jugoslawischen Kommunisten mit Moskau die bedeutsamste Erklärung in der kommunistischen Weltbewegung. Sie wirkte sich sofort auf die europäischen Kommunisten aus. Selbst die KP Frankreichs erklärte nun, wenn auch vorsichtiger, die sowjetischen Erklärungen über die Fehler Stalins könne man nicht als befriedigend ansehen.[34] Deutlicher drückte sich die britische KP aus, sie forderte eine gründliche marxistische Analyse der Ursachen der Degeneration und der Funktionsweise der Sowjetdemokratie. Es sei unzureichend, diese Entwicklung auf den Charakter Stalins zurückzuführen.[35] Ähnliche Erklärungen erfolgten auch von den kommunistischen Parteien Norwegens und Belgiens.[36] Damit hatten sich zum

erstenmal mehrere kommunistische Parteien Westeuropas kritisch mit der Sowjetunion befaßt.
Die Antwort aus Moskau blieb nicht aus. Am 30. Juni 1956 gab das sowjetische Zentralkomitee in einer ausführlichen Erklärung die Stellung der Sowjetführung zum Stalin-Problem bekannt und wies die Äußerungen Togliattis »über gewisse Formen der Entartung des sowjetischen Systems« zurück.[37] Keine der westeuropäischen kommunistischen Parteien nahm jedoch ihrerseits ihre Kritik zurück. Der erste, wenn auch noch kaum sichtbare Riß zwischen Moskau und den westeuropäischen Kommunisten zeichnete sich somit im Juni 1956 ab.

Der »Polnische Oktober« 1956

Im Herbst 1956 kam es zum »Polnischen Oktober« und zur Revolution in Ungarn. Die Hintergründe und die Daten beider Ereignisse sind bekannt. Ich beschränke mich daher hier auf einige wenige Punkte, die für die Entwicklung des Eurokommunismus von Bedeutung waren.
In Polen war die Konfrontation zwischen den neuen sozialen Kräften auf der einen und einem überlebten bürokratischen Apparat auf der anderen Seite besonders deutlich geworden. Ende Juni 1956 kam es bereits zu einem großen Arbeiterstreik in Posen, der äußere Anlaß war die Erbitterung über kleinliche Bevormundung und die Nichtbeachtung einer Beschwerde. Bald eskalierte der Streik zu einem politischen Streik, und es kam zu bewaffneten Zusammenstößen mit Polizei und Militär. In der Parteiführung bezeichneten die Stalinisten den Streik als eine »Provokation imperialistischer Agenten« und als »Konterrevolution«. Aber der gemäßigte und aufgeschlossenere Parteiflügel erkannte die Unzufriedenheit der Arbeiter als Ursache und trat für Verbesserungen im sozialen Bereich und eine gewisse Liberalisierung ein. Im Laufe des Sommers wurden viele politische Gefangene freigelassen und rehabilitiert. Im Zuge dieser Entwicklung wurden auch Gomulka und viele seiner Kampfgefährten aus den Gefängnissen entlassen. Nach ihrer Rehabilitierung stiegen sie wieder in entscheidende Positionen der Parteiführung auf, wodurch sich nun innerhalb der polnischen KP die Ausein-

andersetzungen zwischen Stalinisten und gemäßigten Reformern, die von großen Teilen der Bevölkerung unterstützt wurden, verschärften.
Am 19. Oktober 1956 trat das 8. Plenum des Zentralkomitees zusammen, um die Wahl Gomulkas zum Ersten Parteisekretär vorzunehmen und Maßnahmen zur Demokratisierung zu beschließen. Die in Polen stationierten sowjetischen Divisionen unter Führung von Marschall Rokossowski, einem Vertrauensmann Moskaus, wurden gegen Warschau in Marsch gesetzt. Die Mehrheit der kommunistischen Parteiorganisationen in Warschau mobilisierte die Arbeiter in den Betrieben, die dann mit den Studenten in den Straßen unter dem »Ruf nach Waffen« demonstrierten und diese auch ausgeteilt bekamen. Am Morgen desselben 19. Oktober war mit dem Flugzeug eine Delegation der sowjetischen Parteiführung eingetroffen, an ihrer Spitze Nikita Chruschtschow. Sie verlangte von den polnischen KP-Führern, die Wahl Gomulkas zu verhindern, die prosowjetischen Funktionäre in ihren Ämtern zu lassen, und drohte mit dem Einsatz militärischer Gewalt. Erst nach einem ungewöhnlich scharfen Meinungsaustausch erklärte sich die Sowjetdelegation einverstanden, die sowjetischen Truppenbewegungen in Richtung auf Warschau und andere polnische Großstädte zu stoppen. Gomulka wurde jedoch trotzdem zum Ersten Parteisekretär ernannt, und der gemäßigte Reformflügel erhielt die Mehrheit im polnischen Politbüro. Mehrere Stalinisten, darunter Marschall Rokossowski, wurden aus der Parteiführung entlassen. Marschall Rokossowski kehrte mit 35 hohen sowjetischen Offizieren in die Sowjetunion zurück.
Gegen Ende des 8. Plenums des polnischen ZK wurden die Machtbefugnisse der Sicherheitspolizei beschränkt, die Zensur gemildert, die spontan entstandenen Arbeiterräte legalisiert und eine gemäßigte Politik gegenüber der Bauernschaft und der katholischen Kirche proklamiert, das Parlament aufgewertet. In weiten Kreisen Polens – und über die Landesgrenzen hinaus – wuchs damals die Hoffnung, daß sich das bürokratische System in Richtung auf eine sozialistische Demokratie wandeln würde. Für wenige Monate, vom Spätherbst 1956 bis Sommer 1957, gab es in Polen eine erstaunlich offene Diskussion über viele Fragen, die heute innerhalb des Eurokommunismus im Gespräch sind.

So forderte zum Beispiel der Soziologe Zygmunt Baumann, von Lenins Parteidoktrin abzugehen; der damalige polnische Unterrichtsminister Bienkowski, der auch heute in der Bürgerrechtsbewegung Polens sehr aktiv tätig ist, setzte sich für neue demokratisierte Strukturen innerhalb der Partei ein. Der polnische Wirtschaftswissenschaftler Lipinski, ebenfalls aktiv in der heutigen Bürgerrechtsbewegung tätig, forderte die Umwandlung des zentralisierten Wirtschaftssystems in eine gesellschaftliche Selbstverwaltung. Der damals noch in Polen lebende Philosoph Leszek Kolakowski trat für die unabhängige Entwicklung eines offenen Marxismus ein. Auch über gleichberechtigte Beziehungen in der kommunistischen Weltbewegung wurde heftig diskutiert. Alle diese Diskussionen und Auseinandersetzungen im polnischen Herbst 1956 stellten eine wichtige Stufe in der theoretischen Ausarbeitung des späteren Eurokommunismus dar.
Ab Mai 1957 kam dann der Rückschlag. Schrittweise wurden die »Revisionisten«, der Reformflügel, zurückgedrängt, Gomulka und andere »Zentristen« widersetzten sich weiteren innenpolitischen Reformen aus Furcht, die vorherrschende Stellung des Parteiapparates könnte gefährdet werden. Im Laufe des Jahres 1958 hatte sich der bürokratische Apparat wieder gefestigt, alle Demokratisierungsmaßnahmen waren zu Ende, das geistige Leben war wieder gefesselt, und in zunehmendem Maße orientierte sich die polnische KP-Führung wieder an der Sowjetunion.

Die Lehren der ungarischen Revolution

Ähnlich wie in Polen erlangten nach dem 20. Parteitag der KPdSU auch in Ungarn die Reformer im Verlaufe scharfer Auseinandersetzungen mit den Stalinisten ein allmähliches Übergewicht. Die Mitglieder des ab März 1956 wirkenden Petöfi-Kreises, eine Gruppe ungarischer Reformkommunisten, kann man heute als Eurokommunisten bezeichnen. Ihre ursprüngliche Absicht war lediglich, auf Veranstaltungen über die Ergebnisse des 20. Parteitages der KPdSU öffentlich zu diskutieren. Aber schon bald gingen die freien Meinungsäußerungen der Petöfi-Leute weit über den von der Parteiführung gewünschten Rahmen hinaus, denn dort wurden Reformen der Wirtschaft, Freilassung und Rehabilitierung von unschuldig Verhafteten sowie

Aufklärung über die Schauprozesse verlangt. Am 27. Juli 1956, als der Petöfi-Kreis das Problem der Pressefreiheit auf die Tagesordnung setzte, nahmen 6000 Menschen an der Veranstaltung teil, die Diskussion dauerte die ganze Nacht über an, die Veranstaltung mußte mit Lautsprechern auf Höfe und Straßen übertragen werden.

Wie in Polen sahen sich danach in der ungarischen Parteiführung die Stalinisten Rákosi und Gerö den Reformern und Zentristen unter Führung von Imre Nagy gegenüber. Während sich jedoch Gomulka in Polen eindeutig als Zentrist erwies, muß Imre Nagy in Ungarn als konsequenter Reformer und nach heutiger Terminologie als Vorkämpfer des Eurokommunismus gewertet werden.

Nach Stalins Tod verkündete Imre Nagy als ungarischer Ministerpräsident im Juli 1953 ein weitreichendes Reformprogramm, innerhalb dessen die Auflösung der Internierungslager, der Schutz der persönlichen Freiheit und Sicherheit, die Entwicklung der Konsumgüterindustrie, Zugeständnisse an die Bauern und eine tolerantere Politik gegenüber der Intelligenz angekündigt wurden.[38] Aber der Widerstand der stalinistischen Bürokraten war so stark, daß Imre Nagy im März 1955 wieder abgesetzt und sein Reformprogramm gestoppt wurde. Anschließend wurde Nagy erneut aus dem Politbüro ausgestoßen, verlor seinen Sitz im Parlament und auch seinen Lehrstuhl an der Universität. Rákosi forderte scharf Selbstkritik von Imre Nagy, die dieser aber verweigerte.

Statt dessen arbeitete er in der Zeit vom Sommer 1955 bis Anfang 1956 – also noch vor dem 20. Parteitag der KPdSU! – ein ausführliches Memorandum für das Zentralkomitee aus, mit dem Ziel und der Hoffnung, es würde führenden Parteimitgliedern zur Diskussion vorgelegt werden. Dies geschah allerdings nicht. In diesem Memorandum – zweifellos ein wichtiges Dokument in der Entwicklung des Eurokommunismus – unterstreicht Imre Nagy zwei Entwicklungsmöglichkeiten des Sozialismus. Die bisherige Entwicklung sei diktatorisch gewesen. »Die Macht ist nicht vom Geiste des Sozialismus oder Demokratismus, sondern vom Geiste der Diktatur der Minderheit, des Bonapartismus durchdrungen. Ihre Zielsetzungen werden nicht durch den Marxismus, die Lehren des wissenschaftlichen Sozialismus, sondern durch die Gesichtspunkte der Aufrechterhaltung der Alleinherrschaft um jeden Preis und mit allen Mitteln bestimmt.«

Als Alternative forderte Imre Nagy den Sozialismus auf der Grundlage einer »verfassungsmäßigen Rechtsordnung, Rechtsprechung und Demokratisierung unseres ganzen staatlichen und gesellschaftlichen Lebens«. Der Sozialismus kann, so erklärte Imre Nagy bereits damals, nur aufgrund einer »verfassungsmäßigen Rechtsordnung und Gesetzlichkeit« errichtet werden. Nagy war somit der erste kommunistische Führer, der die Bedeutung der Rechtsordnung, der Demokratie und Gesetzlichkeit als Grundbedingungen einer sozialistischen Gesellschaft dargelegt hat.[39]

Den Anstoß für die großen Demonstrationen am 23. Oktober 1956 in Budapest gab die Nachricht über das erfolgreiche 8. Plenum des polnischen Zentralkomitees. Auf der Kundgebung mit Hunderttausenden von Menschen, die die ungarische Revolution einleitete, wurden nationale Unabhängigkeit, Selbständigkeit und Gleichberechtigung mit der Sowjetunion sowie innenpolitische Pressefreiheit, die Wiedereinsetzung von Imre Nagy, Verurteilung von Rákosi und eine allgemeine Demokratisierung gefordert. Beide Aspekte, die Forderungen nach äußerer Selbständigkeit und weitreichende innenpolitische Reformforderungen, waren in der ungarischen Revolution untrennbar miteinander verbunden. Vom 26. bis 30. Oktober sprang die Revolution von Budapest aus auf das ganze Land über. Überall entstanden Arbeiterräte, selbstgewählte Volksräte, während die Kollektivwirtschaften sich auflösten. Noch entscheidender aber war, daß die stalinistische Partei zusammenbrach. Am 30. Oktober 1956 hatte die Revolution in Ungarn praktisch gesiegt. Imre Nagy verkündete das Ende des Einparteiensystems und die Bildung einer sozialistischen Regierung auf der Grundlage der Zusammenarbeit mehrerer Parteien. Eine heute noch geltende These der Eurokommunisten war damit in Ungarn 1956 verwirklicht worden. Zur gleichen Zeit erklärte János Kádár, der zunächst ebenfalls der Imre-Nagy-Regierung angehörte, daß die bisherige Kommunistische Partei sich aufgelöst habe und für den 1. November die Gründung einer neuen Partei geplant sei. Diese neue Partei, erklärte Kádár, wird »sich ein für allemal von den

Verbrechen der Vergangenheit reinigen und nicht in sklavischer Nachahmung ausländischer Vorbilder, sondern im Geiste der Lehren des Marxismus-Leninismus, frei vom Stalinismus, auf dem Wege der Demokratie den Sozialismus entwickeln, der dem ökonomischen und historischen Charakter unseres Landes entspricht«.[40] Das liest sich heute wie die Deklaration einer eurokommunistischen Partei.

Die Auswirkungen der Ereignisse in Polen und Ungarn

Die Tragödie der militärischen Intervention, die blutige Zerschlagung der ungarischen Revolution (von den Stalinisten als »Konterrevolution« bezeichnet!) war für Tausende von Kommunisten ein grauenhafter Schicksalsschlag – um so mehr, als die Tragödie nur wenige Monate nach dem hoffnungsvollen Auftakt des 20. Parteitages der KPdSU abrollte. Aber sie wurde von vielen europäischen Kommunisten nicht mehr widerspruchslos hingenommen. In den Kommunistischen Parteien Frankreichs und Italiens kam es zu Massenaustritten. Selbst langjährige Funktionäre verließen aus Protest die Partei. In Polen, wo man Ende 1956 ja noch offen sprechen konnte, kamen kritische Stimmen zu Wort: »Sage mir, wie du zu Ungarn stehst, und ich sage dir, wer du bist«, schrieb ein Publizist. Ein anderer meinte, die ungarische Tragödie habe bewiesen, »daß der Stalinismus das Grab des Kommunismus ist«.[41] Tito sprach am 11. November 1956 die Hoffnung aus, die furchtbaren Opfer, die das ungarische Volk gebracht habe, könnten eine positive Wirkung haben, daß nämlich »den Genossen in der Sowjetunion, sogar den stalinistischen Elementen, allmählich ein Licht aufgehen wird und daß sie erkennen, daß man es so nicht mehr machen kann. So kann man es nicht mehr machen.«[42]
Die KP Dänemarks forderte am 11. November 1956 in einem Appell an die Moskauer Zentrale, daß die sowjetischen Truppen »so rasch wie möglich aus Ungarn zurückgezogen werden« und es dem »arbeitenden ungarischen Volk« überlassen bleiben soll, den Wiederaufbau des Landes selbständig fortzusetzen. Am 12. November 1956 erklärte die norwegische KP in einem Aufruf, »daß jedes Volk über seine eigene Zukunft selber entscheiden«

müsse. Die inneren Probleme eines Volkes könnten nicht mit Hilfe fremder Truppen gelöst werden.[43]
Die KP Italiens deklarierte auf ihrem 8. Parteitag Mitte Dezember 1956 zwar die sowjetische Intervention als eine »schmerzliche Notwendigkeit, der man weder ausweichen konnte noch durfte«, erklärte aber in einer Resolution dieses Parteitages: »Die Entwicklung in Ungarn hat gezeigt, daß es immer noch falsche Auffassungen gibt, vor allem das unzureichende Bemühen um eine nationale Entwicklungsform des Sozialismus sowie die servile Imitation des Sowjetmodells, die eine tiefe Kluft zwischen der Partei bzw. der Regierung und dem Volk öffneten.« Die Ereignisse in Polen und in Ungarn zeugen davon, daß ein System auf sozialistischer Basis von der Anerkennung des »Prinzips der Verschiedenartigkeit der Entwicklungswege zum Sozialismus« ausgehen müsse. Die Souveränität der kleinen Länder dürfe nicht durch »Intervention und Pressionen stärkerer Staaten« in Frage gestellt werden.[44]
Die KP Italiens hat sich damals zwar nicht eindeutig gegen die Intervention in Ungarn ausgesprochen; sie hat dies erst 1976 anläßlich des 20. Jahrestages der ungarischen Revolution getan. Immerhin hat sie aber deutlich gemacht, daß sie als größte KP Europas in dieser entscheidenden Frage schon damals nicht mehr auf der sowjetischen Linie stand.

Die erste kommunistische Weltkonferenz im Jahre 1957

Um die Verselbständigungstendenzen zu bekämpfen, die führende Rolle Moskaus in der Weltbewegung und vor allem im europäischen Kommunismus wiederherzustellen, beschloß die sowjetische Führung, eine kommunistische Weltkonferenz einzuberufen. Der Kreml wollte auch künftig regelmäßig durch derartige Weltkonferenzen die Selbständigkeit der einzelnen Parteien einzuengen versuchen, die Parteien auf eine einheitliche Generallinie verpflichten, um auf diese Weise die Einheit in der Weltbewegung wiederherzustellen. Eine neue internationale kommunistische Zeitschrift sollte bei der Festsetzung der neuen gemeinsamen Linie die Klammer bilden.
Die erste kommunistische Weltkonferenz fand vom 14. bis 19.

November 1957 in Moskau statt. An ihr nahmen Delegationen von 64 kommunistischen Parteien teil – allerdings ohne Jugoslawien. Die Konferenz wurde eigentümlicherweise in zwei voneinander getrennten Abschnitten abgehalten. Zunächst trafen sich die zwölf herrschenden kommunistischen Parteien der Ostblockstaaten, die eine vorbereitete richtungweisende politisch-ideologische Deklaration annahmen. Anschließend, vom 16. bis 19. November, trafen sich dann alle 64 KP-Delegationen (12 herrschende und 52 nichtregierende), die sich lediglich auf ein völlig farbloses Friedensmanifest einigten. Zu den wichtigsten Punkten der von den zwölf herrschenden Parteien angenommenen Deklaration gehörte:

a) die Festigung der Einheit des sozialistischen Lagers (Warschauer Pakt) »gegen alle Ränke der Feinde«;

b) die Festlegung von acht allgemeingültigen Gesetzmäßigkeiten, die alle der sowjetischen Entwicklung entnommen wurden; darunter die proletarische Revolution, die Errichtung der Diktatur des Proletariats unter Führung einer marxistisch-leninistischen Partei und der Schutz der »Errungenschaften des Sozialismus«;

c) die Berücksichtigung nationaler Besonderheiten und Traditionen und der jeweiligen konkreten Verhältnisse in den einzelnen Ländern, gleichzeitig aber die Warnung vor schädlichen »Übertreibungen« der Besonderheiten und vor Abweichungen von den »allgemeingültigen Wahrheiten des Marxismus-Leninismus über die sozialistische Revolution und den sozialistischen Aufbau«;

d) die Verpflichtung aller kommunistischen Parteien, sowohl gegen den »Dogmatismus« als auch gegen den »Revisionismus« zu kämpfen, wobei der Dogmatismus (das Festhalten an stalinistischen Schablonen) nur verurteilt und der Revisionismus (alle Neuerungen im Sinne einer Verselbständigung und Neuorientierung) zur »Hauptgefahr« deklariert wurde;

e) die Anerkennung der führenden Rolle der Partei und der Prinzipien des »proletarischen Internationalismus« (d. h. die Unterordnung unter die Sowjetunion).[45]

Die erste Weltkonferenz war weitgehend ein Erfolg der Moskauer Zentrale. Zweifellos war es erstaunlich, daß die sowjetische Führung nach dem 20. Parteitag, nach dem Chruschtschow-

Geheimreferat, nach dem Polnischen Oktober und der ungarischen Revolution so schnell die Autoriät und Kontrolle wiederherzustellen vermochte und die eigenen Zielsetzungen in den entscheidenden Punkten als Generallinie verkünden konnte. Nicht zu übersehen ist aber, daß die Sowjetführung in folgenden entscheidenden Punkten den damaligen »Autonomisten«, den Vorläufern der heutigen Eurokommunisten, Zugeständnisse machen mußte:

1.) Die Trennung der Weltkonferenz in eine Konferenz der regierenden und eine der nichtregierenden Parteien war, wie später bekannt wurde, auf Drängen der KP Italiens und der skandinavischen Parteien notwendig geworden. Diese waren nicht bereit, die so weitgehende Deklaration zu unterschreiben, und wollten nur das Friedensmanifest unterzeichnen.[46]

2.) Moskau konnte seinen Wunsch nicht durchsetzen, in die politische Deklaration den Passus einzufügen, regelmäßige periodische Weltkonferenzen abzuhalten, weil es auch bei den herrschenden Parteien (damals Polen und Ungarn) dagegen Widerstände gab.

3.) Auch Moskaus Idee, in der Deklaration die baldige Gründung einer internationalen kommunistischen Zeitschrift anzukündigen, wurde nicht verwirklicht. Die internationale Zeitschrift wurde erst fast vier Monate später auf einer Konferenz in Prag im März 1958 von mehreren — also nicht allen! – kommunistischen Parteien beschlossen. Die erste Nummer dieser Zeitschrift »Probleme des Friedens und des Sozialismus« erschien erst im September 1958.

4.) Die Absicht Moskaus, den Revisionismus als verpflichtende Hauptgefahr für alle Parteien zu proklamieren, wurde durch den Zusatz abgeschwächt, daß jede einzelne Partei entscheiden könne, was für sie die Hauptgefahr darstellt.

5.) Der Wunsch Moskaus, ein unmißverständlich klares Bekenntnis zur führenden Rolle der KPdSU in die Deklaration einzubringen, scheiterte vor allem am Widerstand von Gomulka (Polen) und Kádár (Ungarn). Statt dessen wurde die führende Rolle der Sowjetunion nur als *Staat* anerkannt, nicht aber eine führende Rolle der KPdSU in der Weltbewegung sanktioniert.

Auch wenn uns diese Konzessionen heute relativ geringfügig

erscheinen mögen, es war doch bedeutsam, daß bereits im November 1957 im westeuropäischen Kommunismus über Fragen der Struktur der kommunistischen Weltbewegung, über das Ausmaß der zentralistischen Leitung, über die verpflichtende Generallinie und über die Strategie (Bekämpfung des »Revisionismus«) kein Grundkonsensus bestand und Moskau gezwungen war, erstmals dieser Tatsache auf einer Weltkonferenz Rechnung tragen zu müssen. Autonome Kräfte begannen sowohl in osteuropäischen (Polen und Ungarn) als auch in westeuropäischen Parteien von nun an gegen alle Versuche aufzutreten, eine monolithische zentralistische Weltbewegung zu installieren. Offen ausgesprochen hat dies nach der Rückkehr von der Moskauer Weltkonferenz die Delegation der KP Italiens: »Es handelt sich dabei weder um eine Rückkehr zur Komintern noch zum Kominform. Solche Formen der Organisation der kommunistischen Weltbewegung entsprechen nicht mehr den Situationen und den Bedürfnissen.«[47]

Die Bedeutung der Ereignisse von 1956

Die Ereignisse von 1956 stellen gewissermaßen die zweite Stufe in der Entwicklung zum Eurokommunismus dar. Die erste Stufe war der Bruch Jugoslawiens mit Moskau. Erstmals vollzog sich eine eigenständige Entwicklung, erstmals wurden die neuen Konzeptionen der Gleichberechtigung zwischen den sozialistischen Ländern und zwischen kommunistischen Parteien, das Recht auf einen unterschiedlichen Weg zum Sozialismus verkündet und eine Abkehr von stalinistischen Herrschaftsformen vollzogen. Mit dem 20. Parteitag im Februar 1956, der Kritik an Stalin, der Verkündung unterschiedlicher Wege zum Sozialismus und der Auflösung des Kominform waren nun weitere Schritte vollzogen. Der Polnische Oktober und die ungarische Revolution hatten die Brüchigkeit des stalinistischen Systems und dessen tiefe Widersprüche vor Augen geführt. Mit Togliattis berühmter Polyzentrismus-Deklaration vom Juni 1956 wurde erstmals außerhalb Jugoslawiens offiziell verkündet, daß das sowjetische Modell nicht mehr obligatorisch sei. Die blutige Niederschlagung der ungarischen Revolution und die Verharmlosung dieser Tragödie als »Konterrevolution« wurden nicht mehr widerspruchslos hingenommen. Neben Jugoslawien traten nun mehr und mehr die KP Italiens, Großbritanniens und der skandinavischen Länder mit kritischen eigenen Betrachtungen hervor. Selbst die erste kommunistische Weltkonferenz mußte Konzessionen an die selbständigen Kräfte machen, die damals »Autonomisten« genannt wurden und heute als Vorläufer der Eurokommunisten zu werten sind.

4.

Der europäische Kommunismus im Schatten des Moskau-Peking-Konfliktes (1957–1967)

Das Jahrzehnt von 1957 bis 1967, in dem der europäische Kommunismus im Schatten des Moskau-Peking-Konfliktes stand, war gewissermaßen die dritte Stufe in der Herausbildung des Eurokommunismus. Der Moskau-Peking-Konflikt hat den gesamten Weltkommunismus zutiefst erschüttert und führte zur Herausbildung zweier Zentren in der kommunistischen Weltbewegung: Moskau und Peking. An der Spitze der beiden Zentren stehen die größten herrschenden Parteien mit völlig unterschiedlichen, ja gegensätzlichen Zielsetzungen. Dies wirkte sich für den europäischen Kommunismus nicht nur, wie häufig angenommen, dadurch aus, daß in allen europäischen Ländern (auch in der Bundesrepublik) kleine maoistische Parteien entstanden, sondern hatte langfristig gesehen noch eine viel wichtigere Konsequenz: Die Existenz von nun zwei Zentren war für den europäischen Kommunismus ein entscheidender Anstoß, über seine eigene Strategie und Zielsetzung freier zu diskutieren. Die zunehmende Zuspitzung des Moskau-Peking-Konfliktes ermöglichte es mehreren kommunistischen Parteien, den Spielraum für die eigene Politik zu vergrößern und den Weg einer Verselbständigung und Neuorientierung zu beschreiten.
Im Laufe dieses entscheidenden Jahrzehnts begann Rumänien, sich innerhalb des Ostblocks mehr und mehr zu verselbständigen, eine Entwicklung, die für den späteren Eurokommunismus sehr bedeutsam war, da Rumänien seit Mitte der sechziger Jahre eurokommunistische Tendenzen unterstützt. Dann erfolgte in diesen zehn Jahren die Verselbständigung und Neuorientierung einer Reihe kommunistischer Parteien der skandinavischen Län-

der sowie – außerhalb Europas – der KP Japans und der KP Australiens. Schließlich wurden in diesem Jahrzehnt durch die theoretisch-geistige Durcharbeitung vieler entscheidender Probleme die intellektuellen Vorbereitungen für den Eurokommunismus geleistet, was sich dann in den siebziger Jahren in den programmatischen Schriften und Erklärungen des Eurokommunismus niederschlug.

Die Verselbständigung einiger kommunistischer Parteien

In dem Jahrzehnt von 1957 bis 1967 erlangten eine ganze Reihe nichtregierender kommunistischer Parteien auf unterschiedliche Weise und mit unterschiedlichen Zielsetzungen ihre Autonomie und orientierten sich neu.
Dänemark: Hier vollzog sich zwischen 1956 und 1958 eine harte Auseinandersetzung über die Frage, welche Konsequenzen der 20. Parteitag der KPdSU und die Entstalinisierung für die dänischen Kommunisten hatte. Nach längeren internen Auseinandersetzungen zwischen einem unabhängigen Reformflügel unter Leitung des Parteivorsitzenden Aksel Larsen auf der einen und prosowjetisch-konservativen Kräften auf der anderen Seite kam es im Herbst 1958 zu einer Spaltung der KP Dänemarks und im weiteren Verlauf im Frühjahr 1959 zur Bildung einer neuen »Sozialistischen Volkspartei Dänemarks« mit eindeutig eurokommunistischen Zielsetzungen. Ein Jahr später, bei den Wahlen im November 1960, erhielt die neue Sozialistische Volkspartei 6 Prozent der Stimmen, während die prosowjetische KP auf 1,1 Prozent sank und nicht mehr im Parlament vertreten war. Die Sozialistische Volkspartei Dänemarks nahm seitdem an keiner kommunistischen Konferenz mehr teil, entsandte aber Delegationen zu eurokommunistischen Parteitagen.
Schweden: Bei den schwedischen Kommunisten gab es in den Jahren 1962–1964 längere interne Parteidiskussionen, in denen ein wachsender Reformflügel immer nachdrücklicher die Abkehr von der Abhängigkeit von der Sowjetunion und eine grundlegende Erneuerung der eigenen Zielsetzung und Struktur verlangte. Auf dem entscheidenden 20. Parteitag der schwedischen KP im Januar 1964 gerieten die Stalinisten in die Minder-

heit. Unter dem neugewählten Vorsitzenden Carl-Henrik Hermansson wurde ein demokratischer Weg zum Sozialismus und – als erste kommunistische Partei in Europa – ein klares demokratisches Sozialismusmodell befürwortet.

Norwegen: Auch bei den norwegischen Kommunisten spielte der Moskau-Peking-Konflikt eine entscheidende Rolle. Kleine Gruppen in der Partei wollten entweder die Pekinger oder die Moskauer Linie unterstützen. Die Mehrheit plädierte aber dafür, sich aus diesem Konflikt herauszuhalten. Auf dem 13. Parteitag im März 1965 vollzog sich bei gleichzeitigem Wechsel in der Führung – anstelle des Stalinisten Lövlien wurde Reidar T. Larsen zum Parteivorsitzenden gewählt – ein Verselbständigungsprozeß, verbunden mit der Erklärung, keine Weisungen mehr von außen entgegenzunehmen.

Japan: Die KP Japans wurde noch stärker als die europäischen Kommunisten vom Moskau-Peking-Konflikt beeinflußt. Seit 1963/64 symphatisierte die KP Japans zunehmend mit den chinesischen Kommunisten, ohne sich jedoch völlig mit Peking zu identifizieren. Bei mehrfachen Verhandlungen mit Sowjetführern in Moskau im Laufe des Jahres 1964 verschärfte sich die Polemik. Einige prosowjetische Funktionäre, darunter Shiga, bildeten eine eigene Fraktion und gründeten mit sowjetischer Unterstützung eine kleine Splitterpartei. Seit 1967 verstärkte sich diue eigenständige Politik der Kp Japans, die sich nun auch von China löste. Der weite Weg führte seit 1968 zur Neuorientierung im Sinne des Eurokommunismus.

Australien: Auch die australische KP wurde besonders hart vom Moskau-Peking-Konflikt betroffen. Nachdem die australischen Maoisten die Partei verlassen hatten, vollzog sich in der KP Australiens ein wichtiger Führungswechsel. Der Stalinist Sharkey wurde durch den Reformer Aarons ersetzt. Von 1965 bis 1967 setzte sich ein selbständiger Kurs durch, der – vor allem auf dem 21. Parteitag im Juni 1967 – zu einer politischen Neuorientierung führte, mit einer weitgehenden Demokratisierung der Parteistruktur, einem Verzicht auf die führende Rolle der Partei bei Bündnissen, Freiheit der Meinung in der Partei, Achtung und Toleranz zwischen verschiedenen Gruppen und Parteien und dem Eintreten für ein demokratisches Sozialismusmodell.

So hatten sich in diesem entscheidenden Jahrzehnt die nach

Unabhängigkeit strebenden Kräfte im Weltkommunismus beträchtlich verstärkt. Die Ursachen und die Methoden dieser Wandlungen waren in den einzelnen Ländern recht unterschiedlich. Entscheidend aber war, daß nun seit Mitte der sechziger Jahre nicht mehr Jugoslawien und die KP Italiens allein, sondern auch mehrere nichtregierende kommunistische Parteien in den Industrieländern neue Wege beschritten hatten.

Das Togliatti-Memorandum

Unbestreitbar aber blieb auch jetzt die Kommunistische Partei Italiens der Wegbereiter aller Neuorientierung in Richtung Eurokommunismus. Eine besondere Rolle spielte dabei das Memorandum Togliattis vom August 1964 mit dem Titel »Über die Frage der internationalen Arbeiterbewegung und ihre Einheit«. Togliatti hat das Manuskript während seines Aufenthalts auf der Krim, einen Tag vor seinem Tode, beendet. Seitdem ist dieses Dokument als Togliatti-Memorandum oder auch als Togliatti-Testament bekannt. Im Zentrum von Togliattis Gedanken stehen folgende Thesen:

1.) Die Einheit in der kommunistischen Weltbewegung ist nicht durch die Schaffung einer neuen zentralistischen Organisation zu verwirklichen, sondern durch einen Erfahrungsaustausch, durch öffentliche Debatten zwischen den kommunistischen Parteien verschiedener Länder. Man muß alle Versuche zurückweisen, allgemeingültige starre Formen für die kommunistische Weltbewegung zu verkünden, weil die Formen und konkreten Bedingungen heute völlig anders sind. Die Unterschiede von Land zu Land sind so groß, daß jede kommunistische Partei autonom handeln muß.

2.) Togliatti wies auch darauf hin, daß die kommunistischen Parteien der kapitalistischen Länder sich nicht auf Propagandaarbeit beschränken, sondern versuchen sollten, einen wirklichen Einfluß auf das politische Leben ihrer Länder auszuüben. Dazu müßten die Kommunisten allerdings »viel politischen Mut entwickeln, jede Form des Dogmatismus überwinden, neue Probleme auf neue Weise anpacken und lösen«. Gegenüber dem Gemeinsamen Markt könnten die Kommunisten nicht gleichgültig bleiben, sondern müßten konstruktive Vorschläge zu Reformen der Wirtschaftsstruktur ausarbeiten, die der kapitalistischen Programmierung entgegenzustellen seien. Ein friedlicher Weg zum Sozialismus verlange ein sorgfältiges Studium und die Notwendigkeit, die demokratischen Freiheiten zu erweitern und wirksame Formen der Beteiligung der Werktätigen am wirtschaftlichen und politischen Leben zu finden.

3.) Die Kommunisten, schrieb Togliatti, sollten ihre eigenen Vorstellungen den anderen Weltanschauungen nicht abstrakt entgegenhalten, sondern einen Dialog mit diesen führen. Im organisierten Katholizismus vollziehe sich eine deutliche Verschiebung nach links, die eine Voraussetzung für eine Zusammenarbeit schaffe. Dafür aber sei die alte atheistische Propaganda völlig unbrauchbar. Das Problem des religiösen Bewußtseins müsse auf andere Art als in der Vergangenheit behandelt werden, wenn die Kommunisten ernsthaft einen Zugang zu den katholischen Gläubigen finden wollen. Sonst würde »unsere ausgestreckte Hand nur als zweckbedingte Geste und fast als eine Heuchelei aufgefaßt werden«. Auch eine neue Einstellung zur Kultur sei notwendig. Die Kommunisten müßten Vorkämpfer des Geistes und des freien künstlerischen Schaffens werden: »Nicht alle, die in den Bereichen der Kultur, Philosophie und Sozialwissenschaften uns heute fernstehen, sind unsere Feinde oder Handlanger unserer Feinde.«

4.) Schließlich erklärte Togliatti, es sei nicht richtig von den sozialistischen Ländern, darunter auch die Sowjetunion, sich so zu verhalten, als ob dort kein Anlaß für Kritik gegeben wäre. Man müsse die in den sozialistischen Ländern bestehenden Schwierigkeiten und Widersprüche offen darstellen: »Das Schlimmste ist, daß man den Eindruck erweckt, als ob alles immer gutginge, während wir uns dann plötzlich gezwungen sehen, von schwierigen Situationen zu sprechen und sie zu erklären.« Politische Auseinandersetzungen sollten in den sozialistischen Ländern transparent gemacht werden, und es wäre nützlich, wenn auch in sozialistischen Ländern offene Diskussionen über aktuelle Themen stattfänden, an denen auch führende Persönlichkeiten teilnähmen: »Die politischen Entwicklungen, die zum Stalinismus geführt haben, müssen sorgfältig untersucht werden. Vor allem aber geht es um die Überwindung des von

Stalin eingeführten Regimes der Beschränkung und Unterdrükkung der demokratischen und persönlichen Freiheiten.« Die Abkehr vom Stalinismus vollziehe sich offensichtlich nur langsam und widerstrebend. Hinzu komme, daß sich in den sozialistischen Ländern ein Wiederaufleben des Nationalismus bemerkbar mache. Man sollte sich daher vielleicht auch im sozialistischen Lager »vor der oft erzwungenen äußeren Uniformität hüten und die Einheit in Vielfalt bei voller Autonomie der Länder herstellen«. Der Sozialismus, so meinte Togliatti abschließend, müsse aus einer Ordnung verstanden werden, »die den Werktätigen die größtmögliche Freiheit gewährt und in der diese tatsächlich auf organisierte Weise an der Leitung des gesamten gesellschaftlichen Lebens teilnehmen«.[48]
Die Tatsache, daß das Manuskript Togliattis unmittelbar darauf an die Zentrale der KPI in Rom gesandt wurde und der Nachfolger Togliattis, Luigi Longo, seine Veröffentlichung beschloß, war von solcher Bedeutung, daß selbst die »Prawda« und das SED-Organ »Neues Deutschland« nicht umhin konnten, dieses Memorandum abzudrucken. Zum erstenmal erfuhren dadurch viele Kommunisten in anderen Ländern von den neuen Gedanken, die inzwischen diskutiert wurden. Das Togliatti-Memorandum ist daher nicht nur infolge seines Inhalts von großer Bedeutung für die Entwicklung des Eurokommunismus, sondern auch durch das Ausmaß seiner Verbreitung.

Kritik europäischer Kommunisten am Sturz Chruschtschows

Die Gedanken seines Memorandums konnte Togliatti Chruschtschow nicht mehr vortragen. Sechs Wochen nach Togliattis Tod, Mitte Oktober 1964, wurde Chruschtschow gestürzt. Zum erstenmal in der Geschichte des Sowjetkommunismus wurde der höchste Führer – der gleichzeitig Erster Parteisekretär und Ministerpräsident gewesen war – von seinen Machtfunktionen entbunden. Es folgte aber weder eine politische Erklärung noch eine Begründung, noch ein Dank für seine Tätigkeit. Unmittelbar nach seinem Sturz wurden Leonid Breschnew zum Ersten Parteisekretär und Alexej Kossygin zum Ministerpräsidenten ernannt. Der Name Chruschtschow verschwand aus der Sowjet-

presse, und schon bald zeigte sich, daß seine Entstalinisierungsreformen abgebremst, dann eingestellt und schließlich ein härterer Kurs in der sowjetischen Politik eingeleitet wurde.
Bis dahin hatten die kommunistischen Parteien der Welt Führungswechsel im Kreml stets einfach hingenommen. Diesmal war es anders. Die KP Italiens erklärte, die Führungsveränderung mache italienische Kommunisten »besorgt und kritisch«. Die Partei entsandte eine Delegation mit Berlinguer nach Moskau, um sich über die Vorgänge im Kreml zu informieren. Aber auch nach der Rückkehr der Delegation waren die italienischen Kommunisten nicht zufrieden. Chruschtschow wurde wegen der Eröffnung neuer Wege für die kommunistische Arbeiterbewegung gelobt, seine Verdienste könnten nicht einfach vergessen werden. Die KPI erklärte offiziell, sie bedaure, daß es keine erschöpfende Darstellung über die Ablösung des Genossen Chruschtschow gegeben habe.[49]
Selbst die prosowjetische französische KP verlangte erstmals Aufklärung über die Umstände, die zum Sturz Chruschtschows geführt hatten, und schickte ebenfalls eine Delegation (mit Marchais) in die sowjetische Hauptstadt. Am weitgehendsten war jedoch der Kommentar der KP Schwedens. Dort hieß es wörtlich: »Wenn das einzige Motiv Alter und Krankheit gewesen ist, wäre das im Hinblick auf Chruschtschows siebzig Jahre nicht so ungewöhnlich. Aber warum wurde sein Rücktrittsgesuch nicht im Wortlaut veröffentlicht? Warum gab es keinen ärztlichen Bericht, wie in solchen Fällen üblich? Warum nicht ein Wort des Dankes an Chruschtschow, der den größten Teil seines Lebens dem sowjetischen Staat in verantwortlichen und leitenden Ämtern gedient hat, fast so lange, wie die Partei existiert? Warum wurde ihm nicht Gelegenheit gegeben, dem sowjetischen Volk selbst den Entschluß seiner Abdankung bekanntzugeben?« Die schwedischen Kommunisten monierten, daß nach der geltenden Verfassung der Oberste Sowjet hätte einberufen werden müssen, die Abberufung aber lediglich durch das Präsidium des Obersten Sowjets, erfolgt sei und kein einziges Mitglied dieses Präsidiums dazu Stellung genommen habe: »Die Form, in der Chruschtschow abdankte oder zur Abdankung gezwungen wurde, hinterläßt einen bitteren Nachgeschmack.«[50] Mit der erstmaligen kritischen Kommentierung von innersowjetischen

Vorgängen war ein wichtiger Präzedenzfall geschaffen. Vom Oktober 1964 an kommentierten die späteren eurokommunistischen Parteien in zunehmender Weise unabhängig Ereignisse in der Sowjetunion. So auch eineinhalb Jahre später, als Anfang 1966 die zwei russischen Schriftsteller Sinjawskij und Daniel in einem Schauprozeß zu fünf bzw. sieben Jahren Lagerhaft verurteilt wurden. Dagegen protestierten die KP Italiens und die KP Großbritanniens, Carl-Henrik Hermansson, der Führer der KP Schwedens, erklärte: »Ich distanziere mich voll und ganz von den gegen die beiden sowjetischen Schriftsteller verhängten Urteilen. Daß staatliche Institutionen oder politische Parteien darüber entscheiden, welche Meinungen zulässig und welche verboten sein sollen, kann ich mit meiner Vorstellung von Demokratie nicht in Einklang bringen.«[51]

Weitreichende Diskussionen, neue Erkenntnisse

Die sechziger Jahre im Schatten des Moskau-Peking-Konfliktes waren für den späteren Eurokommunismus deshalb von Bedeutung, weil damals eine umfassende, bis dahin kaum für möglich gehaltene Diskussion unter europäischen Kommunisten über eine Vielzahl von Fragen begann, die bis dahin als tabu galten – sowohl unter den westeuropäischen als auch unter den osteuropäischen Kommunisten. Diese Diskussionen über die vielen neuen Probleme, die sich den Kommunisten vor allem in den industrialisierten Ländern in einer sich total verändernden Welt stellten, waren mitentscheidend für die geistig-theoretische Vorbereitung des Eurokommunismus. Den Beginn der Diskussion markierte das Programm des Bundes der Kommunisten Jugoslawiens vom Frühjahr 1958. Dann folgte die Konzeption der »Einheit in Vielfalt« und anderer Gedanken durch das Plenum des Zentralkomitees der KP Italiens im November 1961. Daß es nicht nur um politische, sondern auch um tiefgehende weltanschauliche Fragen ging, wurde auf der Konferenz im Schloß Liblice bei Prag im Mai 1963 anläßlich des 80. Geburtstages von Kafka deutlich. Dort wurden die Probleme der Entfremdung im Sozialismus erörtert. Neue Gesichtspunkte dazu steuerte kurz darauf Robert Havemann in seinen berühmten Wintervorlesungen 1963/64 an der Humboldt-Universität in Ost-Berlin bei. 1964 kam es in Jugoslawien zur Gründung der philosophisch-marxistischen Zeitschrift »Praxis«. Die darin veröffentlichten Erkenntnisse der jugoslawischen Marxisten Svetozar Stojanović, Rudi Supek, Gajo Petrović, Mihailo Marković und Predag Vranicki wurden von vielen Kommunisten Europas diskutiert. Noch größere internationale Aufmerksamkeit erregten die Tagungen der Paulus-Gesellschaft in Salzburg 1965 und auf Herrenchiemsee im April 1966 sowie in Marianske Laszne (Marienbad) im April 1967, wo kritische europäische Kommunisten mit Katholiken zusammentrafen. Die damaligen Tagungsteilnehmer – unter ihnen Roger Garaudy (damals Politbüromitglied der KP Frankreichs), Luciano Gruppi (ein führender Theoretiker der KP Italiens) und die italienischen KP-Professoren Lucio Lombardo-Radice und Cesare Luporini – erlangten rasch Berühmtheit, weil sie zum erstenmal das Verhältnis von Marxismus und Christentum sowie von pluralistischer und sozialistischer Gesellschaft genauer definierten. Kurz darauf, leider bedeutend weniger beachtet, fand die erste Tagung von theoretisch interessierten Sozialdemokraten mit kritischen, nachdenklichen Kommunisten im Mai 1967 in Wien statt. Unter den prominenten kommunistischen Teilnehmern in Wien befanden sich der inzwischen aus der KP Österreichs ausgeschlossene marxistische Theoretiker Franz Marek und der in Ungarn lebende bedeutende Soziologe Andreas Hegedüs, damals Direktor des Instituts für Soziologie an der ungarischen Akademie der Wissenschaften. Wichtig war, daß sich an diesen Tagungen und Diskussionen in Zeitschriften neben westeuropäischen Kommunisten auch immer mehr osteuropäische KP-Theoretiker und Wissenschaftler beteiligten, darunter Eduard Goldstücker, Ota Šik und Julius Strinka aus der Tschechoslowakei und Georg Lukács aus Ungarn.

Klar und tiefgreifend wurden erstmals die Probleme der neuen Sozialstrukturen, die Wandlungen der Arbeiterklasse, die wirtschaftliche Integration und die sich daraus ergebenden neuen Aufgabenstellungen für den Staat in der kapitalistischen Welt analysiert.

Ausgehend von der Analyse der heutigen Entwicklungen im Kapitalismus, wurde Lenins Staatstheorie als nur noch bedingt richtig bezeichnet, da sie auf den russischen Staat von 1917 zuge-

schnitten war, der Staat aber nicht mehr unter heutigen Bedingungen als Unterdrückungsapparat einer herrschenden Klasse anzusehen ist. Diese Einschätzung mache den neuen demokratischen Weg zum Sozialismus und die Abkehr von der Diktatur des Proletariats geradezu notwendig, und zwar inhaltlich, weil die Diktatur des Proletariats nicht mehr den veränderten Bedingungen der Staatsgewalt entspricht, taktisch, weil bei der Mehrzahl der arbeitenden Menschen der Begriff Diktatur mit Repressionsgewalt und Polizeiwillkür identifiziert wird.
In der damaligen Diskussion über den demokratischen Weg zum Sozialismus wurde erstmals die alte These abgelehnt, wonach die kommunistische Partei ein Monopol auf die Lenkung aller Prozesse auf dem Weg zum Sozialismus hat. Es wurde erkannt, daß auch andere Kräfte eine gleichberechtigte Rolle beim demokratischen Weg zum Sozialismus spielen könnten und die kommunistische Partei im Bündnis mit anderen Kräften als gleichberechtigter Partner wirken sollte.
Die Diskussionen griffen auch auf die Gesamtproblematik der marxistischen Theorie über. Erstmals wurde nicht von einzelnen, sondern von Vertretern mehrerer kommunistischer Parteien offen ausgesprochen, daß der Marxismus hinter der gesellschaftlichen Entwicklung zurückgeblieben sei und in kritisch unabhängigem Geist weiterentwickelt werden müsse. Die Psyche des Menschen und die Anthropologie seien zu sehr vernachlässigt worden, das Problem der Entfremdung nicht genügend behandelt, und es sei unmöglich, heute die gleiche Stellung zur Religion einzunehmen wie einst im 19. Jahrhundert.
Von besonderer Bedeutung für den heutigen Eurokommunismus aber war die Debatte über ein neues Sozialismusmodell. Immer deutlicher wurde erkannt, daß es in der Welt keinen gleichförmigen Sozialismus geben kann, daß die bisherigen sozialistischen Systeme bestenfalls als erste Formen, erste Versuche anzusehen sind, die es weiterzuentwickeln gilt. Einige Kommunisten traten für ein Selbstverwaltungsmodell des Sozialismus mit einem allmählichen Absterben aller Parteien und aller Staatsorgane ein, die Mehrheit, vor allem bei den westeuropäischen Kommunisten, machte sich Gedanken über ein sozialistisches Mehrparteiensystem. Im Verlaufe der Diskussionen gaben einige Flüchtlinge aus Ungarn, die zum engen Freundeskreis von

Imre Nagy gehört hatten, Anfang 1962 in Brüssel eine neue Zeitschrift mit dem Titel »Pluralistischer Sozialismus« heraus. Dieser Titel griff wie ein Lauffeuer um sich, schon bald traten vor allem italienische, aber auch Kommunisten anderer Länder für die Idee eines pluralistischen Sozialismus ein, entwickelten Vorschläge für ein sozialistisches Mehrparteiensystem und forderten die Ablehnung einer Staatsideologie, das gleichberechtigte Zusammenwirken unterschiedlicher weltanschaulicher und politischer Kräfte, ein Bekenntnis zum Parlament und zur Gesetzlichkeit.

Diese theoretischen Diskussionen der Jahre von 1957 bis 1967 waren eine entscheidende Voraussetzung für die Entstehung und die Ereignisse während des »Prager Frühlings« 1968. Darüber hinaus aber bereiteten sie den Boden vor für die vielen programmatischen Erklärungen und Dokumente des Eurokommunismus in den siebziger Jahren. Diese wären zweifellos ohne jene geistige Vorbereitung für uns heute unverständlich und auch wohl unglaubwürdig.

5.

Die europäischen Kommunisten und der »Prager Frühling« von 1968

Die Bedeutung des »Prager Frühlings« von 1968 geht weit über die Tschechoslowakei hinaus. Der 1968 dort praktizierte »Sozialismus mit menschlichem Antlitz« wirkte beispielhaft auf viele westeuropäische Kommunisten, weil diese Entwicklung ihren theoretischen Vorstellungen weitestgehend entsprach und überall Sympathien weckte. Es kam noch hinzu, daß das Sozialismusmodell des »Prager Frühlings« von einer Partei entwickelt wurde, mit der sich viele spätere Eurokommunisten identifizieren konnten.

Die Vorgeschichte des »Prager Frühlings«

Das starre bürokratisch-diktatorische Herrschaftssystem in der Tschechoslowakei befand sich unter Novotný vor 1968 im schärfsten Widerspruch zu den Erfordernissen des Landes und seiner Bevölkerung. Die Wirtschaftspolitik, auf administrativem Wege durch Direktiven von oben gelenkt, entsprach weder den ökonomischen Bedürfnissen noch den Möglichkeiten des Landes. Ein übereilter Ausbau der Schwerindustrie, eine unsinnige Aufgabenstellung für die Wirtschaft, illusionäre Versprechungen, mangelnde Initiative und Selbständigkeit in den einzelnen Unternehmen – all dies hatte die Tschechoslowakei in eine ökonomische Krise gestürzt, die sich unter anderem im sinkenden Lebensstandard der Bevölkerung manifestierte. Politisch war unter der Losung von der »führenden Rolle der Partei« die gesamte Macht im Land in den Händen des Parteiapparates kon-

zentriert. Die Parteiorgane hatten die Aufgaben von Staats- und Wirtschaftsbehörden übernommen und griffen unqualifiziert in den Wirtschaftsprozeß ein, wodurch auch die noch vorhandene Initiative gelähmt wurde und einer allgemeinen Gleichgültigkeit in allen Bereichen Platz machte. Durch eine protschechische Nationalitätenpolitik hatten sich die Spannungen zwischen Tschechen und Slowaken verschärft, die Unzufriedenheit bei den nationalen Minderheiten – Deutsche und Ungarn – war immer größer geworden. Im sozialen Bereich vertraten die Gewerkschaften nicht die Interessen der Werktätigen, sondern wirkten als »Transmissionsriemen« für die herrschende Partei und die Wirtschaftsbürokratie. Diese politischen, sozialen und nationalen Widersprüche hatten einen solchen Grad erreicht, daß das Land nicht mehr mit den alten Methoden zu regieren war. Immer stärker wurde der Ruf nach Reformen Am weitsichtigsten waren dabei die künstlerische Intelligenz und, eng mit ihr verbunden, eine Gruppe von hervorragenden Ökonomen, Technologen, Soziologen und Philosophen. Beide Gruppierungen hatten bereits seit Anfang der sechziger Jahre die Notwendigkeit von Reformen nachzuweisen versucht und die zu beschreitenden Wege aufgezeigt.
Das Ringen um einen »Sozialismus mit menschlichem Antlitz« begann, als sich Professor Eduard Goldstücker von der Karlsuniversität in Prag im Februar 1963 in der Zeitschrift »Literarny Noviny« gegen den verhängnisvollen Glauben wandte, »daß eine neue höhere soziale Ordnung erreicht werden kann, ohne Humanität und Gerechtigkeit, daß große menschliche Errungenschaften in der Theorie vertreten, in der Praxis aber niedergetrampelt werden können«. Auf dem 4. Schriftstellerkongreß der Tschechoslowakei im Juni 1967 kam es noch deutlicher zu Auseinandersetzungen zwischen Stalinisten und Anhängern der Reformer. Pavel Kohout, Alexander Kliment, Milan Kundera, Ludvik Vaculik und Jan Prohazka – sie alle spielten später eine große Rolle im »Prager Frühling« – traten klar und mutig für eine Demokratisierung ein. Einige wurden daraufhin aus der Partei ausgeschlossen, andere verwarnt, aber die Anhänger der Demokratisierung waren bereits so stark, daß selbst der Apparat sich nicht mehr erfolgreich wehren konnte. Deutlich war dies bereits auf dem 13. Kongreß der KP der Tschechoslowakei im Jahre

1966 geworden, der ein Programm wirtschaftlicher Reformen annahm. In seiner Rede auf diesem Kongreß erklärte Ota Šik, dies sei zwar »ein großer Schritt auf dem Wege zur Demokratisierung unserer Gesellschaft«, es handle sich jedoch nur um einen bescheidenen Anfang. Jetzt und in Zukunft komme es aber darauf an, die Demokratisierung innerhalb der Partei, ja in der gesamten politischen Sphäre der staatlichen Verwaltung vorzubereiten.

So klarsichtig und entschieden die Intellektuellen aus dem kulturellen und dem ökonomisch-soziologischen Bereich den Weg auch aufgezeigt hatten, allein hätten diese Kräfte sich wohl kaum durchsetzen können. Aber sie erhielten auch die Unterstützung vieler slowakischer Kommunisten und Funktionäre, die in Opposition zum protschechischen Kurs Novotnýs standen, weil sie eine größere Autonomie der Slowakei forderten. Hinzu kamen auch Funktionäre des Staatsapparates und der Partei, die für eine Überwindung des Dogmatismus und modernere Arbeitsmethoden plädierten, wobei sie bereit waren, in Grenzen auch Reformkräfte zu unterstützen. Viele Betriebsdirektoren und Wirtschaftsplaner verlangten nach einer konsequenten Wirtschaftsreform und unterstützten deshalb ebenfalls wiederum in Grenzen die Reformer. So vollzog sich innerhalb des Parteiapparates in zunehmendem Maße eine Differenzierung zwischen bürokratisch-stalinistischen Kräften auf der einen Seite und dem progressiven Parteiflügel auf der anderen Seite.

Die Triebkräfte der Demokratisierung

Unter diesen Bedingungen kam es Ende Oktober 1967 auf einer Tagung des Zentralkomitees der KP der Tschechoslowakei zu harten Auseinandersetzungen. Der seit 1963 als Parteisekretär der KP der Slowakei amtierende Alexander Dubček forderte die Umgestaltung der Struktur der Partei, den Übergang zu neuen Methoden und die Trennung der Partei vom Staat. Das aber bedeutete einen Angriff auf die Stellung Novotnýs, der damals gleichzeitig den Posten des Ersten Parteisekretärs und des Staatspräsidenten innehatte. Auf einer weiteren Tagung des ZK im Dezember 1967 verschärften sich die Auseinandersetzungen

zwischen Anhängern und Gegnern der Reform. Innerhalb des Präsidiums, wie in der Tschechoslowakei das Politbüro genannt wird, waren die Anhänger und Gegner Novotnýs gleich stark und paralysierten sich daher gegenseitig. Eine entscheidende Wende erfolgte erst auf der ZK-Tagung im Januar 1968. Nach stürmischen Diskussionen – es sprachen insgesamt 150 Redner – gewannen die Gegner Novotnýs schließlich die Oberhand, er mußte als Erster Parteisekretär zurücktreten, behielt jedoch zunächst noch das Amt des Staatspräsidenten. An seine Stelle als Erster Parteisekretär trat Alexander Dubček.
Damit flammte sofort die Hoffnung auf Liberalisierung und Demokratisierung des Systems auf. Tatsächlich veränderte sich die Situation in der Tschechoslowakei fast über Nacht. Die langjährige Zensur hörte plötzlich auf, Presse, Fernsehen und Rundfunk, bis dahin langweilige Medien einer herrschenden Bürokratie, brachten unter Leitung der Reformer Jiri Pelikan (Fernsehen) und Zdenek Hejzlar (Rundfunk) die Bedürfnisse und Vorstellungen der Bevölkerung zum Ausdruck. Apathie und politisches Desinteresse schlugen um in ein seit vielen Jahren nicht mehr gekanntes Interesse an allen politischen Fragen. Eine besondere Rolle spielte dabei die Zeitschrift »Literarny Listy«, aber selbst in der Parteizeitung »Rude Pravo« konnte bereits Mitte Februar Zdenek Mlynar, einer der konsequentesten Reformer, die These vertreten, daß es nicht darum gehe, das politische System zu »vervollkommnen«, wie die Zentristen wollten, sondern seine »qualitative Umwandlung« zu erreichen. Die Rechte und Freiheiten jedes Bürgers, so erklärte Mlynar damals, müßten von der Rechtsordnung garantiert werden, es müsse ein politisches System angestrebt werden, das nicht mehr auf die Durchführung von Direktiven abzielt, die von vornherein als richtig anzusehen sind, sondern eine offene Meinungs- und Entscheidungsbildung ermöglicht. In der Partei, so Mlynar, muß selbst einer Minderheit die Möglichkeit garantiert werden, die eigenen Ansichten zur Geltung zu bringen. Zweifellos würde dieser Prozeß widerspruchsvoll sein, »aber es gibt keinen anderen Weg, wenn wir nicht die innere Dynamik des Sozialismus ersticken wollen«.[52] Die kürzeste und prägnanteste Formulierung der Zielsetzung im beginnenden »Prager Frühling« fand der Philosoph Ivan Svitak mit folgenden Worten: »Der Ersatz der

totalitären Diktatur durch die sozialistische Demokratie, also die Änderung der Art der Machtausübung ohne Verzicht auf unsere sozialistischen Errungenschaften, insbesondere das Gemeineigentum der Produktionsmittel – das ist das Grundproblem von heute.«[53]
Die nun schlagartig und stürmisch einsetzende Demokratisierung wurde vor allem durch die Auseinandersetzung mit der stalinistischen Vergangenheit, mit den Verbrechen der Novotný-Ära, gefördert. Josef Smrkovsky, einer der konsequentesten Exponenten des »Prager Frühlings« und selbst Opfer des Novotný-Regimes, bezeichnete bereits im Februar 1968 die Wiedergutmachung an zu Unrecht verfolgten Kommunisten und Nichtkommunisten als erstrangige Forderung der sozialistischen Moral: »Wir Kommunisten müssen alle, auch einander, ehrlich in die Augen schauen, und deshalb müssen wir für die volle Rehabilitierung aller unschuldigen Opfer eintreten.«[54]
Die kritische Beurteilung der Vergangenheit war untrennbar mit der Schlußfolgerung verknüpft, ähnliches in der Tschechoslowakei nie wieder zuzulassen, und führte mit logischer Konsequenz zu weiteren Schritten in Richtung auf eine sozialistische Demokratie. Je mehr innerhalb der Partei die Reformkräfte hervortraten und an Bedeutung gewannen, desto positiver gestaltete sich das Verhältnis zwischen der Partei und der Bevölkerung. Je mehr die Partei aufhörte, ein bürokratisches Machtinstrument zu sein, desto mehr nahm die Bevölkerung Anteil an den Parteiproblemen. Dies stärkte wiederum die Reformkräfte innerhalb der Partei.
Die moralische Diskreditierung des Novotný-Regimes war perfekt, als am 1. März 1968 der stalinistische Generalmajor Sejna, der wegen Veruntreuung einer riesigen Summe in Untersuchungshaft saß, mit seinem Diplomatenpaß in die USA flüchtete. Sejna war Sekretär des politischen Büros der Partei im Ministerium für Landesverteidigung gewesen. Bald nach seiner Flucht sickerte durch, daß Novotný mit Sejnas Hilfe im Dezember 1967 einen Militärputsch zur Ausschaltung der Reformer geplant hatte. Nachdem sich ausgerechnet einer der Stalinisten, die stets die Wachsamkeit gegenüber dem Klassenfeind betont hatten, in die USA abgesetzt hatte, wurde nun auch der Ruf laut, Novotný müsse vom Posten des Staatspräsidenten zurücktreten.

Dies geschah schließlich am 21. März. Eine Welle von Demissionen stalinistischer Funktionäre folgte Novotnýs Abgang. Die Frage, wer der Nachfolger Novotnýs als Staatspräsident werden sollte, stand noch offen.

Reformer und Stalinisten in der Führung

Inzwischen schalteten sich jedoch die anderen Ostblockstaaten ein. Am 23. März wurde in Dresden eine Sitzung der Ostblockführer (mit Ausnahme Rumäniens) einberufen, auf der sich Alexander Dubček wegen des »Prager Frühlings« rechtfertigen sollte. Im Unterschied zu den jugoslawischen Führern, die sich im Frühjahr 1948 stets geweigert hatten, an solchen Konferenzen außerhalb des Landes teilzunehmen, hoffte Dubček offensichtlich, Breschnew, Ulbricht und Gomulka von der Lauterkeit seiner Absichten und der großen Bedeutung einer Demokratisierung in der Tschechoslowakei überzeugen zu können. Nach dem Bericht Jiri Pelikans versuchte Dubček immer wieder auf der Dresdner Konferenz, den Ostblockführern klarzumachen, daß seine Partei die breiteste Unterstützung der Bevölkerung besitze, die Veränderungen im Interesse des Sozialismus lägen und das tschechoslowakische Beispiel den kommunistischen Parteien der westlichen Länder Europas helfen könne. Gomulka unterbrach ihn brutal: »Eine sozialistische Revolution in den westlichen Ländern interessiert uns nicht! Uns interessiert allein, zu bewahren, was wir haben. Deshalb können wir keine Experimente erlauben.« Dubček gestand später seine »Erschütterung« darüber ein. Bedauerlicherweise hatte er die Empfehlung des rumänischen Parteiführers Ceauşescu nicht befolgt, der ihm riet: »Akzeptieren Sie niemals eine Diskussion über die inneren Angelegenheiten, ganz gleich, auf welcher Ebene und zu welchem Zeitpunkt!«[55] Der zwar ehrenhafte, aber nach aller Erfahrung völlig unrealistische Versuch der Dubcek-Führung, in der Tschechoslowakei einen »Sozialismus mit menschlichem Antlitz« ohne Konflikt mit den Ostblockführern, ja sogar mit deren Zustimmung verwirklichen zu wollen, führte dann in der weiteren Entwicklung des »Prager Frühlings« zu Zugeständnissen und Rücksichtnahmen, die sich negativ auswirken sollten.

Das zeigte sich schon bei der Wahl des neuen Staatspräsidenten: Erstmals in einem kommunistisch regierten Land wurden mehrere Kandidaten aufgestellt: Ludvik Svoboda, der ehemalige Kommandeur der tschechoslowakischen Brigade in der Sowjetunion, Josef Smrkovsky und Laco Novomeski, beides entschlossene Reformer, die beide unter dem Novotný-Regime im Gefängnis gewesen waren, und der ehemalige Unterrichtsminister Dr. Cestmir Cisar, auch er lange Jahre von Novotný kaltgestellt. Um den Ostblockparteien entgegenzukommen, sprach sich Alexander Dubček im ZK für General Svoboda aus, da er wußte, daß dieser von allen Kandidaten den Kreml-Führern am genehmsten war. Am 30. März wählte das tschechoslowakische Parlament Svoboda zum Staatspräsidenten, also von allen Kandidaten den am wenigsten profilierten Reformer. Smrkovsky, der entschiedenste Reformer, wurde zum Präsidenten der Nationalversammlung gewählt. In seiner ersten Rede sagte er: »Die Nationalversammlung steht vor der Aufgabe, durch ihre gesamte gesetzgeberische Praxis einen sozialistischen Parlamentarismus zu begründen. Das Parlament muß Sicherung schaffen, damit die ČSSR zu einem Rechtsstaat im besten Sinne des Wortes wird.«[56]
Auf dem entscheidenden, Anfang April 1968 stattfindenden Plenum des ZK schieden Novotný und einige seiner stalinistischen Anhänger aus den obersten Gremien der Parteiführung aus. Wichtige Reformer, darunter vor allem Josef Smrkovsky und František Kriegel, der Vorsitzende der Nationalen Front, traten an ihre Stelle. In das ZK-Sekretariat wurde der Reformer Zdenek Mlynar aufgenommen. Trotzdem wird aber heute häufig vergessen, daß die oberste Spitzenführung in der Zeit des »Prager Frühlings« keineswegs nur aus Reformen bestand, sondern sich sowohl aus Reformlern als auch Stalinisten zusammensetzte – eine Tatsache, die sich auf längere Sicht natürlich negativ auswirken mußte. Unter den elf Mitgliedern des Parteipräsidiums (das organisatorisch dem sowjetischen Politbüro entspricht) befanden sich neben den bekannteren Reformern Alexander Dubček, František Kriegel und Josef Smrkovsky auch die drei eindeutigen Stalinisten Bilak, Kolder und Svestka. Auch im neunköpfigen ZK-Sekretariat saßen neben den Reformern Dubček, Cisar, Mlynar, Slavek und anderen auch Stalinisten wie Kolder, Indra und Lenart. Die tschechoslowakische Parteifüh-

rung während des »Prager Frühlings« hatte sich also ständig mit konservativ-bürokratischen, ja stalinistischen Apparatschiks auseinanderzusetzen und auf diese Rücksicht zu nehmen. Trotzdem hatte das April-Plenum des ZK eine entscheidende Bedeutung, weil während dieses Plenums das neue »Aktionsprogramm der KP der Tschechoslowakei« im Entwurf angenommen und in einem Kommuniqué erklärt wurde: »Das Zentralkomitee setzt sich nachdrücklichst für die Entwicklung der sozialistischen Demokratie ein und wird nicht zulassen, daß der eingeschlagene Weg wieder zu den Zuständen zurückführt, die vor dem Januar geherrscht haben.«[57] Dieser Entwurf des Aktionsprogramms, das eines der wichtigsten Dokumente zur Geschichte des Eurokommunismus darstellt, wurde am 10. April 1968 veröffentlicht.

Das Aktionsprogramm der KP der Tschechoslowakei

In diesem sehr ausführlichen Aktionsprogramm wird zunächst mit nüchterner Klarheit, aber äußerster Schärfe das bis zum Januar 1968 herrschende System einer Kritik unterzogen. (Die am Anfang dieses Kapitels geschilderten Zustände stützen sich weitgehend auf den offiziellen Text des Aktionsprogramms.) Danach werden die Reformvorschläge vorgetragen, die alle Bereiche der Gesellschaft betreffen. Das Programm ist für die Entwicklung des Eurokommunismus von so entscheidender Bedeutung, daß hier einige Kernsätze zitiert werden sollen:
Hauptziel: »Es gilt, das ganze politische System so umzugestalten, daß es eine dynamische Entwicklung der sozialistischen gesellschaftlichen Beziehungen ermöglicht, die breiteste Demokratie mit einer wissenschaftlich und fachlich qualifizierten Leitung vereint . . . Die grundlegende Bindung des politischen Systems muß hierbei eine feste Garantie gegen die Rückkehr der alten Methoden des Subjektivismus und machtbedingter Willkür bieten.«
Die Rolle der Kommunistischen Partei: »Die Kommunistische Partei stützt sich auf die freiwillige Unterstützung durch die Menschen. Sie verwirklicht ihre führende Rolle nicht dadurch, daß sie die Gesellschaft beherrscht, sondern dadurch, daß sie der freien, fortschrittlichen und sozialistischen Entwicklung am

treuesten dient. Sie kann sich ihre Autorität nicht erzwingen, sondern muß sie immer aufs neue durch ihre Taten gewinnen. Ihre Linie kann sich nicht durch Verordnungen durchsetzen, sondern nur durch die Arbeit ihrer Mitglieder und die Wahrhaftigkeit ihrer Ideale.«

Diskussionsfreiheit in der Partei: »Jedes Parteimitglied und jedes Parteiorgan hat nicht nur das Recht, sondern auch die Pflicht, nach bestem Wissen und Gewissen mit seiner Initiative, seiner Kritik, seinen abweichenden Ansichten zu der behandelten Frage aufzutreten und jedem Funktionär zu opponieren . . . Es ist unzulässig, Kommunisten in diesen Rechten zu beschränken und um jene, die mit anderen Ansichten aufgetreten sind, eine Atmosphäre des Mißtrauens und der Verdächtigungen zu schaffen. Es ist unzulässig, gegen die Minderheit, unter welchem Vorwand auch immer, Repressalien anzuwenden . . .«

Partei und Staat: »Die Parteiorgane dürfen in Zukunft nicht mehr die staatlichen Organe, die Organe der wirtschaftlichen Leitung und die gesellschaftlichen Organisationen ersetzen. Die Parteibeschlüsse sind zwar für die Kommunisten in diesen Organen verbindlich, die Politik aber, die Leitungstätigkeit und die Verantwortung der staatlichen, wirtschaftlichen und gesellschaftlichen Organe und Organisationen ist selbständig.«

KP und Nationale Front: »Die politischen Parteien der Nationalen Front sind Partner . . . Eventuelle unterschiedliche und widersprechende Standpunkte der Gliederungen der Nationalen Front, eventuelle Auseinandersetzungen um die Politik des Staates – das alles wird auf der Basis der gemeinsamen sozialistischen Konzeption der Politik der Nationalen Front gelöst, und zwar durch politische Übereinkommen.«

Gegen die Monopolisierung der Staatsmacht: »Weder eine einzige Partei noch eine Koalition politischer Parteien kann die sozialistische Staatsmacht monopolisieren, alle politischen Organisationen des Volkes müssen unmittelbaren Zutritt zu ihr erhalten. Die KPČ wird mit allen Mitteln Formen des politischen Lebens entwickeln, die der Arbeiterklasse und allen anderen Werktätigen ermöglichen, mit ihrer Stimme und ihrem Willen Einfluß auf die politischen Entscheidungen in unserem Lande zu nehmen.«

Organisationsfreiheit: »Zugleich muß noch in diesem Jahr die verfassungsmäßige Versammlungs- und Koalitionsfreiheit gewährleistet werden, um gesetzlich garantierte Möglichkeiten zu schaffen, freiwillige Organisationen, Interessengemeinschaften, Verbände usw. zu bilden . . . Die gesetzlich garantierten Freiheiten müssen in diesem Sinne in Übereinstimmung mit der Verfassung auch für Bürger verschiedenen religiösen Glaubens und verschiedener Konfession gültig sein.«

Meinungs- und Informationsfreiheit: »Einem werktätigen Volk, dem keine Ausbeuterklasse mehr diktiert, kann man nicht durch willkürliche Auslegung der Macht vorschreiben, worüber es informiert sein darf und worüber nicht, welche Ansichten es öffentlich aussprechen darf und welche nicht, wo es seine öffentliche Meinung geltend machen darf und wo nicht.«

Abschaffung der Zensur und Pressefreiheit: »Das ZK der KPČ erachtet es für notwendig, in kürzester Zeit durch ein Pressegesetz genauer als bisher darzulegen, wann ein staatliches Organ die Verbreitung bestimmter Informationen verbieten kann (in Presse, Rundfunk, Fernsehen), um die Möglichkeit einer Vorzensur auszuschließen. Es ist erforderlich, die Verspätung, Verzerrung und Unvollständigkeit der Informationen sowie die unbegründete Geheimhaltung politischer und wirtschaftlicher Tatsachen zu beseitigen.«

Meinungsfreiheit in der Parteipresse: »Vor allem die Parteipresse soll das eigene Leben der Partei zum Ausdruck bringen sowie die Entwicklung und kritischen Auseinandersetzungen über verschiedene Ansichten von Kommunisten usw. Sie kann nicht immer mit der offiziellen Haltung des Staates identifiziert werden.«

Freizügigkeit: »Die gesetzmäßige Freizügigkeit der Bürger muß garantiert werden, besonders Reisen ins Ausland, wobei vor allem gelten soll, daß der Bürger Rechtsanspruch auf langfristigen oder dauernden Aufenthalt im Ausland hat und daß niemand grundlos als Emigrant betrachtet wird.«

Rehabilitierungen: »Die Partei ist sich dessen bewußt, daß niemand dem unschuldig Verurteilten und Verfolgten die verlorenen Lebensjahre zurückgeben kann. Sie wird aber durchsetzen, daß jedweder Schatten des Mißtrauens und der Erniedrigung, daß alle Folgen ausgetilgt werden, unter denen sehr oft die Familien oder Verwandten der Betroffenen zu leiden hatten. Sie wird konsequent darauf achten, daß alle so Verfolgten die Möglichkeit haben, in der Arbeit, im öffentlichen Leben und in der politischen Betätigung ihre Fähigkeiten voll geltend zu machen.«

Demokratisches Wahlsystem: »Es ist deshalb notwendig, ein solches Wahlsystem auszuarbeiten, das die Veränderungen in unserem politischen Leben berücksichtigt. Durch das Wahlgesetz sollen die demokratischen Grundsätze der Wahlvorbereitungen, die Nominierung der Kandidaten und die Art ihrer Wahl genau und klar festgelegt werden.«

Parlament (Nationalversammlung): »Die Nationalversammlung wird von der Partei als sozialistisches Parlament betrachtet, mit allen Funktionen, die ihm in der demokratischen Republik zustehen . . . (das) wirklich über Gesetze und wichtige politische Fragen entscheidet und nicht nur vorgelegte Entwürfe genehmigt.«

Verhinderung von Machtkonzentration: »Die Politik der Partei geht von der Forderung aus, daß es im ganzen Staatsmechanismus zu keiner allzu großen Konzentration der Macht innerhalb eines Gliedes, eines Apparates oder bei einer Einzelperson kommen darf. Man muß eine derartige Aufteilung der Machtbefugnisse und ein System gegenseitiger Kontrolle zwischen den einzelnen Gliedern festsetzen, daß die Fehler und Übergriffe des einen Gliedes beizeiten durch die Tätigkeit des anderen korrigiert werden können.«

Reform des Staatssicherheitsdienstes: »Der Staatssicherheitsdienst muß eine derartige Stellung, Organisation, Struktur, Personalbestand, Ausstattung, Methoden und Qualifikation haben, die seiner Bestimmung, den Staat gegen die Tätigkeit von feindlichen ausländischen Zentren zu schützen, entsprechen. Jeder Bürger, der sich in dieser Beziehung nichts zuschulden kommen ließ, muß die Gewähr haben, daß seine politische Überzeugung, seine Ansichten, persönlichen Bekenntnisse und Beschäftigungen nicht Gegenstand der Aufmerksamkeit der Organe des Staatssicherheitsdienstes sein können. Die Partei behauptet ganz klar, daß dieser Apparat nicht zur Lösung innenpolitischer Fragen und Gegensätze in der sozialistischen Gesellschaft verwendet werden darf.«

Stellung zur Wissenschaft: »Der Sozialismus entsteht, hält sich und siegt durch die Verbindung der Arbeiterbewegung mit der

Wissenschaft . . . Je entscheidender und unvoreingenommener die Wissenschaft vorgeht, um so mehr steht sie mit den Interessen des Sozialismus im Einklang, je größere Erfolge die Werktätigen erzielen, um so größere Möglichkeiten öffnen sich der Wissenschaft.«

Freiheit des kulturellen und künstlerischen Schaffens: »Wir lehnen jedes administrative und bürokratische Vorgehen bei der Durchführung der Kulturpolitik ab, wir distanzieren uns davon und werden ihm entgegentreten. Das künstlerische Schaffen darf keiner Zensur unterworfen werden.«

Kunst und Kultur im Sozialismus: »Es ist notwendig, die beschränkte Auffassung der gesellschaftlichen und menschlichen Funktion von Kultur und Kunst zu überwinden, die Überschätzung ihrer ideologischen und politischen Rolle und die Unterschätzung ihrer grundlegenden kulturellen und ästhetischen Aufgaben bei der Umwandlung des Menschen und seiner Welt.«

Außenpolitik: »Unsere Außenpolitik hat bisher nicht alle Möglichkeiten, aktiv aufzutreten, ausgenützt, sie ist an eine Reihe von wichtigen internationalen Problemen nicht initiativ mit eigenen Standpunkten herangetreten. Das Zentralkomitee der KPČ, die Nationalversammlung, die Regierung sowie das zuständige Ministerium müssen diese Mängel schnellstens beseitigen und dafür sorgen, daß unsere Außenpolitik sowohl die nationalen als auch die internationalen Interessen der sozialistischen Tschechoslowakei voll zum Ausdruck bringt . . . Daraus ergibt sich auch die Notwendigkeit, die breite Öffentlichkeit sofort und mit Sachkenntnis mit den internationalen Problemen und unserer Außenpolitik bekanntzumachen und so die Voraussetzungen für eine aktive Teilnahme der tschechoslowakischen Bürger an der Bildung der außenpolitischen Standpunkte zu schaffen.«

Kommunistische Weltbewegung: »Die KPČ wird ihre spezifischen Möglichkeiten beim Anbahnen von Kontakten mit den sozialistischen, friedliebenden und demokratischen Kräften der kapitalistischen und Entwicklungsländer voll zur Geltung bringen.«

Neues Modell des Sozialismus: »Wir wollen an den Aufbau eines neuen, zutiefst demokratischen und den tschechoslowakischen Bedingungen entsprechenden Modells der sozialistischen

Gesellschaft herangehen . . . Wir können das Leben nicht mehr in Schablonen pressen, wenn sie auch gut gemeint sind. Nun fällt auch uns die Aufgabe zu, uns den Weg unter unbekannten Bedingungen zu bahnen, zu experimentieren, der sozialistischen Entwicklung einen neuen Charakter zu geben . . . «
Internationale Bedeutung: »Wir wollen auf dem festen Boden unseres Landes neue durchschlagende Kräfte des sozialistischen Lebens in Gang setzen, die viel wirksamer eine Konfrontation der gesellschaftlichen Systeme und der Weltanschauungen ermöglichen und die erlauben würden, die Vorzüge des Sozialismus in vollerem Maße geltend zu machen.«[58]
In diesem Aktionsprogramm wurden auch noch eine Reihe innertschechoslowakischer Probleme behandelt, so etwa die Nationalitätenpolitik. In der Wirtschaft sollte nach dem Aktionsprogramm die Planwirtschaft erhalten bleiben, allerdings aber einer demokratischen Kontrolle durch die Nationalversammlung und einer Fachkontrolle durch wissenschaftliche Institutionen unterstellt werden. Die einzelnen Unternehmungen sollten größere Freizügigkeit in ihren Entscheidungen erhalten und die Betriebsleitungen demokratisiert werden, wobei den Unternehmen sowohl gewählte Vertreter der Arbeiterkollektive als auch gewählte Vertreter von Behörden angehören sollten, um die Interessen der Gesellschaft zu vertreten und ein fachlich qualifiziertes Niveau bei Entscheidungen zu gewährleisten. Die Gewerkschaften sollten das Recht erhalten, die sozialen Interessen der Werktätigen zu schützen, und gleichzeitig als wichtiger Partner bei der Leitung der Wirtschaft mitarbeiten. Die landwirtschaftlichen Genossenschaften sollten von der übermäßigen Kontrolle und Zentralisierung befreit werden und eine größere Unabhängigkeit erhalten.

Ausländische Kommunisten zum »Prager Frühling«

Nach der Veröffentlichung dieses Aktionsprogramms kam es im ganzen europäischen Kommunismus zu harten Auseinandersetzungen zwischen den Anhängern und Gegnern des »Prager Frühlings«. Von seiten der bürokratisch-diktatorischen Richtung wurden das Aktionsprogramm und die tschechoslowakische Entwicklung scharf verurteilt. Die sowjetische »Prawda« erklärte am 12. April, auf dem April-Plenum der KPČ sei ein »Einfluß nichtmarxistischer und nichtsozialistischer Auffassungen« zum Ausdruck gekommen. Das tschechoslowakische Aktionsprogramm wurde in der »Prawda« in verkürzter, völlig entstellter Form veröffentlicht, wobei alle neuen Akzente verschwiegen wurden (nicht ein einziger der hier zitierten Sätze war in der »Prawda« zu lesen).[59] Ende April erklärte die »Prawda«, auf tschechoslowakischen Parteikonferenzen gäbe es Erscheinungen einer »antikommunistischen Hysterie«. In ähnlicher Weise berichteten die Presseorgane der DDR.

Auf der anderen Seite begrüßten und unterstützten die heute zum Eurokommunismus zählenden Parteien die Entwicklung des »Prager Frühlings« und erklärten öffentlich, daß sie darin ein Beispiel für ihren eigenen Weg sähen. Luigi Longo, der Vorsitzende der KP Italiens, erklärte am 12. April 1968: »Die Verwirklichung einer fortgeschrittenen sozialistischen Demokratie ist nicht nur ein großer Beitrag zum Kampf der Arbeiterklasse und der Linkskräfte in den kapitalistischen Staaten, sondern stellt auch einen Anreiz für alle sozialistischen Länder dar, die Hindernisse, die der vollen Entwicklung der sozialistischen Demokratie im Wege stehen, mutiger zu überwinden.«[60]

Anläßlich eines Besuches in der Tschechoslowakei versprach Luigi Longo Anfang Mai auf einer Pressekonferenz in Prag »die volle Unterstützung und Solidarität der italienischen Kommunisten«.[61] Und nach seiner Rückkehr erklärte Longo vor dem Gramsci-Institut in Rom über die KPČ, »daß wir ihr Vorgehen nicht nur für ihr Land, sondern für alle sozialistischen Länder und für die gesamte internationale Arbeiterbewegung als positiv bewerten«.[62]

Ähnlich äußerte sich Bernard Taft, ein führendes Mitglied der australischen KP. Taft, der ebenfalls im April 1968 in der Tschechoslowakei war, meinte, die Welt sei »Augenzeuge einer gewaltigen Übergangsperiode, die als Zeichen eines zukünftigen Sozialismus angesehen werden muß«.[63] Von der spanischen KP sprach sich Santiago Alvarez, neben Dolores Ibarruri und Santiago Carrillo eines der wichtigsten Mitglieder in der Führung der KP Spaniens, bereits Anfang Mai für den »Prager Frühling« aus und bezeichnete die Entwicklung in der Tschechoslowakei als ein

Modell für die Zukunft in Spanien.[64]
Die KP Frankreichs nahm dagegen eine Art »mittlere Stellung« im Sinne der Zentristen ein. Waldeck-Rochet erklärte auf einer Plenarsitzung des ZK der KP Frankreichs Mitte April 1968, »die aus der ČSSR einlaufenden Meldungen haben bestätigt, daß die tschechoslowakischen Kommunisten dafür sorgen, daß die Grundlagen der sozialistischen Gesellschaft unter keinen Umständen gefährdet werden«.[65] Also weder Lob noch Tadel.
Der »Prager Frühling« wurde aber nicht nur von den kommunistischen Parteien in Europa begrüßt, sondern auch von Reformkräften innerhalb des sowjetischen Machtbereichs. Im Frühjahr 1968 verfaßte das Akademiemitglied Andrej Sacharow sein berühmtes Memorandum »Gedanken über Fortschritt, friedliche Koexistenz und geistige Freiheit«, eines der bedeutsamsten Dokumente der innersowjetischen Reformopposition, in dem es heißt: »Heute liegt der Schlüssel zu einer progressiven Neuordnung des Herrschaftssystems allein in der geistigen Freiheit. Das haben insbesondere die Tschechoslowaken verstanden, und es kann kein Zweifel darüber bestehen, daß wir ihre kühne Initiative, die für die Zukunft des Sozialismus und der ganzen Menschheit so wichtig ist, unterstützen sollten. Diese Unterstützung sollte politisch sein, aber auch erhöhte Wirtschaftshilfe einschließen.«[66]
Auch Robert Havemann sah ein hoffnungsvolles Beispiel und Vorbild im »Prager Frühling«. Seine Erklärung dazu durfte allerdings in Ost-Berlin nicht veröffentlicht werden: »Sozialisten und Kommunisten in aller Welt verfolgen heute mit wärmster Sympathie und von großen Hoffnungen erfüllt die politische Entwicklung in der ČSSR. Was hier geschieht, wird nicht nur für die Zukunft dieses Landes von entscheidender Bedeutung sein, sondern es wird weltweite Rückwirkungen zeitigen und tut dies schon heute. Zum erstenmal wird hier der Versuch gemacht, Sozialismus und Demokratie in Übereinstimmung zu bringen. Bisher gab es in sozialistischen Ländern wohl verschiedene Ansätze, den Teufelskreis des Stalinismus durch eine Art schleichender Demokratisierung zu durchbrechen. Aber das Bleigewicht der Parteibürokratie hat die wenigen hoffnungsvollen Versuche stets wieder gelähmt und zum Stillstand gebracht. In der

ČSSR erleben wir heute den grandiosen Versuch eines radikalen und kompromißlosen Durchbruchs zu sozialistischer Demokratie. Gelingt dieser Versuch, so wird dieser Erfolg von einer historischen Tragweite sein, die sich nur mit der russischen Oktoberrevolution vergleichen läßt.«[67]

Die dramatischen Monate von Mai bis August 1968

Von Mai bis Ende Juli war der weitere Verlauf durch einen doppelten Prozeß gekennzeichnet: Innerhalb der Tschechoslowakei vollzog sich eine Entwicklung, die sich immer mehr dem Modell eines »Sozialismus mit menschlichem Antlitz« annäherte, gleichzeitig verstärkte sich der Druck der Regierungen in den Ostblockstaaten auf die ČSSR.
Die im Aktionsprogramm vom April verkündeten Freiheiten wurden in der ČSSR Zug um Zug realisiert, überall fanden in aller Öffentlichkeit Diskussionen über die neuen Formen der sozialistischen Demokratie statt. In jenen Wochen wurden viele Konzeptionen entwickelt, die später zum untrennbaren Bestandteil des Eurokommunismus gehören sollten. Vor allem wurde häufig über die Wechselwirkung zwischen politischer Demokratie und Selbstverwaltung im Sozialismus diskutiert, darunter von Karel Kosik, Professor für Philosophie an der Prager Universität, und Robert Kalivoda, Mitglied des philosophischen Institutes der Akademie der Wissenschaften.[68] Mehrfach wurde von führenden Männern des »Prager Frühlings« betont, daß der Marxismus in einer sozialistischen Gesellschaft keine Monopolstellung einnehmen dürfe. Cestmir Cisar, während des »Prager Frühlings« ZK-Sekretär für Kultur und Volksbildung, erklärte Anfang Mai, der Marxismus-Leninismus sei keine Staatsideologie, obwohl der Staat und die tschechoslowakische Demokratie sozialistisch seien. Man müsse jedoch erkennen, daß gleichzeitig mit dem Marxismus auch nichtmarxistische Anschauungen in dieser Gesellschaft existieren, im übrigen sei es »auch wichtig zu unterscheiden, daß der Marxismus kein Monopol der Partei ist«.[69]
Von April bis Juni verloren die Stalinisten in der ČSSR immer mehr an Boden, während die Reformpolitik immer größere

Zustimmung in der Bevölkerung fand. Die sonst so eintönige Kundgebung zum 1. Mai verwandelte sich 1968 in eine spontane und begeisterte Demonstration für Dubček und den »Prager Frühling«. Bedauerlicherweise wurde die Situation von der Führung nicht voll ausgenutzt. Eine schnellere Entfernung der Stalinisten aus den höheren Parteigremien, vor allem in der Parteiführung, die sofortige Einberufung eines Parteitages, der den Reformkurs bestätigen und das Aktionsprogramm annehmen konnte, ein Ausbau der Kontakte mit Jugoslawien und Rumänien (vielleicht auch mit China), Einladungen an die progressiven kommunistischen Parteien, die den »Prager Frühling« unterstützten – all das hätte sich bestimmt sehr positiv ausgewirkt. Statt dessen wurde in Prag damals viel Zeit damit verloren, daß führende Funktionäre auf Ostblockkonferenzen ihre Positionen zu rechtfertigen suchten. Bereits am 8. Mai 1968 wurde in Moskau ein neues Gipfeltreffen der Ostblockführer einberufen, an dem Breschnew (UdSSR), Gomulka (Polen), Ulbricht (DDR), Shiwkoff (Bulgarien) und Kádár (Ungarn) teilnahmen, aber keine Vertreter aus Rumänien. Von tschechoslowakischer Seite nahmen Dubček, Ministerpräsident Cernik und der stalinistische Sekretär der slowakischen KP, Bilak, teil. Wiederum machte die tschechoslowakische Führung den Fehler, sich an einem derartigen Gipfeltreffen zu beteiligen. Sie protestierte nicht einmal dagegen, daß die Rumänen nicht eingeladen waren. Während der Konferenz verlangten die Ostblockführer die Zustimmung der tschechoslowakischen Führer zu Manövern sowjetischer Truppen in der ČSSR. Danach verschärfte sich schlagartig die Kampagne gegen den »Prager Frühling«. Wenige Tage nach dem Treffen in Moskau erklärte die »Prawda«, die in der Tschechoslowakei verkündete Konzeption der sozialistischen Demokratie sei falsch und unwissenschaftlich, da die Diktatur des Proletariats »die höchste Form der Demokratie« sei.[70] Der bekannte Sowjetideologe Konstantinow warf kurz darauf dem tschechoslowakischen ZK-Sekretär Cisar vor, ein Revisionist zu sein, und verglich ihn mit Bernstein, Kautsky und rechtsgerichteten Sozialdemokraten.[71] Der tschechoslowakische marxistische Philosoph Ivan Svitak wurde von der Sowjetpresse als »Tollwütiger« bezeichnet.[72] Um was es wirklich ging, offenbarte der ukrainische Parteisekretär, das Politbüromitglied Pjotr Schelest, der

sich gegen »ausgedachte und nicht lebensfähige Modelle des Sozialismus« wandte, die man »nicht zulassen darf«.[73]
Aber es blieb nicht bei Pressepolemiken. Am 17. Mai 1968 traf eine Militärdelegation unter Leitung von Marschall Gretschko in Prag ein, wenige Tage später begannen die militärischen Manöver in der Tschechoslowakei. Sie dienten offensichtlich dazu, den Stalinisten den Rücken zu stärken. Die in Prag stationierte Redaktion der prosowjetischen Zeitschrift »Probleme des Friedens und des Sozialismus« wurde als Stützpunkt für die propagandistischen Aktionen benutzt. Dort wurden Flugblätter gedruckt und verteilt sowie Verbindungen zu Kräften hergestellt, die gegen den »Prager Frühling« opponierten. In der DDR unterbreitete der Staatssicherheitsdienst bereits im Mai 1968 tschechoslowakischen Spezialisten, die in der DDR arbeiteten, aber auch Studenten das Angebot, für einen in Vorbereitung befindlichen Rundfunksender zu arbeiten. Man versprach hohe Geldsummen und »später« gehobene Funktionen in der Tschechoslowakei.[74]
Unter solchermaßen verschärftem Druck wurde im Plenum des ZK der KPČ Ende Mai manche Frage zurückhaltender und vorsichtiger formuliert. Dubček forderte die Mitarbeiter von Presse, Rundfunk und Fernsehen auf, die Kritik an der Vergangenheit nicht zu weit zu treiben und vor allem in den Berichten über sozialistische Länder nicht die Staatsinteressen der ČSSR zu gefährden. Gleichzeitig wurden jedoch Antonín Novotný und sechs seiner prominenten Anhänger, die für die politischen Schauprozesse der fünfziger Jahre verantwortlich oder an ihnen beteiligt waren, von der Parteimitgliedschaft suspendiert. Und endlich wurde auch für den 9. September 1968 der 14. Parteitag einberufen, auf dem der »Prager Frühling« offiziell dokumentiert werden sollte.[75]
In breiten Kreisen der Bevölkerung wurde das Mai-Plenum als ein gewisser Rückschlag empfunden und Befürchtungen geäußert, der Demokratisierungsprozeß könnte verlangsamt oder gar eingestellt werden. Solche Befürchtungen wurden auch in dem berühmten Manifest der »2000 Worte« von Ludvik Vaculik geäußert, das sich gegen jede Abschwächung der Demokratisierung wandte und einen gewaltigen Widerhall fand.[76] Ab Ende Juni entstanden in tschechoslowakischen Betrieben und anderen

Institutionen spontan gegründete Komitees zum Schutz der Pressefreiheit. Die Arbeiter der tschechoslowakischen Betriebe drohten mit Generalstreik, falls der Demokratisierungsprozeß abgestoppt oder rückgängig gemacht werden sollte. Ende Juni beschloß die Nationalversammlung ein Gesetz über die Rehabilitierung unschuldig verurteilter Personen sowie ein neues Pressegesetz einschließlich der Aufhebung der Zensur. Gleichzeitig wurde mitgeteilt, daß jeder Bürger der Tschechoslowakei das Recht habe, ohne besonderes Visum in das Ausland zu reisen. In dieser Situation fanden auch die Wahlen für die Delegierten zum bevorstehenden 14. Parteitag statt, wobei fast ausschließlich progressive Reformer gewählt wurden und die Stalinisten eine vernichtende Niederlage erlitten.

Mitte Juli spitzten sich die Auseinandersetzungen zu. Während die Prager Reformer aus Jugoslawien Unterstützung erhielten, tagten in Warschau die Parteiführer der Sowjetunion, Polens, der DDR, Ungarns und Bulgariens (wiederum fehlte Rumänien). In dem dort verfaßten »Warschauer Brief« beschuldigten die Ostblockführer die tschechoslowakischen Kommunisten, die gemeinsamen Lebensinteressen der übrigen sozialistischen Länder zu gefährden. Sie forderten den sofortigen Abbruch der Demokratisierung, die Zurücknahme der demokratischen Freiheiten, die Wiedereinführung des bürokratischen, zentralistischen Unterordnungsprinzips. Der »Warschauer Brief« wandte sich dabei an bestimmte »Kräfte« in der Tschechoslowakei und versprach diesen, sie könnten »stets auf die Solidarität und Hilfe von seiten der sozialistischen Bruderländer rechnen«.[77] Dies war die erste, unmißverständliche Drohung mit einer Intervention. Höflich, aber bestimmt antwortete darauf die tschechoslowakische KP-Führung, daß die bestehenden Übergangsschwierigkeiten darauf zurückzuführen seien, daß die »alte Parteiführung jahrelang einen bürokratischen Zentralismus zur Geltung gebracht hat und die innerparteiliche Demokratie verletzt wurde«. Die Behauptung, in der Tschechoslowakei sei der Sozialismus gefährdet, wurde als unwahr zurückgewiesen und betont, daß die Position der KPČ stärker denn je sei, weil sie sich auf die freiwillige Unterstützung des Volkes stützen könne. Jeder Versuch einer Rückkehr zu früheren Methoden würde auf den einhelligen Widerstand der Mehrheit der Parteimitglieder, ja auf

den Widerstand aller Werktätigen stoßen.[78]
Jetzt meldete sich auch die »mittlere Richtung«, die Zentristen, zum »Prager Frühling«. Sie befürworteten eine sogenannte »politische Lösung«, d. h. den Versuch, durch politische Einflußnahme und politischen Druck den »Prager Frühling« zu stoppen. Dieses Konzept übernahm sofort die KP Frankreichs. Am 15./16. Juli besprach der damalige Generalsekretär der KPF Waldeck-Rochet eine solche Lösung mit Suslow in Moskau und regte unmittelbar nach seiner Rückkehr am 17. Juli ein Zusammentreffen aller europäischen kommunistischen Parteien in den nächsten Tagen an, um die tschechoslowakischen Probleme zu behandeln. Das Ziel war offensichtlich, weiteren politischen Druck auf die Prager Führung auszuüben, gleichzeitig aber auch von einer militärischen Aktion abzuraten. Am 18./19. Juli fuhr Waldeck-Rochet nach Prag und führte dort eine Unterredung mit Alexander Dubček und anderen Prager Führern, über die zunächst nichts bekannt wurde. Das Protokoll der damaligen Unterredung spielte später aber noch eine große Rolle und zog noch harte Auseinandersetzungen innerhalb des europäischen Kommunismus nach sich. Nach der Rückkehr aus Prag, am 22. Juli, widerrief die KP Frankreichs ihre Einladung vom 17. Juli und erklärte nun, eine Konferenz europäischer kommunistischer Parteien sei nicht ratsam.
Offensichtlich sahen die französischen Kommunisten damals keine Chance mehr, einen Kompromiß herbeizuführen. Tatsächlich hatte sich der Druck noch mehr verschärft. Am 19. Juli verbreiteten die »Prawda« und viele andere prosowjetische Zeitungen die Falschmeldung, in der Tschechoslowakei sei in der Nähe der Grenze zur Bundesrepublik ein Lager mit Waffen amerikanischer Herkunft entdeckt worden, die der Vorbereitung eines bewaffneten Umsturzes dienen sollten.[79] Außerdem wurde behauptet, die CIA habe einen geheimen Operationsplan zur »Unterminierung der Einheit der sozialistischen Länder« ausgearbeitet, wonach die amerikanischen Streitkräfte zunächst die DDR und die Tschechoslowakei als Operationsfeld vorgesehen hätten und in naher Zukunft ein »Staatsstreich« in der Tschechoslowakei erfolgen solle.[80] Auch von einer angeblichen Einmischung der Bundesrepublik Deutschland war die Rede.[81] Nach einer Untersuchung der Vorwürfe durch die Prager Führung

stellte sich heraus, daß es sich bei den amerikanischen Waffen um Bestände aus dem Zweiten Weltkrieg handelte, die dank eines vorzüglichen Schutzmittels, wie es die Sowjetarmee verwendet, noch in sehr gutem Zustand waren. Die Säcke, in denen sich die Waffen befanden, trugen das Markenzeichen GUM in kyrillischen Buchstaben.[82]

Während die ideologische Polemik aus Moskau immer drohender wurde und ab 25. Juli weitere Manöver in den gesamten Westgebieten der Sowjetunion gegenüber der Grenze zur Tschechoslowakei den Nervenkrieg noch mehr anheizten, fanden schließlich sowjetisch-tschechoslowakische Verhandlungen in Cierna statt (29.–31. 7. 1968) und daran anschließend am 3. August 1968 die Konferenz der Führer der Ostblockstaaten – wiederum mit Ausnahme Rumäniens – in Bratislava (Preßburg).[83] Beide Konferenzen stellten den Versuch dar, die tschechoslowakischen Partei- und Staatsführer wieder auf die sowjetische Linie festzulegen.

Nach den Verhandlungen in Cierna und Bratislava sahen die meisten Führer des »Prager Frühlings« ihr Reformwerk als gerettet an. Auch im Ausland herrschte dieser Eindruck vor. Die KP Italiens brachte ihre Befriedigung über die Verhandlungen und Erklärungen von Cierna und Bratislava zum Ausdruck und erklärte, es komme nun darauf an, »unsere Linie des demokratischen Weges zum Sozialismus und unsere Idee einer sozialistischen Gesellschaft durchzusetzen, die aufgeschlossen, modern und demokratisch ist«. Die KP Italiens werde diesen Weg jetzt »unter Berücksichtigung der tschechoslowakischen Erfahrungen« fortsetzen.[84] Ähnliche Zusprüche kamen von der KP Großbritanniens und damals auch von der KP Österreichs.

Die Stellungnahmen zur Okkupation der ČSSR

In dieser Periode der Beruhigung, ja der Hoffnung, trafen die Warschauer-Pakt-Staaten die letzten militärischen Vorbereitungen zur Okkupation, die in der Nacht vom 20. zum 21. August durch Truppen der UdSSR, unterstützt von den Truppen der DDR, Polens, Unmgarns und Bulgariens, anlief. Nie zuvor gab es eine Aktion der sowjetischen Führung, die in der gesamten kommunistischen Bewegung Europas auf eine so breite und massive Ablehnung stieß. In vielen Ländern wurden selbst die bisher noch gläubig nach Moskau blickenden Kommunisten hellhörig und mißtrauisch. Drei Dinge waren es vor allem, die nun immer mehr Kommunisten erkannten:

1.) Die Begründung für die Okkupation, wonach es angeblich in der ČSSR »antisozialistische Kräfte« gebe, die eine Konterrevolution vorbereiteten, erwies sich als Lüge. Von antisozialistischen Kräften oder gar einer Konterrevolution war in der ČSSR nicht das geringste zu entdecken. Niemand in der ČSSR hatte für eine Rückkehr zum Kapitalismus plädiert – weder in Worten noch in Taten. Im Gegenteil: Die Zielsetzung des Sozialismus war in der ČSSR im August 1968 stärker verankert und mehr von der Bevölkerung unterstützt als je zuvor.

2.) Die Okkupationstruppen wurden von niemandem in der Tschechoslowakei gewünscht und noch weniger gerufen. Selbst nach der Okkupation fanden die sowjetrussischen Truppen keinen einzigen Kollaborateur. Die tschechoslowakische Nationalversammlung, das Zentralkomitee der KPČ und der 14. Parteitag, der illegal am 26. August 1968 stattfand, haben sich einstimmig gegen die Okkupation des eigenen Landes ausgesprochen.

3.) Jeder konnte erkennen, daß alle sowjetischen Erklärungen über Gleichberechtigung, Nichteinmischung und Souveränität wie ein Fetzen Papier zerrissen werden, wenn die Machtinteressen der Bürokratie gefährdet sind oder gefährdet sein könnten.

Damit wurde in der kommunistischen Bewegung Europas unmißverständlich deutlich, daß es nur einen einzigen Grund für die Okkupation der sozialistischen Tschechoslowakei gab: die Furcht vor der Dynamik und Ausstrahlungskraft eines neuen, demokratischen und humanistischen Modells des Sozialismus, die Angst, daß auch in anderen osteuropäischen Ländern und schließlich in der Sowjetunion selbst das tschechoslowakische Beispiel Schule machen könnte. Die Invasion und Okkupation der Tschechoslowakei vom 21. August 1968 hat den Riß zwischen den bürokratisch-diktatorischen Kräften auf der einen und den nach Selbständigkeit und Neuorientierung drängenden kommunistischen Kräften auf der anderen Seite stark vertieft.

Gutgeheißen wurde die Okkupation der ČSSR außerhalb des sowjetischen Machtbereiches in Europa nur von der SEW in West-Berlin, der DKP in der Bundesrepublik, der KP Luxemburgs, der KP der Türkei und Portugals sowie der Fortschritts artei des Werktätigen Volkes Zyperns (AKEL), nach Meldungen der italienischen KP-Zeitung »Unità« stieß der Beschluß der zypriotischen KP-Führung jedoch auf den geschlossenen Widerstand ganzer Ortsgruppen. Abgelehnt wurde die Okkupation durch 18 kommunistische Parteien Europas – darunter auch die regierenden Parteien Jugoslawiens, Rumäniens und Albaniens.

Als typisches Beispiel für die damaligen Erklärungen europäischer kommunistischer Parteien möchte ich hier die offizielle Stellungnahme des Bundes der Kommunisten Jugoslawiens wiedergeben:

»1.) Der Bund der Kommunisten Jugoslawiens (BdKJ) erkennt niemandem das Recht zu, sich willkürlich in die inneren Angelegenheiten und die Entwicklung eines unabhängigen Landes einzumischen, sei es durch militärische Intervention oder irgendein anderes Druckmittel.

2.) Der BdKJ weist sämtliche von der Regierung der fünf Warschauer-Pakt-Länder als Rechtfertigung der Invasion der ČSSR vorgebrachten Argumente als unzulässig zurück. Der BdKJ gewährt der Kommunistischen Partei, der Arbeiterklasse und den Völkern der ČSSR seine volle Unterstützung in ihrem Kampf um die Unabhängigkeit und die sozialistische Entwicklung ihres Landes.

3.) Der BdKJ verlangt die sofortige Beendigung der Okkupation der ČSSR und die Freilassung der demokratisch gewählten Volksvertreter und Funktionäre der KPČ und fordert die Schaffung entsprechender Bedingungen, die den sozialistischen Aufbau frei von äußerer Einmischung gewährleisten.«[85]

Besonders klar und konsequent wurde die Okkupation der Tschechoslowakei von der Kommunistischen Partei Rumäniens und den Kommunistischen Parteien Italiens, Schwedens, Spaniens, Norwegens und der Volksallianz Islands verurteilt, sowie außerhalb Europas von den Kommunistischen Parteien Japans und Australiens – also jenen Parteien, die heute zum Eurokommunismus gehören. Typisch für diese Verurteilungen ist die

Erklärung der KP Italiens, in deren Verlautbarung folgender Kernsatz stand: »Das Politbüro der italienischen KP hält deshalb diese Entscheidung für ungerechtfertigt, weil sie mit den Prinzipien der Autonomie und Unabhängigkeit jeder kommunistischen Partei und jedes sozialistischen Staates und mit den Erfordernissen der Verteidigung der Einheit der internationalen kommunistischen und Arbeiterbewegung nicht zu vereinbaren ist.«[86]
Der Vorsitzende der KP Schwedens, Carl-Henrik Hermansson, forderte sogar die schwedische Regierung auf, alle Beziehungen zu den Regierungen der Okkupationsmächte abzubrechen, und schlug anschließend vor, eine europäische Konferenz unabhängiger kommunistischer Parteien einzuberufen, auf der die Okkupation der Tschechoslowakei verurteilt werden sollte.
Von besonderer Bedeutung war die Tatsache, daß nach dem 21. August 1968 auch zwei bisher prosowjetische kommunistische Parteien einen eigenständigen Kurs einleiteten, nämlich die Kommunistische Partei Spaniens und die griechische KP. Während der Okkupation befanden sich die Führer der KP Spaniens, Santiago Carrillo und Dolores Ibarruri, in Moskau. Beide protestierten direkt bei der sowjetischen Führung im Namen der Partei gegen die Okkupation und erhielten von Suslow die interessante Antwort: »Vergessen Sie nicht, daß Sie nur eine kleine Partei sind.« Die griechische KP hatte sich im Frühjahr 1968 – während des »Prager Frühlings« – in zwei Richtungen gespalten, in eine unabhängige »Inlandsrichtung« und eine prosowjetische »Auslandsrichtung«. Der Führer der Moskauer Fraktion (Auslandsrichtung) sprach sich für die Okkupation aus, die Mehrheit der griechischen KP-Führung unter Mitsas Partsalides erklärte dagegen ihre tiefe Beunruhigung über die Einmischung in die inneren Angelegenheiten eines sozialistischen Landes.
In einer besonders schwierigen Situation befand sich die Kommunistische Partei Finnlands, die am 23. August 1968 ihre seit langem vorbereiteten 50-Jahr-Feiern anläßlich der Parteigründung begehen wollte. Unter dem Eindruck der Okkupation war die Situation so gespannt, daß die Feiern abgesagt werden mußten. Ähnlich wie die griechische KP war auch die finnische KP in eine selbständigere Reformströmung und eine dogmatisch-stalinistische Richtung gespalten. Die selbständige Richtung unter Saarinen gab eine wenn auch in milder Form abgefaßte, unter

den finnischen Bedingungen aber klare Kritik an der Okkupation der Tschechoslowakei ab, während die prosowjetisch-stalinistische Fraktion sich für die Okkupation aussprach. Die »Prawda« veröffentlichte nur die prosowjetische Erklärung, und die KP Finnlands erklärte anschließend, es sei bedauerlich und taktlos, daß die »Prawda« nicht die Meinung der Mehrheit der Partei zum Ausdruck bringe.

Einige kommunistische Parteien, so etwa die KP Österreichs und die KP Belgiens, haben die Okkupation scharf verurteilt, setzten aber später diesen Kurs aus unterschiedlichen Gründen nicht fort. Die KP Frankreichs nahm wie üblich ihre »zentristische« Haltung ein und gab lediglich ihr »Nichteinverständnis« zum Ausdruck. Schließlich müssen noch zwei Parteien mit einer besonders eigentümlichen Stellungnahme erwähnt werden: die regierende Partei Albaniens und die KP der Niederlande. Beide beurteilten den »Prager Frühling« äußerst kritisch, protestierten jedoch später klar und eindeutig gegen die Okkupation. Die albanische KP rief sogar noch danach die Bevölkerung der Tschechoslowakei weiter zu aktivem Widerstand gegen die ausländische Besatzung auf.

So unterschiedlich im einzelnen die kommunistischen Parteien ihren Protest und ihre Kritik zum Ausdruck brachten – eines blieb und bleibt festzuhalten: Zum erstenmal in der Geschichte des Kommunismus stellten sich mehr als zwei Drittel aller kommunistischen Parteien Europas gegen eine von der Kreml-Führung beschlossene und durchgeführte Aktion. Und alle Erklärungen von 18 kommunistischen Parteien, die gegen die Okkupation votierten, wurden von der sowjetrussischen Presse und der Presse der Ostblockstaaten verschwiegen. Statt dessen veröffentlichten die »Prawda« und andere Ostblockzeitungen in großer Aufmachung Erklärungen einzelner isolierter Ortsgruppen, die sich für die Okkupation erklärten, oder von längst abgehalfterten stalinistischen Funktionären, die niemanden mehr repräsentierten.

Luigi Longos Denkschrift »Einheit in Vielfalt« und die Politik der Präsenz

Unmittelbar nach der Okkupation der Tschechoslowakei versuchte die Sowjetunion erneut, durch die baldige Einberufung einer kommunistischen Weltkonferenz die Unabhängigkeitsbestrebungen einzudämmen. Die KP Italiens nahm dies zum Anlaß, ihre eigenen Auffassungen über eine Weltkonferenz und überhaupt über die Beziehungen in der kommunistischen Weltbewegung darzulegen.

Nach Longo kann es unter keinen Umständen eine Rückkehr zum Monolithismus geben. Es kommt vielmehr darauf an, Beziehungen eines *neuen Typs* zwischen den kommunistischen Parteien herzustellen, wobei die Autonomie jeder einzelnen Partei gewährleistet sein muß.

Ausgehend davon, forderte Longo für kommunistische Weltkonferenzen in Zukunft, daß

a) alle kommunistischen Parteien teilnehmen, die dies wünschen, und niemand ausgeschlossen werden kann;

b) neben Kommunisten auch andere fortschrittliche Kräfte teilnehmen sollten;

c) jeder Versuch vermieden wird, die eigenen Auffassungen anderen aufzuzwingen;

d) theoretische Probleme des Marxismus-Leninismus nicht auf Konferenzen, sondern auf wissenschaftlicher Ebene behandelt werden; dafür eignen sich besser Begegnungen, Seminare, Forumsdiskussionen mit verschiedenartiger Zusammensetzung und unterschiedlicher Verfahrensweise; auf Konferenzen sollen nur aktuelle Probleme diskutiert werden;

e) solche Konferenzen weniger feierlich, sondern zwangloser und zugleich konkreter sein und anstatt den Charakter eines Kongresses oder gar eines ökumenischen Konzils mehr den Charakter einer Beratung annehmen sollten;

f) es nicht nötig sei, vorbereitete Dokumente oder Thesen anzunehmen, statt dessen sollte man vordringliche Probleme und aktuelle Verhaltensweisen diskutieren;

g) jeder internationalen Begegnung ein Höchstmaß von Publizität verliehen werden sollte, damit sowohl die Parteimitglieder als auch die öffentliche Meinung mit den Diskussionen vertraut wer-

den und die innere Dialektik zur Wirkung kommen kann.[87] Die damals von Longo verkündeten Vorschläge sind inzwischen zum Konzept aller Eurokommunisten geworden.
Im Einklang mit den Thesen Longos über die »Einheit in Vielfalt« verkündete im Dezember 1968 Enrico Berlinguer anschließend seine »Politik der Präsenz« *(politica di presenza)*. Dabei handelt es sich darum, daß italienische Kommunisten ihre Teilnahme bei Konferenzen dazu benutzen sollten, ihren Einfluß geltend zu machen, und die Kontakte mit kritischen Kräften in der kommunistischen Weltbewegung nicht verlorengehen sollten. Die »Politik der Präsenz« hat laut Enrico Berlinguer die Aufgabe, ständige geduldige Diskussionen und Klärungen in der kommunistischen Weltbewegung herbeizuführen. Die KPI befürwortet also eine Politik der Präsenz und nicht des Bruches, um einen eigenen autonomen Beitrag zum Internationalismus zu leisten. Die italienischen Kommunisten sind demnach gegen jede Form der Exkommunikation, zugleich aber auch gegen jede Nachahmung anderer Modelle, da bisher keine Erfahrung auf Italien übertragbar sei.[88]

Die Vorbereitungen für die Dritte Kommunistische Weltkonferenz

Ähnlich wie nach den Unabhängigkeitsströmungen des Jahres 1956 glaubte die Sowjetführung auch nach 1968, die kommunistischen Parteien auf einer Weltkonferenz am leichtesten wieder auf eine einheitliche prosowjetische Linie verpflichten zu können. Die Erste Weltkonferenz hatte im November 1957 stattgefunden, die Zweite stand im Zeichen des Moskau-Peking-Konfliktes und fand im November/Dezember 1960 statt. Ursprünglich war die Dritte Weltkonferenz für den Herbst 1964 vorgesehen. Nach zahlreichen Vorbereitungstreffen und Konsultationskonferenzen wurde der Termin immer weiter hinausgeschoben. Erst im Frühjahr 1968 – vom 26. Februar bis 5. März – gelang es, ein ernster zu nehmendes Konsultativtreffen in Budapest einzuberufen. Auf dieser Konferenz kamen die unterschiedlichen Auffassungen jedoch deutlich zum Ausdruck. Auf einem weiteren Vorbereitungstreffen vom 24. bis 28. April 1968 wurde beschlossen, die Kommunistische Weltkonferenz zum 25. November 1968 nach Moskau einzuberufen. Im Juni 1968 hatte eine Arbeitsgruppe bereits einen Entwurf für das Dokument des dritten kommunistischen Weltkonzils ausgearbeitet. Infolge der Okkupation der Tschechoslowakei war aber die gesamte bisherige Planung völlig durcheinandergeraten. Ende August 1968 erklärte Luigi Longo von der KP Italiens, die Weltkonferenz solle bis zum Rückzug der Truppen des Warschauer Pakts aus der Tschechoslowakei vertagt werden. Erst nach der Wiederherstellung der staatlichen Souveränität und einer zufriedenstellenden Beilegung der Krise könne eine Weltkonferenz ins Auge gefaßt werden. Im September trat auch die KP Frankreichs für die Vertagung der für den 25. November 1968 vorgesehenen Kommunistischen Weltkonferenz ein, jedoch ohne eine klare Stellung zur Okkupation der Tschechoslowakei zu beziehen. Anschließend wurde auch von anderen kommunistischen Parteien, darunter der KP Großbritanniens und Österreichs, eine Vertagung unterstützt.

Die Dritte Kommunistische Weltkonferenz in Moskau

Nach mehr als sechsjähriger Vorbereitung fand endlich vom 5. bis 17. Juni 1969 die Dritte Weltkonferenz statt, an der Delegationen von 75 kommunistischen Parteien teilnahmen. Auf den ersten Blick sah dies nach einem großen Erfolg für Moskau aus. 17 kommunistische Parteien, darunter äußerst wichtige und große, boykottierten jedoch aus unterschiedlichen Gründen die Konferenz. Dies waren die herrschenden Parteien Chinas und Albaniens, die mit ihnen verbündeten KP Indonesiens, Pathet Laos, KP Nepals, KP der Philippinen, KP Singapurs und KP Malaysias; weiter blieben der Konferenz fern die kommunistischen Parteien Nord- und Südvietnams, die Partei der Arbeit Nordkoreas und die KP Kambodschas; aus dem Kreis der späteren Eurokommunisten waren bei der Dritten Weltkonferenz nicht vertreten der Bund der Kommunisten Jugoslawiens, die KP Japans und die Volksallianz Islands sowie die einen eigenständigen, aber nicht eurokommunistischen Kurs steuernde KP der Niederlande. Von der KP Schwedens und der KP Kubas war nur

ein Beobachter entsandt worden. So war die Dritte Weltkonferenz von vornherein nicht repräsentativ.
Das verabschiedete Dokument der Dritten Kommunistischen Weltkonferenz trug den langatmigen Titel »Die Aufgaben des Kampfes gegen den Imperialismus in der gegenwärtigen Etappe und die Aktionseinheit der kommunistischen und Arbeiterparteien, aller antiimperialistischen Kräfte«. Es war in vier Abschnitte gegliedert. Da einige besonders wichtige kommunistische Parteien nur einen bestimmten Abschnitt unterzeichneten, die anderen aber nicht, hier eine kurze Zusammenfassung dieser vier Abschnitte.
Der erste Abschnitt befaßte sich mit einer Analyse des Imperialismus. Sie ergab, daß sich in der gegenwärtigen Epoche der Übergang vom Kapitalismus zum Sozialismus vollziehe. Die Auseinandersetzungen in der Welt seien gekennzeichnet durch den Kampf zwischen einer aggressiven Politik des Imperialismus unter Führung der USA auf der einen Seite und der friedliebenden Politik des sozialistischen Lagers unter Führung der Sowjetunion auf der anderen Seite. Die kommunistischen Parteien wurden aufgefordert, Widersprüche im Lager des Feindes auszunutzen und zu vertiefen. Die Arbeiterklasse sowie alle demokratischen und revolutionären Kräfte müßten sich zusammenschließen, um gemeinsam gegen den Imperialismus vorzugehen.
Der zweite Teil der Resolution beschäftigte sich mit dem »sozialistischen Weltsystem«, das als entscheidende Kraft im antiimperialistischen Kampf bezeichnet wurde. Unter dem Begriff »sozialistisches Weltsystem« wurden die 14 von kommunistischen Parteien regierten Länder verstanden und dabei die Sowjetunion besonders herausgestellt. Das »sozialistische Weltsystem« habe, so wurde behauptet, neue Perspektiven für das Voranschreiten auf dem Wege zum Sozialismus in der ganzen Welt eröffnet. Nach einer sehr optimistischen Darstellung der Situation in den Ostblockstaaten wurde allerdings eingeräumt, daß der Aufbau einer neuen Gesellschaft ein komplizierter und langwieriger Prozeß sei.
Der dritte Teil des Dokuments war der Politik der Koexistenz und dem antiimperialistischen Kampf gewidmet, er behandelte die Fragen, die man im allgemeinen Sprachgebrauch als Ost-West-Beziehungen bezeichnet. In diesem Abschnitt wurde

erklärt, der Kampf um den Frieden sei eng mit der Politik der friedlichen Koexistenz von Staaten mit unterschiedlicher Gesellschaftsordnung verknüpft. Dort fand sich der Satz: »Friedliche Koexistenz erfordert, die Prinzipien der Souveränität, Gleichberechtigung, territorialer Integrität eines jeden Staates, ob groß oder klein, zu respektieren, sich nicht in die inneren Angelegenheiten anderer Länder einzumischen und das Recht aller Völker auf freie Entscheidung der Frage ihrer sozialökonomischen und politischen Ordnung zu achten.« Zehn Monate nach der Okkupation der Tschechoslowakei wirkte dieser Satz fast oppositionell.

Der vierte und letzte Abschnitt der Resolution der Dritten Weltkonferenz beschäftigte sich mit den Beziehungen innerhalb der kommunistischen Weltbewegung. Hier wurden die Auseinandersetzungen zwischen der prosowjetischen Richtung und den Autonomisten besonders deutlich. Sie spiegelten sich in einer Vielzahl kautschukartiger und widerspruchsvoller Formulierungen wider, wobei oft der eine Teil des Satzes die Meinung der einen Richtung, der anschließende Nebensatz die der anderen Richtung zum Ausdruck brachte. In diesem Teil wurde zunächst die Notwendigkeit proklamiert, die Einheit der kommunistischen Weltbewegung auf ein höheres Niveau zu heben. Als Grundlage für die gegenseitigen Beziehungen zwischen den kommunistischen Parteien verschiedener Länder sollten die »Prinzipien des proletarischen Internationalismus« gelten (im Klartext bedeutet dies die ideologische Unterordnung unter die Sowjetunion) sowie die Solidarität und gegenseitige Unterstützung, die Achtung der Selbständigkeit und Gleichberechtigung und die Nichteinmischung in die inneren Angelegenheiten. Nach dieser Kompromißformulierung wurden als bewährte Formen der Zusammenarbeit zweiseitige Konsultationen (Vorschlag der Autonomisten) oder internationale Beratungen (sowjetischer Vorschlag) bezeichnet. Anschließend folgte der wohl wichtigste Satz des gesamten Dokuments der Dritten Weltkonferenz: »Alle Parteien haben gleiche Rechte. Heute, da in der kommunistischen Weltbewegung kein leitendes Zentrum besteht, nimmt insbesondere die Bedeutung der freiwilligen Koordinierung ihrer Aktionen im Interesse der erfolgreichen Lösung der vor ihnen stehenden Aufgaben zu.« Nach diesem offenbar von den Autonomisten eingebrachten Satz wurde anschließend erklärt, die Zusammenarbeit der kommunistischen Parteien erfolge auf der »Grundlage der Prinzipien des Marxismus-Leninismus«, dies wiederum war offensichtlich eine sowjetische Formulierung.

Mehr als in jedem anderen bis dahin in Moskau ausgearbeiteten Dokument wurden jedoch diesmal den kommunistischen Parteien einige eigenständige Aspekte zugestanden. So gab es auch den Satz: »Die kommunistischen und Arbeiterparteien wirken unter sehr verschiedenartigen, sehr spezifischen Bedingungen, die ein entsprechendes Herangehen an die Lösung konkreter Aufgaben erfordern. Jede Partei arbeitet ihre Politik vollständig selbständig aus, indem sie sich von den Prinzipien des Marxismus-Leninismus leiten läßt und die konkreten nationalen Bedingungen berücksichtigt. Sie bestimmt die Richtungen, die Formen und die Methoden des Kampfes, wählt in Abhängigkeit von den jeweiligen Bedingungen den friedlichen oder nichtfriedlichen Weg des Übergangs zum Sozialismus sowie die Form und Methoden des Aufbaus des Sozialismus in ihrem Lande.« Aber wieder folgte ein Zusatz, wonach diese Unterschiede den grundlegenden Fragen des gemeinsamen antiimperialistischen Kampfes nicht im Wege stehen dürften. Ungeachtet unterschiedlicher Auffassungen gelte es, in der einheitlichen Front gegen den Imperialismus zu kämpfen. Dazu gehöre auch der Kampf gegen Rechts- und Linksabweichung, gegen rechts- und linksopportunistische Einstellung in Theorie und Politik, gegen Revisionismus, Dogmatismus und linkssektiererisches Abenteurertum.

Die auf der Dritten Weltkonferenz angenommene Deklaration gilt noch heute für alle kommunistischen Parteien der sowjetischen Richtung und alle Unterzeichner dieser Resolution, zumindest formal, als verbindliche Richtschnur. Sie gilt so lange, bis ein vierter kommunistischer Weltkongreß neue Maßstäbe setzt. Ein solcher vierter Weltkongreß ist jedoch bisher nicht in Sicht.

Trotz vieler Konzessionen in diesem von Kompromissen gezeichneten Dokument lehnten drei heute eurokommunistische Parteien – die KP Italiens, die KP von San Marino und die KP Australiens – alle entscheidenden Abschnitte der Resolution ab und unterzeichneten nur den dritten Abschnitt, der sich mit den Ost-West-Beziehungen befaßte. Zwei weitere europäische kommunistische Parteien, die KP Großbritanniens und die KP Norwegens, unterschrieben die Resolution überhaupt nicht und erklärten, daß dies später vom Zentralkomitee ihrer Länder entschieden werden sollte. Später erklärte dann die KP Großbritanniens, sie lehne die Resolution ab, da ihr die formulierten Grundsätze über die Beziehungen zwischen sozialistischen Ländern und kommunistischen Parteien nicht genügten.[89] Die norwegische KP erklärte, kein einziges Problem könne auf der Basis einer vorgetäuschten Einheit gelöst werden.[90] Fünf weitere Parteien, darunter drei aus Europa (die herrschende KP Rumäniens, die KP Spaniens und die Partei der Arbeit der Schweiz), unterzeichneten die Resolution nur mit ausdrücklichem Vorbehalt.

Es scheint mir, daß die Eurokommunisten aus den Ereignissen um den »Prager Frühling« und die Okkupation der ČSSR sowie um Vorbereitung und Ablauf der Dritten Weltkonferenz in Moskau ihre Lehren zogen, denn die nächste bedeutsame Periode in der Herausbildung des Eurokommunismus, die Zeit von 1970 bis 1975, läßt eine zunehmende Zusammenarbeit zwischen den eurokommunistischen Parteien erkennen.

6.

Der Durchbruch des Eurokommunismus zu einer selbständigen Kraft (1970–1976)

In den siebziger Jahren gelang den sich von Moskaus Führungsanspruch im Weltkommunismus lösenden kommunistischen Parteien der entscheidende Durchbruch zu einer selbständigen Kraft, die dann ab Mitte der siebziger Jahre als Eurokommunismus im Mittelpunkt des öffentlichen Interesses stand.
Damit wurde zur Regel, was bis 1970 noch Ausnahmefälle waren, nämlich eine immer häufigere Distanzierung europäischer Parteien von Ereignissen und Verlautbarungen der Sowjetunion und einigen mit Moskau eng verbündeten Ländern Osteuropas.
In den siebziger Jahren wurden außerdem in einzelnen Parteien wegweisende programmatische Dokumente verfaßt und veröffentlicht, so etwa das gemeinsame Programm der Kommunisten und Sozialisten in Frankreich vom Juni 1972, die Verkündung des historischen Kompromisses durch die KP Italiens vom Oktober 1973 und das im Dezember 1973 im Entwurf verkündete, 1975 angenommene Programm der KP Spaniens. Eng verbunden mit diesem vornehmlich innenpolitisch ausgerichteten ideologischen Bereich erfolgten in diesen Jahren auch eigenständige Äußerungen zu außenpolitischen Fragen, die in bezug auf die Einstellung zu China wie auch zur EG und zur NATO von der sowjetischen Außenpolitik abwichen.

Die Kritik der Eurokommunisten an der UdSSR

Seit Ende der sechziger Jahre gingen die Eurokommunisten dazu über, ihre Kritik an der sowjetischen Entwicklung deutlicher zum Ausdruck zu bringen. Diese Haltung war um so bedeutsamer, als sich zu jener Zeit im Rahmen der innersowjetischen Reformopposition auch marxistische Gruppen herausgebildet hatten. Zu den wesentlichsten politischen Repräsentanten dieser Richtung gehören der ehemalige Generalmajor Grigorenko, der Pädagoge und Historiker Roy Medwedjew, der Publizist Ivan Dsjuba und der sowjetisch-ukrainische Mathematiker Leonid Pljuschtsch.

Die kritischen unabhängigen Marxisten in der UdSSR, gewissermaßen die Eurokommunisten des Ostens, treten für eine Demokratisierung der Kommunistischen Partei und der Gesellschaft, für eine drastische Einschränkung des Staatssicherheitsdienstes und für die Garantie von Rechtsnormen, für die Freiheit der Presse, des Wortes, der Versammlung, des Kunstschaffens und der wissenschaftlichen Forschung, für die Erneuerung des Marxismus und für eine Abkehr von der Russifizierung in der Nationalitätenpolitik ein. Im Bereich der Wirtschafts- und Sozialpolitik befürworten kritische Marxisten die Abkehr von der übermäßigen Zentralisierung und setzen sich für eine Wirtschaftsreform ein, die sich nicht nur auf die technologischen Erneuerungen beschränken, sondern auch eine größere Mitwirkung der Werktätigen an der Leitung der Produktion gewährleisten soll.[91]

Das Einparteiensystem, erklären die unabhängigen Marxisten in der Sowjetunion, sei nicht ein Bestandteil des Sozialismus, sondern diene lediglich der Aufrechterhaltung des privilegierten bürokratischen Apparates. Eine Demokratisierung des bürokratischen Systems sei ohne das Bestehen einer legalen Opposition, d. h. die Errichtung eines sozialistischen Mehrparteiensystems, unmöglich.[92]

Für die kritischen Marxisten in der Sowjetunion war es ein Ansporn, als sie in zunehmendem Maße beobachten konnten, daß die Eurokommunisten des Westens sich mehr und mehr in ähnlicher Weise mit den Problemen der Sowjetunion befaßten. Dies wurde erstmals bei dem Leningrader Prozeß, Ende Dezember 1970, deutlich.

Hinter verschlossenen Türen fand in Leningrad vom 25. bis 29. Dezember 1970 ein Prozeß gegen einige Sowjetbürger statt, die angeblich versucht haben sollten, mit Hilfe eines entführten Flugzeuges in das Ausland zu entkommen. Die Angeklagten wurden zum Tode verurteilt. Diese Todesurteile wurden sofort von den kommunistischen Parteien Italiens, Frankreichs, Spaniens, Schwedens und Großbritanniens kritisiert. Es wurde beanstandet, daß der Prozeß hinter verschlossenen Türen stattfand und Todesurteile gefällt wurden, obwohl die Flugzeugentführung überhaupt nicht zur Ausführung gelangte.[93] Die KP Spaniens und Schwedens ersuchten um eine Revision der Todesurteile »im Einklang mit den Prinzipien, die von den Justizbehörden in einem sozialistischen Land befolgt werden müssen«. Die KP Frankreichs erklärte, das Urteil von Leningrad rufe unter aufrichtigen Freunden der Sowjetunion berechtigte Empörung hervor.[94]

Eine besonders deutliche Bekundung der Eigenständigkeit der späteren Eurokommunisten erfolgte auf dem 24. Parteitag der sowjetischen KP im März 1971. Zum erstenmal traten Delegationen ausländischer Parteien mit ihren eigenen Auffassungen auf und gaben nach dem Parteitag eine eigene Einschätzung des Parteikongresses ab.

Als Kronzeugen für die Notwendigkeit eines eigenen Weges zum Sozialismus hob Berlinguer für die italienische KP die Marxisten Gramsci und Togliatti hervor, was für sowjetische Leser, die nur an Marx, Engels und Lenin orientiert sind, völlig ungewöhnlich war. Im Namen der KP Spaniens trat Dolores Ibarruri auf dem Kongreß auf. Sie sprach sehr vorsichtig, wies aber immerhin auf die unterschiedlichen Bedingungen hin, unter denen jede Partei arbeiten müsse, und lehnte deshalb eine Einmischung ab.[95] Die Notwendigkeit einer eigenständigen Entwicklung, freier Kritik und die Ablehnung jeglicher Einmischung von außen betonten auch die Delegationen der Kommunistischen Parteien Japans, Großbritanniens und sogar Belgiens.[96]

Nicht weniger bedeutsam als das selbständige Auftreten der einzelnen Delegationen waren auch die erstmals erfolgenden Analysen der sowjetischen Probleme in ausländischen Parteizeitungen, wie sie aus Anlaß des 24. Parteitages von den Kommunisten Italiens, Jugoslawiens, Rumäniens und zum erstenmal auch von der KP Frankreichs veröffentlicht wurden. In diesen Berichten wurde höflich, aber nachdrücklich auf Schwächen und Mängel in den Diskussionen auf dem sowjetischen Parteitag hingewiesen. Kritisch wurde vor allem vermerkt, daß sich die öffentliche Debatte in der Sowjetunion fast ausschließlich auf ökonomische Fragen konzentriere. Allmählich werde zwar erkannt, daß eine Verbesserung des Informationswesens im wirtschaftlichen und wissenschaftlichen Bereich Voraussetzung für eine Steigerung der Produktivität ist, auf kulturellem und literarischem Gebiet herrschten dagegen immer noch in vielen Fällen die alten Beschränkungen. Das geistige Klima in der Sowjetunion gleiche nach wie vor dem einer belagerten Festung.[97]

Sechs Monate später, anläßlich des Todes von Chruschtschow am 11. September 1971, traten die Unterschiede zwischen dem Eurokommunismus und Moskau erneut hervor. Die sowjetische Führung beschränkte sich auf die kurze lapidare Mitteilung, daß »der ehemalige Erste Sekretär des ZK der KPdSU und Vorsitzende des Ministerrates der UdSSR, der Privatpensionär Nikita Sergejewitsch Chruschtschow, im 78. Lebensjahr verstorben ist«.[98]

Im Unterschied zu dieser lapidaren Mitteilung veröffentlichten die Zeitungen der KP Italiens, des Bundes der Kommunisten Jugoslawiens und der KP Frankreichs ausführliche Würdigungen, die zwar nicht unkritisch waren, aber der bedeutenden Rolle Chruschtschows gerecht wurden. Vor allem wiesen die späteren Eurokommunisten darauf hin, daß der Name Chruschtschow mit dem Beginn einer neuen Ära verbunden bleibe, dem Versuch einer Demokratisierung. Mit ihm an der Spitze habe das Eis des Stalinismus zu schmelzen begonnen. Er sei zwar kein bedeutender Theoretiker gewesen, habe aber echte Kritik angeregt. Positiv stellten die jugoslawischen Zeitungen heraus, daß es Chruschtschow war, der die Belgrader Deklaration vom Juni 1955 unterzeichnete.[99] Die italienische und französische KP-Presse hob Chruschtschows Referat auf dem 20. Parteitag rühmend hervor. Sich seiner zu erinnern, meinte Gian Carlo Pajetta vom Politbüro der KP Italiens, heiße nicht, seine Irrtümer zu vergessen und Begrenztheiten zu verwischen: »Er war wahrhaft ein Mensch, ein ungewöhnlicher Genosse.«[100] Der Unterschied zwischen der Würdigung italienischer und jugoslawischer Kommunisten auf der einen und der Ignorierung von Chruschtschows Verdiensten in der Sowjetunion war so groß, daß die Witwe Chruschtschows, Nina Chruschtschowa, in einem Brief an Luigi Longo schrieb, sie sei dankbar und bewegt gewesen, in der »Unità« den Gedenkartikel gelesen zu haben.[101]

Der Arbeiteraufstand in Polen (Dezember 1970 bis Januar 1971)

Der große Arbeiteraufstand in Polen (vor allem in den polnischen Ostseehäfen), von der polnischen Partei als das Werk von »Konterrevolutionären« oder »Rowdys« erklärt, wurde in den westeuropäischen kommunistischen Parteien völlig anders interpretiert. Die KP Frankreichs wies darauf hin, daß der Arbeiteraufstand in Polen nicht gegen den Sozialismus gerichtet gewesen sei und keinen antisowjetischen Charakter gehabt habe. Die Demonstrationen der Arbeiter hätten sich vielmehr gegen eine verfehlte Wirtschaftspolitik und eine Verwaltung gerichtet, die den Bedürfnissen der Bevölkerung nicht Rechnung trage.[102]
In einer aufsehenerregenden Diskussionsrunde der theoretischen Zeitung der KP Italiens (»Rinascita«) erklärten die Teilnehmer, es handle sich bei den polnischen Unruhen nicht um eine Krise des Sozialismus, sondern um eine Krise der stalinistischen Konzeption. Der Aufbau des Staates in der Form einer Pyramide mit einem System von »Transmissionsriemen«, die nur in einer Richtung funktionieren, führe zu einer Reihe von negativen Folgen für die Wirtschaft und die politische Ordnung. Die Apparate, zunächst infolge realer Notwendigkeiten entstanden, begännen ein Eigenleben anzunehmen, seien ins Riesenhafte gewachsen und würden zunehmend administrative, repressive und autoritäre Methoden anwenden. Sie würden sich von der Gesellschaft lösen und zu ihr in Konflikt geraten. Eine absolute Identifizierung von Partei und Staat führe zur Einengung der Organisationsform der Arbeiterklasse; auch die Gewerkschaften seien mit diesem Apparat verwachsen. Es fehle dem sozialen und politischen System die entscheidende Triebfeder. Hinzu kommt das Fehlen jeglicher Demokratie in der Partei, so daß die polnischen Ereignisse deutlich die entscheidende Problematik für alle Kommunisten zeigen, nämlich die Frage der inneren Demokra-

tie in den kommunistischen Parteien.[103] Auch die jugoslawische Presse bemerkte, daß es sich um einen Widerspruch des Systems handle. In vielen Leserbriefen an polnische Zeitungen wurde vor allem die Frage nach der sozialistischen Demokratie gestellt, »die weder Gomulka noch Gierek schaffen können«.[104] Die spanische KP wies darauf hin, daß es sich bei den Unterdrückungsmaßnahmen gegen polnische Arbeiter um bürokratische Deformationen des Sozialismus handle, die dem Ansehen des Sozialismus schaden und seine Anziehungskraft schwächen.[105]

Eigenständige Haltung zu China

Neben zunehmender kritischer Distanzierung von Ereignissen in den Ostblockstaaten zeigte sich ab 1970 immer deutlicher eine eigenständige Haltung der späteren Eurokommunisten zur Volksrepublik China. Ende Oktober 1970 besuchten Vertreter der KP Italiens, unter ihnen der Leiter der außenpolitischen Redaktion der »Unità«, Alberto Jacovielli, die Volksrepublik China. Mitte November 1970 erklärte Enrico Berlinguer, trotz der vorhandenen Meinungsverschiedenheiten wolle die KP Italiens den Wunsch und die Bereitschaft zum Ausdruck bringen, die unterbrochenen Beziehungen zur KP Chinas wiederaufzunehmen. In Reiseberichten[106] wurde die Bedeutung der Kulturrevolution unterstrichen und das Bestreben Chinas, ein dezentralisiertes Entwicklungsmodell zu errichten, das sich in verschiedenen Bereichen vom stalinschen Modell unterscheide. Umgekehrt wurde jedoch auch Kritik an der Hervorhebung Stalins geübt und daran, daß im politischen Leben Chinas der »Kampf zwischen zwei Linien« wiederholt mit diffamierenden Beschuldigungen verbunden sei. Zum 21. Jahrestag der Gründung der Volksrepublik China am 1. Oktober 1971 entsandte die KP Italiens erstmals wieder ein Glückwunschschreiben. Im Oktober 1971 besuchte eine spanische KP-Delegation unter Führung von Santiago Carrillo China. In einem ausführlichen Reisebericht analysierte Carrillo die innere Entwicklung Chinas, auch die Kulturrevolution und die Volkskommunen, und wies darauf hin, daß in China Formen des Sozialismus entwickelt worden sind, die der Realität Chinas entsprechen würden. Er verwies darauf, daß es sich bei der KP Chinas um eine große revolutionäre Partei handle, die die bedeutendste Revolution nach der russischen Oktoberrevolution von 1917 siegreich durchgeführt habe.[107]

Die Eurokommunisten und die »Normalisierung« in der Tschechoslowakei

Besonders bedeutsam war das kontinuierliche und hartnäckige Eintreten der Eurokommunisten gegen die Wiederherstellung bürokratisch-diktatorischer Zustände in der Tschechoslowakei, die unter der Führung Husaks mit der irreführenden Bezeichnung »Normalisierung« vollzogen wurde. Nach der Ablösung Dubčeks und der Ernennung Husaks zum Ersten Parteisekretär im März 1969 mußten die Reformer ihre Hoffnungen begraben, trotz der Okkupation noch zu versuchen, das Schlimmste zu verhüten und einiges vom »Prager Frühling« zu retten.
Das anfangs von Husak gegebene Versprechen, keine Repressalien gegen die Anhänger und Repräsentanten des »Prager Frühlings« zu verhängen, wurde schon bald gebrochen. Gegen diese »Normalisierung« formierte sich eine »Sozialistische Bewegung tschechoslowakischer Bürger«, die sich nicht als Partei, sondern als Bewegung verstand. Ihr Manifest vom 28. Oktober 1970 verkündete als Ziel eine sozialistische, demokratische, freie Tschechoslowakei, die Verwirklichung der Bürgerrechte und Rechtssicherheit, ein politisches und soziales System, in dem die Bürger ihre eigenen Vorstellungen realisieren können. Schon in diesem ersten Manifest vom Oktober 1970 begrüßten die sozialistischen Oppositionellen in der Tschechoslowakei die kommunistischen Parteien Westeuropas, weil auch diese eine monopolistische Diktatur ablehnen und einen pluralistischen Sozialismus befürworten.[108]
In der zweiten Hälfte des Jahres 1970 verschärfte sich der Druck. Das Husak-Regime ordnete Massenausschlüsse aus der Partei und Säuberungen von Repräsentanten des »Prager Frühlings« an. Ende 1970 wurde auf einer seit langem vorbereiteten Plenartagung des Zentralkomitees der KPČ in einer ausführlichen Resolution noch einmal die Problematik des »Prager Frühlings«

und der Okkupation der Tschechoslowakei behandelt und dabei in scharfer Form erklärt, der »Prager Frühling« habe zu einer Konterrevolution in der Tschechoslowakei geführt. Dieser neue Rechtfertigungsversuch der neuen Prager Machthaber wurde von den Kommunistischen Parteien Italiens,[109] Frankreichs[110] und Großbritanniens[111] zurückgewiesen und hart kritisiert.
Die selbständige Haltung der späteren Eurokommunisten kam auch in der Vorbereitungsphase des 14. Parteitags der KP der Tschechoslowakei im Mai 1971 zum Ausdruck. Zwei Wochen vor diesem Parteitag, am 18. Mai 1971, forderten auf einer großen Veranstaltung in Paris fünf emigrierte prominente Repräsentanten des »Prager Frühlings« – Eduard Goldstücker, Zdenek Hejzlar, Jiri Pelikan, Ota Šik und der Publizist Josef Pukstefl – die kommunistischen Parteien Europas auf, aus Anlaß des am 23. Mai beginnenden Parteitages der KPČ die Okkupation der Tschechoslowakei in der ihnen am geeignetsten erscheinenden Form zu verurteilen. Sie forderten außerdem den Abzug der sowjetischen Truppen aus der Tschechoslowakei, die Wiederherstellung der demokratischen Freiheiten und die Einstellung der politischen Verfolgungen.
Mehrere kommunistische Parteien äußerten sich kritisch zu dem bevorstehenden Kongreß der KPČ. In Jugoslawien wurde vor allem auf die Tatsache hingewiesen, daß der Parteitag ursprünglich schon am 9. September 1968 stattfinden sollte, aber durch die Okkupation verschoben wurde und nun erst mit fast dreijähriger Verspätung abgehalten wurde. Die KPČ befinde sich in einer tiefen Krise. Seit der Okkupation seien 500 000 Parteimitglieder ausgetreten oder ausgeschlossen worden, der Zustrom junger Menschen habe de facto aufgehört. Von den 13 Mitgliedern des Parteipräsidiums (Politbüro) während des »Prager Frühlings« sei mit Ausnahme von Lenart niemand mehr im Amt, von den 8 Mitgliedern des Sekretariats sei nur noch der derzeitige Ministerpräsident Strougal übrig, und von den 110 Mitgliedern des Zentralkomitees während des »Prager Frühlings« seien über 40 ausgeschieden.[112]
Am Kongreß nahm die britische KP nicht teil, weil die vom britischen KP-Vertreter vorbereitete Ansprache über den »Prager Frühling« untersagt worden war. Die KP Spaniens lehnte die Entsendung einer Delegation zum Parteitag ab, »da die Bedin-

gungen für die Entsendung einer Delegation noch nicht gegeben sind«. Auf dem Kongreß weigerten sich die Vertreter der KP Rumäniens, des Bundes der Kommunisten Jugoslawiens, der KP Japans, Frankreichs und Belgiens, die von der Husak-Führung vorgeschriebene Formel von der »Konterrevolution« des Jahres 1968 zu benutzen.

Proteste gegen die Unterdrückung in der Tschechoslowakei (1971–1973)

Die Kritik der Eurokommunisten erfolgte sowohl durch Proteste als auch durch eine stille Diplomatie und schließlich vor allem durch die Veröffentlichung von Erklärungen, Briefen und Memoranden von unterdrückten ehemaligen Repräsentanten des »Prager Frühlings«.

Eine besondere Rolle spielte dabei das ausführliche Interview mit dem früheren tschechoslowakischen Parlamentspräsidenten Josef Smrkovsky, in dem dieser auf das Verhältnis der kommunistischen Weltbewegung zur Unterdrückung in der Tschechoslowakei hingewiesen hatte. Auf die Frage, was Kommunisten und fortschrittliche Kräfte in Europa tun könnten, hatte Smrkovsky geantwortet: »Vor allem nicht zulassen, daß vor unserem Land ein Vorhang heruntergeht, wissen, was bei uns geschieht. Was man hinter einem Vorhang tun kann, das kann man nicht auf offener Bühne tun. Das ist ein sehr wichtiger Faktor.« Er forderte die kommunistischen Parteien auf, zu handeln und einen Ausweg zu suchen. »Das sollte die Sorge aller Bruderparteien sein, denn das ist nicht nur unsere Angelegenheit.«[113]

Seit Anfang 1972 wurde die Unterdrückung in der Tschechoslowakei schlagartig härter. Führende Parteifunktionäre des »Prager Frühlings«, darunter Kaplan und Huebl, wurden verhaftet, Prozesse gegen ehemalige Funktionäre und Mitglieder des Zentralkomitees, gegen Sekretäre von Kreisleitungen, Studenten und Jugendführer wurden eingeleitet. Dies geschah entgegen den Versprechungen Husaks gegenüber ausländischen KP-Führern, darunter von der KP Frankreichs, wonach es keine Verfolgungen wie in den fünfziger Jahren in der ČSSR geben werde.

Die Massenverhaftungen von Repräsentanten des »Prager Frühlings« und die Schauprozesse stießen auf den Protest der Kommunistischen Parteien Italiens, Frankreichs, Schwedens, der Niederlande, Belgiens, Norwegens, Spaniens, Australiens und Islands. Dabei wurde besonders betont, daß die Meinungsfreiheit erneut in Frage gestellt sei, an die Stelle von politischen Auseinandersetzungen träten wieder administrative Maßnahmen und Terrorurteile, die Form der Prozesse und die Methoden der Justiz hätten nichts gemein mit einer auf sozialistischen Grundsätzen beruhenden Justiz. Einige kommunistische Parteien, darunter die KP Australiens, forderten sogar die sofortige Freilassung der Gefangenen, die Annullierung der Urteile und die Einstellung aller weiteren Verfahren.[114]
Die sozialistische Opposition in der Tschechoslowakei sah in diesen Aktionen der Eurokommunisten eine wichtige Hilfe für ihren eigenen Kampf. In der Erklärung der »Sozialistischen Bewegung tschechoslowakischer Bürger« vom August 1972 wurde die Tatsache begrüßt, daß die kommunistischen Parteien Italiens, Frankreichs, Großbritanniens, Schwedens, Belgiens, Australiens, der Schweiz und anderer Länder die Prozesse gegen Sozialisten in der Tschechoslowakei scharf verurteilt haben. Die Bewegung gab ihren Entschluß bekannt, den Kampf fortzusetzen und sich für eine sozialistische Gesellschaft in der Tschechoslowakei einzusetzen, »die ihren Bürgern nicht weniger, sondern mehr Rechte gewährt als die höchst entwickelten kapitalistischen Länder, einschließlich der Rede-, Presse-, Versammlungs- und Organisationsfreiheit«.[115]
Als sich am 21. August 1973 zum fünftenmal der Tag der Okkupation der Tschechoslowakei jährte, erinnerten einige kommunistische Parteien, darunter vor allem auch die KP Italiens, daran, wie richtig ihre Haltung zur Okkupation gewesen sei. Die militärische Intervention in der Tschechoslowakei habe die Probleme der Tschechoslowakei nicht gelöst. Durch die Okkupation und die jetzige Situation in diesem Lande werde es der kommunistischen Bewegung erschwert, alle Möglichkeiten im Kampf für die Auflösung der Blöcke einzusetzen und den Ost-West-Dialog weiterzuführen. Mehrmals wiesen die tschechoslowakischen Behörden die Einreiseanträge von italienischen Kommunisten zurück. Einem Vertreter der KP-Zeitung »Unità«, der anläßlich

des Besuches von Bundeskanzler Willy Brandt Anfang Dezember 1973 in die ČSSR einreisen wollte, wurde trotz seines Visums die Einreise verweigert.[116]

Die Eurokommunisten und Solschenizyn (Anfang 1974)

Anfang 1974 wurde der russische Schriftsteller Alexander Solschenizyn in der Sowjetunion zunächst verhaftet und dann unter Bewachung mit dem Flugzeug in die Bundesrepublik Deutschland abgeschoben. Auch diese Maßnahme wurde von den eurokommunistischen Parteien mißbilligt. Mitte Januar 1974 erklärten die Vertreter der italienischen, spanischen, französischen KP und der Partei der Arbeit der Schweiz nach einer Beratung westeuropäischer kommunistischer Parteien in Genf, daß sie zwar Solschenizyns Auffassung nicht teilen, aber sich gegen jede administrative Maßnahme aussprechen und die Auffassung vertreten, Solschenizyns Werke sollten in der Sowjetunion veröffentlicht, zur Diskussion gestellt und kritisiert werden. In Erklärungen zum Fall Solschenizyn wiesen die Kommunistischen Parteien Italiens, Großbritanniens, Schwedens, Australiens und Japans sowie – allerdings in sehr abgeschwächter Form – die französische KP[117] darauf hin, daß man sich mit Dissidenten politisch auseinandersetzen und von administrativen und Strafmaßnahmen absehen solle. Auffassungen, die vom politischen und ideologischen Standpunkt aus unannehmbar sind, könnten nur auf dem Boden des ideologischen Kampfes beantwortet werden. Selbst reaktionäre Ansichten müßten in freier und offener Diskussion bekämpft werden, nicht aber mit Zensur und Polizeirepressionen.[118]

Die KP Japans beschäftigte sich mit dem Fall Solschenizyn besonders ausführlich. Die japanische KP-Zeitung »Akahata« erklärte, es sei richtig, sich in der Form von »Archipel Gulag« mit der Stalin-Ära zu befassen, und sprach sich auch anerkennend über Solschenizyns Bücher »Der erste Kreis der Hölle« und »Krebsstation« aus. Gleichzeitig bedauerten die japanischen Kommunisten aber auch, daß Solschenizyn bei der Darstellung des Stalin-Terrors die historischen Zusammenhänge aus den Augen verliere und den Stalinismus nicht als eine Abkehr von

den Ideen des wissenschaftlichen Sozialismus ansehe, sondern vielmehr als ein angeblich unvermeidliches Ergebnis des Sozialismus.[119]
In ähnlicher Weise meinte später auch der französische KP-Historiker Jean Elleinstein, es sei unrichtig, den Stalinismus als natürlichen Sohn des Sozialismus von Marx und Lenin zu sehen. Solschenizyn habe Lenin-Zitate völlig aus dem historischen Zusammenhang gerissen, nämlich aus dem Zusammenhang des erbitterten und erbarmungslosen Bürgerkrieges: »Nicht die von Solschenizyn angeführten Fakten stehen in Frage, sondern die Schlüsse, die er daraus zieht.« Für Solschenizyn sei die gesamte Geschichte der UdSSR nur eine Geschichte von Massenverfolgungen. Er hasse den Kommunismus derart, daß er für die wirtschaftliche und kulturelle Entwicklung in der UdSSR blind sei. Es sei deshalb wohl auch nicht zufällig, daß Solschenizyn den 20. Parteitag der KPdSU mit keinem einzigen Wort erwähne, also jenen Kongreß, auf dem der Stalinismus verdammt wurde. Schließlich dürfe man die UdSSR von 1975 nicht mit der von 1953 vergleichen und müsse die einseitige und negative Verwendung von Fakten durch Solschenizyn zurückweisen.[120]

Die Kontroverse um den Sarodow-Artikel (August 1975)

Im Sommer 1975 hatten die kritischen Erklärungen der inzwischen als Eurokommunisten bekannten Parteien bereits ein solches Ausmaß erreicht, daß die Sowjetführung nun ihrerseits eine ideologische Auseinandersetzung einleitete, die immer schärfere Formen annahm. Den Startschuß dazu lieferte ein Artikel von Konstantin Sarodow, dem Chefredakteur der internationalen prosowjetischen Zeitschrift »Probleme des Friedens und des Sozialismus«. Er schrieb am 6. August 1975 für die »Prawda« einen richtungweisenden Artikel unter dem Titel »Lenins Strategie des revolutionären Kampfes«.[121] Sarodow zog aus Lenins Schrift »Zwei Taktiken der Sozialdemokratie« vom August 1905 eine Reihe aktueller politischer Schlußfolgerungen, die deutlich gegen die Eurokommunisten gerichtet waren. Laut Sarodow sei es zwar ein Gebot der revolutionären Strategie und Taktik, sich auf die Volksmehrheit zu stützen, aber diese Mehrheit sei für

Leninisten »kein arithmetischer, sondern ein politischer Begriff«. Auch müsse man, nach Lenin, zwar Bündnisse schließen, doch die kommunistische Partei müsse stets einen eigenen politischen Standpunkt in einer gesamtdemokratischen Bewegung beziehen. Eine marxistische Partei werde, so Sarodow, von ihrer Fähigkeit bestimmt, andere gesellschaftliche Kräfte zu führen. Damit wurde wiederum die alte Konzeption der führenden Rolle der kommunistischen Partei hervorgekehrt und die Mißachtung demokratischer Mehrheitsprinzipien dokumentiert.

Der Versuch Sarodows, die westeuropäischen Kommunisten ideologisch wieder auf die sowjetische Linie zu bringen, mißlang. Nicht nur die italienischen Kommunisten, sondern diesmal auch die französischen Kommunisten lehnten in ausführlichen, ideologisch fundierten Artikeln die Konzeptionen Sarodows ab. Die italienischen und französischen Kommunisten wandten sich vor allem gegen den Versuch, das Denken Lenins auf ein einziges Konzept zu reduzieren, das sich auf wenige Zitate und kurze Formeln stützt. Sie kritisierten auch den Anspruch, starre und allgemeine Regeln aufzustellen und damit in der politischen Praxis einen Monolithismus wiederherzustellen, der schon lange überwunden sei. Das Verhältnis zwischen Sozialismus und Demokratie werde von den westeuropäischen Kommunisten anders verstanden, als es in den doktrinären Schemata von Sarodow dargestellt sei. Man müsse auch die zahlreichen Erfahrungen der Arbeiterbewegungen anderer Länder berücksichtigen, die nicht in dieses Schema passen. Die Welt habe sich seit Anfang des Jahrhunderts tiefgreifend verwandelt. Das Westeuropa von 1975 sei kein Abbild des zaristischen und feudalen Rußlands von 1905. Man könne also nicht Gedanken Lenins »auf leblose, überall und immer anwendbare Formeln reduzieren«.[122]

Die Eurokommunisten zum 25. Parteitag der KPdSU

Auf dem 25. Parteitag der KPdSU (24. Februar bis 5. März 1976) warnte Breschnew in seinem Rechenschaftsbericht vor einem rechten und linken Revisionismus und behauptete, es gäbe allgemeine Gesetzmäßigkeiten in der Entwicklung der Revolution und beim Aufbau des Sozialismus. Nur gestützt auf diese Gesetzmäßigkeiten könnten Marxisten-Leninisten die konkreten Bedingungen in jedem Land in Rechnung stellen. Er polemisierte gegen bestimmte »Leute«, die sich vom proletarischen Internationalismus loslösen wollten, was die kommunistischen Parteien letztlich »einer mächtigen und bewährten Waffe berauben« würde.[123] Andere Parteiführer, wie der Ukrainer Schtscherbizkij und der Belorusse Mascherow, beschworen die Gefahr des »Eindringens revisionistischer Einflüsse« und warnten vor dem »Revidieren der Prinzipien des proletarischen Internationalismus«.[124]

Trotz dieser Warnungen trugen die eurokommunistischen Delegationen auch auf dem 25. Parteitag in Moskau ihre eigenen Auffassungen vor. Nicolae Ceaușescu wies in seiner Rede auf die Notwendigkeiten neuer Beziehungen, die Gleichberechtigung der Nationen, die Achtung der nationalen Souveränität, die erforderliche Nichteinmischung in die inneren Angelegenheiten hin sowie vor allem auf den Verzicht von Gewalt und Gewaltdrohung im internationalen Leben. Er bekräftigte das Recht jeder Partei, ihre eigene Linie, Strategie und Taktik selbständig auszuarbeiten.[125] Stane Dolanc betonte im Namen der jugoslawischen Kommunisten zusätzlich noch die Prinzipien der Blockfreiheit und der sozialistischen Selbstverwaltung, die durch die neue jugoslawische Verfassung weiter ausgebaut werde.[126] Enrico Berlinguer ging in seiner Rede so weit, daß die »Prawda« einige Passagen zensierte. Er beschränkte sich nicht darauf, die Notwendigkeit eines eigenen italienischen Weges zum Sozialismus zu verkünden, sondern sprach sich auch für eine sozialistische Gesellschaft aus, »die der Höhepunkt der Entwicklung aller demokratischen Errungenschaften sein und die Achtung aller individuellen und kollektiven Freiheiten, der religiösen Freiheit und der Freiheit der Kultur, der Künste und der Wissenschaften gewährleisten« soll. Die zukünftige sozialistische Gesellschaft müsse durch den Beitrag verschiedener politischer Kräfte, Organisationen und Parteien errichtet werden. Die Arbeiterbewegung könne »ihre historische Aufgabe nur in einem pluralistischen und demokratischen System erfüllen«.[127]

Am Rande des Parteitages gab es einige beachtenswerte Vorkommnisse, die bis dahin noch nie bei einer kommunistischen

Konferenz beobachtet wurden. So machte die italienische KP-Delegation beim Botschafter Italiens in Moskau ihre Aufwartung. Am sitzungsfreien Sonntag, dem 25. Februar, wo üblicherweise Vorträge vor Betrieben gehalten wurden, besichtigte Berlinguer mit seiner Delegation das Kloster Sagorsk.[128]
Die spanische KP war auf dem 25. Parteitag durch Dolores Ibarruri (»La Pasionaria«) vertreten, während sich Generalsekretär Santiago Carrillo zusammen mit anderen Vertretern spanischer Oppositionsparteien zur gleichen Zeit in Rom aufhielt und dort erklärte, er sei lieber mit einer Delegation der spanischen Opposition nach Rom gekommen, als nach Moskau zu fahren, denn »in Rom hat unsere Reise einen direkten Bezug zu den Problemen der spanischen Demokratie«.[129] Über den »realen Sozialismus« der Sowjetunion urteilte Carrillo am 26. Februar 1976 in Rom so: »Er schleppt noch das quasi feudale System mit sich, das er umgestürzt hat und dessen Stigma er noch trägt. In westlichen Ländern können wir Sozialismus haben, wenn das demokratisch-pluralistische System respektiert wird, wenn er auf der Zustimmung der Mehrheit beruht und bereit ist, die Macht wieder abzutreten, wenn eine solche Mehrheit nicht mehr vorhanden ist.« Auf die Frage, ob Carrillo nicht befürchte, bei einer solchen Auffassung von Moskau in Acht und Bann getan zu werden, antwortete Carrillo: »Mit welchem Recht können sie uns verdammen? Sie können uns kritisieren, wie wir sie kritisieren. Verdammung aber ist Exkommunikation aus einer Kirche. Die kommunistische Bewegung war eine solche, aber ist es nicht mehr.« Außerdem werde eine kommunistische Beteiligung an demokratischen Regierungen im Westen auch die Demokratisierung der sozialistischen Länder Osteuropas fördern.[130] Daß dieser Hinweis nicht unbegründet war, bewies Andrej Sacharow in einem Interview nach dem 25. Parteitag. Die Auffassungen der KP Italiens, erklärte Sacharow, kämen den seinen »sehr nahe«. In der Rede Berlinguers sehe er, Sacharow, eine Kritik am sowjetischen System und eine – wenn auch indirekte – Unterstützung der Auffassung der Dissidenten in der UdSSR, die mit ihm ja seit Jahren betonen, daß die sowjetische Gesellschaft weder pluralistisch noch demokratisch sei.[131]
Man kann mit großer Wahrscheinlichkeit annehmen, daß Sacharow nicht der einzige kritische Sowjetbürger war, der in den

Reden der Eurokommunisten auf dem 25. Parteitag eine Unterstützung oppositioneller Reformströmungen in der UdSSR sah.

Suslow und Mitschew gegen die Eurokommunisten

Am 17. März 1976, knapp zwei Wochen nach Beendigung des 25. Parteitages, hielt Suslow vor der Jahresversammlung der Akademie der Wissenschaften der UdSSR ein Referat zum Thema »Unsere Epoche – die Epoche des Triumphes des Marxismus-Leninismus«, in dem er die Polemik gegen die Eurokommunisten fortsetzte. Er sprach von »Feinden des Marxismus«, die begonnen hätten, »sich immer öfter ein marxistisches Gewand anzulegen«, und versuchen würden, »das revolutionäre Wesen des Marxismus-Leninismus auszuhöhlen«. Daraus folgert Suslow: »Deshalb hat alles, was die Opportunisten als irgendwelche regionale oder nationale Versionen des Marxismus hinstellen, nichts mit der revolutionären Theorie gemein und schadet der Sache der Arbeiterklasse.« Diese Attacke war so scharf, daß sie zwar im TASS-Bericht veröffentlicht, nicht aber anschließend in die »Prawda« und in die Zeitschrift »Kommunist« aufgenommen wurde.[132] Offensichtlich wollte die Führung die Polemik gegen die eurokommunistischen Parteien nicht zu sehr verschärfen, um so mehr, als die Suslow-Rede mitten in die Vorbereitung des europäischen KP-Gipfels in Ost-Berlin hineinplatzte.
Auf die Suslow-Erklärungen antwortete der französische KP-Generalsekretär Georges Marchais, er fühle sich durch die Äußerung Suslows nicht betroffen, denn er habe ja bereits mehrmals gesagt, daß ein proletarischer Internationalismus auf Gegenseitigkeit beruhen müsse. Im übrigen, sagte Marchais, werden die französischen Kommunisten eine sozialistische Gesellschaft aufbauen, die »weder russisch noch chinesisch noch kubanisch sein wird, sie wird französisch sein«.[133] Die italienischen Kommunisten rügten, daß es falsch sei, den Internationalismus immer durch das Adjektiv »proletarisch« einzuengen, denn in der Welt gebe es heute Völker und Staaten, die für die internationale Zusammenarbeit eintreten, in denen nicht die Kommunisten, sondern andere wichtige Kräfte eine große Rolle spielen. Ein Begriff wie »proletarischer Internationalismus« ver-

hindere daher die Zusammenarbeit mit anderen wichtigen Kräften: »Für uns ist klar, daß der Weg zum Sozialismus und die Entwicklung des Sozialismus in unserem Land (und wir glauben, auch im übrigen Westeuropa) unauflöslich verbunden sind mit der Erweiterung der Demokratie.«[134]
Zur gleichen Zeit, da Suslow sein Referat hielt, war auch die Broschüre des Sowjetideologen Benjamin Mitschew unter dem Titel »Der Revisionismus im Dienste des Antikommunismus« verbreitet worden. Mitschew polemisierte gegen »revisionistische Ansichten« über die Pluralität und Mannigfaltigkeit von Modellen des Sozialismus. Er versuchte in seiner Broschüre, die inzwischen ausgeschlossenen kommunistischen Funktionäre Roger Garaudy, Ernst Fischer, Alexander Dubček und Franz Marek gemeinsam mit dem Mitglied des ZK der KP Italiens, Luciano Gruppi, zu widerlegen. Die italienischen Kommunisten erklärten dazu, es sei bedauerlich, daß der Autor jeden als einen Revisionisten bezeichne, der der Auffassung ist, daß der Weg des sowjetischen Volkes sich nicht für das eigene Land eignet. Man werde einfach von Mitschew zum »Verfälscher des Marxismus-Leninismus« erklärt, wenn man feststelle, daß die Verwirklichung der Demokratie in der UdSSR nicht die notwendige Reife erreicht habe.[135] Mitschews Broschüre wurde auch in Jugoslawien scharf kritisiert. Nach Auffassung von Radio Belgrad wären seine Thesen nicht allzu ernst zu nehmen, wenn Mitschew nur in seinem eigenen Namen geschrieben hätte, aber hinter dieser Broschüre stehe die sowjetische Forderung nach Unterordnung unter die Sowjetunion, und das könne von Jugoslawien keinesfalls akzeptiert werden.[136]
Die Warnungen Sarodows vom August 1975, die Suslow-Rede und die Mitschew-Broschüre im März 1976 zeigten, daß sich die Sowjetführung allmählich über die Bedeutung des Eurokommunismus klar wurde und diese Strömungen ideologisch zu bekämpfen gewillt war.

Die zunehmende Zusammenarbeit zwischen den eurokommunistischen Parteien

Die siebziger Jahre sind auch dadurch gekennzeichnet, daß nun nicht mehr nur einzelne kommunistische Parteien in Opposition zu Moskau standen, sondern sich zunehmend eine Solidarisierung und ein gemeinsames Vorgehen unter den Eurokommunisten abzeichnete, ja daß sie auf diese Weise ihre Aktivität wesentlich verstärkten. In diesem Zusammenhang seien einige besonders wichtige Ereignisse kurz erwähnt:

Im März 1971 besuchte eine Delegation der KP Spaniens den Vorsitzenden der Linkspartei/Kommunisten Schwedens, Carl-Henrik Hermansson. Anschließend wurde eine »allgemeine Übereinstimmung der Ansichten der beiden Parteien« zum Ausdruck gebracht.[137]

Eine Delegation der KP Japans unter Führung des Vorsitzenden Kenji Miyamoto besuchte im September 1971 die rumänische KP und ihren Generalsekretär Ceauşescu. Beide Parteiführungen erklärten anschließend, sie würden für das Recht jeder Partei eintreten, ihre politische Generallinie selbständig festzulegen.

Nach dem Besuch einer Delegation der KP Spaniens unter Führung des Generalsekretärs Santiago Carrillo in Rumänien im September 1971 erklärten beide Parteien in einem Kommuniqué, in keinem Teil der Welt sei irgendein Führungszentrum der kommunistischen Weltbewegung nötig. Kommunistische Parteien müßten ihre Politik unter Berücksichtigung der Besonderheiten eines jeden Landes entwickeln.

Im November 1971 empfing Ceauşescu eine Delegation der KP Griechenlands (Inlandsrichtung), wobei die rumänische KP-Führung ihre Besorgnis über die Verhaftung von Drakopolous und Partsalides (beide Führer der Inlandsrichtung der KP Griechenlands) ausdrückte.

Im August 1972 fand ein Zusammentreffen zwischen einer Delegation der KP Spaniens unter Santiago Carrillo und Dolores Ibarruri mit Vertretern der KP Rumäniens und Generalsekretär Ceauşescu statt, wobei in einem Kommuniqué hervorgehoben wurde, daß beide Parteien in den erörterten Fragen übereinstimmten.

Im März 1973 traf in London der Generalsekretär der KP Italiens, Berlinguer, sowohl mit den Führern der Labour-Partei als auch mit den Führern der KP Großbritanniens zusammen.
Vor über 100 000 Menschen traten im Mai 1973 in Bologna zum erstenmal der Generalsekretär der KPF, Georges Marchais, und der Generalsekretär der KPI, Enrico Berlinguer, gemeinsam auf, nachdem beide Parteien bis Anfang 1970 noch kontroverse Positionen eingenommen hatten.
Anfang Juli 1973 konstituierte sich in Straßburg eine kommunistische Gruppe im Europaparlament. Neben acht italienischen und drei französischen Kommunisten gehören der kommunistischen Fraktion im Europaparlament (unter der Bezeichnung »Kommunisten und Sympathisierende«) ein Vertreter der »Sozialistischen Volkspartei Dänemarks«, ein Unabhängiger der italienischen Linken sowie ein Vertreter der KP der Niederlande an. Keine von diesen Parteien ist eindeutig als prosowjetisch zu bezeichnen.
Die Zusammenarbeit der Eurokommunisten reichte bald über Europa hinaus. Der rumänische Parteiführer Nicolae Ceauşescu besuchte während seines Aufenthalts in Venezuela im September 1973 den Generalsekretär der Bewegung für den Sozialismus (MAS), Pompeyo Marquez. Damit hatte die MAS, die in Venezuela eurokommunistische Ansichten vertritt, ihre internationalen Beziehungen gefestigt. Schon vorher, im Frühjahr 1972, war eine Delegation der MAS in Paris gewesen, um mit den eurokommunistischen Parteien Westeuropas Verbindung aufzunehmen.
Besonders wichtig war schließlich das Treffen einer italienischen KP-Delegation unter Führung von Generalsekretär Berlinguer mit Präsident Tito im April 1975. In einem Interview erklärte anschließend das Politbüro-Mitglied der KP Italiens Gian Carlo Pajetta, die italienischen Kommunisten seien überzeugt, daß die Stabilität und Stärkung Jugoslawiens gegen jede Einmischung von außen verteidigt werden muß. Wer damit gemeint war, liegt klar auf der Hand.
Im Juli 1975 kam es in Italien zu dem berühmten Treffen einer spanischen KP-Delegation unter Führung von Santiago Carrillo mit der italienischen KP-Führung, nach dem nicht mehr, wie bis dahin üblich, ein Kommuniqué veröffentlicht wurde, sondern

eine bedeutsame Deklaration, die »Spanisch-Italienische KP-Deklaration« vom Juli 1975. In dieser Deklaration brachten beide Parteien in allen entscheidenden programmatischen Punkten ihre Übereinstimmung zum Ausdruck. Nach dieser Deklaration wurde der Name Eurokommunismus geprägt.

Im November 1975 kam es zum französisch-italienischen KP-Gipfel, der mit einer gemeinsamen Deklaration schloß, in der die beiden stärksten eurokommunistischen Parteien ihr Bekenntnis zu einem demokratischen Weg zum Sozialismus bekräftigten. Verspätet bekannte sich damit auch die KP Frankreichs zu den Grundkonzeptionen des Eurokommunismus.

Die Entwicklung von 1970 bis Anfang 1976 sollte als Emanzipationsprozeß der eurokommunistischen Parteien bewertet werden. Viele der in diesen Jahren entwickelten Stellungnahmen wurden erst danach, in den beiden letzten Jahren, von der Weltpresse in genügendem Ausmaß beachtet. Dieser Emanzipationsprozeß, darunter auch die zunehmende Zusammenarbeit der Eurokommunisten, erklärt, wieso es möglich war, auf der großen europäischen KP-Konferenz im Juni 1976 in Ost-Berlin die eigenen Auffassungen weitgehend durchzusetzen.

7.

Die europäische KP-Konferenz und die Entwicklung des Eurokommunismus seit 1976

Zur gleichen Zeit, als die eurokommunistischen Parteien sich von der Sowjetunion und den Unterdrückungsmaßnahmen in einigen Ostblockstaaten distanzierten und ihre Zusammenarbeit untereinander verstärkten, wurde die Konferenz europäischer kommunistischer Parteien vorbereitet. Die dabei auftretenden Schwierigkeiten und Hindernisse, die vielen Konzessionen, die die Sowjetführung machen mußte, um die Konferenz überhaupt abhalten zu können, überstiegen bei weitem das Vorbereitungskarussell zur Dritten Weltkonferenz 1969. Dabei sollte nicht übersehen werden, daß die Sowjetführung ursprünglich gar keine europäische KP-Konferenz im Auge hatte, sondern eine neue kommunistische Weltkonferenz einberufen wollte.

Die Vorbereitungen von 1973 bis 1975

Nachdem die Sowjetführung 1973 und 1974 wiederholt die baldige Einberufung einer Weltkonferenz vorgeschlagen, ein Konsensus darüber in der kommunistischen Weltbewegung aber nicht erreicht werden konnte, legte der Kreml das Schwergewicht seiner Bemühungen auf die Vorbereitung einer europäischen KP-Konferenz. Dazu diente das vom 16. bis 18. Oktober 1974 stattfindende Konsultativtreffen von Delegierten aus 28 europäischen kommunistischen Parteien in Warschau. Zum erstenmal nahm auch der Bund der Kommunisten Jugoslawiens wieder an einer multilateralen Tagung kommunistischer Parteien teil. Die Konfrontation zwischen der prosowjetischen

Richtung und den eurokommunistischen Parteien (Jugoslawien, Rumänien, KP Italiens, Spaniens, Schwedens und Großbritanniens) verhinderte eine gemeinsame Resolution. Nach längeren Auseinandersetzungen wurde beschlossen, Mitte 1975 in Ost-Berlin eine Konferenz aller kommunistischen Parteien Europas zu veranstalten. Als Thema wurde »Der Kampf für Frieden, Sicherheit, Zusammenarbeit und sozialen Fortschritt in Europa« bestimmt. Die Konferenz sollte im Anschluß an die große Helsinki-Konferenz für Sicherheit und Zusammenarbeit Europas erfolgen und diese damit gewissermaßen unterstreichen. Vorbereitet werden sollte die Konferenz von den Kommunistischen Parteien Polens und Italiens – eine interessante Konzession an die eurokommunistischen Parteien.[138]
Ein zweites Vorbereitungstreffen fand vom 19. bis 21. Dezember 1974 in Budapest statt. Erneut wandten sich die Eurokommunisten gegen alle Versuche, auf der geplanten Berliner Konferenz eine neue Generallinie zu verkünden, und verlangten die Bestätigung der Autonomie, Gleichberechtigung und Nichteinmischung. Auf diesem zweiten Vorbereitungstreffen wurde die Bildung einer Redaktionskonferenz vereinbart, die die Dokumente ausarbeiten sollte. Schließlich ging die praktische Arbeit in die Hände einer Arbeitsgruppe über, die sich regelmäßig in Ost-Berlin traf. Bei der ersten Arbeitssitzung (17.–19. Januar 1975) wurde noch kein Kommuniqué veröffentlicht, nach der zweiten Tagung (8.–10. April 1975) legte der Gastgeber, die SED-Führung, den ersten Entwurf für eine Resolution vor, der von den eurokommunistischen Parteien jedoch zurückgewiesen wurde. Mitte Juli 1975 legte die federführende SED-Delegation der Arbeitsgruppe einen zweiten Entwurf für die Konferenz vor. Auch diesen Entwurf, in dem versucht wurde, eine einheitliche ideologische Plattform zu schaffen, lehnten die eurokommunistischen Parteien ab, die nun sogar ab Mai 1975 auch von der KP Frankreichs unterstützt wurden.

Probleme, Schwierigkeiten und letzte Vorbereitungen 1975/76

Im Herbst 1975 kam es, wie bereits erwähnt, zu der Kontroverse um den Sarodow-Artikel. In Moskau und anderen osteuropäischen Hauptstädten führte sie zu der Einsicht, daß gewisse Konzessionen notwendig seien. Dies zeigte sich dann auch in einem erneuten Zusammentreffen in Ost-Berlin am 9. und 10. Oktober 1975, an dem Delegationen von 27 europäischen kommunistischen Parteien beteiligt waren. Die SED-Führung präsentierte hier ihren dritten Entwurf, in dem erstmals keine ideologische Generallinie vertreten wurde und der deshalb auch von den eurokommunistischen Parteien als Grundlage akzeptiert wurde. Ein endgültiger Entwurf sollte im November 1975 ausgearbeitet werden.

Aber bei der vom 17. bis 19. November 1975 stattgefundenen Sitzung gab es unerwartet neue Schwierigkeiten. Die SED hatte inzwischen nämlich einen vierten, beträchtlich verschärften Entwurf vorgelegt und damit erneut versucht, eine gemeinsame Linie durchzusetzen. Nach dessen Ablehnung durch die eurokommunistischen Parteien gingen die Delegationen auseinander, ohne ein neues Datum für die europäische KP-Konferenz festzulegen. In dieser ausweglos erscheinenden Situation begann die Sowjetführung einzulenken. Boris Ponomarjow und Katuschew, die bisher die sowjetische KP bei den Vorbereitungen der Konferenzen vertreten hatten, wurden zurückgezogen. An ihre Stelle trat der konziliantere Vadim Sagladin. Er erklärte in Rom gegenüber den italienischen Kommunisten die Bereitschaft, kontroverse Fragen aus dem SED-Entwurf zu streichen.

Nach dem Einlenken der Sowjetunion fanden dann vom 16. bis 19. Dezember 1975 und schließlich vom 13. bis 22. Januar 1976 neue Redaktionskonferenzen in Ost-Berlin statt. Die SED legte nun ihren fünften und letzten Entwurf vor, der den Interessen der Eurokommunisten erheblich entgegenkam. Zwar gab es immer noch einige ungeklärte Fragen, aber es war nun ein erster Ansatzpunkt für die Fertigstellung eines Dokuments geschaffen.[139] Auf einer weiteren Sitzung der Redaktionskommission unter Teilnahme von 28 Delegationen begannen sich schließlich die Standpunkte anzunähern. Am 20. Mai 1976 führte Santiago

Carrillo in Jugoslawien Gespräche über die Vorbereitung der europäischen KP-Konferenz. Beide Parteien beschlossen ihre Zusammenarbeit in dieser Frage. Anfang Juni 1976 nahm die Sowjetführung auch die jugoslawischen Abänderungsvorschläge an, die umstrittene Formulierung vom »proletarischen Internationalismus« wurde zurückgezogen. Schließlich traten dann die Redaktionskonferenzen in Ost-Berlin zu ihren letzten Treffen zusammen, zunächst vom 10. bis 11. Juni und anschließend noch einmal am 24. Juni. Endlich wurde dann die europäische KP-Konferenz für den 29.–30. Juni 1976 anberaumt. Insgesamt hatten sich damit die Arbeitsgruppen und Redaktionskonferenzen sowie das Plenum aller 28 Delegationen zur Vorbereitung des europäischen KP-Gipfels *zwölfmal* getroffen.[140]

Die Besonderheiten des europäischen KP-Gipfels in Ost-Berlin (29./30. Juni 1976)

Die europäische KP-Konferenz in Ost-Berlin unterschied sich in vielem von früheren Konferenzen ähnlicher Art. Sie fand im Hotel »Stadt Berlin« am Alexanderplatz statt. Mehr als hundert ausländische Korrespondenten – auch das war unüblich – durften bei der Eröffnung der Konferenz eine Viertelstunde im Versammlungsraum anwesend sein. Die Stadt war nicht, wie sonst üblich, mit Transparenten geschmückt, mit denen die Delegationen begrüßt wurden. Auf den Plätzen vor den Delegierten lag der Entwurf des Konferenzdokumentes, in rotes Leinen gebunden und in Golddruck – ein bereits endgültig festgelegtes Dokument. Es konnte nichts geändert werden, und es wurde auch nichts geändert.
Nach dem Ende der Konferenz gab es deshalb auch keine feierliche Unterzeichnung des Dokuments. Völlig unüblich war auch, daß es nach den Reden der Delegierten keinen Beifall gab. Die Konferenz hatte mehr den Charakter einer Arbeitssitzung, wie dies die Eurokommunisten immer vorgeschlagen hatten. Besonders wichtig war aber: Die Reden aller Delegationsteilnehmer wurden, ohne jede Kürzung, vom Gastgeber, also der SED-Führung, in Ost-Berlin veröffentlicht. Damit konnten die 3,4 Millionen Leser des SED-Zentralorgans »Neues Deutschland« erst-

mals Auffassungen lesen, die normalerweise als parteifeindlich gegolten hätten.
An der Konferenz nahmen Delegationen aller europäischen kommunistischen Parteien teil, mit Ausnahme der Partei Albaniens und der isländischen Volksallianz. Die KP der Niederlande wollte zuerst nicht kommen, traf dann aber doch noch verspätet ein und nahm damit erstmals seit langer Zeit wieder an einem multilateralen KP-Treffen teil. Offiziell wurde angegeben, daß 28 kommunistische Parteien teilgenommen hatten, wobei jedoch die SEW West-Berlin als selbständige Delegation gezählt wurde. Von der KP Griechenlands nahm nur der Führer der prosowjetischen Auslandsrichtung, Florakis, teil, nicht aber eine Vertretung der eurokommunistischen Inlandsrichtung. Die Redezeit auf der Konferenz wurde auf dreißig Minuten pro Redner begrenzt und mußte von allen eingehalten werden. Lediglich Breschnew hielt sich nicht daran und sprach über eine Stunde. Außerdem war vorher beschlossen worden, das China-Problem nicht zu berühren. Sowohl Breschnew als auch der bulgarische KP-Führer Shiwkoff ignorierten diese Absprache und verurteilten die maoistischen Führer in ihren Reden.
Obwohl alle Reden im »Neuen Deutschland« in voller Länge veröffentlicht wurden, zensierten alle anderen Ostblockzeitungen die Texte. Wichtige Ausschnitte und Erklärungen wurden einfach nicht erwähnt, darunter etwa der kritische Hinweis Berlinguers auf die Entwicklung in Osteuropa, seine Bemerkung über das Zurückbleiben der marxistischen Analyse und die Notwendigkeit, eigene Initiativen im europäischen Maßstab zu entwickeln. Auch alle kritischen Hinweise der Eurokommunisten über die Okkupation der Tschechoslowakei fehlten in der Presse der Ostblockländer.
Drei Hauptrichtungen ließen sich klar in den Redetexten ablesen, die für den europäischen Kommunismus noch heute verbindlich sind.
Die prosowjetische Richtung: Die Auffassungen der prosowjetischen Richtung wurden in Ost-Berlin vertreten von Leonid Breschnew (UdSSR), Todor Shiwkoff (Bulgarien), Gustav Husak (Tschechoslowakei) und Erich Honecker (DDR) sowie von den Delegationen der KP Österreichs, der KP der Türkei, der DKP, der KP Luxemburgs, der KP Portugals, der Sozialisti-

schen Einheitspartei West-Berlins (SEW), der KP Dänemarks und der verbliebenen Rest-KP Norwegens (der Parteiführer Reidar Larsen war mit einem Drittel aller Mitglieder und Funktionäre vorher in die Linkssozialistische Partei eingetreten) sowie einem Flügel der KP Griechenlands (Auslandsrichtung). In etwas abgeschwächter Form und mit gewissen eigenständigen Nuancen vertraten auch Edward Gierek (Polen) und János Kádár (Ungarn) die prosowjetische Richtung.

In ständigen Wiederholungen, wenn auch mit unterschiedlicher Schärfe, betonten die prosowjetischen Kommunisten

a) die Einheit und Geschlossenheit der kommunistischen Weltbewegung;

b) den »proletarischen Internationalismus« als wichtigste Waffe und Kraftquelle von Kommunisten aller Länder;

c) die Solidarität aller kommunistischen Parteien mit den Ländern des Sozialismus, in erster Linie mit der Sowjetunion;

d) die führende Rolle der Sowjetunion, weil die Sowjetunion das stärkste Land des Sozialismus und die KPdSU die stärkste und erfahrenste Partei der kommunistischen Weltbewegung sei.

Ausgehend von diesen Auffassungen forderten die Vertreter der prosowjetischen Richtung in Ost-Berlin, den Kampf gegen den Antikommunismus und vor allem den Antisowjetismus zu verschärfen und die Einheit und Geschlossenheit der kommunistischen Weltbewegung durch multilaterale Treffen, also durch Weltkonferenzen, zu verstärken. Es fiel auf, daß Gierek (Polen) und Kádár (Ungarn) nicht alle diese Forderungen oder sie nur in abgeschwächter Form vortrugen. Auch unter den prosowjetischen Vertretern der nichtregierenden kommunistischen Parteien gab es bei der Betonung der erwähnten Grundauffassung gewisse Unterschiede.

Die mittlere Gruppe: Zur »mittleren Gruppe« der europäischen KP-Konferenz in Ost-Berlin gehörten unter anderem die KP Belgiens, die Partei der Arbeit der Schweiz, die KP Zyperns (AKEL) und die KP der Niederlande sowie die kleine KP Irlands. Die Redner dieser Richtung zeichneten sich dadurch aus, daß sie sich im wesentlichen auf die Darstellung der Situation im eigenen Lande konzentrierten und sich weder die Thesen der prosowjetischen Richtung noch die der Eurokommunisten zu eigen machten oder bei der Erwähnung einer dieser gegen-

sätzlichen Auffassungen dies ohne einseitige Stellungnahme taten.
Typisch für die Auffassung dieser Richtung war, daß man neben der Betonung der Solidarität und des Internationalismus in der kommunistischen Weltbewegung oft in ein und demselben Satz gleichzeitig auch auf das Recht und die Notwendigkeit, eigene Entscheidungen zu treffen, verwies. Offensichtlich dokumentierte die mittlere Richtung auf diese Weise, daß sie sich aus jedem Konflikt heraushalten wollte.
Die Richtung der Eurokommunisten: Die eurokommunistischen Konzeptionen wurden auf der Ostberliner Konferenz von Josip B. Tito (Jugoslawien), Nicolae Ceauşescu (Rumänien), Santiago Carrillo (Spanien), Enrico Berlinguer (Italien), Georges Marchais (Frankreich), Gordon McLennan (Großbritannien), Lars Werner (Linkspartei/Kommunisten Schweden), Ermenegildo Gasperoni (San Marino) und – zumindest teilweise – von Saarinen (Finnland) vertreten.
Alle Anhänger des Eurokommunismus traten gegen jedes neue Zentrum in der kommunistischen Weltbewegung auf sowie gegen jeden Versuch, das Ostberliner Treffen mit einem verpflichtenden ideologischen Dokument verbinden zu wollen.
So begrüßte Tito den offenen und freien Gedankenaustausch auf der Konferenz und betonte die Prinzipien der Unabhängigkeit, Gleichberechtigung und Nichteinmischung in die inneren Angelegenheiten. Ähnlich äußerte sich Ceauşescu und forderte zusätzlich noch eindeutig den Verzicht auf Gewalt und Gewaltandrohung. Typisch für die Eurokommunisten war weiter die klare Ablehnung des Begriffs »proletarischer Internationalismus« und seine Ersetzung durch den Begriff »internationale Solidarität«, die, wie besonders Ceauşescu ausführte, nur in organischer Verbindung mit dem Kampf für die Verteidigung der Interessen der Arbeiterklasse jedes einzelnen Landes verstanden werden kann. Die neuen Formen eines Internationalismus wurden von Berlinguer so weitgehend interpretiert, daß er von einer freien Bewegung von selbständigen und gleichberechtigten Partnern sprach und die offene Aussprache, die Öffentlichkeit der Konferenz, unterstrich. Er verlangte die Abkehr von überholten Methoden und machte deutlich, daß die früheren Zeiten mit der Idee einer Internationale vergangen sind und völlig neue Formen

internationaler Beziehungen auf der Tagesordnung stehen.
Santiago Carrillo unterstrich die Abkehr von der Kommunistischen Internationale mit folgenden Worten:
»Die Leiden, denen unsere Parteien ausgesetzt waren – und die sie immer noch ertragen müssen –, die Zeit, die wir in den Katakomben verbrachten, ließ in unseren Reihen eine Verbindung zwischen wissenschaftlichem Sozialismus und einer Art Mystik des Opfertums und der Vorbestimmung entstehen. Wir wurden eine Art neue Kirche mit unseren Märtyrern und unseren Propheten. Jahrelang war Moskau, wo unsere Träume begannen, Wirklichkeit zu werden, unser Rom. Wir sprachen von der Großen Sozialistischen Oktoberrevolution, als wäre sie unsere Weihnacht. Das war unsere Kindheit. Heute sind wir erwachsen. Die Kommunisten regieren in vielen Ländern. In anderen sind wir bereits eine beachtliche Kraft. Das Beispiel des Sieges der Kommunistischen Partei bei den Wahlen in Italien ist einer der aktuellsten und bedeutsamsten Beweise. Wir verlieren immer mehr den Charakter einer Kirche. Der wissenschaftliche Gehalt unserer Theorie setzt sich gegenüber dem Glauben und der Mystik von der Vorbestimmung durch.«
Alle Eurokommunisten befürworteten neue Wege zum Sozialismus. Tito wies darauf hin, der Sozialismus habe keine fertigen und für alle Zeiten und Umstände geltenden Lösungen bereit. Ceauşescu sprach von immer neuen Formen des sozialen Kampfes und des gesellschaftlichen Aufbaus, die sich von Land zu Land unterscheiden. Berlinguer sah im Übergang zur neuen Gesellschaftsordnung einen Prozeß, der weit über die kommunistischen Parteien hinausgehe und ein unterschiedliches Gefüge politischer und gesellschaftlicher Kräfte verschiedener geistiger Ausrichtungen umfasse. Angesichts dieser Situation stehe man vor der Aufgabe, nicht nur über die jetzt gewonnenen Erfahrungen nachzudenken, sondern in den Ländern des europäischen Westens auch nach neuen Wegen zum Sozialismus zu suchen. Die von den Sozialdemokraten betriebene Politik hätte zwar in diesem oder jenem Land zu Verbesserungen in den Lebensbedingungen der Werktätigen geführt, aber nicht zu einer wirklichen Überwindung des Kapitalismus. Georges Marchais meinte, daß die französischen Kommunisten sorgfältig die nationale Realität, die besonderen Verhältnisse des eigenen Landes und

seiner Tradition in Rechnung stellen werden.
Besonders bedeutsam waren die Hinweise der Eurokommunisten auf das anzustrebende Ziel einer sozialistischen Gesellschaft. Hierbei machten alle eurokommunistischen Redner deutlich, daß sie etwas meinten, das sich weitgehend von dem unterscheidet, was in den Ostblockstaaten »realer Sozialismus« genannt wird.
Berlinguer erklärte, die italienischen Kommunisten kämpfen »für eine sozialistische Gesellschaft, die sich gründet auf die Bekräftigung des Wertes der persönlichen und kollektiven Freiheiten und ihrer Garantie«. Auch Gordon McLennan, der britische KP-Vertreter, sah in der Zielsetzung einer sozialistischen Gesellschaft eine Gesellschaft mit Pressefreiheit, Versammlungsfreiheit, Demonstrationsfreiheit, Religionsfreiheit, Freiheit der Kultur, Kunst und Wissenschaft, der Freiheit zu reisen, der Freiheit der Gewerkschaften und der freien Betätigung für alle demokratischen politischen Parteien unter Einschluß der Oppositionsparteien. Der Sozialismus verlange nicht nur, so McLennan, eine Vergesellschaftung der großen Monopole, Banken und Grund und Boden, sondern auch einen umfassenden Ausbau der Demokratie.
Santiago Carrillo gab selbstkritisch zu, daß sich die Kommunisten früher einer gewissen Geringschätzung der angeblich formalen Freiheiten schuldig gemacht hätten. Georges Marchais sagte: »Der Sozialismus, für den wir kämpfen, wird ein zutiefst demokratischer Sozialismus sein . . . nicht nur, weil er den Werktätigen durch Abschaffung der Ausbeutung die unerläßliche Bedingung der Freiheit gewährleisten wird, sondern auch, weil er alle Freiheiten, die unser Volk sich erkämpft hat, garantieren, entwickeln und erweitern wird.« Als einziger Eurokommunist rief der Schwede Lars Werner in Ost-Berlin noch einmal zu einer notwendigen Auseinandersetzung mit der Stalin-Ära auf und verlangte, daß der Demokratisierungsprozeß weitergehen müsse und man auch selbstkritisch über die Einschränkung der Demokratie und die Unzulänglichkeiten der demokratischen Rechte in den Ländern des »realen Sozialismus« diskutieren müsse. Eine solche Kritik sei nicht negativ, sondern allein der Ausdruck von Sorge um den Sozialismus.
Zur Charakterisierung des neuen Namens »Eurokommunismus«

bemerkte Berlinguer: »Die Bezeichnung ist natürlich nicht von uns geprägt worden, aber die Tatsache ihrer weiten Verbreitung ist bezeichnend dafür, wie tief und breit das Bestreben ist, in den Ländern Westeuropas Lösungen neuen Typs bei der Umwandlung der Gesellschaft in sozialistischem Sinne durchzusetzen und voranzutreiben.« Santiago Carrillo sprach von einem »unglücklich gewählten Terminus«, fügte aber hinzu: »Jedoch ist es offensichtlich, daß wir, die kommunistischen Parteien der entwickelten und hochentwickelten kapitalistischen Länder, einer besonderen Problematik gegenüberstehen. Spezifische Forderungen der Entwicklung des Klassenkampfes auf unserem Raum führen uns auf Wege und zu Formen des Sozialismus, die nicht genau dieselben sein können wie in anderen Ländern. Das ist eine objektive Tatsache, die wir in Betracht ziehen müssen.«[141]

Das offizielle Dokument der europäischen KP-Konferenz

Das auf der Konferenz angenommene Dokument »Der Kampf für Frieden, Sicherheit, Zusammenarbeit und sozialen Fortschritt in Europa« war völlig anders geartet als etwa die Resolution von der Dritten Weltkonferenz in Moskau vom Juni 1969. Es spiegelte deutlich die Veränderungen in der kommunistischen Bewegung allgemein und den Durchbruch des Eurokommunismus zu einer selbständigen Kraft wider.
Die entscheidenden Aspekte der Resolution der Ost-Berliner Konferenz der europäischen kommunistischen Parteien vom Juni 1976 liegen in folgendem:
1. Kein Hinweis auf Weltkonferenz: Die europäische KP-Konferenz wurde in der Resolution nicht, wie von Moskau gewünscht, als Vorstufe einer Weltkonferenz ausgegeben. Eine kommunistische Weltkonferenz wurde überhaupt nicht erwähnt. Die sowjetische Führung fand somit keine Handhabe für die von ihr gewünschte baldige Einberufung einer neuen Weltkonferenz.
2. Zusammenarbeit der kommunistischen Parteien: Im Dokument wurde erklärt, daß die kommunistischen Parteien ihre internationalistische kameradschaftliche, freiwillige Zusammenarbeit und Solidarität entwickeln werden. Erstmalig wurde das

Konsens-Prinzip verankert, das jeder beteiligten Partei bei der Formulierung gemeinsamer Beschlüsse faktisch ein Vetorecht einräumt. Schließlich enthielt das Dokument den Hinweis auf eine strenge Wahrung der Gleichberechtigung und souveränen Unabhängigkeit jeder Partei, die Nichteinmischung in die inneren Angelegenheiten und die Respektierung der verschiedenen Wege zum Sozialismus.

3. *Ideologie:* Trotz sowjetischen Wunsches enthielt das Dokument keine Verpflichtung zum Marxismus-Leninismus als einheitlicher Weltanschauung, sondern es wurden lediglich die Lehren von Marx, Engels und Lenin erwähnt. Der für die Sowjetunion als ideologische Rechtfertigung so wichtige Begriff »proletarischer Internationalismus« fehlt in dem Dokument.

4. *»Antikommunismus« und »Antisowjetismus«:* Der Wunsch der Sowjetführung, die Resolution möge den »Antikommunismus« und »Antisowjetismus« verurteilen, wurde nur teilweise erfüllt. Zwar erklärte die Resolution, der Antikommunismus bleibe »ein Instrument, dessen sich die imperialistischen und reaktionären Kräfte nicht nur gegen die Kommunisten, sondern auch gegen andere Demokraten und demokratische Freiheiten bedienen«, und die anti-kommunistischen Kampagnen hätten das Ziel, die Rolle der Kommunisten in den Volksmassen zu diskreditieren. Die von Moskau gewünschte eindeutige Absage an den »Antisowjetismus« wurde nicht übernommen, sondern sogar erklärt: »Die kommunistischen Parteien betrachten nicht alle, die mit ihrer Politik nicht übereinstimmen oder eine kritische Haltung zu ihrer Tätigkeit einnehmen, als Antikommunisten.« Die erstmalige Unterscheidung zwischen Gegnern und Kritikern gehört meiner Meinung nach zu den bedeutendsten Ereignissen dieser Konferenz.

5. *Keine »führende Rolle« der KP:* Anstelle der von der Sowjetführung proklamierten »führenden Rolle« der marxistisch-leninistischen Partei beim Bündnis mit anderen Kräften, befürwortet die Resolution der europäischen KP-Konferenz die Annäherung, Verständigung und Zusammenarbeit breitester politischer und gesellschaftlicher Kräfte in Form eines Dialogs zwischen Kommunisten und anderen demokratischen Kräften. Das Dokument wiederholt die Bereitschaft der Kommunisten »zur gleichberechtigten Zusammenarbeit mit allen demokratischen Kräf-

ten«, ohne den im Sowjetkommunismus üblichen Führungsanspruch.
6. *Eigenständige außenpolitische Akzente:* Die Resolution der europäischen KP-Konferenz erklärt zwar, daß die Politik der Koexistenz die Bewegung für eine demokratische und sozialistische Umgestaltung in den kapitalistischen Ländern erleichert und günstigere Kampfmöglichkeiten bietet, unterscheidet sich aber in anderen Aspekten von der sowjetischen Außenpolitik. So fand im Abschlußdokument keine Verurteilung des Maoismus statt, wie sie von der Sowjetführung gewünscht worden war. In den Ost-West-Beziehungen trat die europäische KP-Konferenz nicht nur für die Erweiterung der Handelsbeziehungen zwischen Ost und West und die Zusammenarbeit auf dem Gebiet der Kultur, Wissenschaft und Technik ein, sondern auch für die Zusammenarbeit auf dem Gebiet »der Information, der menschlichen Kontakte zwischen den Völkern zwecks gegenseitigen Kennenlernens und Festigung des Vertrauens sowie der geistigen Bereicherung des menschlichen Lebens bei voller Achtung der Gleichberechtigung«.
Schließlich wurden die Grundrechte und politischen Freiheiten in der Resolution der europäischen KP-Konferenz von 1976 deutlicher herausgestellt als in allen anderen Dokumenten der kommunistischen Weltbewegung.

Die unterschiedliche Einschätzung der europäischen KP-Konferenz

Alle westlichen Kommunismus-Experten haben, wenn auch mit unterschiedlicher Akzentuierung, die zunehmende Bedeutung des Eurokommunismus betont und auf die weitgehenden Konzessionen der Sowjetunion hingewiesen. Walter Osten, Ostexperte der sozialdemokratischen Zeitung »Vorwärts«, stellte besonders die Tatsache heraus, daß zum erstenmal seit Gründung der Komintern ein linientreues Zentralorgan, nämlich »Neues Deutschland«, oppositionelle Reden im Wortlaut veröffentlicht habe; dies würde nicht ohne Wirkungen auf die kommunistischen Parteien bleiben. Der machtpolitische Einfluß der Sowjetunion werde durch den Ausgang der Konferenzen nicht beeinträchtigt, wohl aber sei der Aktionsradius der sowjetischen KP beschränkt worden.[142] Botho Kirsch, der Leiter der Osteuropa-Redaktion der »Deutschen Welle«, meinte, auf der Ostberliner Konferenz sei die Einheit des Weltkommunismus so zerbrochen wie die Einheit der Römischen Kirche auf dem Reichstage zu Worms.[143] Der Ostexperte der »Frankfurter Allgemeinen Zeitung«, Viktor Meier, befürchtete, daß sich die Sowjetführer kaum auf Dauer mit der jetzigen Lage im internationalen Kommunismus abfinden werden. Man müsse erwarten, daß die Sowjetunion nun versuchen werde, innerhalb des Blocks auf stärkere Zusammenarbeit zu drängen, und dies könnten vor allem Rumänien und Jugoslawien schon bald zu spüren bekommen.[144]

Heinz Timmermann vom Bundesinstitut für ostwissenschaftliche und internationale Studien in Köln, der sich seit Jahren mit der Entwicklung der kommunistischen Parteien Italiens und Frankreichs beschäftigt, meinte, die Ostberliner Konferenz bedeute das Ende einer einheitlichen Konzeption des europäischen Kommunismus, der seinen Bezugspunkt in Moskau hatte. Der Versuch der sowjetischen KP, einige westeuropäische Kommunisten ideologisch und politisch an das sozialistische Lager zu klammern, sei spektakulär gescheitert. Aber: »Sollte die KPdSU eines Tages feststellen, daß die Konzeptionen und die Aktivitäten der Eurokommunisten ihrem Interesse auf die Dauer eher schaden als nützen, so ist mit dramatischen Entwicklungen im Verhältnis zwischen den sowjetisch kontrollierten Ost- und den miteinander freilich keineswegs homogenen Westkommunisten zu rechnen.«[145]

Am optimistischsten schätzte die Konferenz der in der DDR lebende Eurokommunist Professor Robert Havemann ein. Er schrieb, daß die KPdSU nach dieser Konferenz endgültig nicht mehr in einer verbindlichen Form die führende Rolle in der kommunistischen Weltbewegung spielen könne. Es sei nun klar, daß die Eurokommunisten jede Einmischung in die inneren Angelegenheiten einer anderen Partei und eines anderen Landes ablehnen und streng verurteilen. Die Breschnew-Doktrin der begrenzten Souveränität, die den Überfall auf die ČSSR rechtfertigen sollte, sei, wie Havemann meinte, auf dieser Konferenz beerdigt worden. Die große Bedeutung der Berliner Konferenz liege

darin, daß mit jeglichen Hegemoniebestrebungen einer Partei Schluß gemacht wurde. Diese Hegemonie der sowjetischen KP sei nicht nur gegenüber den kommunistischen Parteien des Westens aufgehoben, sondern gegenüber allen Parteien Europas, auch denen in den Ostblockstaaten.[146]
Auch unter Trotzkisten und Maoisten wurde über die Konferenz diskutiert. Nach trotzkistischer Auffassung war die Ostberliner Konferenz ein Begräbnis, das in aller Schlichtheit stattfand. Zu Grabe getragen wurde der Führungsanspruch der sowjetischen KP gegenüber der kommunistischen Weltbewegung. Die Konferenz war ein Debakel für die KPdSU und ein voller Erfolg für die Eurokommunisten Jugoslawiens, Italiens, Frankreichs, Spaniens und Rumäniens. Diese Konferenz sei ein Markstein im Zerfall- und Verfaulungsprozeß des Stalinismus.[147] Demgegenüber meinten die Maoisten, daß die »Sozialimperialisten« der sowjetischen Führung zwar viele Schwierigkeiten gehabt hätten und die geplante Weltkonferenz praktisch unmöglich gemacht worden sei, dennoch sei es aber falsch, von einer vollständigen Niederlage der »Sozialimperialisten« oder von einem Sieg des Eurokommunismus zu sprechen. Allein die Tatsache, daß die Konferenz trotz aller Widersprüche doch noch zustande kam, schlage für Breschnew zu Buche. Durch Kompromisse in Worten sei es den Sowjet-Revisionisten gelungen, einen offenen Bruch zu vermeiden – trotz aller Abstriche – und ihren Führungsanspruch zu wahren.[148]

Pressepolemik nach dem europäischen KP-Gipfel

Unmittelbar nach der Ostberliner Konferenz vom Juni 1976 versuchte die sowjetische Richtung, die Konferenzbeschlüsse in ihrem Sinne zu interpretieren. In vielen sowjetischen und prosowjetischen Kommentaren wurde nun das hervorgehoben, was nach sowjetischem Wunsche hätte geschehen sollen. So wurde immer wieder behauptet, die Konferenz habe die gemeinsamen Gesetzmäßigkeiten auf dem Wege zum Sozialismus unterstrichen, das Banner der kommunistischen Einheit hochgehalten, den Antikommunismus und vor allem den Antisowjetismus scharf verurteilt, ein Programm gemeinsamer Aktionen ausgearbeitet und die Hauptabteilung der kommunistischen Weltbewegung, nämlich die KPdSU, als Vorhut bestätigt.[149] Darüber hinaus wurde versucht, die führende Rolle der sowjetischen KP erneut in den Mittelpunkt zu stellen. Mehrfach wurde betont, die Sowjetunion habe als erstes Land die sozialistische Revolution durchgeführt, verfüge daher über die größten Erfahrungen beim Aufbau der neuen Gesellschaft und leiste auch den größten Beitrag zur Veränderung des Kräfteverhältnisses in der Welt zugunsten des Sozialismus. Keine kommunistische Partei dürfe die Erfahrungen der sowjetischen KP unterschätzen, und die Einheit unter sowjetischer Führung sei eine entscheidende Notwendigkeit.[150]

Auf der anderen Seite verwiesen die Eurokommunisten in ihrer Berichterstattung darauf, das größte Verdienst der Konferenz habe darin bestanden, die Unterschiede zwischen den kommunistischen Parteien deutlich gemacht und die Unabhängigkeit der kommunistischen Parteien unterstrichen zu haben. Es sei bedauerlich, daß nun versucht werde, nachträglich gerade jene Punkte hineinzuinterpretieren, die auf der Berliner Konferenz nicht angenommen wurden. Die Eurokommunisten protestierten gegen die Erklärung sowjetischer Ideologen, alle neuen Erkenntnisse als »raffinierte Formen des bürgerlichen Eindringens« darzustellen.[151] Tatsächlich versuchten die Sowjetideologen, den Eurokommunismus ideologisch als eine moderne Form des Rechtsrevisionismus zu diskreditieren, ohne die wirklichen Konzeptionen der Eurokommunisten darzustellen und zu analysieren. Es wurde klar, daß es den Sowjetideologen nicht um eine ernsthafte Auseinandersetzung ging.

Diese Auseinandersetzung zwischen den prosowjetischen Kommunisten und den Eurokommunisten nach der Konferenz in Ost-Berlin verschärfte sich seit dem Herbst 1976 durch die Erschießung des italienischen Lastwagenfahrers Benito Corghi, eines Mitgliedes der KP Italiens, an der DDR-Grenze und durch die Ausbürgerung Wolf Biermanns aus der DDR im November 1976. Vor allem die italienischen, französischen und spanischen Kommunisten wandten sich scharf gegen die Ausbürgerung Biermanns und wiesen darauf hin, daß dieser nur sein legitimes Recht der Kritik ausgeübt habe, sich sonst jedoch immer für den Sozialismus eingesetzt habe. Ein Schriftsteller und Künstler müsse in einer sozialistischen Demokratie auch dann das Recht haben, sich frei zu äußern, wenn seine Kritik und seine Arbeit den Auffassungen der Regierung widersprechen.[152] Biermann wurde später nach Italien und nach Spanien einge laden, wo er auf Wahlversammlungen der italienischen und spanischen Kommunisten auftrat und schließlich – nach einer längeren Unterredung mit Carrillo – der KP Spaniens beitrat.[153] Auch das Vorgehen der DDR-Behörden gegen Robert Havemann verschärfte die Situation. In einem Interview erklärte Lucio Lombardo-Radice, Mitglied des Zentralkomitees der KP Italiens, Biermann und Havemann müßten als Eurokommunisten angesehen werden.[154]

Die Eurokommunisten und die Bürgerrechtsbewegung in der ČSSR und Polen

Im Frühjahr 1977 beschäftigten sich die Eurokommunisten erneut mit Ereignissen in Osteuropa. In der Tschechoslowakei und in Polen waren die oppositionellen Reformbewegungen in eine neue Phase getreten. Während in diesen Ländern bis Anfang der siebziger Jahre die oppositionellen Reformrichtungen oft voneinander getrennt operierten und die eigenen weltanschaulichen Positionen und politischen Ziele im Vordergrund standen, kam es seit 1976 in zunehmender Weise zum gemeinsamen Kampf unterschiedlicher Richtungen für die Verwirklichung der Menschenrechte. Die Dokumente der Helsinki-Konferenz gaben dazu einen wichtigen Anstoß, zumal diese von den einzelnen Regierungen bestätigt und veröffentlicht worden waren. Im Oktober 1976 hatte die tschechoslowakische Regierung auch eine Reihe von internationalen Verträgen über Bürger- und Menschenrechte unterzeichnet und veröffentlicht. Die Respektierung dieser Rechte wurde nun zur Schlüsselfrage für die nach Liberalisierung und Demokratisierung strebenden Kräfte. Dies war der Hintergrund für die Entstehung der neuen Bewegung »Charta 77«. Diese Bewegung verstand und versteht sich als freie informelle und offene Gemeinschaft von Menschen verschiedener Religionen, verschiedener Berufe, die sich durch den Willen verbunden fühlen, sich einzeln und gemeinsam für

die Respektierung der Bürger- und Menschenrechte in der Tschechoslowakei einzusetzen.
Bereits in der ersten Erklärung der »Charta 77« heißt es, daß die Tschechoslowakei das internationale Abkommen über bürgerliche und politische Rechte unterzeichnet habe, das im Sommer 1977 in Helsinki bestätigt worden sei. Auch in der Tschechoslowakei habe danach jeder Bürger das Recht, sich nach diesem Abkommen zu richten.
Die Unterzeichner der Charta begrüßten zwar, daß die Regierung der Tschechoslowakei diesem Abkommen beigetreten sei, wiesen aber gleichzeitig auf die Mißstände im eigenen Lande hin:
a) Hunderttausenden von Bürgern der Tschechoslowakei wird die Freiheit von Furcht, wie sie ausdrücklich in dem Abkommen erwähnt wird, verweigert, weil sie in der beständigen Gefahr leben, ihre Arbeitsplätze zu verlieren, falls sie ihre Meinung äußern;
b) junge Menschen erhalten kein Recht auf Studium, weil ihre Eltern Ansichten zum Ausdruck bringen, die nicht genehm sind;
c) die Freiheit der Meinung wird im Gegensatz zu dem unterzeichneten Abkommen unterdrückt. Keine politische, philosophische oder wissenschaftliche Ansicht, keine künstlerischen Äußerungen, die nur ein wenig vom engen Rahmen der offiziellen Ideologie oder Ästhetik abweichen, können veröffentlicht werden;
d) öffentliche Kritik an gesellschaftlichen Erscheinungen ist unmöglich;
e) es gibt keine Möglichkeit einer öffentlichen Verteidigung gegen unwahre oder beleidigende Behauptungen;
f) die Religionsfreiheit wird unterdrückt;
g) die Meinungsfreiheit ist durch ein System der Unterordnung sämtlicher Institutionen und Organisationen unter die politischen Direktiven des Apparates der regierenden Partei unmöglich gemacht;
h) die entscheidenden Rechte, die die tschechoslowakische Regierung unterschrieben hat, darunter Versammlungsfreiheit, Verbot jedweder Einschränkung, Gleichheit des Rechts, sich an öffentlichen Angelegenheiten zu beteiligen, und Gleichheit vor

dem Gesetz sowie das Streikrecht werden unterdrückt;
i) trotz des Verbots, in das Privatleben einzugreifen, kontrolliert das Innenministerium auf unterschiedlichste Weise das Leben der Bürger, so durch das Abhören von Telefongesprächen und Wohnungen, durch die Kontrolle der Post, durch persönliche Überwachung, durch Hausdurchsuchungen, durch Ausbau eines Netzes von Informanten aus den Reihen der Bevölkerung sowie oft durch Drohungen oder Versprechungen.[155]

Die »Charta 77« ist von einer großen Anzahl bekannter Repräsentanten des tschechoslowakischen kulturellen Lebens (Schriftsteller, Dozenten, Philosophen, Theologen), darunter auch führende Vertreter des »Prager Frühlings«, unterzeichnet worden. Zu den Unterzeichnern gehören Milan Huebl, Jiri Hajek, Zdenek Mlynar, František Kriegel, Ludvik Vaculik, Alexander Kliment, Jiri Kolar, Vaclav Havel, Jaroslav Seifert, Zdenek Urbanek, Pavel Kohout, Vladimir Kadlec, Jiri Lederer, Ladislav Hejdanek, Erika Kadlecova u. a.[156]

Erstmals war mit der »Charta 77« eine breite Plattform entstanden, auf der sich verschiedene Gruppen und Tendenzen der tschechoslowakischen Opposition zu einem gemeinsamen Ziel vereinigen konnten: zur Verteidigung der Bürgerrechte und Freiheiten, die durch internationale Konventionen, darunter auch die Schlußakte von Helsinki, sowie durch die ČSSR-Verfassung und tschechoslowakische Gesetze garantiert waren.

Aber bereits wenige Tage später wurden Bürger unterwegs festgenommen, als sie den höchsten Staatsorganen der Tschechoslowakei das Dokument mit den authentischen Unterschriften persönlich übergeben wollten. Das Dokoment wurde konfisziert und eine riesige Kampagne gegen die »Charta 77« eingeleitet. Zahlreiche Unterzeichner der Charta wurden polizeilich vorgeführt, es begannen Hausdurchsuchungen, einige bekannte Unterzeichner, darunter auch der Schriftsteller Vaclav Havel, wurden verhaftet. Dozenten entließ man ausschließlich deshalb, weil sie die »Charta 77« unterschrieben hatten.

Die Unterdrückungsmaßnahmen der tschechoslowakischen Behörden stießen auf den ungewöhnlich starken Protest der europäischen kommunistischen Parteien, wie er seit der Okkupation der Tschechoslowakei am 21. August 1968 nicht mehr zu verzeichnen gewesen war. Die italienischen und spanischen

Kommunisten protestierten sogar wiederholt. Zu den Parteien, die protestierten, gehörten weiter die belgische KP, die britische KP, die KP Griechenlands (Inlandsrichtung), die schwedische KP, die Schweizer Kommunisten (Partei der Arbeit) und schließlich sogar die KP Dänemarks, die sonst einen prosowjetischen Kurs steuerte. Alle diese Parteien drückten ihre tiefe Beunruhigung über die polizeilichen Einschüchterungsmaßnahmen aus und verwahrten sich dagegen, daß man die »Charta 77« als subversiv betrachte, da sie lediglich die im Helsinki-Abkommen garantierten Menschenrechte fordere. Den Unterzeichnern der »Charta 77« wurde Solidarität bekundet und der Regierung der ČSSR eine antisozialistische Haltung vorgeworfen.[157]
Interessant war auch die Solidarität in umgekehrter Richtung, von den Anhängern der »Charta 77« zu den Eurokommunisten. Wiederholt wandten sich bedrängte Reformer aus der Tschechoslowakei an die Eurokommunisten im Westen, darunter der ehemalige Sekretär des ZK der KPČ während des »Prager Frühlings«, Zdenek Mlynar (ebenfalls Unterzeichner der »Charta 77«), und 17 ehemalige Mitglieder des ZK der KPČ. Sie baten um Solidarität gegenüber den Unterdrückungsmaßnahmen der Prager Behörden und regten eine Intervention bei der tschechoslowakischen Führung an, damit diese in Übereinstimmung mit dem Geist der Konferenz von Ost-Berlin handeln möge. Zu den Unterzeichnern dieses Briefes an die eurokommunistischen Parteien gehörten der ehemalige Außenminister Jiri Hajek, die früheren Mitglieder des Sekretariats des Zentralkomitees Zdenek Mlynar, Vaclav Slavek, Bohumil Simon, Josef Spaček sowie das ehemalige Mitglied des Parteipräsidiums und der Präsident der Nationalen Front der Tschechoslowakei František Kriegel.[158]
Die italienische KP veröffentlichte den Appell und schrieb dazu, die Kampagne gegen die Unterzeichner in der Tschechoslowakei diskreditiere den Sozialismus nicht nur in diesem Lande, sondern in ganz Europa, es handle sich um ein Problem, das die gesamte kommunistische Bewegung betreffe.
Als Zdenek Mlynar schließlich die Ausreisegenehmigung aus der ČSSR erhielt, dankte er bei seiner Ankunft in Rom der italienischen KP, weil diese darauf bestehe, daß die tschechoslowakische Frage nicht von der Tagesordnung gestrichen werde.[159]
Auch die Entwicklung der Bürgerrechtsbewegung in Polen

wurde von den Eurokommunisten moralisch unterstützt. Die Ausarbeitung und Veröffentlichung einer neuen polnischen Verfassung, in der die führende Rolle der Partei und die engen Bindungen an die Sowjetunion unmißverständlich formuliert worden waren, führten Ende Dezember 1975 zu einem offenen Brief 59 führender polnischer Intellektueller, die sich auf die Helsinki-Deklaration beriefen und für eine Wiederherstellung der demokratischen Freiheiten in Polen eintraten. In den anschließenden Kontroversen kam es zu offenen Briefen des bekannten marxistischen Wirtschaftswissenschaftlers Eduard Lipinski und des ehemaligen Unterrichtsministers Wladislaw Bienkowski. Die erheblichen Preiserhöhungen für Lebensmittel im Juni 1976 führten zu Unruhen unter der Bevölkerung und Streiks der Arbeiter. Obwohl die Preiserhöhungen zurückgenommen wurden, kam es schon bald zu Verhaftungen streikender Arbeiter und drastischen Verurteilungen. Protestbriefe gegen das Vorgehen der Polizei und der Gerichte wurden von Hunderten von Arbeitern unterzeichnet. Bald darauf wurde ein »Komitee zur Verteidigung der Arbeiter« (KOR) gegründet, dem führende Intellektuelle, darunter der bekannte polnische Schriftsteller Jerzy Andrzejewski, der Nationalökonom Eduard Lipinski und der kritisch-marxistische Historiker Jacek Kuron, angehörten. Dieses Komitee stellte den ersten bedeutsamen Versuch in Polen dar, eine Brücke zwischen Intellektuellen und Arbeitern zu schlagen. Die Bewegung erhielt, wenn auch in etwas geringerem Maße, ebenfalls eine moralisch-politische Unterstützung durch die Eurokommunisten im Westen.

Das Madrider Gipfeltreffen der Eurokommunisten (März 1977)

Für die weitere Entwicklung des Eurokommunismus war schließlich das Treffen in Madrid zwischen Santiago Carrillo, Enrico Berlinguer und Georges Marchais von großer Bedeutung. Die Einladung dazu kam von Santiago Carrillo. Nach Abschluß des Dreiergesprächs wurden in einer gemeinsamen Erklärung die baldige Legalisierung der KP Spaniens, die Durchführung freier Wahlen und die Freilassung aller politischen Gefangenen als entscheidende Maßnahme »für die Entwicklung

Spaniens zur Demokratie« gefordert.
Die italienischen, französischen und spanischen Kommunisten bekräftigten die Notwendigkeit einer breiten Zusammenarbeit politischer und sozialer Kräfte für tiefgreifende demokratische Reformen. Außerdem sprachen sich die drei Parteien für ein pluralistisches Sozialismusmodell aus, wobei die nachfolgenden Sätze beim Nachdruck der Erklärung in der »Prawda« und in anderen Zeitungen der Ostblockstaaten weggelassen wurden: »Die Kommunisten Spaniens, Frankreichs und Italiens wollen für den Aufbau einer neuen Gesellschaft in der Pluralität der politischen und gesellschaftlichen Kräfte, in der Achtung, Gewährleistung und Entwicklung aller kollektiven und persönlichen Freiheiten wirken: die Gedanken- und Redefreiheit, die Presse- und Versammlungsfreiheit, die Freiheit, Vereinigungen beizutreten, die Demonstrationsfreiheit, die Bewegungsfreiheit der Menschen in ihrem eigenen Land und im Ausland, die Unabhängigkeit der Gewerkschaften und das Streikrecht, die Unverletzbarkeit des Privatlebens, die Respektierung des allgemeinen Wahlrechts und der Möglichkeit des demokratischen Wechsels der Mehrheiten, die religiösen und kulturellen Freiheiten und die Freiheit der verschiedenen Strömungen und Meinungen auf philosophischer, kultureller und künstlerischer Ebene. Von diesem Willen, den Sozialismus in Demokratie und Freiheit zu verwirklichen, sind die Konzeptionen durchdrungen, die von den drei Parteien jeweils in völliger Unabhängigkeit erarbeitet wurden.«
Abschließend wiesen die drei Parteien auf die Bedeutung eines freien Spaniens für Europa hin. Zur Entwicklung der Demokratie und des Fortschritts sei es notwendig, einen Dialog und eine Übereinstimmung und Verständigung zwischen Kommunisten, Sozialisten und christlichen Kräften zu schaffen.[160]
Das eurokommunistische Gipfeltreffen in Madrid hatte einen solchen Widerhall in der Weltöffentlichkeit, daß sich die prosowjetischen Staatsparteien zu Gegenmaßnahmen entschlossen. Nach einem Treffen höherer Funktionäre der prosowjetischen Parteien in Sofia fand anschließend Ende April 1977 eine Art »Gegenkonferenz« in Prag statt. Eine gewöhnliche Redaktionskonferenz der prosowjetischen internationalen Zeitschrift »Probleme des Friedens und des Sozialismus« wurde unerwartet von

sowjetischer Seite hochgespielt. Die prosowjetischen Parteien schickten ihre erste Garnitur, Politbüromitglieder und ZK-Sekretäre, und am 9. Mai 1977 berichtete die »Prawda« in einem dreispaltigen Artikel von einem »wichtigen politischen Treffen der Kommunisten«.
Alles, was bei der gesamteuropäischen Konferenz in Berlin nicht zu erreichen war, wurde hier nun von den prosowjetischen Rednern unterstrichen: der proletarische Internationalismus, die Ablehnung der Kampagne für die Menschenrechte, die Warnung vor »rechten Revisionisten«, die Betonung des »realen Sozialismus« und die Ablehnung aller Eigenständigkeiten.
Die Eurokommunisten reagierten rechtzeitig. Die Kommunisten Italiens, Frankreichs, Spaniens und anderer Länder teilten mit, es handle sich lediglich um eine Redaktionskonferenz, auf der die periodisch übliche Überprüfung der Arbeit an der Zeitschrift und künftige Themen in der Zeitschrift behandelt werden sollten. Die Absicht, dabei Fragen aufzurollen, die nicht mit der Zeitschrift in Zusammenhang stehen, müsse man zurückweisen.[161] Auf der Konferenz selbst bemängelten die Vertreter der italienischen KP und andere Eurokommunisten, daß die Zeitschrift das Thema des Eurokommunismus unsachlich behandelt habe. Die Zeitschrift, so forderten die italienischen Kommunisten, müsse »ein Organ der objektiven Information über Politik und Auffassung einer jeden Partei sein«.[162]

Moskaus Polemik gegen Carrillos Buch »Eurokommunismus und Staat«

Während des Madrider Gipfeltreffens der Eurokommunisten und der Gegenkonferenz der prosowjetischen Richtung in Prag wurde im April 1977 das Buch von Santiago Carrillo »Eurokommunismus und Staat« in Spanien veröffentlicht. Kurz darauf wurde das Buch zunächst von der jugoslawischen Zeitung »Vjesnik« ausführlich besprochen. Eine deutsche und italienische Übersetzung des Buches folgten – die italienische erschien im Parteiverlag der KP Italiens.
Carrillos Buch stellt den Versuch dar, eine den gegenwärtigen Bedingungen in den industrialisierten Ländern entsprechende

marxistische Staatstheorie zu entwickeln. Nach einer interessanten Analyse über die Rolle der Staatsapparate in den westlichen Industriestaaten weist Carrillo nach, warum die Leninschen Thesen von 1917 für die entwickelten kapitalistischen Länder Westeuropas nicht mehr anwendbar seien. In seinen Büchern »Staat und Revolution« (1917) und »Die proletarische Revolution und der Renegat Kautsky« (1918) habe Lenin die Bedeutung der Demokratie unterschätzt und die Diktatur des Proletariats apodiktisch als einzige Übergangsform zur neuen Gesellschaft dargestellt. Nach den schmerzlichen Erfahrungen mit dem Faschismus und dem Stalinismus müsse man die Bedeutung der Demokratie anders sehen, und zwar als entscheidende Komponente nicht nur auf dem Weg zum Sozialismus, sondern als grundlegenden Bestandteil einer sozialistischen Gesellschaft.
In der sowjetischen Entwicklung mußte aufgrund der ökonomischen Rückständigkeit die Industrialisierung in kürzester Frist nachgeholt werden. Dies habe zu einer Entstehung der Bürokratie geführt, die eigenständige Interessen entwickle und schließlich auf den verschiedensten Ebenen über eine maßlose und nahezu unkontrollierte politische Macht verfüge. Der gegenwärtige Staatstypus der UdSSR sei zwar nicht kapitalistisch, es handle sich aber auch nicht um eine Arbeiterdemokratie im Sinne Lenins. Diese Staatsstruktur sei bereits zu einem Hindernis für die weitere Entwicklung des Sozialismus geworden, und es komme nun darauf an, diesen Staatstypus durch eine ernsthafte und tiefgreifende Umgestaltung zu einer wirklichen Arbeiterdemokratie zu machen.[163]
Die bedeutende theoretische Arbeit Carrillos hätte jedoch kaum ein solches Interesse gefunden, wenn nicht unerwartet im Juni 1977 die sowjetische Zeitschrift »Neue Zeit« einen massiven Angriff gegen den Generalsekretär der KP Spaniens veröffentlicht hätte. Keine einzige der in Carrillos Buch aufgeworfenen Fragen kam in diesem langatmigen Angriff zur Sprache, statt dessen warnte die sowjetische Zeitschrift vor raffinierten und hinterlistigen Aktionen der Feinde, die »einen Keil« treiben, um »die kommunistische Bewegung zu spalten und zu zersetzen«. Der Begriff »Eurokommunismus« sei falsch, weil es nur »einen einzigen Kommunismus« gebe. Dieser Begriff diene nur dazu, den realen Sozialismus und die Sowjetunion zu verunglimpfen.

Carrillo wurde vorgeworfen, er unterstütze den Beitritt Spaniens zur NATO, »zu dem aggressiven Block, dessen Hauptziel es ist, den Krieg gegen die UdSSR und die anderen sozialistischen Länder vorzubereiten«. (Carrillo hatte sich in seinem Buch *nicht* für den NATO-Beitritt ausgesprochen.) Sein Buch diene dem Ziel einer Spaltung des Kommunismus, bei der »die westeuropäische kommunistische Bewegung einen zweifelhaften dritten oder mittleren Weg irgendwo zwischen Kapitalismus und Sozialismus gehen soll«. Carrillos Befürwortung einer Demokratisierung des Sowjetsystems wurde von der »Neuen Zeit« als der Versuch einer »Schwächung der Sowjetunion« und Einmischung in die inneren Angelegenheiten einer anderen Partei charakterisiert. Sein Eintreten für den Eurokommunismus liege »ausschließlich im Interesse des Imperialismus, der aggressiven und reaktionären Kräfte«.[164]

Der Ende Juni erfolgte Angriff der »Neuen Zeit« auf Carrillo hatte also nichts mit dessen Buch zu tun, sein Ziel war vielmehr, den Generalsekretär zu diskreditieren. Kurz zuvor waren in Spanien die ersten freien Wahlen nach dem Bürgerkrieg abgehalten worden, bei denen die KP Spaniens nur 9,4 Prozent der Stimmen erhielt. Aus der Sowjetunion war Dolores Ibarruri in die Heimat zurückgekehrt. Die sowjetische Führung glaubte offensichtlich, daß nach dem relativ geringen Wahlerfolg der KP Spaniens Unzufriedenheit mit der Parteiführung bestünde und es vielleicht gelingen könnte, Carrillo abzulösen und so die spanische KP wieder mehr in eine prosowjetische Richtung zu lenken. Nach der sowjetischen Pressepolemik gegen Carrillo brach ein Proteststurm unter den europäischen Kommunisten los. Die spanische KP wies sofort darauf hin, daß Carrillos Buch dabei nur als Vorwand diene, der Angriff richte sich in Wirklichkeit gegen die gesamte KP Spaniens und deren grundsätzliches Konzept von einem demokratischen Weg zum Sozialismus. Es sei jetzt an der Zeit, damit aufzuhören, eine wissenschaftliche Analyse auftretender Probleme durch den Bannfluch und die Exkommunizierung zu ersetzen.[165]

Die Hoffnung der Sowjetführung auf eine Spaltung der KP Spaniens erfüllte sich nicht. Von einem erweiterten Plenum des ZK der KP Spaniens, bestehend aus 130 ZK-Mitgliedern und 180 weiteren Funktionären, wurde die scharfe Antwort der KP Spa-

niens an Moskau mit nur einer Gegenstimme angenommen und nicht nur von Carrillo, sondern auch von Dolores Ibarruri und einer Reihe von Funktionären unterzeichnet, die früher als Offiziere in der sowjetischen Armee gedient hatten und teilweise während des Zweiten Weltkrieges für die Sowjetunion hinter der deutschen Front tätig gewesen waren.[166] Die gesamte Weltpresse griff nun diese Polemik auf, und Carrillo benutzte die Möglichkeit, in Presse-Interviews seinen Standpunkt noch deutlicher zu machen. Dabei verneinte er noch einmal den Eintritt Spaniens in die NATO und präzisierte: »Ich habe immer gesagt, daß Spanien nicht der NATO beitreten soll, und mein Buch zeigt sehr deutlich, was ich von dieser Organisation halte. Was wir gesagt haben, ist, daß wir nicht gegen das Weiterbestehen der amerikanischen Stützpunkte in Spanien sind.« In Madrid erklärte Carrillo vor Journalisten, er möchte Moskau eine offene Debatte über die Thesen seines Buches und die Probleme des Sozialismus anbieten. Eines der Themen dieser Debatte könnte sein, endlich einmal eine genaue Definition über den Staat, den die Sowjetunion heute darstellt, zu erarbeiten.[167]
Alle eurokommunistischen Parteien unterstützten die Position der KP Spaniens. Viele kommunistische Parteien – die KP Italiens, der Bund der Kommunisten Jugoslawiens, die KP Belgiens, die Schweizer Partei der Arbeit und auch der rumänische KP-Führer Ceauşescu – wiesen die sowjetischen Anschuldigungen zurück. Die Sowjetunion habe versucht, statt einer sachlichen Diskussion die spanischen Kommunisten wegen revisionistischer Sünden anzuklagen. Verschiedene Eurokommunisten erhoben den Vorwurf, der gegen Carrillo gezielte Angriff richte sich in Wirklichkeit gegen alle eurokommunistischen Parteien.[168]
Wenige Tage nach dem Angriff der »Neuen Zeit« besuchte eine italienische Delegation mit Pajetta die Sowjetführung in Moskau. Nach deren Rückkehr erklärte Pajetta, die Gespräche in Moskau seien nützlich und offen gewesen, es gebe in einigen Fragen weiterhin Meinungsverschiedenheiten, und man habe auch die von Moskau abweichende Meinung über die Polemik der »Neuen Zeit« gegen Carrillo zum Ausdruck gebracht.[169] Die KP Frankreichs verlautete dazu, man könne über einige Artikel von Carrillo ohne weiteres anderer Meinung sein und sie kritisie-

ren, man dürfe jedoch nicht zu Bannflüchen und Beleidigungen Zuflucht nehmen. Auf solche Weise könne man die notwendige Diskussion in der kommunistischen Weltbewegung nicht fördern.[170] Besonders interessant aber war die Erklärung einer jugoslawischen Zeitschrift, die die Angriffe der »Neuen Zeit« gegen Carrillo mit den früheren Angriffen Stalins gegen Jugoslawien im Frühjahr 1948 verglich:
»Wiederholt sich wirklich die unrühmliche Geschichte? . . . Anstelle des vertraulichen Briefwechsels von 1948 ist jetzt ein redaktioneller Leitartikel getreten . . . Anstelle einer offiziellen Sitzung einer Parteigruppe (Kommunistisches Informationsbüro 1948) folgen die rechtgläubigen Parteien einzeln mit Erklärungen . . . Allerdings: Alles läuft nicht so, wie man es erwartet hat . . . Die KP Spaniens ist nicht mehr allein, so wie es seinerzeit die jugoslawische Partei war. Und auch der Widerstand ist viel breiter und vernehmlicher. Es gibt keinen Stalin, keine Möglichkeit einer Blockade und des militärischen Drucks, und schließlich ist bei der Staatengemeinschaft nicht mehr alles so einmütig wie ehedem. Bisher haben nur drei Parteien ihre ausdrückliche Gefolgschaft bekundet, die KP der Tschechoslowakei und die KP Bulgariens, während die dritte, die SED, sich auf die Wiedergabe des Moskauer Standpunkts ohne eigenen Kommentar beschränkte. Man kann nicht von einer Auseinandersetzung Moskau/Madrid sprechen. Im Westen ist es ein Kampf zwischen zwei verschiedenen Standpunkten und Auffassungen über die Beziehungen zwischen den Parteien und die Zukunft der kommunistischen Bewegung – ein Kampf, demgegenüber niemand gleichgültig sein darf.«[171]

Die Entwicklung des Eurokommunismus seit Herbst 1977

Das Interesse der Öffentlichkeit an der Entwicklung des Eurokommunismus ist seit Herbst 1977 zurückgegangen. Die Erwartungen – oder Befürchtungen –, die Eurokommunisten könnten schon bald in westeuropäische Regierungen eintreten, hatten sich nicht erfüllt.
Bei den entscheidenden Parlamentswahlen im März 1978 in Frankreich konnte die »Union der Linken«, bereits vorher durch

die Angriffe der KP Frankreichs gegen die Sozialisten geschwächt, ihr Ziel nicht erreichen. Die KP Italiens, deren Regierungseintritt vielfach erwartet wurde, mußte bei einigen Nachwahlen und Kommunalwahlen, vor allem aber den Parlamentswahlen am 3. Juni 1979, beträchtliche Rückschläge hinnehmen. Die KP Spaniens konnte zwar ihre Positionen 1978–1979 etwas ausbauen, blieb aber ebenfalls von einem Regierungseintritt noch weit entfernt. Vom tagespolitisch-aktuellen Standpunkt aus schien der Eurokommunismus für viele nun »nicht mehr interessant«, und manche Kommentatoren sprachen sogar etwas voreilig vom »Ende des Eurokommunismus«.

Für die Einschätzung des Eurokommunismus als einen langfristigen Entwicklungsprozeß aber, wie es in diesem Buch versucht wird, sollten temporäre Rückschläge bei Wahlen nicht überbewertet werden. Gerade in den letzten beiden Jahren, von Herbst 1977 bis Herbst 1979, vollzogen sich im Eurokommunismus wichtige und auch für die Zukunft bedeutsame Entwicklungen, vor allem a) in einer deutlicheren Solidarisierung mit den Opfern administrativer Unterdrückungsmaßnahmen im Osten, b) in der Loslösung der von den Eurokommunisten geleiteten Gewerkschaften vom östlich geführten Weltgewerkschaftsbund, c) in der ersten Distanzierung von der sowjetischen Afrika-Politik und, vor allem, d) in der Vertiefung der weltanschaulich-geistigen Selbständigkeit des Eurokommunismus.

Die bereits traditionelle Solidarität der Eurokommunisten mit den Repräsentanten und Vorkämpfern des »Prager Frühlings« hat sich in den letzten beiden Jahren beträchtlich verstärkt. Dazu gehören zunächst der demonstrative Empfang der (sich im Westen befindlichen) Repräsentanten des »Prager Frühlings« Zdenek Mlynar und Jiri Pelikan durch die spanische KP-Führung[172] und die Solidaritätsbekundungen der KP Italiens zum 10. Jahrestag des »Prager Frühlings« – sowohl in Zeitungen und Zeitschriften als auch auf einer dreitägigen Konferenz des Gramsci-Instituts, wobei die Bedeutung des »Prager Frühlings« als Modell eines fortschrittlichen Sozialismus in Europa herausgestellt wurde.[173]

Im August 1978, anläßlich des 10. Jahrestages der Okkupation der Tschechoslowakei, veröffentlichten die eurokommunistischen Parteien grundsätzliche Erklärungen, in denen sie ihre

Ablehnung der Okkupation noch einmal bekräftigten, verbunden mit den Forderungen nach einem Rückzug der sowjetischen Truppen aus der Tschechoslowakei[174] und der Rehabilitierung und Amnestierung aller unrechtmäßig verhafteten tschechoslowakischen Anhänger des »Prager Frühlings«.[175] Die KP Spaniens unterstrich dabei den »grundlegenden Zusammenhang« zwischen den Zielen des »Prager Frühlings« von 1968 und »der Zielsetzung eines Sozialismus in Freiheit, der Eurokommunismus genannt wird«.[176]

Die Unterdrückungsmaßnahmen in anderen Ostblockstaaten, darunter vor allem in der Sowjetunion und der DDR, stießen 1978 und 1979 ebenfalls auf deutliche Ablehnung der Eurokommunisten. Die KP Frankreichs protestierte mehrfach gegen die Zwangsausbürgerung des berühmten sowjetischen Cellisten Mstislav Rostropowitsch und der Künstlerin Galina Wischnjewskaja.[177] Santiago Carrillo, der Generalsekretär der KP Spaniens, wandte sich in einer westdeutschen Fernsehsendung gegen die im November 1978 erfolgte Verhaftung Rudolf Bahros.[178] Die Verurteilung des sowjetischen Bürgerrechtskämpfers Prof. Jurij Orlow zu 12 Jahren Haft im Mai 1978 wurde als »ein Hohn auf die Gerechtigkeit« bezeichnet und die Repressalien gegen Prof. Orlow von italienischen, spanischen und französischen Kommunisten scharf kritisiert.[179]

Auch die verschärften Maßnahmen des DDR-Regimes gegen Prof. Robert Havemann stießen auf deutliche Kritik der Eurokommunisten. Eine Reihe bekannter spanischer Rechtsanwälte, zumeist Mitglieder der KP Spaniens (darunter auch ein Mitglied des Zentralkomitees), boten sich den DDR-Behörden als Verteidiger von Prof. Robert Havemann an.[180] Mehrere wichtige Erklärungen Robert Havemanns wurden von der KP Italiens mit zustimmender Würdigung veröffentlicht[181], darunter auch Havemanns Thesen zum 30. Jahrestag der DDR, in denen er darauf hinwies, die Unterdrückung der Freiheitsbesträbungen sei die Hauptursachen der wachsenden Unsicherheit in der DDR; es sei die Aufgabe, endlich damit zu beginnen, »in der DDR den Sozialismus zu errichten, von dem unsere eurokommunistischen Genossen träumen«.[182] Über die Proteste in Einzelfällen hinaus begann innerhalb des Eurokommunismus eine Diskussion über die Frage, ob man in der Einstellung zu oppositionellen Reform-

kräften im Osten nicht weiter gehen sollte. So begrüßte Prof. Lucio Lombardo-Radice, Mitglied des Zentralkomitees der KPI, die Tatsache, daß der KPI-Verlag Editori Riuniti die Bücher der im Osten verfemten marxistischen Autoren Roy Medwedjew und Jiri Hajek herausgegeben habe, Aufsätze von Robert Havemann in der KPI-Zeitschrift »Studi Istorici« erschienen und das Parteiorgan »Unità« wiederholt Erklärungen oppositioneller Kräfte, darunter auch der »Charta 77«, veröffentlicht habe. Man müsse jedoch die Frage aufwerfen, fügte Lucio Lombardo-Radice hinzu, ob nicht auch Exponenten der sozialistischen Opposition der Ost-Länder regelmäßig zu Symposien und Seminaren der KPI eingeladen werden sollten. Auch müsse überlegt werden, ob die KPI nach wie vor mit solchen kommunistischen Parteien, wie z. B. Österreichs und der Bundesrepublik Deutschland, Beziehungen aufrechterhalten soll, die den Eurokommunismus leidenschaftlich bekämpfen, oder ob es nicht besser wäre, die Verbindungen mit anderen linken Kräften dieser Länder zu verstärken, vor allem mit jenen, die »einen Sozialismus in Freiheit anstreben«. Auch müsse, zumindest langfristig, über die Beziehungen zur sozialistischen Opposition in den Oststaaten, bei all ihrer Problematik, nachgedacht werden.[183]
Noch deutlicher wurden diese Gedanken Anfang 1979 von Manuel Azcárate ausgesprochen. Er ging davon aus, daß es in der marxistischen Kritik keine taktischen Rücksichten geben dürfe. Neben einer gründlichen Analyse der kapitalistischen Länder sei es »aus politischen und kulturellen Gründen notwendig, die in der UdSSR vorkommenden Repressionsakte anzuklagen«. Die zunehmende Unterdrückung der Dissidenten in den Oststaaten deute auf »wachsenden Widerstand gegen den Mangel an Freiheiten hin«. Dies verlange von den Eurokommunisten eine klare Solidarisierung mit den Dissidenten in den Ostblockstaaten. Wörtlich erklärte Azcárate:
»Kommunistische Parteien, die für einen Sozialismus in Freiheit eintreten, müssen klare Positionen der Solidarität zu den Dissidenten beziehen (ob sie nun mit deren Ideen einverstanden sind oder nicht) und die von der Sowjetregierung gegen sie ergriffenen Repressalien verurteilen. Wenn dieses repressive Vorgehen andauert oder sich verschärft, wird der Gegensatz zwischen der

KPdSU und den anderen kommunistischen Parteien immer größer werden. Darum müssen die Kommunisten zweideutige Haltungen vermeiden. Wir können die Nichtachtung der Menschenrechte seitens der Imperialisten verurteilen, aber das erfordert, daß wir auch die in der UdSSR und den anderen sozialistischen Ländern begangenen Freiheitsverletzungen anprangern.«[184]

Die zunehmende Verselbständigung der Eurokommunisten führte seit 1978 auch zur Trennung einiger westeuropäischer kommunistischer Gewerkschaften von dem prosowjetischen »Weltgewerkschaftsbund«. Auf einer Ende Oktober 1977 in Budapest tagenden Sitzung der Führungsgremien des Weltgewerkschaftsbundes traten die Differenzen besonders kraß hervor. Lucio Lama, der Vorsitzende des kommunistischen italienischen Gewerkschaftsbundes CGIL erklärte, seine Organisation könne die vorgelegten Dokumente nicht gutheißen; die Analyse sei oberflächlich, zeichne sich durch eine verfälschende Schwarzweißmalerei aus und beschönige die sozialen Zustände in den Ostblockstaaten. Die Glaubwürdigkeit der Verlautbarungen des Weltgewerkschaftsbundes sei in den westlichen Industrieländern wegen ihrer Einseitigkeit bereits schwer erschüttert. Im März 1978 trat dann, nach 33jähriger Mitgliedschaft, der italienische kommunistische Gewerkschaftsbund CGIL mit seinen 4,3 Millionen Mitgliedern aus dem prosowjetischen »Weltgewerkschaftsbund« aus.

Der französische kommunistische Gewerkschaftsbund CGT nahm zwar noch am 9. Weltkongreß in Prag (16.–23. April 1978) teil, übte jedoch dort scharfe Kritik an der Einseitigkeit der Politik des Weltgewerkschaftsbundes und erklärte, die französischen Gewerkschaftler seien nicht mehr bereit, in der Führung dieser Organisation vertreten zu sein. Die CGT protestierte auch gegen die Unterdrückung und Diskriminierung der Arbeiter in den Ostblockstaaten, in denen es kein Streikrecht gibt, und erklärte ihre Solidarität mit den illegalen »freien Arbeitergewerkschaften« in der Sowjetunion.

Auch die von der KP Spaniens geleiteten Gewerkschaften »Comisiones Obreras« kritisierten die Gewerkschaften der Ostblockstaaten; sie sollten nicht nur Kritik am Westen üben, sondern auch Selbstkritik, vor allem dazu beitragen, die Widersprüche zu überwinden, die in den Ländern des »realen Sozialismus« in Erscheinung treten. Die Comisiones Obreras erklärten, sie hätten nicht die Absicht, dem Weltgewerkschaftsbund beizutreten; sie bewarben sich im Herbst 1979 zur Mitgliedschaft beim Internationalen Bund Freier Gewerkschaften (IBFG), wurden jedoch bisher noch nicht als Mitglied aufgenommen.

Im Bereich der Außenpolitik griffen die eigenständigen Akzente der Eurokommunisten auf Afrika über. Die Sowjetunion und alle Ostblockstaaten unterstützen das prosowjetische diktatorische Regime in Äthiopien und die von diesem Regime geführte (von Kuba unterstützte) militärische Offensive gegen die Befreiungsbewegung in Eritrea. Dies wurde wiederholt scharf von der KP Italiens sowie einmal auch von der KP Frankreichs kritisiert. Die KP Italiens gab in den Jahren 1977 bis Ende 1979 wiederholt ihre Solidarität mit der Volksfront für die Befreiung Eritreas (FPLE) bekannt und berichtete mit deutlicher Zustimmung über die Pressekonferenz der »Volksfront für die Befreiung Eritreas« in Rom, auf der die sowjetische Unterstützung Äthiopiens kritisiert wurde.[185] Der Kampf des eritreischen Volkes gegen die äthiopischen Streitkräfte, erklärte die KPI, sei »ein gerechter Kampf«, die KPI befürworte eine politische Lösung, die auf der Selbstverwaltung der Bevölkerung von Eritrea beruhen müsse.[186] Giancarlo Pajetta, Mitglied der KPI-Führung, bekräftigte noch einmal Ende 1978 die Solidarität der italienischen Kommunisten »mit den Volkskräften Eritreas, die uns in all diesen Jahren an ihrer Seite gefunden haben«, und forderte die Anerkennung der nationalen Rechte der Bevölkerung Eritreas.[187]

Im Rahmen der außenpolitischen Verselbständigung muß noch auf die zunehmenden Beziehungen der Eurokommunisten mit der Volksrepublik China hingewiesen werden. Die Führung der KP Chinas begann seit 1978, ihre bis dahin meist negative Haltung gegenüber den Eurokommunisten zu verändern und auf jegliche Polemik und kritische Bemerkungen zu verzichten. Die Beziehungen zwischen den Eurokommunisten und China wurden durch Besuche prominenter Vertreter der KP Spaniens und der KP Italiens intensiviert. Die Botschaft der KP Italiens zum 30. Jahrestag der Gründung der chinesischen Volksrepublik im Oktober 1979 enthielt die Erklärung, daß der Sieg der chinesischen Revolution »das größte Ereignis von weltweiter Bedeutung nach der Oktoberrevolution« gewesen sei. Die italienischen Kommunisten brachten ihren Wunsch zum Ausdruck, daß die Konsolidierung der Errungenschaften in China und die Modernisierung von Erfolg gekrönt werde.[188] Es fiel auf, daß erstmalig in China die Grüße der Eurokommunisten nicht mehr wie früher verschwiegen, sondern offiziell bekanntgegeben wurden – erste Anzeichen dafür, daß in einer weiteren Entwicklung auch die Aufnahme von Parteibeziehungen zwischen China und den Eurokommunisten möglich werden könnte.

Die zunehmende geistig-weltanschauliche Verselbständigung (1977–1979)

Weit über die aktuell-politischen Fragen hinaus erscheint vor allem die zunehmende geistig-weltanschauliche Verselbständigung des Eurokommunismus in jüngster Zeit von besonderer Bedeutung; sie drückt sich darin aus, daß nicht nur aktuelle Unterdrückungsmaßnahmen des Ostblocks, sondern die gesamte Geschichte der Sowjetunion einer kritischen Neubetrachtung unterzogen wird (einschließlich der Rolle Bucharins und Trotzkis und des Hitler-Stalin-Pakts) sowie ideologisch mit einer kritischen Neubetrachtung des Leninismus und teilweise sogar der marxistischen Grundlagen selbst begonnen wurde.

Besonders ausführlich und tiefgründig wurde die kritische Neubetrachtung des Leninismus von Manuel Azcárate im Frühjahr 1978 zum Ausdruck gebracht. Der von der sowjetischen KP geprägte Begriff »Marxismus-Leninismus« habe, nach Azcárate, »zu einer völligen Degeneration des Marxismus als Theorie geführt«, mit dem Ziel, das Feld des Marxismus »einzugrenzen«. Politisch diente der sowjetische »Marxismus-Leninismus« der »Verabsolutierung des sowjetischen Modells«. In der weiteren Entwicklung wurde daraus »ein Instrument der Hegemonie der KPdSU, nicht nur zum Zweck, das sowjetische Modell, sondern auch die Interessen des sowjetischen Staates in der kommunistischen Bewegung durchzusetzen«. Es komme nunmehr darauf an, zwischen der historischen Rolle des Marxismus und des Leninismus zu unterscheiden. Beim ursprünglichen Marxismus handle es sich um eine »Methode zur Analyse der historischen Realität und ihrer Veränderung«, während der Leninismus eine schöpferische Anwendung unter bestimmten begrenzten geographischen Bedingungen darstelle, die vielfach zu einer »Einengung« ursprünglicher marxistischer Gedanken geführt habe. So war für Marx und Engels die sozialistische Revolution eine tiefgreifende gesellschaftliche Umwälzung, während Lenin dies auf die Zerstörung des bürgerlichen Staates verengte und verabsolutierte.

Viele Einschätzungen und Thesen Lenins haben sich inzwischen überlebt, darunter seine Thesen über den imperialistischen Krieg und den Bürgerkrieg, die Leninsche Bündnispolitik, Lenins Einschätzung des Staates sowie vor allem Lenins Konzeption über die Partei. Lenins Parteidoktrin sei »durch die spezifischen Bedingungen Rußlands« geprägt worden, eines Landes, in dem es keine entwickelte Arbeiterklasse und keine bedeutende kommunistische Intelligenz gegeben habe und die Mehrzahl der Bauern auf einer niedrigen kulturellen Lebensstufe stand. Man könne die Leninsche Parteidoktrin nicht auf eine Situation übertragen, »in der die Partei die Aufgabe hat, in den großen Massenbewegungen entscheidend mitzuwirken«, mit dem Ziel, die Menschen zum entscheidenden Faktor, zum Subjekt der Geschichte zu machen.[189]

Im Rahmen der ideologischen Verselbständigung befürworten die Eurokommunisten auch eine Neueinschätzung der in der Sowjetunion verfemten Revolutionsführer und marxistischen Theoretiker Bucharin und Trotzki. Im November 1968 unterstützte die KP Frankreichs die Bemühungen des Sohnes von Bucharin um die Rehabilitierung seines Vaters. Es sei notwendig, schrieb die KPF, »diesem Akt der Humanität und der Gerechtigkeit zum Durchbruch zu verhelfen«. Die Anklage gegen Bucharin im März 1938 – die angebliche Verschwörung und Hochverrat – war, was heute rein bewiesen ist, eindeutig falsch; sie diente jedoch vor 40 Jahren dazu, »führende Funktionäre und Hunderttausende andere Kommunisten, die sich gegen die Politik Stalins stellten, auszuschalten und hinzurichten«. Selbst nach dem 20. Parteitag der sowjetischen KP im Februar 1956 sei Bucharin, »immerhin eine der markantesten Persönlich-

keiten«, nicht rehabilitiert worden. Es sei unverständlich, erklärte die KPF, daß in der Sowjetunion auch heute noch »die Rehabilitierung Bucharins als moralische Wiedergutmachung verweigert wird«.[190]
Auch andere Ereignisse der Stalinschen Herrschaft wurden nun von den Eurokommunisten kritisch betrachtet. Zum 40. Jahrestag des Hitler-Stalin-Pakts vom August 1939 vertrat die KP Frankreichs die Auffassung, der Pakt sei nicht unvermeidlich gewesen, und unterstrich die »schweren Folgen für die kommunistische Weltbewegung«. Stalin habe im Namen einer Global-Strategie die kommunistischen Parteien aller Länder gezwungen, »den unmittelbaren Interessen des sowjetischen Staates zu dienen«. Auch die damaligen sowjetischen Thesen zu Beginn des Zweiten Weltkrieges, es handle sich angeblich um einen »imperialistischen Krieg von beiden Seiten«, wurden von der KP Frankreichs nun zurückgewiesen.[191]
Anläßlich des 100. Geburtstages von Leo Trotzki im November 1979 erklärte das Organ der italienischen KP »Unità«, die italienischen Kommunisten hätten ihre Haltung und ihre Ansichten zu Trotzki »grundlegend geändert«. Im Rahmen eines besseren Verständnisses der eigenen Geschichte dürfe auch die Rolle Trotzkis nicht übersehen werden. Stalins Kampagne gegen Trotzki und den Trotzkismus habe in der Sowjetunion »zu massiven Unterdrückungsmaßnahmen gegen die alte bolschewistische Partei geführt«. Die Erklärung Stalins von 1931, Trotzki müsse »zur Vorhut der konterrevolutionären Bourgeoisie« gezählt werden, hatte »verheerende Folgen für die Sowjetunion und die kommunistische Bewegung«. In jenen Jahren galt Trotzki geradezu als »die Personifizierung des Bösen«, und in den 30er Jahren wurde Trotzki, durch eine böswillige Verdrehung der Argumente, geradezu als Verbündeter des Faschismus dargestellt. Diese Konzeption führte in der Sowjetunion zu den Prozessen der 30er Jahre; die Konzeption Stalins wurde »zur offiziellen Ideologie eines monolithischen Staates in einer Gesellschaft, die ebenso monolithisch sein sollte«. In den letzten Jahren seines Lebens habe Trotzki im Exil »die Tradition des alten Bolschewismus gegen die Stalinsche Propaganda« verteidigt. Man könne den Namen Trotzkis, was immer auch seine richtigen und seine falschen Ideen gewesen sein mögen, nie aus der Geschichte des

Kommunismus streichen.[192]
Die geistig-weltanschauliche Neuorientierung des Eurokommunismus erfaßte auch die theoretischen Grundlagen des Marxismus selbst. Neben der bereits erwähnten Ablehnung vieler entscheidender Lehrsätze des Leninismus traten die Eurokommunisten nun auch verstärkt gegen eine Dogmatisierung der Auffassungen von Marx und Engels, des ursprünglichen Marxismus, auf.
Besonders bedeutsam in dieser Hinsicht erscheint das Vorhaben der KP Italiens, eine vierbändige »Geschichte des Marxismus« herauszugeben. Zu den Herausgebern zählen unabhängige Historiker und Theoretiker unterschiedlicher Länder – darunter auch einige, die von ihren eigenen kommunistischen Parteien wegen »Abweichungen« ausgeschlossen worden waren, wie etwa Franz Marek. Nach mehrjährigen Vorarbeiten wurde Ende 1978 der erste Band der »Geschichte des Marxismus« der Öffentlichkeit vorgestellt. Im Vorwort wiesen die Herausgeber darauf hin, es gehe nicht um eine »angeblich einzige und wahre marxistische Interpretation, sondern es sollen vielmehr alle Bewegungen und Persönlichkeiten präsentiert werden, die sich auf Marx berufen und zu seiner sozialistischen Zielsetzung bekennen«. Die unterschiedlichen Auffassungen des Marxismus werden dargestellt, ihre Problematik vorgeführt ohne Anspruch, sie beurteilen oder verurteilen zu wollen. Das Interesse der Öffentlichkeit beim Erscheinen des ersten Bandes war außerordentlich groß. Die Redaktionsmitglieder des vierbändigen Werkes wurden vom Präsidenten der italienischen Republik Pertini empfangen. An der Vorstellung des ersten Bandes, in Anwesenheit des spanischen Kommunisten Azcárate und des französischen marxistischen Historikers Jean Elleinstein, nahmen in Rom 3000 Personen teil. Auch in Genua waren die Säle bei der Vorstellung des ersten Bandes so überfüllt, daß viele Anwesende bis in die Gänge hinaus stehend mit Interesse diesem Ereignis beiwohnten.[193]
Die Ablehnung des Marxismus als ein dogmatisches System, das Bekenntnis zu unterschiedlichen Richtungen und Interpretationsmöglichkeiten, kam auch in den 93 Thesen der KP Italiens zum Ausdruck, die im Dezember 1978 veröffentlicht und auf dem 15. Parteitag der KPI (30. März bis 3. April 1979) nach längeren Diskussionen und einigen Abänderungen angenom-

men wurden. In diesen Thesen wurde beschlossen, die frühere Formel von der Anerkennung des Marxismus-Leninismus zu streichen und das Bekenntnis zu den Gedanken von Marx, Engels und Lenin in folgender Weise neu zu formulieren:
»Wir sehen das Gedankengut von Marx, Engels und Lenin nicht als ein dogmatisches System. Deshalb sind wir schon seit langem der Meinung, daß die Formel ›Marxismus-Leninismus‹ nicht den ganzen Reichtum unseres theoretischen und geistigen Schatzes zum Ausdruck bringt. Das Gedankengut der Begründer des wissenschaftlichen Sozialismus sowie Lenins und anderer Theoretiker und Führer der Arbeiterbewegung – zu denen der besondere Beitrag Gramscis und Togliattis gehört – bildete und bildet für die italienischen Kommunisten Quellen der Orientierung für die Analyse der Situation und für die politische Arbeit, Instrumente der Forschung und der grundlegenden Orientierung, die in der Konfrontierung mit der Wirklichkeit, mit der Erfahrung und mit anderen geistigen Strömungen, nutzbringend angewendet, kritisch überprüft und erneuert werden.«[194]
Bei der weltanschaulich-geistigen Neuorientierung geht es somit nicht nur um eine objektive Betrachtung Trotzkis und Bucharins, eine allgemeine kritische Analyse der Sowjetunion, eine kritische Bewertung Lenins, einschließlich der Überwindung veralteter und sich als falsch herausgestellter Leitsätze, sondern auch um eine Neubetrachtung des wissenschaftlichen Sozialismus von Marx und Engels. Der wissenschaftliche Sozialismus von Marx und Engels wird nicht mehr als sakrosanktes dogmatisches System angesehen, sondern als Quelle der Orientierung für die Analyse der Situation, die in ständiger Auseinandersetzung mit der Wirklichkeit und den Erfahrungen kritisch zu überprüfen und zu erneuern ist. Mit der neuen von der KPI herausgegebenen Geschichte des Marxismus kommen auch andere in der Sowjetunion und im Ostblock verpönte Theoretiker des wissenschaftlichen Sozialismus, die sich durch eigenständige Interpretationen auszeichnen, wieder zur Geltung.
Schon dies zeigt, daß sich hier ein weltanschaulicher Emanzipationsprozeß abzuzeichnen beginnt, der für die weitere Entwicklung des Eurokommunismus von großer Bedeutung sein dürfte.
Allerdings sollte in dieser Frage – wie auch in vielen anderen –

nicht vergessen werden, daß sich die eurokommunistischen Entwicklungen in den unterschiedlichen Ländern auf unterschiedliche Weise in unterschiedlichem Tempo und mit unterschiedlicher Tragweite und Konsequenz vollziehen.

III.

Die eurokommunistischen Parteien: Modelle der Verselbständigung und Neuorientierung

1.

Die KP Italiens – Wandlungsprozeß über zwei Jahrzehnte

Bei der Beurteilung der KP Italiens sind drei Aspekte besonders charakteristisch: Die KPI ist die stärkste Massenpartei außerhalb der kommunistisch regierten Länder; der Prozeß der Loslösung von Moskau und der Neuorientierung im Sinne des heutigen Eurokommunismus erfolgt bereits seit über zwanzig Jahren kontinuierlich und ohne dramatische Veränderungen in der Führung; größere Aufspaltungen wie bei anderen eurokommunistischen Parteien wurden vermieden.

Die KPI von 1945 bis zum Tode Stalins 1953

Die Nachkriegsentwicklung begann für die KPI mit dem Sturz Mussolinis und der Unterzeichnung eines Waffenstillstandes mit den Alliierten durch die Regierung Badoglio Anfang September 1943. Unmittelbar danach nahm die KPI am entstehenden demokratischen Leben im Süden Italiens aktiven Anteil, während sie im Norden des Landes, der noch von Deutschen und Mussolini-Anhängern besetzt war, die entschiedenste Kraft der Widerstandsbewegung darstellte. Die KPI stand damals unter der Führung Palmiro Togliattis, der im Frühjahr 1944 aus Moskau nach Italien zurückgekehrt war.
Togliatti, im März 1893 in Genua geboren, stammte aus dem Bürgertum, war aber von früher Jugend an in der sozialistischen Bewegung tätig. 1920 war er bereits Sekretär der Sozialistischen Partei der Sektion Turin. Nach der Spaltung der italienischen Sozialisten auf dem Kongreß in Livorno im Januar 1921 gehörte

er zu den Mitbegründern der Kommunistischen Partei Italiens. Seit Mai 1922 war Togliatti Mitglied des Zentralkomitees. 1924 besuchte er zum erstenmal die Sowjetunion, im Sommer des gleichen Jahres nahm er am 5. Kongreß der Komintern teil. Nach seiner Rückkehr wurde er 1925 für einige Monate verhaftet, beteiligte sich im Januar 1926 an dem bedeutsamen Kongreß der Kommunistischen Partei Italiens in Lyon und war anschließend lange Jahre Vertreter der KPI in Moskau – darunter auch auf dem Kongreß der Komintern im Sommer 1935. Unter dem Decknamen Ercoli war Togliatti viele Jahre lang Mitglied des Präsidiums und des Sekretariats des Exekutivkomitees der Kommunistischen Internationale. Den Beginn der großen Säuberung erlebte er in Moskau, wurde aber im Juli 1937 als Vertreter der Komintern nach Spanien entsandt. Während des Bürgerkrieges in Spanien war Ercoli der entscheidende Bevollmächtigte der Komintern. Ab März 1939 leitete er von Paris aus die Führung der KPI, wurde im Sommer 1939 verhaftet, im Februar 1940 aber wieder freigelassen, ging dann über Belgien nach Moskau, leitete in der Sowjetunion die italienischen Rundfunksendungen und gehörte im Mai 1943 zu den führenden Komintern-Funktionären, die den Beschluß über die Auflösung der Komintern unterzeichneten.
Nach seiner Rückkehr nach Italien im April 1944 proklamierte Togliatti die sogenannte »Wende von Salerno«. Er stellte die damals umstrittene Frage Monarchie oder Republik zurück und rief alle Italiener zum Kampf gegen den Faschismus auf. Die KPI sei deshalb auch bereit, die Regierung Badoglios zu unterstützen. Togliatti wollte die KPI zu einer Massenpartei machen, ohne obligatorisches Bekenntnis ihrer Mitglieder zum Marxismus und ohne antireligiöse und antiklerikale Zielsetzungen. Damit sollte die Partei auch für Katholiken geöffnet werden. Die konstruktive Mitarbeit in der Badoglio-Regierung demonstrierte Togliatti selbst als zeitweiliger Minister für Justiz.
Als die KPI im Januar 1946 ihren 5. Parteitag abhielt, zählte sie bereits 1,7 Millionen Mitglieder. Bei den ersten Wahlen im Juni 1946 erhielt sie 18,9 Prozent der abgegebenen Stimmen; sie war danach mit 140 Abgeordneten im Parlament vertreten und stand damals bereits hinter den Christdemokraten und Sozialisten an dritter Stelle. Für die weitere Entwicklung war entscheidend,

daß die italienischen Kommunisten aktiv an der italienischen Verfassung mitarbeiteten. Sie gehörten damit von Anfang an zu den »Parteien des Verfassungsrahmens« – ein Begriff, der in Italien auch heute noch verwendet wird. Gleichzeitig hat die KPI – im Unterschied zu anderen Linksparteien – von Anfang an die Beziehungen zur Kirche ernst genommen. Anders als die Sozialisten trat die KPI für die Wiederaufnahme der zwischen dem Vatikan und dem italienischen Staat geschlossenen Verträge (»Lateran-Verträge«) in die neue Verfassung ein. Erst mit dem beginnenden kalten Krieg wurde die KPI Ende Mai 1947 aus der italienischen Regierung ausgeschlossen.

Von 1948 an war die KP Italiens innenpolitisch eine Oppositionspartei und international in der Periode des kalten Krieges dem verstärkten Druck der sowjetischen Führung ausgesetzt. Trotzdem bemühte sich Togliatti, die realistische innenpolitische Konzeption soweit wie möglich zu erhalten und fortzusetzen. Er mußte diesen Kurs aber mit dem von Moskau geforderten Lobpreis der Sowjetunion und der Unterstützung der sowjetischen Außenpolitik verbinden. Auf der zweiten Kominform-Tagung im November 1949 in Budapest hielt er eine Rede über die Notwendigkeit einer breiten Bündnispolitik, erklärte aber gleichzeitig, daß die italienischen Kommunisten »dem großen Beispiel der Sowjetunion folgen« würden. Er sprach von der »revolutionären Wachsamkeit« gegen die »Spionenbande Titos« und erklärte, daß alle Abweichungen erbarmungslos auszumerzen seien.[1] Obwohl Togliatti damals die Wünsche des Kreml voll erfüllte, versuchte ihn Stalin Ende 1950 aus Italien abzuziehen, um ihn zum Leiter des Kominform-Büros zu machen.[2]

Der zunehmend prosowjetische Kurs stieß in Italien jedoch auf Widerstand. Anfang 1951 traten zwei ehemalige Resistenza-Kämpfer und Parlamentsabgeordnete der KPI, Aldo Cucchi und Valdo Magnani, der Sekretär des Provinzialverbandes der KPI in der Reggio Emilia, aus der Partei aus. Sie erklärten, daß sie weiterhin an der Seite der Arbeiterklasse für den Sozialismus eintreten würden, aber nicht mehr einer Partei angehören wollten, die sich den außenpolitischen Interessen einer fremden Macht unterordne. Das Beispiel machte Schule, Hunderte von Parteimitgliedern und -funktionären schlossen sich Cucchi und Magnani an.[3] Die beiden »Abweichler« wurden damals als

»Doppelzüngler im Dienste des Feindes und der Tito-Agenten« gebrandmarkt.[4] Valdo Magnani ist inzwischen wieder der KP beigetreten und übt heute eine wichtige Funktion aus.
Obwohl Luigi Longo auf dem 19. Parteitag der KPdSU – dem letzten Parteitag der Stalin-Ära im Oktober 1952 – Stalin noch als den »Baumeister der kommunistischen Gesellschaft« und als »Lehrer und Führer« feierte, gelang es der KPI, die erheblichen Rückschläge anderer kommunistischer Parteien in den Nachkriegsjahren zu vermeiden. Im Juni 1953 erhielt sie 22,7 Prozent der abgegebenen Stimmen und konnte nun 153 Abgeordnete in das Parlament entsenden. Erklären läßt sich dieser Stimmenzuwachs einmal durch die Tatsache, daß in Italien die Ost-West-Beziehungen und die Angst vor der Sowjetunion eine viel geringere Rolle als in den meisten anderen Ländern spielten. Zweitens gelang es der KPI, durch die Konzentration auf die innenpolitischen Probleme und ihre aktive Mitarbeit am Wiederaufbau ihre Position nicht nur zu festigen, sondern noch zu verstärken.

Die KP Italiens von Stalins Tod bis zum 8. Parteitag (1953–1956)

Schon kurz nach Stalins Tod begann Togliatti vorsichtig neue Akzente zu setzen. Im Herbst 1953 trat er für eine neue Einheitsfront aller demokratischen Kräfte ein, um die Vorherrschaft der privilegierten kapitalistischen Klasse in Industrie und Landwirtschaft einzuschränken. Die republikanische Verfassung Italiens bilde die politische Grundlage für eine solche »umfassende Verständigung aller demokratischen Kräfte«. Dazu sollte laut Togliatti bereits 1953 nicht nur der Mittelstand gehören, sondern auch die besitzenden Schichten, falls sie »nicht rückschrittlich sind« und sich »den nötigen Reformen und der Erneuerung unseres politischen Lebens nicht widersetzen«.[5] Noch aber orientierte man sich an der Sowjetunion.
Erst der 20. Parteitag der KPdSU im Februar 1956 gab Togliatti die Möglichkeit, sich offen für einen eigenen Weg zum Sozialismus auszusprechen. Nach seiner Rückkehr aus Moskau erklärte Togliatti im März 1956 vor dem Zentralkomitee, die italienische

KP habe schon früher »einen gewissen Mut« bewiesen. Die Suche nach dem »eigenen italienischen Weg der Entwicklung zum Sozialismus« sei schon immer Gegenstand der unablässigen Bemühungen der italienischen Kommunisten gewesen.[6]
Ende Mai 1956 konferierte Togliatti als erster ausländischer KP-Führer in Belgrad mit Tito. Nach der Rückkehr von diesem Gespräch mit Tito gab Togliatti dann Mitte Juni 1956 ein Interview, in dem er über Chruschtschows Kritik an Stalin auf dem 20. Parteitag weit hinausging. Er wies die sowjetische These, Stalins persönliche Charaktereigenschaften seien die Ursache für die Fehlentwicklung in der UdSSR gewesen, als nicht befriedigend zurück und sah die Ursachen des Stalinismus in einer »bürokratischen Degeneration der Sowjetgesellschaft«. Die Sowjetführung forderte er auf, die notwendigen Korrekturen ohne Zögern und mutig durchzuführen. Davon ausgehend erklärte Togliatti weiter, daß das sowjetische Modell »nicht mehr obligatorisch sein kann und darf«. Die Kommunisten aller Länder müßten von den eigenen nationalen Traditionen und Bedingungen ausgehen, wobei die Entwicklung eine ständig wachsende Autonomie verlange. Dies aber könne für die kommunistische Bewegung nur von Vorteil sein, denn innerhalb der Bewegung bilde sich ein »polyzentristisches System« heraus. Togliatti sprach davon, daß man nicht mehr von einer einheitlichen Führung der Bewegung sprechen könne.[7]
Togliattis Vorwürfe wurden vom sowjetischen ZK zurückgewiesen. Die anschließenden Ereignisse des Jahres 1956 – der Polnische Oktober und die Tragödie der ungarischen Revolution – führten zu Austritten von bewährten Parteimitgliedern und Funktionären, darunter Eugenio Reale, der die KP Italiens auf dem Gründungskongreß des Kominform vertreten hatte, und Antonio Giolitti, der später zu den Sozialisten überging und als Mitglied der italienischen Regierung noch eine wichtige Rolle spielen sollte.[8] Die KPI hat damals die sowjetische Intervention in Ungarn nicht verurteilt. Aber auf dem 8. Parteitag der KPI im Dezember 1956, dem wichtigsten Wendepunkt auf dem Weg zur heutigen KPI, kam dann die beginnende Verselbständigung zum Ausdruck.
Der 8. Parteitag der KPI erklärte, die Ereignisse in Polen und Ungarn hätten Schwierigkeiten, Schwächen und zum Teil

schwerwiegende Fehler im sozialistischen Lager aufgedeckt, und zwar sowohl in der Wirtschaftsentwicklung als auch in der Verwirklichung der sozialistischen Demokratie. Die Ereignisse in Polen und Ungarn hätten klargemacht, daß das System der sozialistischen Staaten auf der Basis der Anerkennung des Prinzips der Verschiedenartigkeit der Entwicklungswege zum Sozialismus beruhen muß. Auch bei den sozialistischen Staaten dürfe die Souveränität der kleinen Länder weder eingeschränkt noch in Frage gestellt werden. Deshalb sei es auch unerläßlich, daß jede kommunistische Partei einen spezifischen Weg zum Sozialismus beschreite.

Und schon damals erklärten die italienischen Kommunisten, eine Rückkehr zu einer zentralen Organisation in der kommunistischen Weltbewegung sei abzulehnen. Vorzuziehen seien bilaterale Beziehungen zwischen kommunistischen Parteien, die auf wechselseitiger Achtung und auf freundschaftlicher Kritik beruhen und die vorhandenen Probleme offen erörtern sollten. Jede Einmischung in die internen Angelegenheiten der kommunistischen Parteien anderer Länder müsse ausgeschlossen werden. Bei eventuellen internationalen Beratungen sollten nicht nur Kommunisten hinzugezogen werden, und solche Konferenzen dürften keine verbindlichen Beschlüsse fassen. Vorsichtig wurde auf dem 8. Parteitag der KPI im Dezember 1956 auch von einer Wandlung der Zielvorstellung gesprochen. Erstmals war die Rede von einer »neuen demokratischen und sozialistischen Gesellschaft«, in der auch »andere Kräfte eine nützliche und fortschrittliche Rolle spielen werden«. Damit geht die Entwicklung des späteren Modells eines demokratischen Sozialismus – etwa im »Prager Frühling« – eindeutig auf den 8. Parteitag der KPI Italiens zurück.[9]

Kritisiert wurden die Beschlüsse der italienischen Kommunisten damals vor allem von der französischen KP.[10] In einer ausführlichen Antwort bekräftigte die KP Italiens ihre Vorstellung vom italienischen Weg zum Sozialismus als »grundsätzliches Ziel« und wies darauf hin, daß »beim Vormarsch zum Sozialismus die Verhältnisse unseres Landes stets genau berücksichtigt« werden würden. Schon damals erklärte die KPI, daß selbst eine kommunistische Regierung in Italien nicht Tausende von Handwerksbetrieben und Kleinunternehmen verstaatlichen werde, denn: »In

Ungarn und Polen hat man gesehen, wohin es führt, wenn man derartige Dummheiten macht.«[11]

Die Wiederentdeckung Gramscis und die Entwicklung der KPI bis 1964

Mit dem Togliatti-Interview vom Juni 1956 und mit dem 8. Parteitag der KPI waren die Weichen gestellt. Eine zunehmende Bedeutung gewann von nun an die Wiederentdeckung der Theorien von Antonio Gramsci.

Antonio Gramsci (1891–1937) war ein außergewöhnlicher italienischer Marxist gewesen. Seit der Gründung der KP war er Mitglied des Zentralkomitees, von 1922 bis 1924 lebte er in Moskau, wo er mehrere Diskussionen mit Lenin führte. Gramsci stand seit Januar 1926 gemeinsam mit Togliatti an der Spitze der KP Italiens, bevor er im Herbst 1926 verhaftet und zu 20 Jahren Gefängnis verurteilt wurde. Im Gefängnis schrieb er 4000 Manuskriptseiten, die lange Zeit nicht beachtet und erst in den fünfziger Jahren wiederentdeckt wurden. Diese Notizen zeichneten sich durch eine ungewöhnliche Vielfalt der Ideen aus. Es waren philosophische Schriften und Betrachtungen zur Staatstheorie Machiavellis, Analysen der italienischen Literatur, Schriften über die Funktion der Intellektuellen in Staat und Gesellschaft und über die Rolle der Kirche. Die sogenannten Kerkerhefte Gramscis waren schon 1947 veröffentlicht worden. Bekannt wurde später auch ein Sammelband von Gramscis Briefen aus dem Kerker unter dem Titel »Quaderni«. Gramsci hatte in seinen Notizen versucht, den Marxismus tiefer in der europäischen Geistesgeschichte zu verankern. Wichtig für die Neuorientierung der KPI wurden dann die praktisch-politischen Konsequenzen, die Gramsci aus seinen Überlegungen gezogen hatte.

Gramscis Hauptthesen lassen sich folgendermaßen zusammenfassen:

1.) In den Ländern Mittel- und Westeuropas ist eine andere Strategie notwendig als in Rußland zur Zeit der Oktoberrevolution. Diese unterschiedliche Strategie ist vor allem deshalb erforderlich, weil der politische Überbau in Westeuropa anders ist als im zaristischen Staat zur Zeit Lenins.

2.) Der Staat ist bei Marx, Engels und vor allem bei Lenin nur als Instrument der Unterdrückung, also als Repressionsinstrument analysiert worden. Zwar nehme jeder Staat das Monopol der Gewalt für sich in Anspruch und stelle in dieser Hinsicht eine Art Diktatur dar, aber der Staat ist nicht nur Gewalt, und er stützt sich nicht nur auf die Machtinstrumente der Exekutive und der Bürokratie, sondern in den westeuropäischen Ländern auch auf eine Vielfalt von Institutionen, Apparaten, Ideen, Urteilen und Vorurteilen, die zumindest den passiven Konsensus großer Teile der Bevölkerung sichern.
Der Kapitalismus in Westeuropa ist damit, nach Gramsci, wesentlich komplizierter als der russische Staat von 1917. Anstelle einer Frontalattacke wie in Rußland im Jahre 1917 ist in den westeuropäischen Ländern ein Stellungskrieg notwendig, eine schrittweise Eroberung vorgeschobener Schützengräben, die Gewinnung breiter Massen durch eine neue Weltanschauung, durch eine neue Denkweise.
3.) Zur Wandlung der Gesellschaftsstruktur ist auch eine intellektuelle und moralische Umwandlung notwendig. Unter den gegebenen Bedingungen ist die Funktion der Intellektuellen von besonderer Bedeutung. Statt die führende Rolle der Arbeiterklasse und die Diktatur des Proletariats zu proklamieren, geht es in den westeuropäischen Ländern darum, eine »Hegemonie« der Arbeiterbewegung zu schaffen, die sich auf einen »historischen Block« stützt.
4.) Diese »Hegemonie« der Arbeiterschaft in einem solchen »historischen Block« macht auch eine neue Einstellung zur Partei notwendig. Die Partei sollte im Sinne eines »intellektuellen Kollektivs« fungieren. In diesem Zusammenhang äußerte sich Gramsci auch kritisch über ein Einparteiensystem nach einer siegreichen Revolution.
5.) Im Gegensatz zu Stalin, nach dem die Gewerkschaften nur einen »Transmissionsriemen« der Partei darstellten, verwies Gramsci auf die Autonomie der Gewerkschaften. Er erkannte bereits die Bedeutung der Arbeiterräte, der Selbstverwaltung in einer sozialistischen Gesellschaft und die Notwendigkeit, die Demokratie weiterzuentwickeln.
6.) Schließlich verwies Gramsci auch auf die Bedeutung der Religion, denn die Mehrheit der Bevölkerung Italiens sei religiös.

Auch ein sozialistisches Italien müsse deshalb zu einem Übereinkommen mit dem Vatikan kommen. Ein strikter Antiklerikalismus sei abzulehnen. Wenn man sich bloß auf Atheisten konzentriere, werde man unter italienischen Bedingungen immer in der Minderheit bleiben.
In seinem Text »Unser Marx« schrieb Gramsci, Marx sei kein Hirte mit einem Weidenstock, sondern jener Lehrer, der uns helfe, die geistige Trägheit zu überwinden und jene Kenntnisse zu erwerben, die eine vernünftige Aktivität erlaubten, statt aus dem hohlen Bauch allgemeine Phrasen zu dreschen.[12]
Seit Beginn der sechziger Jahre stützten sich die italienischen Kommunisten immer häufiger auf Gramscis Thesen. Schrittweise wurde das sonst bei Kommunisten übliche Leitbild von Marx-Engels-Lenin verdrängt. An seine Stelle trat allmählich eine eigenständige geistige Grundhaltung, die es den italienischen Kommunisten erleichterte, in Grundsatzfragen eigene Ideen zu entwickeln. Von Gramsci inspiriert, erkannten die italienischen Kommunisten als erste nach dem Tode Papst Pius' XII. die neuen Möglichkeiten eines kommunistisch-christlichen Dialogs. Auf dem 9. Parteitag der KPI (30. Januar – 5. Februar 1960) wurde von Schritten zu einer Verständigung mit der katholischen Welt gesprochen und diese als eine der Voraussetzungen für den italienischen Weg zum Sozialismus bezeichnet.[13]
Im Herbst 1961 waren es wieder die italienischen Kommunisten, die die neuen Anti-Stalin-Erklärungen des 22. Parteitages der KPdSU am intensivsten für ihre eigene Politik nutzten. Togliatti setzte sich für eine schonungslose Aufdeckung der unter Stalins Führung verübten Verbrechen ein. Das Stalin-Problem gehe weit über seine unmenschlichen Taten hinaus, es werfe fundamentale Probleme für die kommunistische Weltbewegung auf. Für die italienischen Kommunisten stelle sich vor allem die Frage nach Garantien gegen solche Fehlentwicklungen. Eine solche Garantie sei, den Sozialismus auf einem demokratischen Wege zu erreichen, der den Bedingungen und Traditionen des eigenen Landes entspreche. Für die Weltbewegung bedeute dies, daß es keine Staaten und Parteien mehr geben könne, die befehlen, was dann allgemein akzeptiert werden müsse.[14]
Diese konsequent geforderte Neuorientierung, die auch die Kritik der eigenen Fehler in der Vergangenheit einschloß, führte zu

heftigen Angriffen aus den Reihen der prosowjetischen Parteien. Führende Vertreter der französischen KP sprachen im Dezember 1961 von »gewissen opportunistischen und revisionistischen Elementen innerhalb der italienischen Partei«. Die These vom Polyzentrismus leugne die universelle Gültigkeit der marxistisch-leninistischen Theorie. Anstatt den Polyzentrismus zu proklamieren, solle man sich auf »die reichen Erfahrungen der Sowjetunion« stützen.[15] Apodiktisch erklärt auch der SED-Führer Hermann Axen, die These vom Polyzentrismus verneine die entscheidende Rolle der Sowjetunion.[16]
Im Verlauf des Jahres 1962 stand die Haltung der italienischen Kommunisten zur Europäischen Wirtschaftsgemeinschaft im Vordergrund der Diskussionen. Die EWG hatte damals ein Stadium erreicht, dessen Bedeutung auch von den Kommunisten in Ost und West nicht mehr übersehen werden konnte. Während sich kommunistische Wirtschaftswissenschaftler aus dreiundzwanzig Ländern in Moskau Ende August/Anfang September 1962 in der Mehrheit auf eine Denunzierung der EWG beschränkten[17], traten die italienischen Kommunisten dafür ein, den Gemeinsamen Markt als Faktum anzuerkennen und eine demokratische Alternative gegenüber der monopolistischen Integration zu entwickeln. Schon damals forderten die italienischen Kommunisten eine Demokratisierung der europäischen Institutionen, die im übernationalen Bereich fast ohne jegliche demokratische Kontrolle seien.[18]
Im Prozeß der Neuorientierung der italienischen Kommunisten spielte vor allem Luciano Gruppi, der Leiter der ideologischen Abteilung im Zentralkomitee der KPI, eine wichtige Rolle. Er schrieb im Sommer 1964 einen richtungweisenden Aufsatz, in dem er sich als erster Theoretiker einer kommunistischen Partei Europas vorsichtig von einigen Äußerungen Lenins distanzierte. Man könne, führte Gruppi aus, nicht alle Konzeptionen Lenins über den Staat und die Diktatur des Proletariats als sakrosankt und allgemeingültig ansehen. Als Lenin 1917 sein Werk »Staat und Revolution« verfaßte, habe er den damaligen russischen Staat vor Augen gehabt. Lenins Analyse des Staates sei deshalb einseitig. Gruppi erinnerte an Gramscis Definition des Staates als Hegemonieapparat und verwies dabei auf das wichtige Moment der Zustimmung zum Staat. Parlamente, Regionalpar-

lamente, Gemeinden, Provinzialverwaltungen könnten unter heutigen Bedingungen durchaus dazu benutzt werden, um die soziale und staatliche Ordnung von Grund auf zu erneuern. Auf diese Weise könne der Übergang zum Sozialismus ohne Unterbrechung der Verfassungskontinuität und ohne Aufhebung der demokratischen Gesetzlichkeit und ihrer Institutionen durchgeführt werden.[19]

Noch nachhaltiger wirkte sich unter Europas Kommunisten das bereits erwähnte Memorandum Togliattis vom August 1964 aus. Dieses Memorandum zielte mit seinen Forderungen nach Autonomie der einzelnen kommunistischen Parteien, einem ständigen Dialog mit Andersdenkenden, einem freiheitlichen Modell des Sozialismus und der Beteiligung der Werktätigen an der Leitung des gesamten sozialen Lebens weit über die italienischen Verhältnisse hinaus. Wieder wurde Togliatti vor allem von der prosowjetischen KP Frankreichs kritisiert.[20]

Im Namen der KPI antwortete damals Enrico Berlinguer, der zu dieser Zeit erstmals als Sprecher der Partei in internationalen Fragen auftrat. In bezug auf die Forderung nach Einheit der Weltbewegung sagte Berlinguer: »Es muß eine Einheit sein, welche die kommunistische Bewegung nicht als eine Sekte, als eine Kirche auffaßt, die ausschließlich für die Bewahrung ihrer ideologischen Reinheit gegen diese oder jene ›Abweichung‹ zu sorgen hat, sondern vielmehr als eine große politische Bewegung, die schon jetzt mit fortschrittlichen Kräften verbunden ist und noch enger verknüpft werden muß.«[21]

Die Fortsetzung des Togliatti-Kurses unter Luigi Longo (1964–1969)

Unmittelbar nach Fertigstellung seines Memorandums starb Togliatti. Luigi Longo, sein bisheriger Stellvertreter, wurde neuer Generalsekretär der Kommunistischen Partei Italiens.

Longo hatte bereits am Gründungsparteitag der KP Italiens in Livorno im Januar 1921 teilgenommen, wurde nach der Machtergreifung Mussolinis im Jahre 1923 verhaftet und saß danach über ein Jahr im Gefängnis. 1926 rückte Longo ins Zentralkomitee auf, fünf Jahre später, 1931, ins Politbüro. Er war führend in der Widerstandsbewegung der italienischen Kommunisten tätig und vertrat von 1933 bis 1934 die KPI bei der Kommunistischen Internationale in Moskau. Von 1936 bis 1939 war er unter dem Namen Gallo Generalinspekteur der Internationalen Brigaden in Spanien. Im Frühjahr 1939 emigrierte Longo nach Frankreich, wurde dort interniert und anschließend an die italienischen Behörden ausgeliefert, die ihn deportierten. Nach dem Sturz Mussolinis übernahm Longo 1943 eine führende Position in der Leitung der Widerstandsbewegung Norditaliens und war seit 1945 stellvertretender Generalsekretär der KPI, seit 1946 war er Abgeordneter der KPI im italienischen Parlament.[22]

Schon unmittelbar nach seinem Amtsantritt erklärte Longo in einer großen Rede in Mailand am 18. Oktober 1964, daß er den Kurs Togliattis fortsetzen werde, und wies dabei auf Togliattis Memorandum hin.[23] Auch der 11. Parteitag der KPI in Rom vom 25. bis 31. Januar 1966 bestätigte die Fortführung des von Togliatti eingeschlagenen Kurses. Deutlicher als vorher wurden Strukturreformen gefordert, darunter eine Land- und Schulreform, sowie eine Reform des Bau- und Grundstückswesens. Außerdem wurden die Autonomie der einzelnen Regionen und eine Wirtschaftsplanung gefordert. Derartige Reformen seien nur mit einer neuen politischen Gruppierung zu verwirklichen. Erstmals wurde auch angedeutet, daß es sich nicht nur um einen neuen Weg, sondern auch um ein anderes Ziel handeln werde. Die neue sozialistische Gesellschaft »wird nicht nur so sein, wie die Kommunisten sie wollen, sondern auch so, wie alle jene sie wollen, die bei ihrem Aufbau mitzuhelfen bereit sind«.[24]

Für die theoretische Untermauerung der neuen Linie spielte auch der internationale Gramsci-Kongreß in Cagliari zum 30. Todestag Gramscis im April 1967 eine bedeutende Rolle. Im Unterschied zu ähnlichen ideologischen Kongressen der Ostblockstaaten gab es dort eine völlig freie wissenschaftliche Diskussion, an der 250 Historiker, Soziologen, Philosophen und Pädagogen aus zehn Ländern teilnahmen. Es diskutierten Sachkenner aus verschiedenen weltanschaulichen und politischen Richtungen, darunter Professoren von den berühmtesten Universitäten Europas (Oxford, London, Edinburgh, Sorbonne,

Grenoble, Frankfurt). Aus der Bundesrepublik kam der Politologe Professor Dr. Iring Fetscher, aus Budapest Georg Lukács, aus Warschau Adam Schaff. Mit kritischen Kommentaren vermerkten die italienischen Kommunisten, daß die DDR-Führung einigen eingeladenen Gästen, darunter Professor Robert Havemann, die Ausreisegenehmigung verweigert hatte. Über den Kongreß wurde ausführlich von der gesamten italienischen Presse berichtet.[25]

Im Herbst 1967 veröffentlichte Luigi Longo seine berühmte Denkschrift über die Einheit in Vielfalt, in der er zwar die Bereitschaft der italienischen Kommunisten erklärte, an einer Weltkonferenz teilzunehmen, gleichzeitig aber präzise Vorschläge unterbreitete, wie und auf welchem Wege sich der Charakter der Weltbewegung zu verändern habe.[26]

Das Jahr 1968 stand für die italienischen Kommunisten im Zeichen des »Prager Frühlings«. Bereits am 12. Januar 1968, noch vor dem berühmten Januarplenum der KPČ, begrüßte die KP Italiens die sich in der Tschechoslowakei anbahnende Entwicklung, weil hier in der Praxis geeignete Formen für die Führung einer sozialistischen Gesellschaft gesucht wurden, was nicht nur die Tschechoslowakei angehe.[27] Anfang April 1968 verkündete dann Luigi Longo auf einer Pressekonferenz: »Wir sind für einen pluralistischen Staat, der das Produkt der Zusammenarbeit aller demokratischen Kräfte ist, die am Aufbau des Sozialismus mitarbeiten wollen . . . Der Sozialismus in Italien wird so aussehen, wie ihn jene Kräfte wollen, die sich an seiner Errichtung beteiligen . . . Wir sind für die weiteste Demokratie, auch für jene Parteien, die sich während des Aufbaus des Sozialismus nicht nur mit dieser oder jener Maßnahme, sondern auch in den Grundfragen nicht einverstanden erklären.« Longo verurteilte im Namen der KPI scharf und unmißverständlich die sowjetische Okkupation in seiner Rede vor dem ZK der KPI am 27. August 1968. Eine sowjetische Zeitschrift nannte wenige Tage später die von den italienischen Kommunisten vertretene Konzeption des Polyzentrismus eine »bürgerliche Konzeption«, deren Hauptziel darin bestünde, »Spaltung in das Lager des Sozialismus zu tragen«.[28] Die prosowjetische Richtung im Weltkommunismus beschränkte sich aber nicht nur auf Pressepolemiken, sondern mischte sich direkt ein. Es gab Briefaktionen an Funktionäre und

Ortsgruppen der KPI, es wurden prosowjetisch ausgerichtete Broschüren in italienischer Sprache an Funktionäre versandt, die in Dresden gedruckt waren und in denen die militärische Intervention in der Tschechoslowakei beschönigt und gerechtfertigt wurde.[29]

Der 12. Parteitag in Bologna (Februar 1969)

Für die weitere Entwicklung der KPI war der 12. Parteitag in Bologna vom 8. bis 15. Februar 1969 von entscheidender Bedeutung. Luigi Longo wurde als Generalsekretär wiedergewählt, Enrico Berlinguer wurde stellvertretender Generalsekretär. Ein starkes Echo in der Welt spiegelte die Tatsache wider, daß die KP Italiens im eigenen Land zu einer bedeutenden Kraft geworden war, dies vor allem auch angesichts der tiefen sozialen, ökonomischen und politischen Krise Italiens.

Luigi Longo unterstrich auf dem Parteitag in seinem Rechenschaftsbericht deutlicher als je zuvor das Eintreten der KPI für ein gleichberechtigtes Verhältnis innerhalb der kommunistischen Weltbewegung: »Es ist unser Recht und unsere Pflicht, Meinungen, die wir nicht teilen, zu kritisieren und abzulehnen. Wir haben aber schon lange aufgehört, alles, was mit unseren Ansichten nicht übereinstimmt, in Bausch und Bogen zu verwerfen.« Unterschiedliche Auffassungen seien ein Ausdruck der Vielfältigkeit der Bewegung. Die Anerkennung der verschiedenen Beiträge sowie der Autonomie der einzelnen Bewegungen innerhalb eines politischen Bündnisses sei für die italienischen Kommunisten keineswegs eine taktische Frage. Longo weiter: »Wir wollen eine weitere Entwicklung der innerparteilichen Demokratie. Wir wollen die Organisation der Partei, die Regungen ihres internen Lebens, ihre Arbeits- und Leistungsmethoden modernisieren und erneuern.« Die Garantie für den demokratischen Charakter der zukünftigen sozialistischen Gesellschaft werde vor allem durch die jetzige innerparteiliche Demokratie und die Art und Weise bestimmt, in der heute für den Sozialismus gekämpft werde.

Einen verhältnismäßig großen Raum nahmen auch außenpolitische Aspekte ein. Die KPI bekräftigte auf diesem Parteitag ihre

negative Haltung zur NATO, gleichzeitig wurde aber auch die sowjetische Theorie von der »begrenzten Souveränität« abgelehnt: »Die Stärke sowohl eines sozialistischen Landes wie der Gemeinschaft als Ganzes kann sich nicht nur auf militärische Macht gründen.« Sie müsse sich vor allem auf die Zustimmung der Volksmassen und auf die Entwicklung der sozialistischen Demokratie stützen. Auf dem Parteitag wurde die Verurteilung der militärischen Intervention in der Tschechoslowakei wiederholt und erneut die Forderung nach einer Wiederherstellung der Souveränität der Tschechoslowakei gestellt.
Berlinguer trat für eine »kritische und objektive historische Beurteilung« der Entwicklung in den sozialistischen Ländern ein, wobei neben den Fortschritten auch die negativen Aspekte und sich ergebende Widersprüche offen behandelt werden sollten. Man müsse die Entwicklung in den sozialistischen Ländern objektiv verstehen, »indem man die widersprüchlichen wie auch die dynamischen Elemente erfaßt«. Es wäre wirklich seltsam, meinte Berlinguer, wenn der Marxismus, der vor hundert Jahren entstand, als man die utopischen Vorstellungen überwand, nun in der Beurteilung der sozialistischen Gesellschaft selbst in eine utopische Haltung zurückfalle: »Der Glaube an den Sozialismus beruht auf der Wahrheit, auf der ernsten und kritischen historischen Analyse.«[30]
1970 gab die KPI eine Vielzahl von Erklärungen gegen die Unterdrückungsmaßnahmen in der Tschechoslowakei ab, wobei es wiederholt zu Kontroversen zwischen der Husak-Führung und der KP Italiens kam. Die KPI kritisierte und analysierte auch die Ereignisse in Polen um die Jahreswende 1970/71, den berühmten Arbeiteraufstand und den Führungswechsel (die Ersetzung Gomulkas durch Gierek). Enrico Berlinguer wies, wie bereits erwähnt, auch auf dem 24. Parteitag der KPdSU darauf hin, daß die internationale Solidarität der KPI nicht eine volle Identifizierung mit allen Maßnahmen jedes sozialistischen Staates beinhalte.[31]
Seit 1971 machte sich bei der KPI immer deutlicher eine neue Einstellung zur Entwicklung in China bemerkbar. Man lehnte eine Beteiligung an der allgemeinen Verdammungskampagne Moskaus ab, brachte in verschiedenen Veröffentlichungen eine differenzierte Haltung zur Situation in der Volksrepublik China

zum Ausdruck und ließ den Wunsch erkennen, »die abgebrochenen Beziehungen zur KP Chinas wiederaufzunehmen«.[32]

Die KPI und der »historische Kompromiß«

Infolge der zunehmenden ökonomischen Schwierigkeiten Italiens kam es im Januar 1972 zum Rücktritt der Mitte-Links-Koalition aus Christlichen Demokraten, Sozialdemokraten, Republikanern und Sozialisten und zur Bildung einer Christlich-Demokratischen Minderheitsregierung, die jedoch nicht die Zustimmung des Parlaments erhielt, so daß im Mai 1972 Neuwahlen ausgeschrieben werden mußten. Unter diesen Voraussetzungen fand vom 13. bis 17. März 1972 in Mailand der 13. Parteitag der KP Italiens statt, auf dem Enrico Berlinguer zum Generalsekretär gewählt wurde, während Luigi Longo das neugeschaffene Amt eines Präsidenten der Partei erhielt.
Auf diesem Parteitag wurde die »demokratische Wende« proklamiert, deren Hauptziel es sei, dem Land eine neue politische Zielsetzung zu geben, und zwar durch eine Zusammenarbeit zwischen den drei großen Volksrichtungen, nämlich den Kommunisten, den Sozialisten und der katholischen Richtung. Eine kommunistische Beteiligung an der italienischen Regierung sei nur unter zwei Bedingungen denkbar: entweder durch die Notwendigkeit, einem reaktionären Angriff entgegenzutreten, der die Demokratie bedrohe, oder aber beim Vorhandensein von Bedingungen, die es erlauben, ein Erneuerungsprogramm zu verwirklichen, das die aktive Unterstützung der Mehrheit findet. Diese beiden Bedingungen, meinte Berlinguer, könnten eventuell unter den gegenwärtigen Umständen in Italien eintreten. Mit diesem Parteitag wurde dann mehr und mehr auch öffentlich eine Regierungsbeteiligung der KPI diskutiert. Differenzierter äußerte sich Berlinguer auf dem 13. Parteitag erstmals auch in bezug auf die NATO: Die Stellung zur NATO könne »heute nicht mehr in dem statischen Bezugsrahmen des kalten Krieges betrachtet werden«. Man könne dieses Problem nicht mehr nur »auf die einfache Stellungnahme für oder gegen den Militärpakt reduzieren«.[33]
Bei den anschließenden Parlamentswahlen im Mai 1972 konnte

die KPI ihren Wahlerfolg von 1968 noch übertreffen, sie erhielt über 9 Millionen Stimmen, also 27,2 Prozent der abgegebenen Stimmen. Die KPI war nun mit 179 Abgeordneten im Parlament vertreten, und die mögliche Teilnahme der KPI an einer italienischen Regierung war keine Utopie mehr. So ist es auch zu erklären, daß im Verlaufe des Jahres 1972 und vor allem 1973 die KPI mit immer konkreteren politischen Vorschlägen für die Regierung aufgetreten ist. Ende Juli 1973 erklärte Berlinguer, die italienischen Kommunisten bemühten sich als eine autonome Opposition um eine positive Lösung der dringendsten wirtschaftlichen und politischen Probleme. Die KPI schlug in dieser Zeit u. a. eine Dezentralisierung des staatlichen Apparates vor, die Verlagerung wichtiger Kompetenzen an die Regionen und Kommunen, eine Reform der staatlichen Verwaltung zur Überwindung von Unfähigkeit und Bürokratie, eine Erziehungs- und Schulreform sowie die Demokratisierung der öffentlichen Kontrolle über die Massenmedien.
Die zunehmende Betonung einer fast De-facto-Regierungspartei schlug sich auch außenpolitisch nieder, vor allem in einer positiveren Einstellung zur EG. Im Februar 1973 erklärte das ZK der KPI in einer Resolution zur Europäischen Gemeinschaft erstmals die Bereitschaft, an der Einheit Westeuropas mitzuwirken und dabei gleichzeitig für eine weitreichende demokratische Umwandlung der EG einzutreten. Das Ziel, erklärte die KPI, sei ein autonomes Europa, das weder antisowjetisch noch antiamerikanisch sei und freundschaftliche Beziehungen sowohl zur Sowjetunion als auch zu den sozialistischen Ländern und zu den USA aufrechterhalten und darüber hinaus ein neues Verhältnis zu den Entwicklungsländern herstellen soll.
Die europäischen Zielsetzungen der KPI hatten eine doppelte Dimension, nämlich einerseits die Mitarbeit und Demokratisierung im Rahmen der EG-Behörden, andererseits eine Zusammenarbeit und den Dialog mit sozialistischen und sozialdemokratischen und anderen demokratischen progressiven Kräften Europas, wobei besonders auch die Zusammenarbeit mit den katholischen Kräften unterstrichen wurde.
Neue Aspekte ergaben sich im Herbst 1973 nach den Erfahrungen mit Chile. Der reaktionäre Putsch gegen die Regierung der Volkseinheit unter Führung von Allende im September 1973

wurde von Berlinguer zum Anlaß genommen, auch für Italien weitreichende Schlußfolgerungen zu ziehen. In seinen richtungweisenden Artikeln »Gedanken zu Italien nach den Ereignissen in Chile«, »Demokratischer Weg und reaktionäre Gewalt« und »Soziale Bündnisse und politische Gruppierungen«[34] stellte Berlinguer die gesamte Konzeption des »historischen Kompromisses« in zusammenhängender Form dar.

Die Grundgedanken des »historischen Kompromisses« sind folgende: Die Ereignisse in Chile müßten die italienischen Kommunisten noch mehr dazu veranlassen, auf jeden Fall eine vertikale Spaltung des Landes zu vermeiden. Es komme nunmehr darauf an, mit noch größerer Entschlossenheit, Intelligenz und Geduld die reaktionären Gruppen zu isolieren und jede nur mögliche Verständigung und Zusammenarbeit mit allen fortschrittlichen Kräften zu suchen. Die Entschlossenheit, den Kampf auf dem Boden der demokratischen Legalität zu führen, heiße jedoch nicht, daß man in eine Art legalistische Illusion verfällt, sondern es komme darauf an, ständig Initiativen zu entwickeln, um die Gesetze, Strukturen und den Staatsapparat im demokratischen Sinne zu erneuern. Nach der tragischen Erfahrung mit Chile gelte es, in Italien eine Politik zu verfolgen, die die gesellschaftlichen und politischen Kräfte zur Unterstützung einer tiefgehenden demokratischen Erneuerung vereint: »Selbst wenn die Linksparteien und Linkskräfte 51 Prozent der Stimmen und Sitze im Parlament erringen könnten, was an und für sich einen beträchtlichen Fortschritt im Kräfteverhältnis zwischen den Parteien in Italien herstellen würde, wäre es völlig illusorisch, anzunehmen, daß allein diese Tatsache den Fortbestand einer Regierung der Linksparteien und Linkskräfte garantieren würde, die diesen 51 Prozent entsprächen.« Eine demokratische Erneuerung könne sich nur vollziehen, wenn sich die Regierung und das Parlament auf eine breite Mehrheit stützten, die stark genug sei, das Land vor jedem reaktionären Abenteuer zu schützen.[35] Die Politik des »historischen Kompromisses« sei deshalb auch mehr als eine neue Regierungsformel. Sie beinhalte, daß sich die Leitung des Landes auf eine Verständigung unter den großen demokratischen Komponenten der italienischen Gesellschaft stützt. Nur so könne einen Weg zum Sozialismus in Italien gefunden werden.

Die Problematik des »historischen Kompromisses« stand im Mittelpunkt des 14. Parteitages der KPI in Rom (18.–23. März 1975). Berlinguer erklärte in einem Grundsatzreferat, der »historische Kompromiß« sei mehr als eine neue parlamentarische Mehrheit unter Einschluß der Kommunistischen Partei. Die wirtschaftliche und institutionelle Krise Italiens verlange dringend eine Solidarisierung aller demokratischen Kräfte. Die Regierungsbeteiligung der KPI sei zwar eine entscheidende Frage, aber es gehe nicht um Ministerposten, sondern um eine neue Linie, um die dringenden Probleme des Landes zu lösen, um eine neue Strategie zur Überwindung der Krise, zur Sicherung und Erneuerung der Demokratie. Es gab auf diesem Parteitag eine leidenschaftliche Diskussion auf einem beachtlichen Niveau und mit einem breiten Spektrum unterschiedlicher Auffassungen. Das machte deutlich, wie weit sich die KPI bereits von den monolithischen Parteien des Ostens entfernt hatte. Einige Sprecher, wie etwa Amendola, sahen im »historischen Kompromiß« eine aktuelle Aufgabe, die so bald wie möglich gelöst werden müsse. Andere unterstrichen, es ginge vor allem darum, den progressiven Elementen innerhalb der Christlichen Demokraten zum Durchbruch zu verhelfen. Sie verwiesen auf den vielschichtigen Charakter der Christlichen Demokraten, in denen Werktätige genauso vertreten seien wie konservative und reaktionäre Gruppierungen. Daher könne von einer kurzfristigen Verwirklichung des »historischen Kompromisses« nicht die Rede sein.
In der Diskussion wurden nicht nur die innenpolitischen Aspekte des »historischen Kompromisses« erörtert, sondern auch die Auswirkungen auf die Außenpolitik betont, denn seine Verwirklichung würde die internationale Position Italiens stärken, da das Gewicht Italiens in seiner ganzen Geschichte immer dann am größten gewesen sei, wenn sich die Regierung auf die breiteste Zustimmung der Bevölkerung stützen konnte. In der Frage der Haltung zur NATO gab es neue Akzente. Die KPI erklärte sich bereit, den sowjetisch-amerikanischen Dialog zu unterstützen, wobei sie weder der Sowjetunion noch den Vereinigten Staaten gegenüber eine feindselige Haltung einzunehmen gedenke. Berlinguer sprach nun von einer Überwindung der Blöcke, die realiter nicht durch den einseitigen Austritt aus der NATO erreicht werden könne, sondern nur durch die Förderung der internatio-

nalen Entspannung. Er warnte davor, die Frage nach einem Ausscheiden Italiens aus der NATO zu stellen, dies würde im Innern Italiens eine Kluft aufreißen und zu einer Schwächung der jetzt unumgänglich notwendigen Verbreiterung und Stärkung der demokratischen Kräfte Italiens führen.

Der Aufschwung der KP Italiens in den Jahren 1975 und 1976

Bei den Gemeinde- und Provinzwahlen am 15. Juni 1975 – insgesamt wurde in 15 der 20 Regionen, 92 der 93 Provinzen und in 7727 von insgesamt 8065 Kommunen gewählt – erhielt die KPI 33,5 Prozent aller Stimmen gegenüber 27,2 Prozent im Mai 1972. Damit hatte sich in nur drei Jahren der Einfluß der KPI gewaltig verstärkt. Dieser Wahlsieg wurde zum Anlaß genommen, einige außen- und innenpolitische Akzente noch zu konkretisieren, wobei die Stellung zu EG und NATO noch genauer formuliert wurde. So erklärte Giovanni Cervetti, Mitglied des Sekretariats der KPI, daß die KPI nicht nur den einseitigen italienischen Austritt ablehne, sondern den gegenwärtigen Umfang der Militärausgaben so lange nicht in Frage stellen werde, bis eine beiderseitige gemeinsame Reduzierung der Streitkräfte der NATO und des Warschauer Paktes erfolgen könne. Im Falle einer Regierungsverantwortung würden die Kommunisten auch nicht das Verteidigungs- und Außenministerium fordern.
Zur innenpolitischen Situation erklärte im Mai 1976 Berlinguer, angesichts der Notstandssituation in Italien sei die KPI bereit, zumindest für einige Jahre – für eine Periode, die nötig ist, um das Land aus der Krise zu führen – an einer Regierung der großen Koalition mitzuarbeiten, die alle demokratischen Parteien, einschließlich der KPI, umfasse. Mit diesem Vorschlag würde die KPI den langfristigen »historischen Kompromiß« nicht fallenlassen. Dieses Angebot solle lediglich eine Antwort auf die dringendsten Notwendigkeiten des Augenblicks geben. Der Vorschlag beinhalte eine Regierung, die auf dem breitestmöglichen Konsens aller demokratischen Kräfte basiere und nur eine begrenzte Zeitspanne tätig sein werde.
Bei den Parlamentswahlen im Juni 1976 erreichte die KP ihren bisher höchsten Stand: 34,4 Prozent der Stimmen. Zwar blieben die Christlichen Demokraten die stärkste Partei, aber sie konn-

ten keine mehrheitsfähige Regierung bilden. Die Zahl der KP-Abgeordneten stieg von 179 auf 227. Selbst in Rom wurde die KPI zur stärksten Partei. Der Kommunist Pietro Ingrao wurde zum Präsidenten des Parlaments gewählt. Außerdem erhielten die Kommunisten den Vorsitz in sieben Parlamentsausschüssen, die in Italien gesetzgeberische Rechte haben. Mit Kommunisten an der Spitze der Finanzkommission in der Kammer und der Budgetkommission im Senat erhielt die KPI einen maßgeblichen Einfluß auf die gesamte Budgetpolitik des Landes.
Bei der Vertrauensfrage der Christlich-Demokratischen Minderheitsregierung unter Andreotti enthielten sich die kommunistischen Abgeordneten der Stimme. »Wir sind nicht mehr in Opposition, aber noch nicht in der Regierung«, erklärte Berlinguer zu der neuen Situation: »Wir unterstützen nicht die Regierung, wir unterstützen bloß die Maßnahmen, die uns gerechtfertigt erscheinen.« Die KPI erklärte ihre Bereitschaft, gewissen Sparmaßnahmen zuzustimmen, falls gleichzeitig Veränderungen im politischen und sozialen Leben des Landes erfolgten. Alle Sparmaßnahmen müßten gerecht und differenziert, vor allem aber gekoppelt sein mit Maßnahmen gegen die Kapitalflucht und gegen Steuerhinterziehung. Sie dürften nicht auf Kosten der Arbeiter erfolgen, sondern wären nur dann vertretbar, wenn gleichzeitig auch für die Sicherung und Schaffung von Arbeitsplätzen gesorgt würde.
Als Stimmen in der Partei laut wurden, daß sich die KPI auf dem Weg zu einer Partei sozialdemokratischen Typs befinde, erklärte Berlinguer am 20. September 1976 auf dem Fest der »Unità« in Neapel, die KPI werde den Grundsätzen treu bleiben, die Togliatti 1944 verkündet habe, nämlich eine nationale Massenpartei zu sein, die überholte Schemata fallenläßt und bekämpft, aber eine kommunistische Partei geblieben ist und bleiben wird. Bei allen tagespolitischen Situationen dürfe man unter keinen Umständen und nicht für einen Moment das Ziel vergessen: die Emanzipation der Arbeiter und der gesamten Gesellschaft, der Aufbau einer Gesellschaft, die der bürgerlichen weit überlegen sei. Die Treue zu diesen Prinzipien könne sich jedoch nicht durch Proklamationen ausdrücken. Es gelte zu handeln, und es sei die Aufgabe der Kommunisten, sich zähe für schrittweise konkrete Veränderung der wirtschaftlichen und sozialen Struktur einzu-

setzen, bis ein Wechsel der führenden Klasse des Landes verwirklicht werden kann. Die Umwandlung der Gesellschaft werde in Italien in voller Freiheit und Demokratie im Rahmen der republikanischen Verfassung bei Respektierung und Erweiterung der regionalen Autonomie und des Pluralismus sowie unter ständiger Mitarbeit der Volkskräfte eingeleitet werden.

Anfang Mai 1977 kam es anläßlich der veränderten Kräfteverhältnisse in Italien zur ersten offiziellen Begegnung der Führer der Christdemokraten und der KPI. Zum erstenmal nach dreißig Jahren, erklärte dazu das KPI-Organ »Rinascita«, vollziehe sich eine Suche nach programmatischer Übereinstimmung als Grundlage für die Tätigkeit der Regierung. Durch regelmäßige Absprachen der Parteien des »Verfassungsrahmens«, zu denen alle politischen Parteien Italiens mit Ausnahme der neofaschistischen MSI zu zählen sind, werden heute die Richtlinien der Politik vorher abgestimmt.

Ursachen für den Aufschwung der KPI von 1946 bis 1976

Der zunehmende Einfluß der KPI geht vor allem auf eine wachsende Popularität der Partei bei der Bevölkerung und den Abbau der antikommunistischen Strömung zurück. Unter einer Vielzahl von Meinungsumfragen zu dieser Problematik scheint mir die folgende besonders wichtig zu sein. Noch 1970 waren 45 Prozent aller Befragten der Meinung, die KPI sei eine ernste Gefahr für die Freiheit, und es sei kein Bündnis mit ihr möglich. 1974 war diese ablehnende Haltung auf 25 Prozent zurückgegangen. Das Erscheinungsbild der KPI bei der italienischen Bevölkerung in der Zeit von 1967 bis 1976[36]:

Die Kommunisten . . .	1967	1974	1975	1976
»sind ehrlich«	22	28	29	45
»haben viele gute Ideen«	21	34	45	60
»sind sympathisch«	15	24	27	34
»sind gegen Gewalt«	16	26	31	43
»sind kompetent«	–	43	44	65

Die Erfolge der KPI sind vor allem auf folgende Faktoren zurückzuführen:

In Italien fand in den fünfziger, sechziger und Anfang der siebziger Jahre eine Modernisierung und Urbanisierung statt, was zu einem Bruch mit traditionellen und oft konservativen Anschauungen und zu einer zunehmenden Offenheit gegenüber neuen Ideen und Zielen führte.

Korruption, Zersplitterung und Cliquenkämpfe innerhalb der regierenden Christlich-Demokratischen Partei waren der Grund einer zunehmenden Unzufriedenheit in der Bevölkerung.

Die Unfähigkeit der anfangs von großen Hoffnungen begleiteten Mitte-Links-Koalition, die entscheidenden Probleme des Landes erfolgreich anzupacken und zu lösen, überzeugte eine immer größere Zahl von Italienern davon, daß nur durch eine aktive Mitarbeit der starken Kommunistischen Partei Erfolge zu erzielen seien.

Die zunehmende Säkularisierung der italienischen Gesellschaft, der Rückgang des Klerikalismus, führte dazu, daß immer weniger Italiener bereit waren, sich in politischen Fragen von der Kirche Vorschriften machen zu lassen. Der Einfluß der Kirche bei politischen Wahlentscheidungen ging zurück, und innerhalb der Kirche selbst schwächte sich der Antikommunismus ab.

Schließlich muß noch die zunehmende Bedeutung der jungen Wähler erwähnt werden, die sich nicht mehr an den kalten Krieg und an die Konfrontation zwischen den Christlichen Demokraten und den Kommunisten der späten vierziger und der fünfziger Jahre erinnern können und in einer anders gearteten Situation aufwuchsen.

Alle diese objektiven Faktoren würden jedoch nicht ausreichen; für den Erfolg der KPI war deshalb eine entscheidende Voraussetzung erforderlich: die Fähigkeit der italienischen Kommunisten, sich den neuen Problemen zu stellen.Dabei spielten vor allem folgende Aspekte eine wichtige Rolle:

1.) Die KPI entwickelte bereits frühzeitig eine realistische Politik und konstruktive Vorschläge, die es ermöglichten, den Einfluß auf Angestellte und Angehörige der Mittelschichten, ja sogar auf kleinere und mittlere Geschäftsleute auszudehnen. Sie kann darüber hinaus mit einer relativ großen Unterstützung von Intellektuellen und für die Meinungsbildung wichtigen Personen und

Gruppen rechnen; für die Ausdehnung ihres Einflusses spielte schließlich das konstruktive Verhältnis zur katholischen Kirche und zu den Gläubigen eine wichtige Rolle. Die Zahl der Italiener, die Kommunismus und Katholizismus für miteinander vereinbar halten, stieg von 20 Prozent (1953) auf 60 Prozent (Mitte der 70er Jahre).

2.) Die KPI wies eine verhältnismäßig geringe innere Zerrissenheit auf, und es gab relativ wenig Fraktionskämpfe – im Gegensatz zu anderen italienischen Parteien, bei denen dies in weit größerem Maße der Fall war. Hinzu kommen die relativ hohe Qualifikation ihrer Führungsmannschaft und ihrer Funktionäre und eine erfolgreiche Medienpolitik. Dabei beschränkt sich die KPI nicht nur auf eigene Parteiveröffentlichungen, die übrigens geschickt aufgemacht und lebendig gestaltet sind, sondern ist auch imstande, mit Kommentaren, Interviews und Artikeln in Organen anderer Richtungen ihre Meinungen zu verbreiten.

3.) Die immer wieder von der KPI verdeutlichte außenpolitische Selbständigkeit und kritische Haltung gegenüber der Sowjetunion und den Ostblockstaaten macht es ihren Gegnern fast unmöglich, die italienischen Kommunisten mit erschreckenden Ereignissen und Unterdrückungsmaßnahmen des Ostens zu belasten. Die eigenständige Haltung der KPI zur NATO und zur EG befreit sie vom Odium einer prosowjetischen Partei.

4.) Die KPI befaßt sich seit langem konkret mit den spezifischen italienischen Problemen, wirkt als italienische Partei und vertritt überzeugend die nationalen Interessen des Landes, ohne dabei in einen Nationalismus zu verfallen; Lösungen werden gemeinsam mit allen industrialisierten Ländern Westeuropas angestrebt.

5.) Die KPI tritt für ein neues Sozialismusmodell mit allen demokratischen Freiheiten ein, darunter auch für das Recht auf eine organisierte politische Opposition und für die Bereitschaft, im Falle einer Wahlniederlage von der Regierung abzutreten.

Neue Probleme der KPI seit 1977

Die großen Erfolge dürfen jedoch nicht darüber hinwegtäuschen, daß es für die KPI auch eine Vielzahl von Problemen gibt,

die gerade in jüngster Zeit, vor allem seit 1977, zunehmend deutlich wurden. Im März 1978 hatte sich die KPI zur parlamentarischen Mehrheit bekannt und begann die christdemokratische Minderheitsregierung offen zu unterstützen.
Der weitgehende Verzicht, als Oppositionspartei zu wirken, ohne den Anspruch durchsetzen zu können, direkt an der Regierung beteiligt zu sein, brachte die KPI in gewisse Schwierigkeiten und führte zu Enttäuschung bei manchen Wählerschichten. Auch das breite Spektrum der italienischen Kommunisten – es reicht von gemäßigten Reformern aus den Mittelschichten bis zu revolutionär eingestellten Arbeitern – unterstreicht zwar ihren verstärkten Einfluß, bringt aber für die KPI-Führung eine Vielzahl von Problemen mit sich. Nachdem die KPI 1978 beträchtliche Einbußen bei Kommunalwahlen und Nachwahlen zu verzeichnen hatte, beschloß die Parteiführung Ende Januar 1979, der christdemokratischen Minderheitsregierung ihre Unterstützung zu entziehen. Mit dem Ziel, die eigenen Positionen zu verdeutlichen, stellte die KPI-Führung im Dezember 1978 einen ausführlichen Resolutionsentwurf mit 93 Thesen für den bevorstehenden 15. Parteitag zur Diskussion. Die wichtigsten Konzeptionen der italienischen KP – »historischer Kompromiß«, demokratischer Weg zum Sozialismus, Distanzierung von Unterdrükkungsmaßnahmen im Ostblock, pluralistischer Sozialismus als Modell, Bejahung der europäischen Einigung bei gleichzeitigem Eintreten für eine Demokratisierung der EG-Organe und einen verstärkten Einfluß der Linkskräfte – wurden hier systematisch, teilweise präziser als zuvor, dargestellt. Hinzu kam eine Neuformulierung der ideologischen Grundlagen, wobei auf die kritische Anwendung und Überprüfung des Gedankengutes des Gründers des wissenschaftlichen Sozialismus und anderer Theoretiker, vor allem Gramscis und Togliattis, hingewiesen wurde.
Auf dem 15. Parteitag der KPI Ende März 1979 in Rom, an dem 1191 Delegierte teilnahmen, die insgesamt 1 790 000 Parteimitglieder vertraten,[37] wurden die 93 Thesen von Generalsekretär Enrico Berlinguer und anderen führenden Sprechern erläutert und, nach einer Diskussion, mit einigen Änderungen angenommen. Die internationale Bedeutung der KPI kam in der starken ausländischen Repräsentanz auf dem Kongreß zum Ausdruck; neben prosowjetischen kommunistischen Parteien (KPdSU, KP

der Tschechoslowakei und SED) waren die spanische KP durch Manuel Azcárate und die Jugoslawen durch den Generalsekretär Stane Dolanc vertreten; aus Griechenland kamen Vertreter sowohl der eurokommunistischen als auch der prosowjetischen KP. Ferner hatten insgesamt 19 sozialistische und sozialdemokratische Parteien, darunter die SP Frankreichs, die Labour Party und die schwedischen Sozialdemokraten, ihre Vertreter zum italienischen KP-Kongreß entsandt.

Die Erklärungen Berlinguers in seinem Rechenschaftsbericht über die Widersprüche in den sozialistischen Ländern, seine Kritik an der Intervention Vietnams in Kambodscha und seine deutlichen Erläuterungen über den Eurokommunismus erwiesen sich für die Sowjetführung als unannehmbar. Die »Prawda« beschränkte sich daher in ihrer Wiedergabe auf die kurzen Hinweise, Berlinguer habe behauptet, es existierten angeblich in den Ländern des Sozialismus bestimmte Krisenelemente, und er habe die bekannten, im Westen verbreiteten propagandistischen Behauptungen über das Eingreifen Vietnams in Kambodscha wiederholt.[38] Trotz des Widerhalls, den der Parteitag hatte, verlor die KPI bei den Parlamentswahlen am 3. Juni 1979 1,5 Millionen Wähler; der prozentuale Stimmenanteil sank von 34,4 auf 31,4 Prozent. Bei den anschließenden Wahlen zum Europaparlament am 10. Juni 1979 geriet die KPI sogar knapp unter die 30-Prozent-Marke. Die Verluste machten sich vor allem bei der Jugend, in einigen von Kommunisten regierten Großstädten und im Süden des Landes bemerkbar.

Im Anschluß an Diskussionen und Analysen der Wahlen gab die KPI in entsprechenden Erklärungen bekannt, sie werde nach wie vor für die Bildung einer Regierung der nationalen Einheit unter voller Beteiligung der KPI eintreten. Falls dies jedoch von den regierenden Christdemokraten nicht akzeptiert werde, würde die KPI in Opposition gehen und von dort die Interessen der Arbeiter verteidigen.[39] Spätere Erklärungen verdeutlichten, daß die Grundkonzeption des »historischen Kompromisses« nicht aufgegeben, das Eintreten für die Interessen der Werktätigen jedoch deutlicher als zuvor unterstrichen wurde. Seit August 1979 machen sich Bestrebungen der KPI bemerkbar, die Verbindungen sowohl zu einigen kleineren Linksparteien als auch vor allem zu der Sozialistischen Partei zu stärken.

2.

Die KP Frankreichs – der verspätete »Sozialismus in den Farben Frankreichs«

Neben der KP Italiens ist die KP Frankreichs die mächtigste kommunistische Partei Westeuropas. Von allen eurokommunistischen Parteien haben die französischen Kommunisten jedoch am längsten einen prosowjetischen Kurs verfolgt. Erst in den letzten Jahren ist eine beginnende Neuorientierung erkennbar. Der graduelle Unterschied zur KP Italiens ist aber doch noch sehr deutlich erkennbar. Im August 1977 sagte Willy Brandt über die französischen Kommunisten: »Im übrigen messe ich dem Wort des italienischen Kommunistenführers mehr Gewicht bei als dem des französischen Kommunistenführers Marchais. Ich werde den Verdacht nicht los, daß das taktische Element bei einem großen Teil der französischen KP-Führer eine größere Rolle spielt als bei einem nennenswerten Teil der italienischen KP-Führer.«[40] Das Verhalten der französischen KP innerhalb des seit September 1977 fast hoffnungslos zerstrittenen neuen Linksbündnisses, vor allem die Ablehnung des gemeinsamen Regierungsprogramms wenige Monate vor den Wahlen im Frühjahr 1978 durch die KPF, läßt solche Zweifel an einer echten Neuorientierung der KPF mehr als berechtigt erscheinen.

Die Periode der prosowjetischen Entwicklung von 1945 bis 1967

Unmittelbar nach Kriegsende hatte die KPF einen bedeutenden Einfluß im politischen Leben Frankreichs. Sie war sehr aktiv an der Résistance beteiligt. Bei der Befreiung Frankreichs hatte die KP fast eine Million Mitglieder. Ihr Führer war damals der im

Oktober 1944 aus der Sowjetunion zurückgekehrte Maurice Thorez. Bei den ersten Nachkriegswahlen am 21. Oktober 1945 erhielt die KP Frankreichs über 5 Millionen Wählerstimmen, also 26 Prozent aller abgegebenen Stimmen, und sie entsandte 155 Abgeordnete in das französische Parlament (von insgesamt 545). Maurice Thorez wurde Staatsminister ohne Portefeuille, Charles Tillon übernahm das Ministerium für Rüstungsproduktion, außerdem leiteten kommunistische Politiker die Ministerien für Industrieproduktion und für Arbeit und Wirtschaft. Die KPF war 1945 beträchtlich stärker als die damalige KP Italiens.
Nach den Wahlen vom 10. November 1946 war die KPF mit 28,2 Prozent aller abgegebenen Stimmen und 166 Abgeordneten sogar eindeutig die stärkste Partei in Frankreich. Es gelang ihr aber nicht, als stärkste Partei auch den Präsidenten und Ministerpräsidenten zu stellen, trotzdem beteiligte sie sich an mehreren weiteren Regierungen, darunter auch ab Januar 1947 an der Regierung des Sozialisten Ramadier.
Mit Beginn des kalten Krieges schloß Ministerpräsident Ramadier am 5. Mai 1947 die KP-Funktionäre aus der Regierung aus. Mit der Gründung des Kominform im September 1947 und einer damit verbundenen harten Kritik des Kreml an der französischen KP schwenkte sie jäh um. Sie übte Selbstkritik, und es begann eine Periode politischer Streiks und Unruhen, die ihrerseits wieder Gegenmaßnahmen der Regierung provozierten. Die innenpolitischen Probleme traten jedoch mehr und mehr zurück. An ihrer Stelle wurde die antiamerikanische Politik im Interesse der Sowjetunion zum Hauptaspekt der KP-Politik. Schon damals zeichnete sich ein deutlicher Unterschied gegenüber der KPI ab. Nachdem am 25. Februar 1949 die offizielle Erklärung der KPF über ihre Loyalität zur Sowjetunion erfolgt war, begann aufgrund dieser moskautreuen Politik eine Periode, die durch einen drastischen Rückgang der Partei, nämlich von 800 000 Mitgliedern im Jahre 1946 auf weniger als 300 000 im Jahre 1953, gekennzeichnet war.
Nach Stalins Tod kam es zu den ersten Versuchen, sich aus der Isolierung herauszumanövrieren, vor allem durch eine veränderte Einstellung zu den Sozialisten. Und bei den Wahlen im Januar 1956 erreichte die KPF 25,6 Prozent der Stimmen und

schickte nun 145 Abgeordnete in das Parlament, wo sie die Regierung des Sozialisten Guy Mollet unterstützten.
Im Unterschied zu Togliatti versuchte Thorez nach dem 20. Parteitag der KPdSU die Konsequenzen der Entstalinisierung zu bagatellisieren, aber nach der Niederschlagung der ungarischen Revolution wurden doch erste bedeutsame Proteststimmen in der KPF laut. Einige prominente Kommunisten, darunter Henri Lefèvre und Anni Kriegel, wurden daraufhin ausgeschlossen. Die offizielle Partei hielt an ihrer unbedingten Loyalität zur Sowjetunion fest und begrüßte die sowjetrussische Intervention rückhaltlos.
Nach der Rückkehr de Gaulles an die Spitze der Regierung 1958, in die auch die Sozialisten einbezogen wurden, begann die Isolierung der Kommunisten. Bei den Wahlen im November 1958 erhielt die KP nur noch 18,9 Prozent der Stimmen und konnte durch ein neues Wahlgesetz lediglich noch 10 Abgeordnete für das Parlament stellen. Die Mitgliederzahl war Anfang 1959 auf 225 000 zurückgegangen. Die Politik der KPF blieb während der V. Republik in der Ära de Gaulles weiterhin etwas widerspruchsvoll. In der Innenpolitik bekämpfte die KPF den Staatspräsidenten und verurteilte sein Regime als ein Regime der persönlichen Macht und der Monopole. Im außenpolitischen Bereich unterstützte die KPF dagegen de Gaulle, offensichtlich im Einverständnis mit der Sowjetunion, weil seine kritische Haltung zur NATO und zu den USA im außenpolitischen Interesse der Sowjetunion lag.
Sowohl im Moskau-Peking-Konflikt als auch in der Polemik gegen Togliatti und die italienischen Kommunisten im Spätherbst 1961 blieb die KPF absolut prosowjetisch. Es gab zwar 1962/63 Bestrebungen innerhalb der KPF, einen »italienischen Weg« zu gehen, wie sie auf einem Kongreß der französischen kommunistischen Studenten im April 1963 zum Ausdruck kamen; sie wurden von der Parteiführung prompt zurückgewiesen. Auf dem 17. Parteikongreß im Mai 1964 gab die Führung ein klares und unzweideutiges Bekenntnis zur »Diktatur des Proletariats« ab als entscheidendes Ziel der KPF. Der damals schon kranke Maurice Thorez wurde von Waldeck-Rochet im Amt des Generalsekretärs abgelöst. Thorez starb am 11. Juli 1964 während eines Urlaubs in der Sowjetunion.

Erst seit Ende 1965, als die KPF bei den Wahlen den Sozialisten Mitterrand unterstützte, zeichneten sich gewisse zögernde Änderungen in der politischen Linie der Partei ab. Man müsse, so erklärte die KPF, die Probleme des Übergangs vom Kapitalismus zum Sozialismus in einem neuen Licht sehen, in Frankreich sei ein friedlicher Weg zum Sozialismus anzustreben, und die Partei trete für ein dauerhaftes Bündnis mit den Sozialisten ein.[41]
Vor diesem Hintergrund wurde am 20. September 1966 das erste »Wahlbündnis der französischen Linken« geschlossen. Demnach sollte bei den nächsten Wahlen im ersten Wahlgang zunächst jede Partei mit eigenem Kandidaten und eigenem Programm auftreten, während im zweiten Wahlgang die Linken aller Parteien aufgefordert wurden, für jenen Linkskandidaten zu stimmen, der beim ersten Wahlgang die meisten Stimmen auf sich gezogen hatte.
Das Wahlbündnis setzte sich die Beseitigung des gaullistischen Regimes zum Ziel, ferner eine Verfassungsreform mit Aufhebung aller Artikel, die der persönlichen Macht des Präsidenten dienten, die Unabhängigkeit der Justiz, die Informationsfreiheit, ein demokratisches Statut für Rundfunk und Fernsehen, die lokale Autonomie, das Streikrecht und die Anerkennung der Betriebsgewerkschaftsorganisationen. Im wirtschaftlichen Bereich verkündete man in einem gemeinsamen Wahlprogramm die Verstaatlichung der Rüstungsindustrie, der Banken, die demokratische Leitung der verstaatlichten Betriebe sowie einen Ausbau der Sozialgesetzgebung, eine Steuerreform und eine Landwirtschaftspolitik, die sich auf das Genossenschaftswesen und auf eine Modernisierung der Landwirtschaft gründen sollte.[42] Auf dem 18. Parteitag der KPF im Januar 1967 wurden die Beschlüsse verabschiedet und Waldeck-Rochet offiziell als Generalsekretär bestätigt. Trotz des Bekenntnisses zum ersten »Wahlbündnis der französischen Linken« wurde die Bereitschaft zur Zusammenarbeit sofort wieder abgeschwächt, als Waldeck-Rochet auf dem 18. Parteitag ausdrücklich die Kommunisten als echte Marxisten und Revolutionäre pries, den Sozialisten aber vorwarf, sie ließen sich stets von der reformistischen Ideologie leiten. In alter Manier verwies Waldeck-Rochet erneut auf die großen Verdienste der Sowjetunion, die gezeigt habe, wie man den Kapitalismus beseitigt und eine sozialistische Gesellschaft

errichtet. Die sozialdemokratischen Führer aber hätten sich in den Ländern, wo sie an der Macht seien, immer »damit begnügt, die Geschäfte des Kapitalismus zu besorgen«.[43] Solche Töne über die Sozialdemokratie mußten das damalige Bündnis mit dem Sozialisten Mitterrand belasten.

Beginnende innenpolitische Flexibilität im Schatten einer weiter moskautreuen Haltung (1967–1970)

Für die KPF stand das Jahr 1968 im Zeichen der revolutionären Mai-Ereignisse in Frankreich und des »Prager Frühlings« in der Tschechoslowakei.

Zu den Studentenunruhen nahm die KPF anfangs, vom 3. bis 11. Mai 1968, sehr kritisch Stellung. In offiziellen Erklärungen sprach die KPF von »unverantwortlicher Agitation«, »politischem Abenteurertum« und erwähnte besonders die negative Rolle des »deutschen Anarchisten« Cohn-Bendit. Erst mit zunehmender Ausbreitung der revolutionären Bewegung versuchte sich die Partei ihr anzunähern. Am 11. Mai 1968 riefen die führenden Gewerkschaften, darunter auch die kommunistisch orientierte CGT, gemeinsam zu einem 24stündigen Generalstreik für den 13. Mai auf. Das Politbüro der KPF gab dazu sein Einverständnis und befürwortete den Generalstreik, verhielt sich jedoch gleichzeitig reserviert gegen die in manchen Gegenden vollzogene Übernahme von Betrieben durch die Arbeiter.

Je mehr dann die Unruhen von den Studenten auf die Arbeiterklasse übergriffen, um so mehr versuchte die KPF sich an die Spitze der Bewegung zu stellen und diese zu kanalisieren. Sie verfolgte damit das Ziel, die Ablösung de Gaulles und die Errichtung einer Regierung der linken Mehrheit oder einer »Volksregierung der demokratischen Einheit« zu erreichen. Bei den Massendemonstrationen am 29. Mai 1968 forderte die Parteiführung die Bildung einer Volksregierung mit kommunistischer Beteiligung, die so stark wie der Einfluß und die Autorität der KPF sein sollte.

Als sich dann die revolutionäre Bewegung durch die harte Reaktion General de Gaulles abschwächte, schwenkte die KPF erneut um. Nun verkündete sie, sie sei eine Partei der Ordnung und würde an den bevorstehenden Wahlen teilnehmen, um ein Programm des sozialen Fortschritts, des Friedens und der Einheit aller demokratischen Kräfte zu realisieren. Aber de Gaulle kassierte von den verängstigten Bürgern bei den Wahlen am 23. und 30. Juni 1968 43,65 Prozent der Stimmen, die Kommunisten erlitten beträchtliche Einbußen, ihr Stimmenanteil sackte auf 20,14 Prozent ab, nur noch 34 Abgeordnete im neuen französischen Parlament waren Kommunisten.

Äußerst reserviert verhielt sich die KPF gegenüber dem »Prager Frühling«, und Mitte Juli spielte Generalsekretär Waldeck-Rochet eine höchst zwielichtige Rolle. Nach Besprechungen mit Suslow in Moskau regten Waldeck-Rochet und die Führung der KPF plötzlich am 17. Juli 1968 ein Blitztreffen aller kommunistischen Parteien Europas für die nächsten Tage an, um die »tschechoslowakische Frage zu behandeln«. Anschließend, am 19. Juli, flog Waldeck-Rochet in Begleitung des außenpolitischen ZK-Mitarbeiters Jean Kanapa nach Prag, um dort Dubček und anderen Führern des »Prager Frühlings« seine Bedenken gegen ihren Reformkurs vorzutragen und auf mögliche Konsequenzen hinzuweisen. Offensichtlich geschah dies auf sowjetischen Wunsch, zumindest aber mit sowjetischer Billigung. Man wollte damals durch verstärkten politischen Druck auf die Repräsentanten des »Prager Frühlings« eine militärische Intervention noch vermeiden. Waldeck-Rochets Besprechungen in Prag verliefen aber nicht nach Wunsch, und nach seiner Rückkehr aus Prag revidierte die KPF ihre Erklärung vom 17. Juli. Sie erklärte nun, eine Konferenz europäischer kommunistischer Parteien sei nicht ratsam. Das Protokoll des Gespräches zwischen Waldeck-Rochet und Dubček wurde später von Husak zur völligen Ausschaltung der Prager Reformführer benutzt.[44]

Nach der Okkupation der Tschechoslowakei am 21. August 1968 brachte die KPF in milder Form eine gewisse Mißbilligung zum Ausdruck. Die KPF erklärte, sie sei der Meinung, daß Probleme, die zwischen kommunistischen Parteien entstehen, durch Diskussionen, durch zwei- oder mehrseitige Treffen gelöst werden sollten, wobei sowohl die Souveränität jedes Landes und die Entscheidungsfreiheit jeder Partei als auch der Geist des proletarischen Internationalismus respektiert werden müßten. Jeanette

Thorez-Vermeersch, der Witwe Maurice Thorez', war selbst diese Mißbilligung offensichtlich zu scharf, denn die bisherige Verfechterin eines hundertprozentigen sowjetischen Kurses gab am 21. Oktober 1968 aus Protest ihren Sitz im Politbüro der KPF zurück. Am gleichen Tag äußerte Plissonier, ebenfalls Mitglied des Politbüros der KPF, seine Verwunderung darüber, daß Druckerzeugnisse aus der Sowjetunion und der DDR, die die Okkupation der Tschechoslowakei rechtfertigen, massenhaft in Frankreich verbreitet würden. Solche kritische Stimmen blieben aber die Ausnahme, denn bald darauf begrüßte die KPF die »Normalisierung« (Gleichschaltung) in der Tschechoslowakei.

Seit dem Herbst 1968 versuchte die KPF auf zwei Schultern zu tragen, einerseits wollte sie an der unbedingten Treue zur Sowjetführung festhalten und den starren zentralistischen Organisationsapparat nicht reformieren, andererseits betrieb sie eine »Politik der Öffnung« mit dem Ziel, möglichst viele Verbündete zu gewinnen. Diese »Politik der Öffnung« stand im Mittelpunkt des programmatischen Manifestes von Champigny (»Für eine fortgeschrittene Demokratie – für ein sozialistisches Frankreich«), das im Dezember 1968 verabschiedet und Anfang 1969 veröffentlicht wurde und auf das die KPF seither immer wieder hinweist. In diesem Manifest forderte Georges Marchais, der für den erkrankten Waldeck-Rochet zunehmend die Führung übernahm, eine Union des französischen Volkes zur Gewinnung der Mehrheit des Volkes als Vorbedingung zur sozialistischen Umgestaltung der Gesellschaft. Als Vorstufe zum Sozialismus wurde die »fortgeschrittene Demokratie« proklamiert, gekennzeichnet durch die Souveränität eines durch allgemeine Wahlen gewählten Parlaments, durch die Garantien der Gedanken- und Meinungsfreiheit, der Versammlungs- und Koalitionsfreiheit, der Freiheit der Gewerkschaften und des Streikrechts sowie der Anerkennung der Glaubensfreiheit und der Religionsausübung. Im Hinblick auf den gleichzeitig betonten absolut prosowjetischen Kurs der Partei blieb die Wirkung des Manifestes aber relativ gering. Das Festhalten am sowjetischen Kurs ging so weit, daß die KPF nicht einmal wagte, im März 1969 eine Delegation zum Kongreß des Bundes der Kommunisten Jugoslawiens zu entsenden. Sie entsandte nur einen einzigen Delegierten, und als dieser in Belgrad ankam, erklärte er plötzlich, er sei gar kein Delegierter, sondern nur ein Beobachter.

Im Rahmen der moskautreuen Linie unterstützte die KPF die Vorbereitungen des Kreml zur Dritten Weltkonferenz (Juni 1969), trat dort absolut prosowjetisch auf und unterzeichnete ohne jegliche Vorbehalte alle angenommenen Dokumente. Vor allem aber unterstützte die KPF weiterhin die Restalinisierung in der Tschechoslowakei. Zum ersten Jahrestag der Okkupation, am 21. August 1969, fanden in Prag Gespräche zwischen dem stalinistischen französischen Politbüro-Mitglied Etienne Fajon und dem Politbüro-Mitglied der KP der Tschechoslowakei und Stalinisten Vasil Bilak statt. Während dieser Unterredungen übergab Fajon der Husak-Führung das bereits erwähnte Protokoll des Gesprächs von Waldeck-Rochet mit Alexander Dubček am 19. Juli 1968. Mit diesem Protokoll gab die französische KP den tschechoslowakischen Stalinisten ein Druckmittel für die verstärkte Kampagne gegen die bereits entmachteten Reformer und vor allem gegen Dubček selbst in die Hand.

Das Vorgehen der KPF stieß bei vielen kommunistischen Parteien auf beträchtliche Ablehnung, sogar in den eigenen Reihen der KPF, deren Führung seit Anfang 1970 unter einem zunehmenden Druck von zwei Seiten stand: Auf der einen Seite traten Parteimitglieder für eine Änderung der Parteilinie ein, für eine Demokratisierung der Parteistruktur, für eine kritischere Betrachtung der Situation im Osten und für neue Konzeptionen im Sinne einer »italienischen Richtung«; auf der anderen Seite standen die Spitzenfunktionäre vor dem Dilemma, in neuen, dringend notwendigen Verhandlungen mit den Sozialisten trotz des alten prosowjetischen Kurses als Partner glaubhaft zu werden. Unter diesem Druck von zwei Seiten begann sich die KPF-Führung von nun an widersprüchlich und oft halbherzig den neuen Gegebenheiten anzupassen.

Der Einfluß kritischer Kommunisten auf die offizielle Linie der KPF

Bereits seit Januar 1967 gab es die unabhängige kritische kommunistische Zeitung »Uni-Débat«, eine Weiterentwicklung des schon seit Oktober 1952 existierenden »Unir pour le Socialisme« und des seit März 1962 bestehenden »Le Débat communiste«. Die Zeitung verstand sich als Diskussionsforum für eine freie Debatte über die Politik der KPF und über die internationale kommunistische Bewegung, sie trat vor allem für eine freie Diskussion innerhalb der Partei ein. Ab Januar 1969 kam noch eine neue unabhängige kommunistische Zeitung mit dem Titel »Politique aujourdhui« unter der Redaktion des ehemaligen ZK-Mitglieds Paul Noirot hinzu. Mehr und mehr hatte inzwischen auch Roger Garaudy mit kritischen Aufsätzen und Büchern in der Öffentlichkeit von sich reden gemacht.

Roger Garaudy gehörte seit 1933 der KPF an, war während des Krieges in der illegalen KP Frankreichs tätig, gehörte seit 1945 dem Zentralkomitee der KPF an, war von 1945 bis 1951 Abgeordneter der KPF im Parlament, von 1951 bis 1955 Korrespondent der Parteizeitung »L'Humanité« in der Sowjetunion, promovierte 1953 an der Sorbonne und anschließend an der Moskauer Universität, gehörte seit 1956 dem Politbüro der KPF an und war Gründer und Leiter des marxistischen Forschungszentrums der KPF sowie wiederholt auch Chefredakteur der theoretischen KP-Zeitschrift »Cahiers du Communisme«.

In dieser Position setzte sich Garaudy 1964 in seinem Buch »Vom Bannfluch zum Dialog« für einen Dialog zwischen Kommunisten und Christen ein. Bei den Konferenzen der Paulus-Gesellschaft (1965–1967) trat Garaudy für ein pluralistisches Sozialismusmodell und eine »Öffnung« des Marxismus ein. Im März 1966 wurde sein Buch auf einer Sitzung des ZK der KPF scharf kritisiert, aber Garaudy gab nicht auf. Wenige Monate später, im Oktober 1966, veröffentlichte er sein neues Buch »Der Marxismus des 20. Jahrhunderts« mit einer Kritik der stalinistischen Fehlentwicklung in der Sowjetunion. Auch dieses Buch wurde erneut von der Führung der KPF angegriffen. Das gleiche geschah mit seinem 1967 veröffentlichten Buch »Das chinesische Problem«, in dem Roger Garaudy dafür eintrat, sich nicht auf eine Verurteilung des

Maoismus zu beschränken, sondern die Ursachen des Maoismus und der chinesischen Revolution zu untersuchen. Nach der Okkupation der Tschechoslowakei legte Garaudy eine Anthologie der wichtigsten Erklärungen des »Prager Frühlings« mit einer eigenen Einführung vor, in der er sich klar zum »Prager Frühling« bekannte.
Ein Jahr später folgte sein Buch »Für ein französisches Modell des Sozialismus«, in dem er auf die Bedeutung der wissenschaftlich-technischen Revolution hinwies. Die sich daraus ergebenden Schlußfolgerungen seien in den Ostblockstaaten nicht genügend erkannt worden. Der Versuch, im »Prager Frühling« solche Schlußfolgerungen zu ziehen, sei mit Gewalt verhindert worden, und der Abstand in der modernen industriellen Entwicklung zwischen der Sowjetunion und dem Westen sei inzwischen ständig gestiegen. Die Sowjetunion stehe vor der Alternative, entweder eine Entwicklung zu einem reaktionären Neobonapartismus oder zu einer Militärdiktatur zu nehmen, oder auf eine wirkliche Erneuerung zu drängen, die dem Sozialismus sein wahres Antlitz gäbe, nämlich die Befreiung des Menschen und der Arbeit von allen Entfremdungen.
Garaudy forderte die kommunistischen Parteien in den industriell entwickelten Ländern auf, sie sollten vor den anstehenden Problemen nicht die Augen verschließen, andernfalls würden sie zu kleinen Sekten herabsinken, die stur darauf beharren, nur das sowjetische Modell als einziges Modell des Sozialismus zu propagieren.
Die KPF müsse die Erkenntnisse und Erfahrungen einer sozialistischen Selbstverwaltung nach dem Beispiel Jugoslawiens anerkennen und ihnen Rechnung tragen. Die Organisationsstruktur der Partei müsse grundlegend verändert werden. Der bürokratische Zentralismus sei angesichts der wissenschaftlich-technischen Revolution überlebt. Die entscheidende Aufgabe der Partei solle darin bestehen, Initiativen zu entwickeln, Orientierungen zu erarbeiten, der Apparat müsse auf ein Minimum reduziert werden, ein Rotationssystem müsse eine ständige Auswechslung der Funktionäre gewährleisten, die innerparteiliche Demokratie solle mit offenen und öffentlichen Diskussionen durchgesetzt werden. Vor allem aber müsse die KPF deutlich erklären: Der Sozialismus, den sie in Frankreich errichten wolle, sei nicht

jener, den Breschnew heute der Tschechoslowakei aufzwinge.[45]

Im Herbst 1969, bei einem Aufenthalt in Jugoslawien, erklärte Garaudy, daß sowohl der »Prager Frühling« von 1968 als auch die Erfahrungen Jugoslawiens in der Selbstverwaltung für die französischen Kommunisten außerordentlich bedeutsam seien. Er verlangte eine Abkehr der KPF vom zentralistischen, autoritären und bürokratischen System und erklärte die Schwierigkeiten der französischen Kommunisten teilweise durch die nationale Tradition. Die Idee der Revolution sei in Frankreich stets mit dem Zentralismus verbunden gewesen. Auch der Marxismus sei in dogmatisch-autoritärer und zentralistischer Form nach Frankreich gekommen. Vielleicht habe deshalb der Stalinismus bei den französischen Kommunisten so leicht Wurzeln schlagen können.[46]

Garaudys Schriften und die Aktivität seiner Anhänger sowie die neuen kritischen Zeitungen begannen sich allmählich auf die Kommunistische Partei Frankreichs auszuwirken. Anläßlich des bevorstehenden 19. Parteitages fand zwischen dem 10. Dezember 1968 und dem 31. Januar 1969 eine Diskussion in der Partei statt, die weitgehend durch die Auseinandersetzung mit Garaudy bestimmt wurde. Allerdings war diese Diskussion von der Parteiführung vorprogrammiert, denn das Politbüro hatte Garaudys Auffassungen schon vorher als »revisionistisch«, »liquidatorisch« und »antisowjetisch« verurteilt. Auf dem 19. Parteitag in Nanterre (vom 4. bis 9. Februar 1970) sprach Georges Marchais Garaudy nicht mehr als Genosse an, er wurde nach 36 Jahren Parteimitgliedschaft rücksichtslos verurteilt. Marchais erklärte: »Garaudy ist den Weg gegangen, der vom Opportunismus zum Liquidatorentum führt.« Ein letztes Mal durfte Garaudy auf dem Parteitag sprechen. Er sagte: »Ich weise das Argument zurück, daß jeder Versuch einer öffentlichen Diskussion oder einer politischen Analyse als Appell zur Fraktionsbildung betrachtet wird. Die Methoden müssen geändert, die Probleme gelöst werden. Und das wird der Fall sein.«[47] Aber sein Appell war umsonst, Garaudy wurde aus allen seinen Parteifunktionen entlassen und am 5. Mai 1970 aus der Partei ausgeschlossen.

So bedeutsam die Rolle Garaudys in der KPF war, er stand

jedoch nicht allein. Anfang Januar 1970 bildete sich ein Komitee aus Mitgliedern und ehemaligen Angehörigen der Kommunistischen Partei, die sich für die Freiheit der Tschechoslowakei einsetzten und von der Partei forderten, die Unterdrückungsmaßnahmen der Husak-Führung offen anzuprangern. Im Mai 1970 fand eine zentrale Konferenz der sogenannten »Zentren kommunistischer Initiativen« statt, die zu einem Drittel aus KP-Mitgliedern und zu fast zwei Dritteln aus ehemaligen Mitgliedern der KPF bestanden. Die Komitees sammelten Tausende von Unterschriften, von denen mehr als die Hälfte von KP-Mitgliedern stammten. Die Opposition in der KPF verstärkte sich, als Charles Tillon im Juli 1970 aus der KPF ausgeschlossen wurde. Tillon war einer der berühmtesten Vorkämpfer der französischen kommunistischen Bewegung. Bereits 1919 hatte er mit André Marty revolutionäre Organisationen zur Verteidigung der Sowjetunion aufgebaut. Nach sechsjähriger Zwangsarbeit in Afrika kehrte er nach Frankreich zurück und gehörte seit 1932 dem Zentralkomitee, seit 1936 dem Politbüro an, wirkte in den Internationalen Brigaden in Spanien mit, war während des Zweiten Weltkrieges führend in der Résistance tätig und gehörte der ersten französischen Nachkriegsregierung an. Nach der Okkupation der Tschechoslowakei und der nachfolgenden »Normalisierung« beschwor er seine Genossen: »Wenn man Zwangsarbeit auf sich genommen hat, um die Freiheit zu verteidigen, darf man nicht zulassen, daß die ČSSR ihre Freiheit im Namen irgendeines Prinzips verliert. Ich bin Stalinist gewesen, aber es ist nicht schlimm, Stalinist gewesen zu sein. Schlimm ist es, wenn man es bleibt, obwohl man weiß, was der Stalinismus ist.«[48]
Neben den bereits erwähnten Zeitschriften wurde seit 1971 auch »Les Lettres Françaises« unter dem Chefredakteur Louis Aragon zu einem Blatt der kritischen Erneuerung. Im Januar 1971 veröffentlichte Aragon darin Neujahrswünsche für die verhafteten Juden in der UdSSR, für die Unterdrückten in der Tschechoslowakei und in Polen. Der Sozialismus, so erklärte Louis Aragon, habe nur dann einen positiven Sinn im Kampf gegen die Unterdrückung des Kapitalismus, wenn die jetzigen Versprechungen über Menschlichkeit nach der Machtübernahme auch gehalten werden.[49] Von nun an trafen sich Vertreter der wachsenden Opposition und der »Zentren kommunistischer Initiati-

ven« regelmäßig und wählten schließlich im Mai 1971 eine Gesamtleitung aus sechzig Personen. Louis Aragon wiederholte dabei seine Proteste gegen die Okkupation der Tschechoslowakei. Der »Uni-Débat« brachte eine französische Ausgabe der sozialistischen tschechoslowakischen Exilzeitung »Listy« heraus und erklärte, die Unterstützung der Opfer des »Prager Frühlings« sei die Aufgabe wirklich unabhängiger kommunistischer Zeitungen. Anfang Oktober 1972 wurde die von Louis Aragon geleitete Kulturzeitschrift der KPF, »Les Lettres Françaises«, eingestellt. Bereits vorher war die Verbreitung der Zeitschrift in der Sowjetunion und der Tschechoslowakei verboten worden. Zur Einstellung dieser Zeitschrift erklärte die KP Italiens, sie sei ein wertvolles Instrument eines großen geistigen Kampfes gewesen und habe wiederholt die Parteiführung der KP Frankreichs darauf hingewiesen, daß es notwendig sei, gegen Erscheinungen eines selbstgefälligen und unkritischen Optimismus, gegen Dogmatismus und Konformismus zu kämpfen.[50]

Die Erarbeitung eines gemeinsamen Programms der französischen Kommunisten und Sozialisten (1970–1972)

Nach der Niederlage der Sozialisten bei den Wahlen im Mai 1969, als sie nur 5 Prozent der Stimmen für ihren Kandidaten Defferre erhalten hatten, beschloß im Juli 1969 der sozialistische Parteikongreß, erneut mit den Kommunisten Verhandlungen aufzunehmen. Im Dezember 1969 wurden die ersten Gespräche geführt, und im Juni 1971 wurde Mitterrand zum Generalsekretär der Sozialistischen Partei gewählt.

Bis dahin hatten auch die Kommunisten einige Annäherungsversuche gemacht. Allerdings wollte die KPF noch immer nicht von ihrer absoluten prosowjetischen Politik abgehen. In einer Koalition mit den Sozialisten hofften sie die Einheitsfront dirigieren zu können. So ergaben sich zwangsläufig im Mai 1970 erhebliche Schwierigkeiten bei den Verhandlungen.

Als die Sozialisten im Juli 1971 bei erneuten Verhandlungen von der KP verlangten, sie solle sich deutlich von den politischen Prozessen in der Tschechoslowakei distanzieren, gaben die KPF-Führer jedoch nur ausweichende Antworten. Im Januar 1972 stritten sich die Gesprächspartner über das Problem der Selbstverwaltung, die von den Sozialisten befürwortet wurde, während die KPF eine Verstaatlichung nach dem Muster osteuropäischer Länder vorschlug. Auch über die Stellung zu Europa und zur NATO ergaben sich unterschiedliche Auffassungen.[51]

Nach über zweijährigen Annäherungsgesprächen begannen dann am 22. März 1972 die Verhandlungen zwischen Sozialisten und Kommunisten über ein gemeinsames Regierungsprogramm. In den frühen Morgenstunden des 27. Juni 1972 war es soweit: Die Verhandlungsdelegationen der KPF und der Sozialistischen Partei Frankreichs unterzeichneten den Text eines gemeinsamen Programms. Georges Marchais sprach von einem »politischen Ereignis ersten Ranges«; es sei zwar kein Programm für den Aufbau des Sozialismus, aber es solle Maßnahmen für »den Weg zum Sozialismus eröffnen«, wobei beide Parteien ihre Eigenständigkeit behalten würden.

Das Programm war offensichtlich ein Kompromiß. Die KPF akzeptierte eine positivere Einstellung zur EG, die französischen Sozialisten gaben ihre Zustimmung zur Verstaatlichung einer größeren Anzahl von Betrieben und Institutionen. Dabei waren die Sozialisten zumindest etwas offener gegenüber Gedanken einer direkten Demokratie und Selbstverwaltung, während die Kommunisten immer noch an der Verstaatlichung festhielten. Trotz der Kompromißformulierungen und der nach wie vor bestehenden Meinungsverschiedenheiten war die Bedeutung des Papiers offenkundig, denn erstmals in der Geschichte veröffentlichten Sozialisten und Kommunisten zusammen ein komplettes und konkretes Regierungsprogramm in einem industriell entwikkelten westlichen Land.

Die Bezeichnung »Volksfront« für dieses Bündnis der Linken erscheint jedoch recht ungenau. Die Volksfront der dreißiger Jahre war das Ergebnis einer großen Massenbewegung, während das Abkommen zwischen Sozialisten und Kommunisten vom Juni 1972 zwar einer Stimmung, aber keiner Bewegung in der Bevölkerung entsprach. Es handelte sich um einen mühseligen Kompromiß, der in langwierigen Verhandlungen führender Gremien zustande kam. Wenige Tage später schloß sich ein Flügel der sogenannten Radikalen Sozialisten – in Wirklichkeit eine gemäßigte linksliberale Partei – unter Robert Fabre dem Regierungsprogramm der Linken an.[52]

Die Hauptpunkte des gemeinsamen Regierungsprogramms

In der Präambel zum gemeinsamen Regierungsprogramm wurde erklärt, daß es sich um ein Aktionsprogramm handle und daß für die Ebnung eines Weges zum Sozialismus tiefgreifende Veränderungen im politischen, wirtschaftlichen und sozialen Leben Frankreichs erforderlich seien. Beide Parteien wurden auf das Aktionsprogramm verpflichtet. Trotz einiger Unterschiede in den politischen Auffassungen der Partner sei dadurch nicht die Fähigkeit in Frage gestellt, gemeinsam zu regieren.

Das im Juni 1972 unterzeichnete Regierungsprogramm umfaßt 63 eng- und kleingedruckte Seiten. Die Hauptthemen lassen sich in Auszügen wie folgt zusammenfassen:

Nationalisierung in der Wirtschaft: Bodenschätze, Rüstungsindustrie, Raumfahrt- und Luftfahrtindustrie, Kernindustrie und pharmazeutische Industrie werden in ihrer Gesamtheit nationalisiert. Dasselbe gilt für Geschäftsbanken und private Versicherungsgesellschaften. Elektroindustrie (Computer) und chemische Industrie werden zum überwiegenden Teil nationalisiert. Der Staat wird sich finanziell – bis zur Mehrheitsbeteiligung – an der Eisen-, Stahl- und in der Erdölindustrie sowie im Luft- und Seeverkehr beteiligen. Die Aktionäre der nationalisierten Betriebe werden entschädigt, wobei ein Unterschied zwischen kleinen und mittleren Eigentümern (die von erworbenen Ersparnissen leben) auf der einen und Großeigentümern auf der anderen Seite gemacht wird.

Leitung der nationalisierten Betriebe: Sie erfolgt durch Unternehmenskomitees, die die Politik des Unternehmens bestimmen, die Investitions- und Produktionsvorhaben festlegen und durchführen, und zwar im Rahmen eines demokratischen Plans. Die Arbeitnehmer sollen stärker an der Führung der Unternehmen beteiligt und über alle Probleme informiert werden. Die Wirtschaft unterliegt einer demokratischen Planung.

Preiskontrolle: Die öffentlichen und privaten Unternehmen müssen ihre Preise festlegen. Der Staat übernimmt eine strenge Kontrolle der Preisentwicklung, vor allem für die Güter des täglichen Bedarfs und für Bildungs- und Kulturgüter.

Außenhandel, Währungs- und Finanzpolitik: Die Regierung wird eine verschärfte Kontrolle des Devisenhandels einführen und eine besonders intensive Kontrolle über Kapitalbewegungen multinationaler Gesellschaften zwischen Frankreich und dem Ausland ausüben. Das Ausmaß und die Auflagen bei ausländischen Direktinvestitionen sowie bei französischen im Ausland werden im Rahmen der staatlichen Planung und Wirtschaftspolitik bestimmt und kontrolliert. Die Nationale Bank für Investitionen wird mit der Finanzierung eines Großteils der Industrie-Investitionen betraut. Die französische Notenbank wird eine verschärfte Kontrolle über die Außenhandelskredite ausüben.

Löhne, Arbeitsplätze und Arbeitsbedingungen: Für alle Berufszweige wird ein neuer Mindestlohn von 2200 Francs festgelegt und regelmäßig anhand eines mit Zustimmung der Gewerkschaften aufgestellten Preisindexes überprüft. Es wird eine auf diesem Preisindex basierende gleitende Lohnskala geschaffen. Das Rentenalter für Männer wird auf 60 und für Frauen auf 55 Jahre herabgesetzt. Die Arbeitszeit wird innerhalb der Fünftagewoche bei vollen Bezügen auf 40 Wochenstunden herabgesetzt. Schrittweise soll eine kostenlose medizinische Versorgung eingerichtet werden.

Dezentralisierung und Demokratisierung des Staatsapparates: Es wird eine weitreichende Dezentralisierung vorgenommen; Planungsmittel, Entscheidungsbefugnisse, Verwaltungsaufgaben und Finanzierungsmittel werden den autonomisierten Gebietskörperschaften übertragen. Die Demokratie auf örtlicher Ebene wird weiterentwickelt, um den Bürgern größere Möglichkeiten zu geben, an der künftigen Entwicklung ihrer Gemeinden teilzunehmen. Die vorgeschaltete Aufsichtstätigkeit der Präfekten über die kommunale Selbstverwaltung wird abgeschafft. Die Unabhängigkeit der Gemeinden wird durch Bereitstellung zusätzlicher Mittel verstärkt. Die demokratische Mitbestimmung der Bürger wird durch eine regelmäßige Befragung der repräsentativen Vereinigungen aller Einwohner- und Verbrauchergruppen – einschließlich der Ausländer unter noch näher zu bestimmenden Bedingungen – gewährleistet. Eine demokratische Reform des Beamtenrechts wird vorgenommen, um die volle Mitbestimmung der Beamten am Gang der öffentlichen Verwaltungstätigkeit sicherzustellen. Kein Privatunternehmen darf Beamte oder Angestellte des öffentlichen Dienstes in leitende Positionen übernehmen, die nicht mindestens über vier Jahre aus einem Ministerium oder Staatsorgan ausgeschieden sind, das die Tätigkeit der betreffenden Firma zu überwachen hatte.

Presse und Information: Das Informationswesen wird aus der Abhängigkeit des Kapitals befreit. Es wird ein Hilfsfonds für Presseunternehmen eingerichtet, Steuerbefreiungen, Zuschüsse für Papierkosten und Vorzugstarife sollen den Zeitungen und Zeitschriften helfen. Von diesen Vergünstigungen werden alle Zeitschriften ausgeschlossen, die von Unternehmerverbänden sowie von Finanz-, Industrie- und Handelsgesellschaften herausgegeben werden. Die staatliche Rundfunk- und Fernsehanstalt verfügt über alle Sender auf französischem Territorium und wird von einem Verwaltungsrat geleitet, der sich in der Mehrheit aus Vertretern des Parlaments, aus Angestellten der Anstalt und aus qualifizierten Vertretern der Rundfunkhörer und Fernsehzuschauer zusammensetzt. Private Rundfunk- und Fernsehgesellschaften, die ihre Sendungen aus dem Ausland nach Frankreich einstrahlen, müssen neben einer Werbesteuer noch eine Zusatzsteuer entrichten.

Außenpolitik und Stellung zur NATO: Im Interesse der Abrüstung wird auf jede Form strategischer Atomstreitkräfte verzichtet. Die französische Atomwaffenproduktion wird sofort eingestellt. Alle Verkäufe von Waffen und Kriegsmaterial an rassistische, faschistische oder Kolonialregierungen werden unterbunden, Waffenverkäufe für das Ausland werden streng reglementiert. Eine von Sozialisten und Kommunisten gebildete Regierung spricht sich für die gleichzeitige Auflösung des Nordatlantikpaktes und des Warschauer Vertrages aus und unterstützt alle Maßnahmen, die zu einer stufenweisen Erreichung dieses Zieles beitragen. Frankreich lehnt es ab, sich wieder in die NATO zu integrieren, wird jedoch nicht zögern, im Notfall sowohl Verteidigungsbündnisse als auch Nichtangriffsverträge abzuschließen. Die Regierung will das Land in die Unabhängigkeit von jedem politisch-militärischen Block führen. In diesem Geist werden die Probleme gelöst, die sich aus den Bündnisverpflichtungen Frankreichs im Rahmen der atlantischen Allianz ergeben können.

Stellung zur EG: Frankreich wird am weiteren Ausbau der EG

und ihrer Institutionen mitwirken, aber dafür eintreten, dabei die EG »von der Herrschaft des Großkapitals zu befreien, ihre Institutionen zu demokratisieren, die Forderungen der Werktätigen zu unterstützen und die Vorhaben der Gemeinschaft an ihren Interessen auszurichten«. Frankreich wird darauf achten, daß innerhalb des Gemeinsamen Marktes die Handlungsfreiheit zur Verwirklichung des politischen, wirtschaftlichen und sozialen Programms gewahrt bleibt. Der Wirtschafts- und Sozialausschuß der EG soll demokratisiert werden, u. a. durch eine verstärkte Vertretung der Arbeiter und eine Erweiterung der Kompetenzen. Der Ausschuß sollte zur Hälfte aus Vertretern der Gewerkschaften bestehen, die von den repräsentativen nationalen Organisationen entsprechend dem jeweiligen Stimmenanteil bei den Gewerkschaftswahlen bestimmt werden, und zur anderen Hälfte aus Vertretern anderer sozialer Gruppen und aus von der Regierung benannten Persönlichkeiten. Die Zugehörigkeit zur EG darf kein Hindernis für die breiteste wirtschaftliche und politische Zusammenarbeit mit allen Ländern bilden, unabhängig von deren wirtschaftlicher und gesellschaftlicher Ordnung. Frankreich tritt gegenüber den Ländern des Rates für gegenseitige Wirtschaftshilfe (COMECON-Staaten) für eine »umfassende allseitige Öffnung« ein.[53]
Mit der Verwirklichung dieses Programms würde der öffentliche Sektor 14 Prozent der französischen Inlandsproduktion, 13 Prozent der Erwerbstätigen und 40 bis 50 Prozent der industriellen Investitionen umfassen.

Die zunehmende Selbständigkeit (1972–1975)

Die Annahme des gemeinsamen Regierungsprogramms machte den Widerspruch zwischen der proklamierten Solidarität zur Sowjetunion auf der einen und den demokratischen Prinzipien des gemeinsamen Programms auf der anderen Seite offenkundig. »Man würde den Beteuerungen der KPF, daß sie sich zu den bestehenden Institutionen bekennt, leichter Glauben schenken«, schrieb »Le Monde« nach der Unterzeichnung am 30. Juni 1972, »wenn sie sich jenen Regimen gegenüber distanzieren würde, in denen zweifellos nur wenige Franzosen das Modell des

Sozialismus sehen, das sie sich wünschen.«
Gerade dies fiel aber der Führung der KPF schwer. Die Führung der KPF versuchte, die Neuformulierungen äußerst vorsichtig vorzunehmen. In der zweiten Hälfte des Jahres 1972 erklärte Georges Marchais erstmals[54], man könne kein Modell des Sozialismus von einem Land auf das andere übertragen und in einem zukünftigen sozialistischen Frankreich werde es ein Mehrparteiensystem geben. Der nächste Schritt in der neuen Richtung erfolgte auf dem 20. Parteitag der KPF (13.–17. Dezember 1972), in dessen Verlauf anstelle von Waldeck-Rochet offiziell Georges Marchais als neuer Generalsekretär der KPF bestätigt wurde. Der Parteitag gab grünes Licht für eine Politik der Öffnung zu den Sozialisten und den bürgerlichen Linken. Noch wichtiger aber war der sich auf dem Parteitag offenbarende radikale Verjüngungsprozeß innerhalb der KPF, der eine Neuorientierung in der KPF begünstigte. Beim 20. Parteitag lag das Durchschnittsalter der Delegierten bei 33 Jahren.
In seinem Rechenschaftsbericht auf dem 20. Parteitag wies Marchais in Anlehnung an die Vorstellungen der KP Italiens darauf hin, daß beim Aufbau des Sozialismus ein Pluralismus autonomer politischer Parteien notwendig sei. Im zukünftigen Sozialismus würde es eine Organisationsfreiheit für die Gewerkschaften einschließlich des Streikrechts geben, und die Freiheit der Person, der kulturellen und schöpferischen Tätigkeit werde garantiert sein. Es werde auch keine offizielle Staatsideologie geben, und das Organisationsprinzip des »demokratischen Zentralismus« könne man nicht auf die gesamte Gesellschaft übertragen.
Bei den Wahlen am 4. März 1973 erhielt die KPF 21,3 Prozent aller abgegebenen Stimmen und konnte 73 Abgeordnete (von 490) in das Parlament entsenden. Die Sozialisten konnten mit 19 Prozent aller abgegebenen Stimmen ihren höchsten Gewinn seit 1946 feiern. François Mitterrand erklärte stolz, er habe sein Ziel erreicht, die KP und die Sozialisten seien nun etwa gleich stark, und damit sei »das innere Gleichgewicht der linken Kräfte realisiert«.[55]
Angesichts des Erfolgs der Sozialisten begann die KPF-Führung ihre Eigenständigkeit deutlicher zum Ausdruck zu bringen. Ende April 1973 erklärte Marchais auf einer Diskussionsver-

sammlung der KPF in Toulouse vor fünftausend Zuhörern: »Die Sowjetunion ist die Sowjetunion, Ungarn ist Ungarn, die Tschechoslowakei ist die Tschechoslowakei, Frankreich ist Frankreich. Der Weg, den wir gewählt haben, ist anders, so wie unser Land, unser Volk, unsere Gewohnheiten anders sind, und auch, weil wir uns im Jahre 1973 und nicht mehr im Jahre 1917 befinden. Der sicherste Weg zum Sozialismus ist die Erweiterung der Demokratie.«[56]

Im Mai 1973 traten Marchais und Berlinguer gemeinsam auf einer Massenkundgebung in Bologna auf und erklärten, die Beziehungen zwischen den beiden Parteien seien »in eine neue Phase« getreten. Wenige Tage später befürwortete Marchais gemeinsame Initiativen der Kommunisten, Sozialisten und der katholischen Kräfte in allen kapitalistischen Ländern Europas.[57] Immer deutlicher wurde das Einschwenken auf eine »italienische Linie«. Im Juli 1973 konstituierte sich die kommunistische Fraktion im Europaparlament in Straßburg, nachdem sich die drei französischen kommunistischen Vertreter endlich zur Teilnahme entschlossen hatten. Und im September 1973 erschien von Georges Marchais das Buch »Die demokratische Herausforderung«, in dem er, und damit die KPF, sich erstmals offen zu einem pluralistischen Gesellschaftsmodell bekannte. Er schrieb, es sei undenkbar, daß der Sozialismus in Frankreich in einem Einparteiensystem seinen Ausdruck finden könnte. Diese Erklärungen wurden jedoch weitgehend durch die Behauptungen entwertet, in Polen, der DDR und Bulgarien würden sich »einflußreiche organisierte nichtkommunistische Parteien« gemeinsam mit den Kommunisten an der Leitung des Staates beteiligen und in der Sowjetunion würde die Bedeutung der »aus allgemeinen Wahlen hervorgegangenen Organe auf allen Ebenen immer größer werden«.[58]

Die entscheidende Kraftprobe des Bündnisses der Linken waren die Präsidentenwahlen im Mai 1974. In der ersten Runde erhielt François Mitterrand, der Kandidat der Linken, 43,3 Prozent, Giscard d'Estaing 32,9 Prozent und der Kandidat der Gaullisten 14,6 Prozent. Alles konzentrierte sich nun auf die zweite Runde, die am 19. Mai 1974 stattfinden sollte und zu der nur noch zwei Kandidaten – Mitterrand und Giscard – antraten. Kurz vor dem 19. Mai, in einer innenpolitisch äußerst angespannten Situation, besuchte der sowjetische Botschafter den konservativen Kandidaten Giscard. Die KPF bezeichnete diesen Besuch als »inopportun«. Bei der zweiten Runde stimmten dann 49,33 Prozent für Mitterrand und 50,67 Prozent für Giscard! Der Sieg Giscards war äußerst knapp, ein Machtwechsel bei den Wahlen im Frühjahr 1978 schien durchaus möglich. In der französischen Bevölkerung war nach 16 Jahren gaullistischer Herrschaft zunehmend der Wunsch nach einer Veränderung zutage getreten. Es herrschte ein echtes Unbehagen, das durch die Verschlechterung der wirtschaftlichen Lage und die eklatanten sozialen Kontraste noch verschärft wurde.

Für die Führung der KP Frankreichs stand im Oktober 1974 das Verhältnis zu den Sozialisten erneut im Mittelpunkt. Bei den Nachwahlen in fünf Wahlkreisen (Ende September/Anfang Oktober 1974) konnten die Sozialisten gegenüber den Kommunisten erneut beträchtliche Stimmengewinne verzeichnen. Unter diesen Umständen entschloß sich die Parteiführung zu dem ungewöhnlichen Schritt, einen außerordentlichen 21. Parteitag (26.–28. Oktober 1974) einzuberufen, der ganz im Zeichen der Auseinandersetzung mit der Sozialistischen Partei stand. Ganz deutlich kam auf dem Kongreß die Befürchtung zum Ausdruck, daß die Sozialisten die KP Frankreichs überholen und zur stärksten Linkspartei werden könnten.

Die Gründe für das stärkere Anwachsen der Sozialisten gegenüber den Kommunisten waren klar: Erstens galten sie als seriöser, gemäßigter und unabhängiger; zweitens zogen sie linke Wähler stärker an, weil man in der Partei freier diskutieren konnte. Auch waren die Sozialisten zumindest etwas offener gegenüber Gedanken einer direkten Demokratie und Selbstverwaltung, während die Kommunisten immer noch an der Verstaatlichung festhielten.[59]

Auf dem außerordentlichen Parteitag stellte Marchais die Forderung, die KPF müsse 25 Prozent der Wähler gewinnen, man bekannte sich einerseits zur Einheit mit den Sozialisten, wollte aber gleichzeitig im Bündnis die eigene Partei um jeden Preis stärken. Damit waren die Schwierigkeiten im Bündnis der Linken offenkundig geworden.

Am 17. Mai 1975 veröffentlichte das ZK der KPF als Diskussionsgrundlage eine »Erklärung der Freiheit«, die im ganzen

Land verbreitet wurde. Dieser »Freiheitskatalog« diente ganz offensichtlich dazu, sich von den kommunistischen Regimen in Osteuropa abzugrenzen. Hier einige dieser Freiheiten aus dem Katalog:

– Es darf keine Vermengung zwischen Parteien und dem Staat geben.
– Die Mitglieder einer politischen Partei dürfen keinerlei Privilegien genießen.
– Jedermann kann frei sprechen, schreiben, drucken, verlegen, verbreiten, aufführen.
– Jede Regierung ist verpflichtet, sich dem Urteil des allgemeinen Wahlrechts zu unterwerfen.
– Die Todesstrafe wird abgeschafft.
– Wehrdienstverweigerer aus Gewissensgründen sind von militärischer Ausbildung und Waffengebrauch befreit. Sie leisten Ersatzdienst in Institutionen von öffentlichem Nutzen und dürfen anderen Jugendlichen gegenüber weder benachteiligt noch bevorzugt werden.
– Jedermann hat das Recht auf Gewissens- und Religionsfreiheit, religiöse Kultstätten sind unverletzbar.
– Kein französischer Staatsbürger darf verbannt oder ausgebürgert werden.
– Jeder Staatsbürger hat das Recht, Einsicht in seine Personalakten zu nehmen, deren Inhalt anzufechten und über deren Verwendung informiert zu werden.
– Es gibt gesetzlichen Schutz gegen willkürliche Einweisungen in eine Nervenheilanstalt. Niemand darf gegen seinen Willen in eine solche Anstalt gebracht werden.[60]

Die Aufzählung dieser Freiheiten allein macht deutlich, daß genau jene Freiheiten gemeint sind, die in den Ostblockstaaten nicht vorhanden oder gefährdet sind.

Trotzdem war die Distanzierung vom Osten immer noch widerspruchsvoll. Die Parteiführung erkannte zwar ihre Notwendigkeit, wollte aber nicht »zu weit« gehen. Erst im August 1975 betonte die KP Frankreichs ihre Eigenständigkeit deutlicher. Nach dem bereits erwähnten Sarodow-Artikel vom 6. August in der »Prawda« erklärte Marchais am 9. August 1975 auf einer Pressekonferenz: »Die Politik der KPF wird in Paris und nicht in Moskau gemacht. Die Strategie der französischen Kommunisten

besteht darin, auf dem Wege der Demokratie des Volkes zum Sozialismus zu gelangen. Sie ist auf der Einheit der Linken über das gemeinsame Regierungsprogramm gegründet.«
Die Abkehr von früheren Vorstellungen wurde erleichtert durch das Ausscheiden von zwei stalinistischen KP-Führern: Jacques Duclos starb Ende April 1975, Benoit Frachon starb im August 1975. Im Oktober 1975 setzte sich die KPF für den verhafteten und seit zwei Jahren in einer psychiatrischen Sonderklinik internierten ukrainischen marxistischen Mathematiker Leonid Pljuschtsch ein, und Frau Tatjana Pljuschtsch übergab am 15. November ausländischen Pressevertretern ihren Brief an den Generalsekretär der KPF, Marchais, in dem sie diesem für den Einsatz für ihren Mann dankte.
Ein wichtiger Schritt zur Neuorientierung erfolgte dann im November 1975 durch die berühmte gemeinsame Deklaration der KPF mit der KPI. In dieser Deklaration wurde eine Vielzahl von Gemeinsamkeiten beider Länder unterstrichen und die Zielsetzung ihrer Parteien betont, im Sozialismus alle persönlichen und kollektiven Freiheiten weiterzuentwickeln und zu verankern, darunter auch den Pluralismus politischer Parteien und das Recht auf Existenz und Tätigkeit von Oppositionsparteien. Diese Positionen ergäben sich aus der Analyse der objektiven und spezifischen historischen Bedingungen Frankreichs und Italiens. Erstmals bekundete die KPF ihre Bereitschaft, an der Europäischen Gemeinschaft mitzuwirken und Initiativen für deren Demokratisierung zu unterstützen sowie sich für die stufenweise Entwicklung eines demokratischen, friedliebenden und unabhängigen Europa einzusetzen.[61]
Mit der Unterzeichnung dieser gemeinsamen Deklaration stand die KPF nun – zumindest den offiziellen Erklärungen zufolge – im Lager des Eurokommunismus. In schneller Folge machte die Führung der KPF seit Herbst 1975 ihre Distanzierung von der Sowjetunion deutlich. Am 11. Dezember zeigte das französische Fernsehen einen geheim aufgenommenen Film über ein sowjetisches Lager, der mit einem versteckten Teleobjektiv gefilmt worden war. Er zeigte den Arbeitsappell der Häftlinge im Strafarbeitslager OZ 78 im sowjetischen Lettland. Das Politbüro der KPF erklärte am 12. Dezember 1975, dieser Film zeige »ein unerträgliches Bild von den Lebensbedingungen in diesem Arbeitsla-

ger«, und kritisierte, daß heute in der Sowjetunion Menschen wegen ihrer politischen Überzeugung vor Gericht gestellt werden. Solche durch nichts zu rechtfertigende Tatsachen könnten dem Sozialismus nur Schaden zufügen. Am 19. Dezember erklärte darauf die »Prawda« den Film als »plumpe antisowjetische Fälschung« und warf der KPF vor, sie habe mit dieser Provokation den Antikommunismus unterstützt. »L'Humanité« antwortete darauf am 20. Dezember 1975, die KPF kämpfe immer gegen den Antikommunismus und werde dies auch in Zukunft tun, aber sie könne nicht gutheißen, daß der politische Kampf durch Repressionen ersetzt werde.

Der 22. Parteitag der KPF

Diese Kontroverse fand im Rahmen der Vorbereitungen für den 22. Parteitag der KPF statt, der für den 4. bis 8. Februar 1976 einberufen worden war. Die Vorbereitungen zeigten deutlich, daß die Führung eine weitgehende Wendung beabsichtigte. Bereits in der Resolution für den Parteitag »Was die Kommunisten für Frankreich wollen« waren die zentralen Themen die demokratischen Freiheiten, die Abkehr von der Diktatur des Proletariats und das Eintreten für einen »Sozialismus in den Farben Frankreichs«.
Der 22. Parteitag, der in einem Pariser Vorort tagte, stand unter der Losung »Ein demokratischer Weg zum Sozialismus, ein Sozialismus für Frankreich«. 1522 Delegierte repräsentierten eine halbe Million Parteimitglieder. Davon waren über 93 000 allein im Jahr 1975 der Partei beigetreten. Die Jugend war in der Mehrzahl, das Durchschnittsalter der Delegierten lag bei 32,5 Jahren, und 48,5 Prozent der Delegierten waren unter 30. Etwa 46,5 Prozent der Delegierten wurden als Arbeiter eingestuft. Die KPF präsentierte sich damit in der Öffentlichkeit als eine junge, dynamische, in der Arbeiterschaft verwurzelte Partei. An dem Kongreß nahmen viele ausländische KP-Delegationen teil, darunter auch eine sowjetische unter Leitung des Politbüro-Mitglieds Andrej Kirilenko.
Generalsekretär Georges Marchais stellte seinen Rechenschaftsbericht unter das Motto »Der französische Weg zum Sozialis-

mus« und rückte drei Themen in den Vordergrund: Abkehr von der Diktatur des Proletariats, kritische Distanzierung zu manchen Erscheinungen in der Sowjetunion und die Verkündung eines eigenen französischen Weges zum Sozialismus, gestützt auf die Union der Linken.
Marchais erklärte, die Diktatur des Proletariats entspreche nicht »der Realität unserer Politik«. Die sozialistische Transformation der Gesellschaft stütze sich auf die Mehrheit des Volkes, auf der Basis freier Wahlen, und beinhalte eine weitreichende Demokratisierung des gesamten wirtschaftlichen, sozialen und politischen Lebens. Man müsse sich daher von der Diktatur des Proletariats abgrenzen, denn »im Gegensatz zu all dem erinnert die Diktatur automatisch an die faschistischen Regime Hitlers, Mussolinis, Salazars und Francos, d. h. an die Negation der Demokratie. Das ist nicht das, was wir wollen.«
Auffällig war allerdings, daß sich Marchais nur von den faschistischen Diktaturen distanzierte, nicht aber vom Stalinismus, auch die Begründungen für die Abkehr von der Diktatur des Proletariats fielen recht vage aus.
Die von Marchais proklamierte Distanzierung von der Sowjetunion wurde ebenfalls recht vorsichtig vorgenommen. Diese Vorsicht hielt Marchais offensichtlich für notwendig, da es noch viele prosowjetische Illusionen in der Partei gab, was auch auf dem Kongreß selbst zum Ausdruck kam. Bei der Begrüßung der 88 Delegationen erhielt die sowjetische Delegation mit dem Politbüro-Mitglied Kirilenko den weitaus größten Applaus.[62]
Marchais erklärte, die KPF hätte mit den herrschenden Parteien der Ostblockstaaten gemeinsame Doktrinen, einen gemeinsamen Gegner und die gleiche Leidenschaft für den Sozialismus. Der Sozialismus habe in der Sowjetunion einen gewaltigen historischen Fortschritt erzielt, darunter die Abschaffung der Ausbeutung des Menschen durch den Menschen, aber auch die Errichtung einer Wirtschaft, die sich ohne Krisen, ohne Arbeitslosigkeit und ohne galoppierende Preiserhöhungen entwickelt habe. Die KPF sei jedoch mit manchen repressiven Maßnahmen in den sozialistischen Ländern nicht einverstanden, und man könne es nicht zulassen, daß das kommunistische Ideal durch »ungerechte und ungerechtfertigte Akte befleckt wird«.
Zum dritten Aspekt, der Bekräftigung eines eigenen demokrati-

schen Weges zum Sozialismus für Frankreich, sagte Marchais: »Die kommunistische Weltbewegung ist weder eine Kirche noch eine zentralisierte Organisation, die jeden bindenden Anordnungen und einem einheitlichen Gesetz unterwirft.« Der Übergang zum Sozialismus werde sich zwangsläufig in sehr unterschiedlichen Formen vollziehen: »Es gibt kein Modell des Sozialismus und kann es auch gar nicht geben, das man von einem zum andern Land übertragen und das man kopieren könnte. Wir schlagen deshalb unserem Volk einen demokratischen Weg vor, um einen Sozialismus in den Farben Frankreichs zu schaffen.«

Stark unterstrich Marchais die nationale Frage und die französische Souveränität. Er bezeichnete es als wesentliches Kampfziel der KPF, alles zu tun, um »Frankreich seine Unabhängigkeit und seine Souveränität zu sichern, d. h. seinem Volk die freie Entscheidung und eine wirksame internationale Aktion vorzubehalten«. Marchais weiter: »Die nationale Unabhängigkeit ist keineswegs eine überholte Vorstellung. Sie ist eine große Forderung unserer Zeit.« Es könne nichts Aktuelleres und Moderneres geben als den Kampf für die Unabhängigkeit, die Souveränität und das Aufblühen Frankreichs. Die Kommunistische Partei rufe deshalb alle Demokraten und Patrioten des Landes auf, »ihren Beitrag zu diesem nationalen Kampf zu leisten«.[63]

Zweifellos war der 22. Parteitag für die KPF ein großer Schritt nach vorn. Aber im Vergleich zu anderen eurokommunistischen Parteien, etwa der KP Italiens, Spaniens, Japans, Australiens und Schwedens, stand das Ergebnis dieses Parteitages noch weit zurück. Die Kritik der KPF an der Sowjetunion beschränkte sich auf einige negative Aspekte, bei gleichzeitiger Beschönigung der allgemeinen Situation und ohne jegliche Gesamtanalyse. Die Bündnispolitik wurde zwar betont, aber nicht, wie etwa bei der KPI, fundiert begründet. Im Unterschied zu anderen eurokommunistischen Parteien wurde der europäische Gedanke, die Gemeinsamkeiten der kommunistischen Parteien in den entwickelten Industriestaaten, kaum erwähnt, die nationalen Tendenzen dagegen stark hervorgehoben. Bei der Abkehr von der Diktatur des Proletariats fehlte jede tiefere marxistische Analyse für die neue Position, auch jegliche Selbstkritik, weshalb sich noch der 17. Parteitag von 1964 ausdrücklich für die Diktatur des Pro-

letariats erklärt hatte.
So betrachtet glich die Kursschwenkung des 22. Parteitages für viele Beobachter – keineswegs nur für Gegner! – eher einer Verordnung von oben als einer von der Überzeugung der breiten Mehrheit getragenen Notwendigkeit. Wiederholt wurde auch darauf verwiesen, daß jeder selbstkritische Rückblick und jegliche wissenschaftliche Analyse fehlten. Trotzdem darf man die entscheidende Bedeutung des 22. Parteitages der KPF für ihre weitere Entwicklung nicht übersehen.[64]
Nach dem Parteitag spitzten sich die Spannungen zwischen den französischen und sowjetischen Kommunisten weiter zu. In ihrem Parteitagsbericht verschwieg die »Prawda« den Beschluß, die Formulierung von der Diktatur des Proletariats fallenzulassen.[65] Wenige Tage später brachte das führende sowjetische Parteiorgan seine Beunruhigung darüber zum Ausdruck, daß zugunsten einer Einheit der Linken zweifelhafte Argumente vorgebracht würden, die eine ideologische »Sozialdemokratisierung« der kommunistischen Parteien bedeuten könne.[66]
Zum 25. Parteitag der KPdSU (Februar/März 1976) fuhr anstatt Generalsekretär Marchais das Politbüro-Mitglied Plissonier, der in Moskau die neuen Thesen der KPF verkündete, was auch von den kritischen Sowjetbürgern registriert wurde. Nach dem sowjetischen Parteitag meinte der Bürgerrechtler und Nobelpreisträger Andrej Sacharow, es sei schwer, etwas über die französische KP zu sagen, denn die Wendung sei so plötzlich und vollziehe sich erst seit kurzer Zeit, so daß man sie noch nicht als definitiv ansehen könne. Falls die neue Linie aber beibehalten und vertieft werde, würde das französische Phänomen von größter Bedeutung sein, ja sogar revolutionär im Kontext zur gesamten kommunistischen Weltbewegung.[67] Die französischen Kommunisten selbst analysierten den 25. sowjetischen Parteitag recht kritisch. Nach Auffassung der Zeitschrift »La Nouvelle Critique«, die der KPF nahesteht, sei keines der wichtigen politischen Probleme und keine der neuen Fragen behandelt worden. Alles sei so abgelaufen, als ob die politische Debatte bewußt eingefroren wurde. Man habe alles beim alten lassen wollen.[68]
Eine entscheidende Rolle spielte die auf dem 22. Parteitag der KPF dokumentierte Wende bei den Kommunalwahlen in Frankreich vom 7. und 14. März 1976. Hier vollzog sich ein Erdrutsch.

Von den 39 französischen Großstädten mit über 100 000 Einwohnern hatte die Linksunion bei den Wahlen von 1971 12 erobert, jetzt stieg die Zahl auf 22. Von den 182 Städten zwischen 100 000 und 30 000 Einwohnern hatte bei den Wahlen 1971 die Linke in 86 Städten die Mehrheit erhalten. Nun schnellte deren Zahl auf 133 hoch. Selbst konservative Hochburgen Frankreichs wie Brest, Cherbourg, Nantes und Rennes gingen nun in die Hände der Linken über.
Beim zweiten Wahlgang am 14. März kam es allerdings für die KPF zu alarmierenden Entwicklungen. Bei der Stichwahl stimmten zwar 85 Prozent aller Kommunisten für den jeweiligen favorisierten Kandidaten der Sozialisten, fast ein Drittel der Sozialisten aber weigerte sich, für den favorisierten kommunistischen Kandidaten zu stimmen. Unter diesen Umständen traten die Kommunisten kurz nach den Wahlen erstmals dafür ein, künftig schon im ersten Wahlgang einen gemeinsamen Kandidaten der Linken vorzuschlagen. Dieser Vorschlag wurde jedoch von den Sozialisten abgelehnt.[69]
Die Gemeindewahlen hatten gezeigt, daß ein Sieg der Linksunion im Frühjahr 1978 durchaus möglich war, aber bei einem Sieg die Sozialisten die Kommunisten weit überflügeln würden und die Kommunisten bestenfalls als Juniorpartner in einer Regierung der Linken wirken könnten. Diese Erkenntnis führte dazu, daß die KPF kurz nach den Wahlen zwei neue Akzente in ihrer Politik deutlicher machte: einerseits eine noch schärfere Abgrenzung vom sowjetischen Kommunismus, um breitere Wählerschichten zu gewinnen, andererseits aber auch eine zunehmend eigenständige Politik im Rahmen der Linksunion, um sich im Bündnis deutlicher zu profilieren. Diese Politik sollte schon bald zu Auseinandersetzungen mit den Sozialisten führen.

Die zunehmende Kritik der KPF an der Sowjetunion

Die zunehmende Distanzierung wurde bereits im April 1976 deutlich durch die Reise einer französischen KP-Delegation nach Japan und eine gemeinsame Deklaration der KPF und der KP Japans, die zu dieser Zeit gerade in einer erbitterten Kontroverse mit der Sowjetunion stand. Eine kritischere Haltung zur Sowjet-

union wurde von Marchais auch auf der Ostberliner Konferenz der europäischen kommunistischen Parteien im Juni 1976 zum Ausdruck gebracht, und zwar mit so weitgehenden Formulierungen, daß mit Ausnahme von »Neues Deutschland« alle übrigen Ostblockstaaten die Marchais-Rede nur stark zensiert veröffentlichten.
Seit Sommer 1976 gab es Anzeichen für eine Solidarisierung mit sowjetischen Dissidenten. Der oppositionelle Mathematiker und Marxist Leonid Pljuschtsch wurde nach seiner Ausbürgerung von der KPF empfangen, Mitte Oktober 1976 nahm das ZK-Mitglied Pierre Juquin an einer Veranstaltung des von Pljuschtsch gegründeten Komitees teil und erläuterte dort den Standpunkt der KPF. Unmittelbar darauf äußerte die sowjetische Nachrichtenagentur TASS ihr Befremden darüber, daß die französischen Kommunisten sich an einer solch »schmutzigen Veranstaltung« beteiligen würden. Die KPF beharrte jedoch auf ihrem Standpunkt und veröffentlichte anschließend den Text der Rede Juquins auf der genannten Veranstaltung in einer Auflage von 6 Millionen Exemplaren.
Die Parteizeitung »L'Humanité« wandte sich im Dezember 1976 mit aller Schärfe gegen die Ausbürgerung Wolf Biermanns aus der DDR: »Wir halten es für unzulässig, daß ein Mensch, der für Ideen kämpft, die er für richtig hält, vor die unerträgliche Wahl zwischen Gefängnis oder Verbannung gestellt wird.«[70] Für das Bild der KPF in der Öffentlichkeit war jedoch vor allem die Mitte Dezember erfolgte Neuaufführung des Films »Das Geständnis« von entscheidender Bedeutung. Dieser Film ist nach dem autobiographischen Bericht Arthur Londons gedreht worden, einem der drei nicht zum Tode verurteilten Angeklagten des Slansky-Prozesses in der Tschechoslowakei im Dezember 1952. Als der Film 1970 in Paris zum erstenmal gezeigt worden war, hatte ihn die »Humanité« schärfstens abgelehnt. Diesmal aber fand eine Fernsehdiskussion mit Arthur London, seiner Frau Lise, dem Politbüro-Mitglied der KPF Jean Kanapa und dem ehemaligen Direktor des tschechoslowakischen Fernsehens während des »Prager Frühlings«, Jiri Pelikan, statt. In der Diskussion erklärte Kanapa, der Film sei ein Werk von totaler Authentizität, eine Hilfe für jene, die für den Sozialismus kämpfen.[71] Daraufhin griff die tschechoslowakische Parteizeitung »Rude Pravo« die KPF an

und schrieb, es handle sich bei diesem Film um »Schund aus dem antikommunistischen Arsenal«, der zu einer »antikommunistischen Provokation« hervorgeholt worden sei.[72] Die Kampagne setzte sich fort, als im Januar 1977 die KPF gegen die Unterdrükkungsmaßnahmen in der Tschechoslowakei im Zusammenhang mit der »Charta 77« intervenierte.[73]
Die ersten Schritte zu einer grundlegenden Auseinandersetzung tat schließlich der Historiker Jean Elleinstein, stellvertretender Direktor des Marxistischen Studien- und Forschungszentrums der KPF, mit seinen Büchern »Geschichte des Stalinismus« und »Geschichte der KP Frankreichs«. Ende Januar 1977 wurde er von der sowjetischen Wochenzeitung »Neue Zeit« beschuldigt, die Schwierigkeiten und die Verletzung der sozialistischen Gesetzlichkeit maßlos übertrieben zu haben. Seine Darstellung über die Flüchtlinge und Emigranten, über die Schwäche der Demokratie, den Mangel an Freiheit und die Verfolgung der Dissidenten in der Sowjetunion sei »der antikommunistischen Propaganda entlehnt«.[74] Die »Humanité« antwortete darauf mit einem Zitat aus der Resolution der europäischen KP-Konferenz vom Juni 1976: »Die Kommunisten betrachten nicht alle, die mit ihrer Politik nicht einverstanden sind oder eine kritische Haltung zu ihrer Tätigkeit einnehmen, als Antikommunisten.«
Am 22. Februar 1977 trat Generalsekretär Georges Marchais gemeinsam mit dem sowjetischen Historiker und Dissidenten Andrej Amalrik in einer Diskussion vor dem französischen Fernsehen auf. Wenn auch gewisse Unterschiede zwischen Marchais und Amalrik sichtbar wurden, so war doch auffallend, daß Marchais dabei erklärte, für französische Kommunisten sei »die Freiheit unteilbar«, und daher können »wir nicht einverstanden sein mit Verhaftungen und Verfolgungen irgendeiner Art aus Gewissensgründen in irgendeinem Land, einschließlich der Sowjetunion«. Man dürfe allerdings die Freiheit nicht nur in sozialistischen Ländern verteidigen, sondern müsse dies auch in kapitalistischen Ländern tun.[75]
Anfang März 1977 griff Jean Elleinstein in einem Interview ein weiteres heißes Eisen an – die möglichen zukünftigen Wandlungen in der Sowjetunion und die Rolle der Bürgerrechtsbewegungen. Elleinstein meinte, es sei das Ziel der sowjetischen Entspannungspolitik, daß diese zu keinem Sozialismus mit menschlichem

Antlitz, zu keinem »Prager Frühling« führe. Daher sei es für Moskau sehr peinlich, wenn sich oppositionelle Bewegungen in Osteuropa entwickeln, die nicht etwa gegen den Sozialismus kämpfen, sondern ihn demokratisieren wollen, wie das etwa bei der Bewegung der »Charta 77« in der Tschechoslowakei, bei manchen sowjetischen Dissidenten und bei der Bewegung der polnischen Arbeiter und Intellektuellen deutlich geworden sei.

Über die zukünftigen Veränderungen in der Sowjetunion und anderen sozialistischen Ländern befragt, erklärte Elleinstein, diese seien nicht auf internationalem Wege zu erreichen, sondern nur durch innere Modifizierung, die aus der eigenen Entwicklung eines jeden dieser Länder hervorgehe. Die Entspannung könne diese Entwicklung beeinflussen, aber nur in begrenztem Maße. Ein demokratischer Sozialismus in Frankreich könnte sehr wohl zu einem Anziehungspol für alle jene werden, die in der Sowjetunion und in den europäischen sozialistischen Ländern nach mehr Demokratie im existierenden Sozialismus strebten.[76]

Als dann Anfang Juni 1977 der bevorstehende Besuch des sowjetischen Generalsekretärs Breschnew bekannt wurde, erklärte Marchais dazu, es sei ausgeschlossen, daß sich die französischen Kommunisten mit dem sowjetischen Generalsekretär auf eine Diskussion ihrer gegenwärtigen politischen Grundsätze einließen. Die Zeiten, in denen es ein einheitliches Zentrum für sämtliche Fragen des Kommunismus gegeben habe, seien ein für allemal vorüber. Es stehe auch noch nicht fest, ob er, Marchais, Breschnew bei seinem offiziellen Besuch Ende Juni in Frankreich sehen werde. Es sei schließlich nicht nötig, daß die Leitung der französischen KP bei jedem Paris-Besuch des sowjetischen Parteichefs mit diesem zusammenträfe.[77] Tatsächlich gab es dann auch beim Frankreich-Besuch von Breschnew Ende Juni 1977 keine Begegnung mit den französischen Kommunisten.

Verstärkung der nationalen Akzente

Seit den Gemeindewahlen im März 1976 hatten sich immer deutlicher Bestrebungen der KPF bemerkbar gemacht, die nationale Karte stärker auszuspielen und sich gegenüber den erstarkenden Sozialisten als eigenständige Partei klarer zu profilieren. Das wurde bereits Ende März 1976 sichtbar, als das ZK der KPF beschloß, sich aus nationalen Motiven für das französische Überschallflugzeug »Concorde« einzusetzen. Die KPF rief nicht nur die Arbeiter der Flugzeugindustrie, sondern alle Werktätigen auf, »den nationalen Besitzstand zu verteidigen«. Die Kommunisten, so erklärte Marchais auf der Tagung des ZK, »fühlen sich der nationalen Unabhängigkeit verpflichtet«.[78] Es müsse alles getan werden, um die »Concorde« weiterzuentwickeln. Die KPF sei entschlossen, sich entschieden an die Spitze des Kampfes gegen die »Politik der Liquidierung und des Ausverkaufs der Interessen der Nation« zu stellen.[79]

Ein nächster Schritt wurde im Juni 1976 deutlich, als die KPF die Forderung erhob, das gemeinsame Regierungsprogramm der Union der Linken vom Juni 1972 zu ändern und den neuen Bedingungen anzupassen. Zu einer Profilierung der eigenen Partei muß wohl auch der Vorschlag der KPF vom 12. November 1976 gerechnet werden, den linken Flügel der Gaullistenpartei UDR aufzurufen, sich der Linksunion anzuschließen. Marchais erklärte, alle jene, die für die Unabhängigkeit Frankreichs, seinen wirtschaftlichen Aufschwung und sozialen Fortschritt eintreten, sich aber noch nicht bereit fänden, der KPF beizutreten, könnten neben Kommunisten, Sozialisten und Linksliberalen eine vierte Komponente im Rahmen der Linksunion bilden. Dieser Vorschlag wurde jedoch von den Sozialisten abgelehnt.

Trotz der starken nationalistischen Akzente mußte die KPF-Führung den für Juni 1979 vorgesehenen Direktwahlen zum Europaparlament Rechnung tragen. Eine völlige Abstinenz war unter diesen Bedingungen unrealistisch. So verkündete Georges Marchais am 19. April 1977 in einem Rundfunkinterview die Absicht seiner Partei, unter gewissen Garantien ihre bis dahin deutlich gemachten Vorbehalte gegen eine Direktwahl französischer Abgeordneter zum Europaparlament zurückzuziehen. Die Sozialisten waren stets für die Europawahlen, die Kommunisten hatten sich immer gegen eine solche Direktwahl ausgesprochen, weil sie dies als eine Einschränkung der Souveränität des nationalen Parlaments ansahen. Nun erklärte Marchais, wenn im Ratifizierungsgesetz klare, verbindliche und zwingende Klauseln hinsichtlich der Vollmachten dieses Europaparlaments enthalten seien, die nicht über das in den Römischen Verträgen Festgelegte hinausgehen und damit verhindern würden, daß das französische Parlament und die eigene Verfassung ausgehöhlt werde, dann würden die Kommunisten ihre Haltung zur Direktwahl überprüfen.[80] Diese Erklärung Marchais' wurde von den Sozialisten begrüßt.

Vorübergehend schien es, als ob die Unterschiede der beiden großen Linksparteien in der Europapolitik abgeschwächt worden seien. Davon konnte aber keine Rede sein, denn seit Mai 1977 verstärkten sich erneut die Differenzen zwischen Kommunisten und Sozialisten. Diese Differenzen begannen damit, daß sich Jean Kanapa am 11. Mai 1977 für eine französische Atomstreitmacht aussprach. Kanapa begründete dies damit, daß sich die konventionellen Streitkräfte in einem fortschreitenden Niedergang befänden und keine wirksame Landesverteidigung mehr gewährleisten könnten. Georges Marchais unterstrich auf derselben ZK-Tagung in seinem Schlußwort, daß eine neue Lage entstanden sei, weil die atomare Bewaffnung das einzige wirksame Mittel der Verteidigung wäre und man daher nicht darauf verzichten könne. Eine Regierung der Vereinigten Linken sei entschlossen, die Unabhängigkeit Frankreichs mit allen Mitteln zu verteidigen. »Wir wollen«, erklärte Marchais, »daß morgen keine Macht den geringsten Zweifel hat an unserer Entschlossenheit, mit allen uns zur Verfügung stehenden Mitteln die Souveränität unseres Landes, die Unantastbarkeit seines Territoriums und die Sicherheit der friedlichen Arbeit seines Volkes zu verteidigen.« Während für das Giscard-Regime die Atomwaffe ein Element der NATO-Strategie sei, wäre sie für die KPF ein Abschreckungsmittel, das die Sicherheit Frankreichs gegen jede Drohung, woher sie auch komme, gewährleisten soll.[81] Damit war die KPF eindeutig vom gemeinsamen Regierungsprogramm der Linken vom Juni 1972 abgerückt, denn dort hatte es geheißen: »Verzicht auf die strategische nukleare Force de Frappe in jeglicher Form, Einstellung des Aufbaus der französischen Force

de Frappe.«
Vor diesem Hintergrund fand am 17./18. Mai 1977 die sogenannte Gipfelkonferenz der Union der Linken statt, auf der sich die drei Parteien über die Aktualisierung des Regierungsprogramms vom Juni 1972 einigten. Eine gemeinsame Arbeitsgruppe von je fünf Parteidelegierten sollte das gemeinsame Regierungsprogramm den wirtschaftlichen und sozialen Verhältnissen von heute anpassen.[82]

Die Angriffe der KP Frankreichs auf die Sozialisten

Im Laufe des Sommers 1977 kam es zwischen Sozialisten und Kommunisten vor allem über Zahl und Umfang der zu nationalisierenden Betriebe und Unternehmen zu weiteren Auseinandersetzungen. Im gemeinsamen Programm von 1972 waren neun Industriegruppen sowie die Banken und das Versicherungswesen für die Nationalisierung vorgesehen. Über die Filialen der Unternehmen gab es damals keine präzisen Absprachen. Die Kommunisten verlangten nun die Nationalisierung aller Unternehmen, in denen die erwähnten neun Industriegruppen (bzw. der Staat) mehr als die Hälfte aller Aktien besitzen, und forderte zusätzlich noch die Nationalisierung der Eisenindustrie. Die Sozialisten erklärten sich dagegen nur zur Nationalisierung jener Unternehmen bereit, in denen die neun Industriegruppen (bzw. der Staat) 94 Prozent der Aktien besitzen. Über eine mögliche Nationalisierung der Eisenindustrie sowie der ebenfalls in der Diskussion befindlichen Peugeot- und Citroën-Werke sollte erst nach der Regierungsbildung verhandelt werden.
Obwohl sich die Standpunkte immer mehr annäherten, blieben noch gewisse Unterschiede offen. Aber so groß, wie die hitzigen Diskussionen sie aufbauschten, waren diese Unterschiede gewiß nicht. Nach den Vorschlägen der KPF sollen 729 französische Unternehmen mit insgesamt 600 000–650 000 Arbeitern und Angestellten nationalisiert werden, während nach dem Vorschlag der Sozialisten 227 Betriebe mit ungefähr 500 000 Arbeitern im Gespräch waren. Schließlich gab es noch Unterschiede in den Meinungen über den Minimallohn. Das Regierungsabkommen vom Juni 1972 hatte 2200 Francs als Minimallohn festgelegt.

Die KP schlug nun angesichts der Inflation einen Mindestlohn von 2400 Francs vor, während die Sozialisten bei den erwähnten 2200 Francs blieben und erst nach der Regierungsbildung mit den Gewerkschaften eventuelle Steigerungen aushandeln wollten.
Der eigentliche Grund der plötzlichen Verhärtung zwischen den Partnern lag offensichtlich in der Befürchtung, daß die Kommunisten dem immer mächtiger werdenden sozialistischen Bündnispartner nicht mehr gewachsen sein könnten. So wurde auch nach dem Abbruch der Verhandlungen von den Kommunisten nicht mehr die Union der Linken, sondern die Stärke der eigenen Partei wieder hervorgehoben. Die KPF befürchtete wohl, daß die Vorteile einer siegreichen Linksunion – der Ausbruch der KPF aus dem Getto, der Beweis ihrer Regierungsfähigkeit, die Übertragung größerer Ministerien im Wirtschafts- und Sozialbereich an die KPF – die Nachteile für die Partei nicht ausgleichen würden, nämlich den ideologischen Substanzverlust, den Verlust der Kampfstärke und eine drohende »Sozialdemokratisierung« der Partei. Umgekehrt dürften die Sozialisten an den Bruch die Hoffnung geknüpft haben, ohne eine zu enge Allianz mit der KP in neue Wählerschichten der bürgerlichen Mitte vorzustoßen, um so vielleicht die 40-Prozent-Grenze der Stimmen zu überschreiten und damit zur stärksten Partei Frankreichs zu werden, was nach dem französischen Wahlrecht die absolute Mehrheit in der Nationalversammlung bedeuten würde.
Die Konflikte innerhalb der Linksunion führten zu einer großen Verwirrung und Desillusionierung der linken Wählerschaft. Die wirklichen Gründe für die plötzlich einsetzende Kampagne gegen die Sozialisten lagen offensichtlich darin, daß a) die französische KP-Führung angesichts der gegenüber 1972 beträchtlich verschlechterten Wirtschaftslage nur noch ein geringes Interesse daran hatte, unter solchen Bedingungen an der Regierungsverantwortung beteiligt zu sein, daß b) die KP-Führung Frankreichs bei einem Wahlsieg der Linken befürchtete, gegenüber den Sozialisten ins Hintertreffen zu geraten und lediglich die »zweite Geige« zu spielen und c) durch ein langfristiges Bündnis mit den Sozialisten die eigene zentralistische Parteistruktur und die militante Kampfkraft der Partei einzubüßen.
Der Kurswechsel der KPF-Führung und die ständigen Angriffe

gegen den sozialistischen Bündnispartner schwächten die Union der Linken bei den entscheidenden Parlamentswahlen am 12. März 1978; sie erhielt lediglich 45,2 Prozent der Stimmen (die Regierungsparteien bekamen dagegen 46,5 Prozent). Im Rahmen der – faktisch bereits zerfallenen – Union der Linken erreichte die KP Frankreichs einen Anteil von 20,6 Prozent (die Sozialisten bekamen 22,6 Prozent). Nach der Wahlniederlage vom März 1978 erklärte KPF-Generalsekretär Marchais, die Sozialisten seien an der Niederlage schuld, und ihre zunehmende Wendung zum »Sozialdemokratismus« müsse bekämpft werden.[83]

Innerhalb der KP Frankreichs kam es zu beträchtlichen Diskussionen, wobei besonders die ausführlichen kritischen Stellungnahmen von Louis Althusser[84] und vom KP-Historiker Jean Elleinstein[85] weit über Frankreich hinaus Aufsehen erregten – um so mehr, als Auszüge der Kritik Elleinsteins auch vom italienischen KP-Organ »Unità«[86] veröffentlicht wurden. Der Generalsekretär der KP Spaniens, Santiago Carrillo, kritisierte ebenfalls die KP Frankreichs, sowohl wegen ihrer Politik gegenüber den Sozialisten, als auch wegen ihrer Ablehnung, Spanien in die EG zuzulassen. Dies sei, so Carrillo, ein Bruch mit dem, was man unter Eurokommunismus verstehe.[87]

Der von der KPF-Führung Mitte Februar 1979 veröffentlichte Resolutionsentwurf zum bevorstehenden 23. Parteitag beinhaltet eine weitere Abwendung von den ersten Ansätzen einer eurokommunistischen Entwicklung. Im Resolutionsentwurf[88] wurde das gemeinsame Regierungsprogramm mit den Sozialisten vom Juni 1972 nicht mehr erwähnt, und den Sozialisten wurde eine Politik der »Klassenkollaboration« vorgeworfen. Eine gemeinsame Linke könne sich nur durch Aktionen an der Basis entwickeln – was fatal an die Politik der »Einheitsfront von unten« der 20er Jahre erinnert. Zwar wurde die Losung vom »Sozialismus in den Farben Frankreichs« bekräftigt, gleichzeitig jedoch von einer »global positiven Bilanz« der Länder des realen Sozialismus gesprochen. Die ideologische Grundlage der KPF sei der von Marx und Engels begründete wissenschaftliche Sozialismus, der »von Lenin und anderen führenden Theoretikern der Arbeiterbewegung weiterentwickelt worden« sei. Vom Eurokommunismus war nicht mehr die Rede. Im außenpolitischen Teil wurde

das nationale Interesse Frankreichs stark hervorgehoben, jegliche Entwicklung der EG über die Römischen Verträge hinaus schärfstens abgelehnt und eine Erweiterung der EG durch Griechenland, Portugal und Spanien bekämpft.
Unter diesen Bedingungen verstärkten sich die kritischen Strömungen bei einem Teil der Mitglieder und Funktionäre der KPF, die ihre Auffassungen jedoch in der Regel nicht in der Parteizeitung »L'Humanité«, sondern in »Le Monde« und der am 12. März 1979 neugeschaffenen Wochenzeitung kritischer Kommunisten »Maintenant« veröffentlichten. Die Kritiker forderten vor allem eine deutlichere Abgrenzung von der Sowjetunion, wobei Jean Elleinstein erklärte, die Sowjetunion sei nicht nur kein Modell und Vorbild, sondern vielmehr ein Anti-Modell. Er, Elleinstein, fühle sich Sacharow und Schtscharanski näher als Breschnew, Bahro näher als Honecker, Sabata näher als Bilak. Der Resolutionsentwurf der Parteiführung führe in eine neue Eiszeit, und man könne die Probleme nicht durch einen »Gallo-Kommunismus« lösen.[89] Sowohl Elleinstein als auch andere Kritiker forderten eine Annäherung an die Konzeption der strukturellen Reformen, ein sachlicheres Verhältnis zu den Sozialisten sowie vor allem eine Demokratisierung der Parteistruktur, darunter die Möglichkeit freier innerparteilicher Diskussionen, die Veröffentlichung der Abstimmungen bei ZK-Sitzungen und eine ungehinderte Diskussion in der Parteipresse.
Auf dem vom 8. bis zum 13. Mai 1979 abgehaltenen 23. Parteitag der KP Frankreichs, an dem 2000 Delegierte teilnahmen, die fast 700 000 Parteimitglieder vertraten, wurde der bereits deutlich sichtbare Rückschlag offiziell bekräftigt. Das Organisations- und Führungsprinzip des »demokratischen Zentralismus« in seiner sowjetischen Auslegung wurde bestätigt, die Sozialisten wurden erneut scharf angegriffen und erklärt, das Bündnis der Linken solle nicht durch Abkommen der Führungen, sondern durch gemeinsame Aktionen der Basis hergestellt werden. Der »französische Weg zum Sozialismus« solle zwar einerseits ein demokratischer und pluralistischer Weg sein, andererseits aber auch der Weg eines entschlossenen und wachsamen Klassenkampfes. Das italienische KP-Organ »Unità« erklärte in einem Bericht über den 23. KPF-Parteitag, das allgemeine Bild der französischen Linken bleibe widerspruchsvoll, denn weder Sozialisten

noch Kommunisten könnten erklären, was an die Stelle des gemeinsamen Programms als Strategie treten solle. Es könne kein Zweifel darüber bestehen, daß neuerliche Rivalitäten zwischen den beiden Linksparteien entstanden seien.[90] Es ist ganz offensichtlich, daß bei der KP Frankreich der Prozeß der Neuorientierung noch weit hinter dem anderer eurokommunistischer Parteien zurückbleibt. Der autoritäre Charakter der KP Frankreichs, die nationale, zum Teil sogar direkt nationalistische Orientierung, das weitgehende Festhalten an zentralistisch-bürokratischen Parteistrukturen und die äußerst widerspruchsvolle Bündnispolitik (die zudem bereits in ihren ersten Anfängen abgebrochen wurde) lassen die KP Frankreichs nicht als authentische eurokommunistische Partei erscheinen, sondern bestenfalls als »eurokommunistische Partei im Kandidatenstand«.

Die weitere Entwicklung der französischen KP wird von der Tiefe und Glaubwürdigkeit des beginnenden, bisher sich aber nur sehr widerspruchsvoll vollziehenden Wandlungsprozesses abhängen. Dieser Prozeß erfolgt im Scheinwerferlicht einer wachen französischen Öffentlichkeit und nicht zuletzt unter den kritischen Augen der fast 700 000 Mitglieder und 5 Millionen Wähler der KP Frankreichs.

3.

Die KP Spaniens – neue Wege, neue Ziele im Kampf gegen eine prosowjetische Splittergruppe

Neben der KP Italiens vertritt die KP Spaniens am deutlichsten und klarsten die neuen Konzeptionen des Eurokommunismus, teilweise sogar noch weitergehend als die KP Italiens. Dies scheint um so bedeutsamer, als die Abkehr von früheren sowjetischen Schablonen nicht wie in Italien unter den Bedingungen einer parlamentarischen Demokratie erfolgte, sondern während des illegalen Kampfes unter dem zu Ende gehenden Franco-Regime.

Santiago Carrillo, seit 1960 Generalsekretär der KP Spaniens, hat die Entwicklung des spanischen Kommunismus selbst so zusammengefaßt: »Von 1939 bis 1975 bedeutete unsere Geschichte 36 Jahre Illegalität, Verfolgungen, davon dreißig Jahre Wirksamkeit in einem dunklen Tunnel, in dem es darauf ankam, die verfolgten Organisationen zu retten: mit alten Kadern, die müde wurden oder in der Emigration resignierten, mit jungen Kadern, die im Ausland geboren sind und keine Verbindung mit dem Land haben, keine Beziehungen zur Vergangenheit. Es war eine schwere Aufgabe, unter solchen Bedingungen eine Partei zusammenzuhalten, zumal es viele Irrtümer und viele Niederlagen gab . . . Es war eine Sisyphusarbeit, die wenig Genugtuung brachte. Erst seit ein, zwei Jahren erblickten wir das lichte Ende des Tunnels, ging es uns wie einer Pflanze nach dem Winter. Heute ist die Partei ein Faktor, ein Protagonist, eine große Sache.«[91]

Die Entwicklung der KP Spaniens in den ersten Nachkriegsjahren (1945–1949)

Die Hoffnung der spanischen Kommunisten, nach dem Ende des Zweiten Weltkrieges und der Niederlage des Faschismus würden die Alliierten dazu beitragen, auch das Franco-Regime zu eliminieren, erwies sich als Trugschluß. Schon vorher hatten die spanischen Kommunisten in Algerien begonnen, Partisanengruppen für eine spätere Erhebung auszubilden. Während des Zweiten Weltkrieges hatten mehr als 12 000 spanische Kommunisten am bewaffneten Kampf der Résistance in Frankreich teilgenommen. Die meisten gehörten zur Organisation der »Agrupacion de Guerrilleros Españoles«. In der illegalen Widerstandsbewegung in Spanien selbst kämpften die Kommunisten gemeinsam mit den Sozialisten, Sozialdemokraten, Republikanern und anderen Franco-Gegnern. Die Führung der KP Spaniens bestand deshalb im Mai 1945 aus unterschiedlichen Zentren. In Moskau leitete die Generalsekretärin der Kommunistischen Partei, Dolores Ibarruri (»La Pasionaria«), die Partei. Sie war die Nachfolgerin des Generalsekretärs José Díaz, der in der Sowjetunion unter noch nicht ganz geklärten Umständen im März 1942 gestorben war. Der KP Spaniens gehörte sie seit deren Gründung an, war mehrere Male im Gefängnis, wurde nach dem Sieg der Volksfront 1936 Abgeordnete der Cortes und leitete die spanische KP-Delegation zum 7. Weltkongreß der Komintern 1935. Ein zweites Zentrum befand sich in Mexiko unter Leitung von Vicente Uribe, der während des Bürgerkrieges in der Volksfrontregierung Landwirtschaftsminister gewesen war. Schließlich existierte in Argentinien noch ein drittes Organisationszentrum mit dem damaligen (und 1964 ausgeschlossenen) führenden KP-Funktionär Fernando Claudin.

Schon vor Kriegsende gab es zwischen diesen Zentren interne Konflikte. Jesus Hernández – während des Bürgerkrieges Generalkommissar für die Truppen der Zentral- und Südfront, Minister für Volksbildung in der Volksfrontregierung sowie Mitglied des Politbüros der KP Spaniens – war im Mai 1943 aus Moskau nach Mexiko entsandt worden, wo er 1945 mit der Partei brach, sich für einen unabhängigen sozialistischen Kurs einsetzte und dabei Konzeptionen vertrat, die heute, 30 Jahre später, zum

eurokommunistischen Allgemeingut der KP Spaniens gehören.
In Spanien selbst bereitete die illegale KP bei Kriegsende eine nationale Erhebung mit Hilfe der in Frankreich lebenden spanischen Partisanen vor, die sich an der spanischen Grenze konzentrierten, um die Befreiung Spaniens mit der Waffe zu erzwingen. Sie wollten in kleinen Gruppen nach Spanien eindringen und dort den Aufstand inszenieren. Über Funk bestand ein Kommunikationssystem unter den einzelnen Partisanengruppen. Mehr als drei Jahre, von 1945 bis 1948, wirkten diese Partisanengruppen, unterstützt von der illegalen spanischen KP. Der Kampf der Jugoslawen unter Führung Titos war ihr Vorbild. Im Mai 1948 – nur einen Monat vor dem Bruch Jugoslawiens mit Moskau – fuhr eine Delegation der spanischen KP unter Führung von Santiago Carrillo zu Tito mit der recht ungewöhnlichen Bitte, die Jugoslawen möchten mithelfen, Fallschirmeinsätze über Spanien zu organisieren. Tito meinte damals, man müsse dies wohl erst mit der Sowjetunion besprechen. Wenige Monate später wurde dann die Führung der KP Spaniens, darunter auch Dolores Ibarruri und Santiago Carrillo, zu Stalin in den Kreml geladen. An der Besprechung nahmen neben Stalin noch Suslow und Molotow teil. Stalin schlug den spanischen KP-Führern vor, sich mehr in den legalen Massenorganisationen zu betätigen. Man solle, meinte Stalin, die eigenen Leute in die faschistischen Gewerkschaften und Massenorganisationen einschleusen, um dort die eigenen Konzepte wirksam zu vertreten. Die Partisanen sollten dagegen nur zum Schutz der politischen Führung eingesetzt werden, um deren Sicherheit zu garantieren.[92] Die Partisanen zeigten zu dieser Zeit bereits Anzeichen einer zunehmenden Demoralisierung. Ihr einziges Ziel war nur noch das nackte Überleben. Hinzu kam, daß es der spanischen Polizei gelungen war, Agenten und Provokateure in die Partisanengruppen einzuschleusen. Trotzdem wurde der Partisanenkampf noch bis 1949 fortgesetzt, was zur Folge hatte, daß die spanischen Kommunisten in diesem Untergrundkampf etwa 15 000 Mann verloren. Der Beschluß der Parteiführung, den Partisanenkampf aufzugeben, wurde deshalb begrüßt; er leitete eine neue Phase der Entwicklung in der KP Spaniens ein.
Beim Bruch Jugoslawiens mit Moskau unterstützte die spanische

KP-Führung noch die Verurteilung Jugoslawiens durch das Kominform, was Santiago Carrillo später als einen »unentschuldbaren Fehltritt« bezeichnete.[93] Aber der Bruch Jugoslawiens mit Moskau führte auch dazu, daß Hunderte von Parteimitgliedern – darunter Felix Montiel, langjähriger Chefredakteur der Parteizeitung »Mundo Obrero«, und José del Barrio, der der Parteiführung der Vereinigten Sozialistischen Partei Kataloniens und der Führung der Kommunistischen Internationale angehört hatte – damals aus der Partei austraten und sich für eine unabhängige sozialistische Entwicklung nach dem Vorbild Jugoslawiens einsetzten. Jesus Hernández, der – wie bereits erwähnt – im Frühjahr 1945 mit der Partei gebrochen hatte, kam 1950 nach Belgrad und hielt dort eine Vorlesung vor der jugoslawischen Parteihochschule. In einer offiziellen Erklärung bekannte sich Jesus Hernández als Titoist: »Obwohl uns die Kominformisten mit dem Ausdruck Titoist beschimpfen wollen, nehmen wir ihn mit Befriedigung an, weil wir uns dadurch von jenen Kommunisten unterscheiden können, die so tanzen, wie Moskau pfeift.«[94] Die 1948 ausgetretenen oder ausgeschlossenen spanischen Kommunisten gründeten die Gruppierung »Accion socialista«, deren Bestrebungen in vielem dem Konzept ähnelten, das gleichzeitig in Italien von Aldo Cucchi und Valdo Magnani vertreten wurde.

Die Politik der »nationalen Versöhnung« und der 6. Parteitag 1960

Seit 1949 versuchte die KP Spaniens, nach dem Wunsch Stalins, die illegale Tätigkeit zu legalisieren und ihre Zusammenarbeit mit anderen politischen Kräften, vor allem in den Gewerkschaften, zu verstärken. Die Partei begann sich um außerhalb der Partei stehende Kräfte zu bemühen, darunter Studenten und vor allem Intellektuelle. Ein erster Erfolg dieses Konzepts war der Generalstreik in Barcelona im Jahr 1951.

Auf dem 5. Parteitag der KP Spaniens, der in Prag stattfand, wurden Dolores Ibarruri als Generalsekretär bestätigt und einige jüngere Kräfte in das Politbüro aufgenommen, darunter auch Santiago Carrillo, Fernando Claudin und Enrico Lister. Die Partei betrachtete sich noch als Vertreterin der ehemaligen Spanischen Republik, und führende spanische Kommunisten gehörten der spanischen Exilregierung an, so Vicente Uribe der Regierung Negrin und – später – Santiago Carrillo der Exilregierung Giral. Aber es wurde immer schwieriger, die Fiktion der Spanischen Republik im Exil aufrechtzuerhalten, denn Spanien selbst hatte sich nach 1945 mehr und mehr verändert. Die Bürgerkriegsgeneration hatte viel gelitten, war müde und wurde zunehmend älter. Man mußte sich neuen Kräften annähern, die in den legalen Organisationen Spaniens heranwuchsen. Nach langen Debatten wurde Ende April 1956 auf einem Plenum der spanischen Parteiführung die neue Politik der »nationalen Versöhnung« angenommen. Ihr Ziel war, die Partei den jüngeren Kräften zu öffnen und alle Kräfte im Kampf gegen Franco zusammenzuschließen, unabhängig davon, wo sie während des Bürgerkrieges gestanden hatten.

Mitten in diese innenpolitische Diskussion in der KP Spaniens platzte der 20. Parteitag der KPdSU mit Chruschtschows Geheimreferat. Carrillo schrieb später über seine damaligen Empfindungen: »Zunächst brach das, was in mir an Glauben im idealistischen Sinne an Stalin war, zusammen, und gleichzeitig war ich froh, daß man nun in der Lage sein würde, die Veränderung, die ich mir wünschte, durchzusetzen.« Carrillo gab aber auch selbstkritisch zu, nicht wie Togliatti schon damals das Problem von Grund auf gesehen und analysiert zu haben. Für ihn waren der 20. Parteitag und Chruschtschows Geheimreferat ein Signal, »daß wir anfangen mußten, mit unseren eigenen Köpfen zu denken«.[95] In seiner Rede auf einem Plenum des spanischen ZK im August 1956 übte Carrillo Selbstkritik und deutete an, daß auch die spanischen Kommunisten teilweise durch kritiklose Übernahme sowjetischer Erfahrungen Fehler gemacht hätten.

Im September 1957 wurde die Politik der »nationalen Aussöhnung« bestätigt, nicht als Politik der Versöhnung der Klassen oder als sentimentale Reaktion auf die Tragödie des Bürgerkrieges, sondern als aktive, entscheidende Politik der Offensive gegen das verfaulte Terrorregime. Es wurde beschlossen, den 5. Mai 1958 als Tag der »nationalen Aussöhnung« zu erklären, und zwar unter den Losungen: »Gegen die Erhöhung der Lebenshaltungskosten, gegen die Wirtschaftspolitik der Diktatur, für eine Amnestie der politischen Häftlinge und Emigranten, für politische Rechte.« Zum 20. Jahrestag der Beendigung des Bürgerkrieges im März 1959 verkündete die KP Spaniens ihre Bereitschaft, mit den anderen Oppositionsparteien ein Abkommen über ein Regierungsprogramm für die Übergangsperiode nach dem Sturz der Diktatur abzuschließen. Sie erklärte sich bereit, in einer solchen Regierung mitzuarbeiten, solange diese die demokratischen Freiheiten garantieren würde und die KP Spaniens als gleichberechtigter Partner mitwirken könne. Die KP Spaniens wollte auch einen königlichen Statthalter tolerieren, wenn das Volk später die Möglichkeit erhielt, seine politische Ordnung – Republik oder Monarchie – frei zu wählen.[96]

Die erste, wenn auch noch vorsichtige Distanzierung von der KPdSU erfolgte auf dem 6. Parteitag der KP Spaniens vom 28. bis 31. Januar 1960. Erstmals wurde erklärt, daß Spanien bei einer günstigen internationalen Situation auf einem friedlichen parlamentarischen Weg zum Sozialismus gelangen könne. Die mögliche Existenz einer breiten Koalition würde zu weniger schmerzhaften Formen des Übergangs zum Sozialismus führen als jene, »zu denen man in anderen Ländern greifen mußte«. Es würde die Möglichkeit bestehen, die Mehrheit der Bevölkerung ohne ernste Erschütterung und harte Konflikte in den Aufbau der neuen Gesellschaft einzubeziehen.[97] Gleichzeitig beschloß der Parteitag Änderungen in der Parteistruktur und legte dabei fest, daß man als Parteimitglied nicht unbedingt – wie es die bolschewistische Parteilehre vorschreibt – Mitglied einer Grundorganisation sein muß, sondern auch eine individuelle Zusammenarbeit mit der Partei möglich sei. Der Begriff Politbüro wurde durch Exekutivkomitee ersetzt, da dies den spanischen politischen Traditionen mehr entspreche. Neben der Funktion des Generalsekretärs wurde nun auch die eines Vorsitzenden eingeführt, zum Generalsekretär wurde Carrillo ernannt, den Parteivorsitz übernahm Dolores Ibarruri.

Santiago Carrillo ist der Sohn eines Gießereiarbeiters. Sein Vater spielte in der Sozialistischen Partei eine entscheidende Rolle, war später Abgeordneter im Parlament und sogar stellvertretender Minister in der Republik. Carrillo arbeitete zunächst in einer Druckerei und später als Redakteurslehrling in der sozialistischen Zeitung »El Socialista«. 1930, mit 14 Jahren, trat er der Sozialistischen Jugend bei und wurde schon bald ins Madrider Komitee gewählt. Als Achtzehnjähriger war er bereits zweimal im Gefängnis und wurde nun zum Generalsekretär der Sozialistischen Jugend Spaniens ernannt. Von 1934 bis 1936 wuchs die Sozialistische Jugend von 20 000 auf 50 000 Mitglieder. Carrillo gehörte zu ihrem linken Flügel, stand in ständigen Verhandlungen mit der Kommunistischen Jugend und bereitete die Verschmelzung der beiden Jugendorganisationen vor. Nach dem Sieg der Volksfront im Frühjahr 1936 erfolgte dann die Vereinigung der Sozialistischen und Kommunistischen Jugend Spaniens. Bei einem kurzen Besuch in Moskau lernte Carrillo damals den bulgarischen Altkommunisten Dimitroff kennen, von dem er, wie er später schrieb, sehr beeindruckt war.[98]

Am 18. Juli 1936, als der Franco-Putsch begann, befand sich Carrillo gerade auf der Rückreise von Moskau in Paris. Von dort schlug er sich nach Madrid durch, wo er am 6. November 1936 Mitglied der Verteidigungsjunta wurde. Zu dieser Zeit war Madrid fast umzingelt, und »hatten wir fast nichts, womit wir die Stadt hätten verteidigen können«. Als die Lage in Madrid sich wieder gefestigt hatte, leitete Carrillo von neuem den Jugendverband, die sogenannte Vereinigung der Sozialistischen Jugend, zunächst in Madrid, dann von Ende 1936 bis Januar 1938 in Valencia. Hier trat Carrillo dann offiziell in die Kommunistische Partei ein. Die Moskauer Prozesse der Jahre 1936 bis 1938 erschütterten Carrillo nicht: »Ich muß sagen, daß ich damals überzeugt war, daß sie der Wahrheit entsprachen.« Er konnte sich nicht vorstellen, daß die Geständnisse erpreßt worden seien: »Ich gehörte also zu jenen, die tatsächlich überzeugt waren, daß diese Leute konterrevolutionäre Agenten des Feindes seien.« Häufig kam Carrillo während des Bürgerkrieges mit Togliatti zusammen, den er später als außerordentliche Persönlichkeit und als den gebildetsten und intelligentesten Führer der kommunistischen Weltbewegung überhaupt bezeichnete.

Die letzten Monate des Spanischen Bürgerkrieges war Carrillo in Barcelona. Gemeinsam mit Togliatti flüchtete er an dem Tag, an dem die Franco-Truppen in die Stadt einmarschierten. Auf Anweisung der Parteiführung ging Carrillo mit anderen Funktionären nach Paris, blieb dort bis Ende September 1939, konnte

aber nicht legal arbeiten, da er keine Papiere besaß. So ging er nach Belgien, wo er die Aufforderung aus Moskau erhielt, sich sofort in die Sowjetunion zu begeben. Im Dezember 1939 traf er in Moskau ein, wo er sechs Monate blieb, als Sekretär der Kommunistischen Jugendinternationale tätig war und an den Sitzungen des Exekutivkomitees der Komintern teilnahm und wiederholt mit Tschou En-lai zusammentraf.
1940 reiste Carrillo auf Anweisung der Komintern-Führung nach den USA, anschließend für sechs Monate nach Kuba und schließlich nach Mexiko, wo er die Zeitschrift für die lateinamerikanische Jugend unter dem Titel »Kampf der Jugend« herausgab. Vor allem aber war er dort für die spanische KP tätig und hielt die Verbindung zu den illegalen Parteiorganisationen in Spanien. Mit einem uruguayischen Paß fuhr er nach Lissabon und lernte dort den damaligen und heutigen KP-Führer Alvaro Cunhal kennen. Von Portugal aus reiste Carrillo schließlich illegal nach Algerien.
Praktisch war Carrillo in all diesen Jahren ein Beauftragter der Komintern. Rückblickend meinte er, die Kommunistische Internationale habe anfangs eine recht positive Rolle gespielt, aber mit Lenins Tod und Stalins Aufstieg wurde die Internationale dann zu einem alleinigen Instrument der sowjetischen Politik. Carrillo nannte später den überzogenen Zentralismus als besonders schädlich für die Komintern, auch sei die Gefahr des Faschismus viel zu spät erkannt und keine Strategie für den Kampf gegen den Faschismus entworfen worden. Positiv dagegen beurteilt Carrillo den 7. Kongreß der Kommunistischen Internationale im Sommer 1935, weil dort dogmatische Positionen abgebaut und ein Konzept für den Kampf gegen den Faschismus ausgearbeitet worden sei.
Carrillo blieb bis 1944 in Algerien, dann fuhr er illegal nach Toulon. Von da an war er vorwiegend in der Emigration für die Führung der spanischen KP tätig, bis er auf dem 6. Parteitag 1960 zum Generalsekretär ernannt wurde.

Die Anfänge einer Verselbständigung der KP Spaniens (1961–1967)

Eine seiner ersten Initiativen als neuer Generalsekretär war – und gleichzeitig das erste Zeichen in Richtung einer Verselbständigung! – die Veröffentlichung eines selbstkritischen Aufsatzes im April 1961, in dem er unumwunden zugab, die KP Spaniens habe nach der Beendigung des Bürgerkrieges Fehler gemacht und habe an falschen Konzeptionen festgehalten, weil man die Lehren aus der Niederlage nicht voll beherzigte. Die notwendige Verbindung der illegalen und legalen Arbeit sei zunächst unterschätzt worden. Erst mit der Politik der »nationalen Versöhnung« hätte die Partei wieder begonnen, eine größere Rolle zu spielen.[99]

Bis dahin befand sich die allgemeine Politik der KP Spaniens noch größtenteils in eindeutiger Übereinstimmung mit der Sowjetunion. Nach dem Sturz Chruschtschows im Oktober 1964 beschränkte sich die Parteizeitung »Mundo Obrero« jedoch nicht auf den kurzen Hinweis der »Prawda«, sondern fügte erstmalig einen eigenen positiven Kommentar für den gestürzten Parteiführer hinzu. Im Januar 1966 nahm die KP Spaniens dann anläßlich des Prozesses gegen die Sowjetschriftsteller Daniel und Sinjawskij ebenfalls eine eigenständige kritische Haltung ein.[100]

Ab 1966 begannen die intensiveren Kontakte zwischen der spanischen und der italienischen KP, und im Frühjahr 1966 besuchte die spanische KP-Delegation unter Führung von Carrillo Rumänien, wo sie mit Ceauşescu ausführliche Verhandlungen führte und eine gemeinsame Erklärung abgab.

Der »Prager Frühling«: »der Tropfen, der das Faß zum Überlaufen brachte«

Entscheidend für die Verselbständigung der spanischen KP aber war der »Prager Frühling«, der von der KP Spaniens spontan begrüßt wurde. Carrillo war von der großen Demonstration am 1. Mai 1968 in Prag beeindruckt, wo er sich persönlich davon überzeugen konnte, wie groß die echte Begeisterung des Volkes war, was ja auch in allen ausländischen Berichten bestätigt wurde. An eben diesem 1. Mai 1968 brachte Santiago Alvarez – nach Dolores Ibarruri, Carrillo und Lister stand Alvarez damals an vierter Stelle in der Parteiführung – in einem Artikel die tiefe Sympathie der spanischen Kommunisten für den »Prager Frühling« zum Ausdruck und schrieb, daß sie ihn als Modell für eine zukünftige spanische Entwicklung ansähen.

Bereits im Sommer 1968 gab es dann Diskussionen unter führenden spanischen Kommunisten über die Gefahr einer möglichen militärischen Intervention in der Tschechoslowakei. Die spanische KP-Führung erklärte damals in Paris gegenüber sowjetischen Vertretern: »Wenn ihr die Tschechoslowakei angreift, dann werden wir euch zum erstenmal in der Geschichte unserer Beziehung öffentlich verurteilen. Es wäre besser, ihr würdet den tschechischen Führern helfen. Laßt sie ihre Erfahrungen machen.«[101]

Am Tage des Einmarsches der sowjetischen Truppen in der ČSSR (21. August 1968) waren Dolores Ibarruri, Santiago Carrillo und die meisten spanischen KP-Führer auf der Krim. Sie reisten sofort nach Moskau, wo sie zwei Tage lang mit den sowjetischen Führern diskutierten. Carrillo berichtete später von der damaligen Befürchtung, daß die Sowjetführer ihre Truppen auch noch in Rumänien und in Jugoslawien einmarschieren lassen würden. Nach der Besprechung mit den Sowjetführern reiste er sofort nach Bukarest weiter und beriet sich dort mit den rumänischen KP-Führern.[102]

In seinem letzten Buch »Eurokommunismus und Staat« spricht Santiago Carrillo selbst davon, daß die Okkupation der Tschechoslowakei für die Entwicklung in der spanischen KP entscheidend gewesen sei: »Für uns, für die Kommunistische Partei Spaniens, wurde der Höhepunkt auf dem Wege zu unserer Unabhängigkeit mit der Besetzung der Tschechoslowakei im Jahre 1968 erreicht. Die Vorbereitung dieser Operation wurde mit ähnlichen Methoden besorgt wie die historischen Prozesse von 1936, die auf dem 20. Parteitag aufgedeckt wurden, oder wie die Verurteilung Jugoslawiens, d. h., es wurde eine absolute Behauptung aufgestellt – in diesem Fall, daß die Tschechoslowakei kurz davor war, dem Kapitalismus in die Hände zu fallen. Auf der Grundlage dieser Behauptung wurden Versionen der

Ereignisse aufgebaut, die Lichtjahre von der Wirklichkeit entfernt waren. Das war nichts anderes als der Versuch, uns für dumm zu verkaufen. Die Tschechoslowakei war der Tropfen, der das Faß zum Überlaufen brachte und der unsere Partei zum Nein veranlaßte. Bei diesem ›Internationalismus‹ wollten wir nicht mehr mitmachen.«[103]
Wenige Tage nach dem 21. August 1968 lehnte die spanische KP-Führung die Intervention eindeutig ab. Die Probleme der Tschechoslowakei seien eine Sache der tschechoslowakischen Partei und der tschechoslowakischen Bevölkerung. Carrillo hatte vorher in Paris Funktionäre seiner Partei unterrichtet und schrieb später darüber: »Ich war noch aufgewühlt von dem, was ich erlebt hatte. Ich begann meinen Bericht so: ›Ich bitte euch weder zu applaudieren noch zu protestieren, wenn ihr nicht mit mir übereinstimmt, sondern nur erst mal zuzuhören.‹ Dann gab ich einen Abriß vom Verlauf der ganzen Angelegenheit und erzählte, wie wir jeweils reagiert hatten, und schließlich sagte ich: ›Wenn wir an der Macht wären und die Truppen eines sozialistischen Landes kämen über unsere Grenzen, würde ich, um uns zu verteidigen, zweifellos die Armee gegen diese mobilisieren.‹ So etwas mitten in der Partei zu sagen, war damals etwas Schreckliches. Manche Genossen sagten: ›Gehen wir nicht zu weit? Hast du nicht Angst, plötzlich in der Minderheit zu sein?‹ Dieses Risiko war ich bereit einzugehen. Aber nach einer langen Diskussion hat unsere Partei verstanden, und sie hat uns unterstützt, und heute kann ich sagen, daß in bezug auf das Prinzip der Unabhängigkeit unserer Partei ein vollkommener Konsensus herrscht. Aber der Preis war ein ideologischer und politischer Kampf.«[104]

Der Kampf gegen die prosowjetische Gruppe García-Gomez-Lister

Im Unterschied zur KPI und auch zu der sich ganz anders entwikkelnden KP Frankreichs vollzog sich die Verselbständigung und Neuorientierung der KP Spaniens im Verlaufe einer harten innerparteilichen Auseinandersetzung. Nachdem auf einer erweiterten Tagung des ZK der KP Spaniens im Oktober 1968 im

Pariser Exil der Beschluß, die Okkupation der Tschechoslowakei zu verurteilen, mit 66 gegen 5 Stimmen bestätigt worden war, formierten sich die Gegner dieses Beschlusses. Unter diesen fünf Funktionären befand sich Eduardo García, der Organisationssekretär der Partei und Mitglied des fünfköpfigen Parteisekretariats war. Zu den Gegnern gehörte auch Juan Gomez, der auf dem 6. Parteitag im Januar 1960 zum Mitglied des Exekutivkomitees (Politbüros) gewählt worden und damals Vorsitzender der baskischen Sektion der KP Spaniens war. Beide lebten noch in der Sowjetunion und begannen sofort nach dieser Tagung eine prosowjetische Fraktion ins Leben zu rufen. Als die Verselbständigung der KP Spaniens immer weitere Fortschritte machte, verstärkten sie ihre Anstrengungen.
Inzwischen hatte Carrillo im Februar 1969 den 12. Kongreß der KP Italiens besucht und sich dort für die Autonomie und Souveränität der Tschechoslowakei ausgesprochen. Anschließend nahm er gemeinsam mit anderen spanischen KP-Führern im März 1969 auch am 9. Kongreß des Bundes der Kommunisten Jugoslawiens teil. Auf der Dritten Kommunistischen Weltkonferenz in Moskau im Juni 1969 wandte sich die spanische KP gegen ein verbindliche Anweisungen erteilendes Zentrum der Bewegung und kritisierte, daß einige wichtige kommunistische Parteien, darunter vor allem die KP Chinas, an der Weltkonferenz nicht teilnahmen. Schließlich gehörte die KP Spaniens zu den wenigen Parteien, die bereits damals die Resolution der Weltkonferenz nur mit Vorbehalten unterzeichneten.
Im Juli 1969 wurde Juan Gomez aus der Parteiführung ausgeschlossen, Eduardo García trat selbst von seinem Amt zurück. Wenige Monate später forderten sie in einem »Offenen Brief« an alle Parteimitglieder, daß der Beschluß gegen die Okkupation der Tschechoslowakei zurückzunehmen sei. Nach längeren Auseinandersetzungen wurden sie Ende Dezember 1969 als Führer einer fraktionellen Gruppe aus der Partei ausgeschlossen. Anfang 1970 verbreiteten sie eine Broschüre »Über die Deformation der Kommunistischen Partei Spaniens«, warfen der spanischen KP-Führung extremen Antisowjetismus und Revisionismus in der Innenpolitik vor und forderten die sofortige Einberufung eines neuen Parteitages.
Im Juni und Juli 1970 fanden daraufhin mehrere Konferenzen

spanischer kommunistischer Emigranten statt, darunter in Moskau und Prag. Die Parteiführung wurde mit überwältigender Mehrheit unterstützt und Aktivitäten von García und Gomez verurteilt. Im September 1970 wurde auf einem erweiterten Plenum des ZK mitgeteilt, daß sich die prosowjetische Opposition nur auf 100 von über 1000 spanischen Kommunisten in der Sowjetunion und nur auf 60 von 10 000 spanischen Kommunisten in Frankreich stützen könne. In Mexiko und Kuba gebe es überhaupt keine Anhänger der García-Gomez-Fraktion. Auf diesem Plenum wurden fünf prosowjetische Mitglieder, unter ihnen auch Enrico Lister, aus der Partei ausgeschlossen. Lister hatte dem Parteivorstand seit 1947 angehört und genoß als ehemaliger General des Bürgerkrieges ein relativ großes Prestige. Seit Oktober 1970 gab die prosowjetische Opposition auch eine eigene Parteizeitung heraus. Wie das offizielle Parteiorgan erschien sie unter dem Namen »Mundo Obrero«, war im Unterschied zu diesem jedoch in roten Lettern gedruckt. Es war klar, daß damit die Vorbereitungen für die Bildung einer eigenen Partei angelaufen waren.
Mitte Mai 1971 kam es auf einem Weltfriedenskongreß in Budapest zu einer Konfrontation zweier eingeladener Delegationen der KP Spaniens, einer parteioffiziellen und einer der Lister-Fraktion. Die Delegation der offiziellen KP Spaniens verließ aus Protest den Kongreß. Der Platz für die spanischen Delegierten blieb jedoch frei, da es der Weltfriedensrat nicht wagte, die Minifraktion unter Lister als Delegation der KP Spaniens anzuerkennen.
In der weiteren Entwicklung spielte die Minifraktion von Lister kaum noch eine Rolle. Für ihren geringen Einfluß waren offensichtlich folgende Faktoren entscheidend:
1.) Ihre zu offensichtliche prosowjetische Stellungnahme. So erklärte etwa das Organ der Lister-Fraktion: »Wir spanischen Kommunisten unterstreichen heute stärker als je zuvor, daß die Einstellung zur KPdSU und zur Sowjetunion der Prüfstein für den proletarischen Internationalismus ist.« Der spanischen KP-Führung warf man vor, daß sie durch ihre Ablehnung der Aktionen des Warschauer Pakts gegen die Tschechoslowakei »zur Fünften Kolonne in der kommunistischen Weltbewegung« geworden sei.[105]

2.) Die Gruppe konnte nur eine kleine Minderheit im ZK für sich gewinnen; entscheidend war vor allem, daß sich Dolores Ibarruri eindeutig für den Weg der Unabhängigkeit entschied.
3.) Die KP Spaniens wurde von den italienischen, jugoslawischen, rumänischen Kommunisten und anderen Parteien unterstützt, die heute als eurokommunistisch bekannt sind.
Die Haltung von Dolores Ibarruri war um so bedeutsamer, als sie fast die gesamte Zeit seit der Beendigung des Bürgerkrieges in Moskau verbracht und eng mit sowjetischen Funktionären zusammengearbeitet hatte. Ihr Sohn fiel bei Stalingrad, ihre Tochter Amaya, die mit mir zusammen die Kominternschule besuchte, war mit einem sowjetischen General verheiratet. In Moskau war es für sie sicher besonders schwierig, sich in dieser grundlegenden Frage nach dem eigenen Gewissen zu entscheiden.

Die Phase der kritischen Neuorientierung (1969–1973)

Im letzten Jahrzehnt des Franco-Regimes hatten die spanischen Kommunisten ihre stärksten Stützpunkte in den industriellen Ballungszonen von Madrid, Barcelona und Valencia, also in den Industriegebieten Kataloniens, Asturiens und des Baskenlandes. Besonders aktiv waren dabei die illegalen »Arbeiterkommissionen«. Die KP Spaniens war außerdem aber in vielen Gremien des oppositionellen Spanien vertreten. Im Ausland lebten etwa 600 000 Spanier, davon 25 000 Parteimitglieder. Die meisten von ihnen, etwa 10 000, lebten in Frankreich. Die Veränderung in der Sozialstruktur der Partei beeinflußte auch ihre programmatischen Vorstellungen, umgekehrt übten die neuen Konzeptionen wieder eine wachsende Anziehungskraft auf Bevölkerungsschichten wie Angestellte und Intellektuelle aus.[106]
Neben den Veränderungen innerhalb Spaniens spielten bei der Neuorientierung der Partei auch die zunehmenden internationalen Kontakte eine wichtige Rolle. Spanische Parteidelegationen unter Führung Carrillos besuchten u. a. im Januar 1970 die italienische KP, im September 1970 und im September 1971 die rumänische KP-Führung und Ceauşescu, im April 1971 die KP Schwe-

dens, wo es zu einer langen Unterredung mit Carl-Henrik Hermansson kam. Diese Kontakte bestärkten die spanischen KP-Führer, ihren eigenständigen Weg fortzuführen, und hatten wiederholt kritische Erklärungen über die Ostblockstaaten zur Folge. Im Juli 1970 protestierten die spanischen Kommunisten gegen den Ausschluß Dubčeks aus der Partei, im August 1970 erneut gegen den antisozialistischen Charakter der Okkupation. Im Dezember 1970 kommentierten die spanischen Kommunisten die polnischen Ereignisse und verwiesen darauf, daß es sich dabei um bürokratische Verzerrungen beim Aufbau des Sozialismus handle. Die KP Spaniens weigerte sich auch, im Juni 1971 am 14. Parteitag der KP der Tschechoslowakei teilzunehmen.

Beim zweiten Besuch in Rumänien sagte Santiago Carrillo auf einem Freundschaftstreffen in Gegenwart des rumänischen Parteiführers Ceauşescu: »Die kommunistische Bewegung ist keine Religion mit ihren Aposteln und Päpsten, mit ihren Dogmen, mit ihren unfehlbaren Zentren. Sie ist eine revolutionäre Klassenbewegung, die im Kampf für den Sozialismus eine Menge historisch unterschiedlicher Probleme zu lösen hat, gemäß den Entwicklungen und Bedingungen eines jeden Landes. Der Wunsch, diese Vielfalt durch Einmischung zu schmälern, wäre gleichbedeutend mit dem Versuch, die Sonne aufzuhalten.«[107] Während der beiden Reisen nach Rumänien wurden, wie aus den jüngsten Veröffentlichungen Carrillos hervorgeht, offenbar indirekt auch Kontakte mit der Kommunistischen Partei Chinas vorbereitet.

Im Dezember 1971 veröffentlichte die spanische Parteizeitung einen ausführlichen Bericht Carrillos über die Reise der spanischen KP-Delegation nach China. Dieser Bericht zeichnete sich durch ein selbständiges Urteil über die Besonderheiten Chinas und die Rolle der KP Chinas aus, aber auch durch das Verständnis für die neuen Formen der Volkskommunen und die Bedeutung der Kulturrevolution. Interessant war, daß die chinesischen KP-Führer der spanischen KP-Delegation erklärt haben, ihre Kulturrevolution sei eine interne Angelegenheit Chinas und werde von den chinesischen Kommunisten nicht als allgemeingültiges Rezept betrachtet.

So verständnisvoll sich die spanische KP-Delegation gegenüber den Ereignissen in China verhielt, so deutlich machte sie auch ihre Einwände geltend. So wandten sich die spanischen KP-Delegierten gegen die chinesische These, in der Sowjetunion habe sich eine Entwicklung zum Kapitalismus und Faschismus vollzogen. Die chinesischen KP-Funktionäre erklärten daraufhin: »Gut, es lohnt nicht, weiter zu diskutieren. Wir sind nicht derselben Meinung. Die Geschichte wird zeigen, wer recht hat. Aber dies ist kein Hindernis für unsere Beziehungen.« Die spanische Delegation habe, so Carrillo in seinem Bericht, den Eindruck gehabt, daß die chinesischen Kommunisten die europäische Wirklichkeit nur schwer begreifen könnten, denn die Zusammensetzung der Gesellschaft, die Klassenstruktur unterscheide sich weitgehend von der Chinas. Positiv vermerkte Carrillo aber, daß die chinesischen KP-Führer immer genau zuhörten, das Gehörte analysierten und sich bemühten, die Probleme zu verstehen.[108]

Im Oktober 1972 fand der 8. Parteitag der KP Spaniens statt, der die Neuorientierung der Partei bestätigte. Es wurde auf die zunehmende Stärke der innerspanischen Opposition verwiesen, die Bedeutung der Arbeiterkommissionen hervorgehoben und der sogenannte »Freiheitspakt« bestätigt, d. h. das Bündnis aller oppositionellen Kräfte aus Kommunisten, Sozialisten, Katholiken und bürgerlichen Gruppierungen mit dem Ziel, Franco zu stürzen. Der Parteitag bekannte sich erneut zur Autonomie Kataloniens, des Baskenlandes und Galiciens. Begrüßt wurden die Entspannungspolitik und die Koexistenz, aber auch erklärt, daß dies nicht die Anerkennung oder die Beibehaltung des Status quo bedeuten dürfe, da sich der revolutionäre Prozeß fortsetzen werde. Die EG wurde auf dem Kongreß nach wie vor kritisch als kapitalistisch-monopolistisch eingeschätzt, doch erklärte die KP Spaniens, nach dem Ende der Franco-Regierung wäre eine Assoziation mit der EG für Spanien durchaus möglich. Die KP Spaniens würde in diesem Fall gemeinsam mit anderen fortschrittlichen Kräften versuchen, die EG zu demokratisieren und das Europa der Monopole in ein sozialistisches Europa zu verwandeln. Dolores Ibarruri wurde als Parteivorsitzende, Santiago Carrillo als Generalsekretär der Partei bestätigt.

Das Jahr 1973 war vor allem durch eine Reihe bedeutsamer theoretischer Auseinandersetzungen gekennzeichnet, in denen sich neben Santiago Carrillo der Parteitheoretiker Manuel Azcárate

besonders hervortat. Neben den im Eurokommunismus bereits üblichen Konzepten – der Ablehnung eines weltkommunistischen Zentrums, dem Recht auf einen eigenen Weg zum Sozialismus, dem Eintreten für einen demokratischen Umgestaltungsprozeß und für ein pluralistisches Sozialismusmodell – kamen bei der spanischen KP nun noch einige nationale Aspekte hinzu. Am wichtigsten waren dabei die in Spanien entstandenen Arbeiterkommissionen. Diese Arbeiterkommissionen, so erklärte Azcárate, sollten nicht nur Gewerkschaften sein, sondern neue Formen einer sozialistischen Demokratie darstellen.
Im Unterschied zu anderen eurokommunistischen Parteien maßen die Spanier der genauen Analyse des sowjetischen Staatswesens eine besondere Bedeutung bei. Im Verlaufe der Theoriediskussionen erklärten führende spanische KP-Funktionäre, daß der Staat in der Sowjetunion überholte bürgerliche, teilweise sogar feudale Kennzeichen aufweise, die durch eine historische Periode bedingt seien. Wenn dort nicht eine wirkliche Demokratie, eine wirkliche Macht der Massen geschaffen werde, würde dies gefährliche Folgen haben. Azcárate erklärte: »Wir haben den Eindruck, daß in einigen Aspekten der Politik der sozialistischen Staaten eine konservative Tendenz vorherrscht . . . Daher unterstützen wir die sozialistischen Staaten gegen den Imperialismus, aber zur gleichen Zeit tragen wir offenere und deutlichere Kritik vor, wenn die Politik Haltungen widerspiegelt, die im Gegensatz zu den Interessen unserer Revolution oder der allgemeinen Bewegung stehen.«[109]
Diese Diskussionen bereiteten das im Dezember 1973 im Entwurf vorgestellte neue Programm der spanischen KP vor, das bald zu den wichtigsten Dokumenten des Eurokommunismus zählen sollte. Der Programmentwurf wurde vom Sender der spanischen Opposition, »Radio Unabhängiges Spanien«, in der Zeit vom 11. bis 18. und später am 26. Dezember 1973 ausgestrahlt.

Das spanische KP-Programm vom Dezember 1973

Das Programm-Manifest – wie es offiziell genannt wurde – hat einen Umfang von etwa 60 Druckseiten und ist zweifellos das detaillierteste Programm einer westlichen kommunistischen Par-

tei. Man kann es in gewisser Weise als ein Pendant zum Aktionsprogramm der KP der Tschechoslowakei vom April 1968 bezeichnen. Während das tschechoslowakische Aktionsprogramm den Übergang vom bürokratisch-diktatorischen System zu einem Sozialismus mit »menschlichem Antlitz« umreißt und die Zielsetzung dieses neuen Sozialismus darlegt, geht das spanische KP-Programm von der Situation eines Landes mit entwikkeltem Kapitalismus aus und zeigt dann die notwendigen Übergangsformen und Übergangsetappen bis zur Verwirklichung eines pluralistischen Sozialismus auf, wobei auch die Erfahrungen mit den bisherigen sozialistischen Entwicklungen in Osteuropa kritisch beleuchtet werden.
In unserer Betrachtung sollen nur einige Abschnitte des Programms erwähnt werden, die für die Entwicklung des Eurokommunismus von besonderer Bedeutung sind.
1.) *Die Erfahrung der sozialistischen Entwicklung im Osten:* Das spanische KP-Programm geht von der Überlegung aus, daß die sozialistische Revolution zunächst in jenen Ländern erfolgreich gewesen sei, in denen noch keine ausreichenden wirtschaftlichen Voraussetzungen für eine erfolgreiche soziale Umgestaltung vorhanden waren. Aus diesem Grunde standen die ersten siegreichen Revolutionen vor der Aufgabe, das Land in relativ kurzer Frist zu industrialisieren sowie gleichzeitig die notwendige politische, soziale und kulturelle Revolution durchzuführen. All dies erfolgte in einer Situation, wo – vor allem in der Sowjetunion – gewaltige Mittel für die Verteidigung aufgebracht werden mußten. Zu diesen schwierigen Bedingungen kamen auch Fehlentwicklungen hinzu, vor allem die Verschmelzung von Partei und Staat, die allmählich zum Autoritarismus, Bürokratismus und zum Abwürgen der Demokratie führte. Die Erfahrungen dieser Länder sind deshalb zweifellos von Wert für alle Revolutionen, können aber nicht als alleingültiges Modell angesehen werden.
2.) *Der Sozialismus in den entwickelten Industriestaaten:* Der Marxismus kennt kein verbindliches Modell des Sozialismus. Lenin hat stets die Mannigfaltigkeit der Formen für den Übergang zum Sozialismus in den verschiedenen Ländern betont. Wenn man von der gegenwärtigen Realität ausgeht, muß man daraus folgern, daß »der Sozialismus, der in den entwickelten

Ländern siegen wird, sich in vieler Hinsicht von dem Sozialismus unterscheiden wird, der in rückständigen Ländern siegte«. In den entwickelten Ländern würde eine siegreiche Revolution in der Lage sein, durch die zweckmäßige Ausnutzung der bestehenden Produktionsmittel und Dienstleistungseinrichtungen sofort eine Verteilung zu gewährleisten, die die Bedürfnisse der Bevölkerung befriedigt und die sozialen Ungleichheiten überwindet. Neben dem hohen Niveau der materiellen Entwicklung werden die demokratischen Traditionen, die kulturelle Entwicklung und das Vertrautsein mit individuellen Freiheiten bei der Entwicklung zum Sozialismus entscheidend sein. Damit würde ein Sieg des Sozialismus in den entwickelten Ländern nicht zu den Fehlentwicklungen führen, die in den Ostblockstaaten auftraten. Der Sieg des Sozialismus in den entwickelten Ländern mit ihrem höheren Stand der Produktion ermöglicht es, die Bedürfnisse der Gesamtheit der Bevölkerung zu befriedigen und sich für die Überwindung der Unterentwicklung in der Welt, für den Kampf gegen die Umweltzerstörung, die Entfaltung der Wissenschaft und Kultur einzusetzen. Vor allem sind damit die Voraussetzungen für die Verminderung der Staatsapparate geschaffen und somit auch für die Beendigung des Bürokratismus und der Barrieren, die die Massen an der Leitung der Gesellschaft hindern.

Besonders bedeutsam ist die Erklärung des spanischen KP-Programms, wonach die Theoretiker des Marxismus sich niemals für die Herrschaft einer privilegierten kommunistischen Partei ausgesprochen hatten; sie haben niemals die Erhebung des Marxismus zur offiziellen Staatsideologie und die Unterordnung von Kultur und Kunst oder ein Informationsmonopol des Staates befürwortet. Die Begründer des Marxismus haben auch niemals von der Existenz eines einzigen Modells des Sozialismus gesprochen.

3.) *Die KP Spaniens und der Internationalismus:* Die KP Spaniens erklärt, daß sich spezifische neue Formen des Sozialismus entwickeln müssen. Der Sieg des Sozialismus in einem oder mehreren Ländern des Kapitalismus werde entwickeltere Formen des Sozialismus mit sich bringen und damit den gesamten Sozialismus auf eine »höhere, entwickeltere Ebene heben«. Der Sozialismus kann anderen Ländern nicht von außen aufgezwun-

gen werden, sondern ist die Lösung der Widersprüche, die im Innern eines jeden Landes herrschen. Daher ist es notwendig, daß eine kommunistische Partei mit dem eigenen Volk und der konkreten Situation, die es erlebt, eng verbunden ist und die kommunistischen Parteien in den Augen der Massen ihres Landes vollkommen unabhängig von jedem anderen Staat, selbst einem sozialistischen Land, sind.
Für die kommunistische Weltbewegung sind neue Formen des Internationalismus, eine »Einheit in der Vielfalt«, notwendig. Dies beinhaltet auch eine Verbindung von Hilfe und Kritik, den Respekt vor bestehenden Meinungsverschiedenheiten, die Akzeptierung der Vielfalt der Formen und Modelle des Sozialismus, die Abschaffung jeglicher Methoden der Druckausübung oder Einmischung sowie eine breiteste Demokratie innerhalb der kommunistischen Weltbewegung.
4.) *Die KP Spaniens und Europa:* Durch die ökonomische Entwicklung steht Europa vor der Notwendigkeit, auf viele wirtschaftliche und politische Fragen gemeinsam antworten zu müssen. Eine bessere Koordination auf europäischer Ebene muß schon deshalb hergestellt werden, um die EG zu demokratisieren. Die KP Spaniens tritt deshalb für ein Europa ein, das einen eigenen Beitrag für den Frieden beisteuert, die Teilung des Kontinents in militärische Blöcke überwindet und Stützpunkte und Stationierungen ausländischer Blöcke abschafft. Dieses Europa soll fähig sein, gleichberechtigte Beziehungen zur UdSSR und zu den USA zu entwickeln. Die Außenpolitik Spaniens soll friedlich, unabhängig und souverän sein, es soll selbst keinem Militärblock angehören. Die KP Spaniens befürwortet eine Koordinierung zwischen den kommunistischen Parteien Europas sowie eine Zusammenarbeit zwischen kommunistischen und sozialistischen Parteien, den christlichen und anderen demokratischen Gruppierungen des europäischen Kontinents. Dies ist vor allem deshalb notwendig, weil sich in den entwickelten Staaten Europas eine Form des Sozialismus durchsetzen wird, in der die Werte der individuellen und kollektiven Freiheiten erhalten bleiben und eine demokratische und dezentralisierte Gemeinschaft mit Parteienpluralismus, Autonomie der Gewerkschaften und religiöser Freiheit erstrebt wird.
5.) *Die Übergangsphase:* Die Übergangsphase vom Kapitalismus

zum Sozialismus wird als »Etappe der politisch-sozialen Demokratie« bezeichnet. Nach Auffassung der spanischen Kommunisten ist es die Aufgabe dieser Etappe, politische, wirtschaftliche, soziale und kulturelle Umgestaltungen einzuleiten, die die Bedingungen für einen späteren Übergang zum Sozialismus schaffen. Die Aufgaben, die in dieser Übergangsphase zu lösen sind, faßt das Programm in 31 Punkten zusammen.

Auf wirtschaftlichem Gebiet wird die Nationalisierung der großen Monopolunternehmen, der privaten Banken und Versicherungsgesellschaften, die Aufteilung des Großgrundbesitzes und die Übergabe des Landes an die, die es bebauen, angestrebt – teils zur individuellen, teils zur kollektiven Bewirtschaftung. Bei der Nationalisierung geht es um die Zurückdrängung der Macht des Monopolkapitals und der Großgrundbesitzer, während die Interessen der Kleinaktionäre und Kleineigentümer des nichtmonopolistischen Bürgertums gewahrt werden sollen. Als ökonomische Grundlage dieser Übergangsphase ist eine demokratische Planung vorgesehen. Sie soll einerseits die für die globalen Ziele der Wirtschaftsentwicklung unerläßliche Zentralisierung garantieren, andererseits aber durch eine breite wirtschaftliche Regionalisierung den örtlichen Gegebenheiten Rechnung tragen. Die Führung der nationalisierten Monopolunternehmen unterliegt der Kontrolle und dem direkten Eingriff der Beschäftigten durch die von ihnen demokratisch zu wählenden Kommissionen und wird »Formen der Selbstverwaltung annehmen«. Auch in den privaten Unternehmen sollen von den Beschäftigten gewählte demokratische Kommissionen tätig sein.

Neben der Garantierung der allgemeinen demokratischen Freiheiten, dem allgemeinen Wahlrecht, der Unabhängigkeit des Justizapparates und einer Reform des Strafvollzugs soll in dieser Übergangsphase besonderer Wert auf die Verwirklichung des Selbstbestimmungsrechts Kataloniens, des Baskenlandes und Galiciens gelegt und die freie Vereinigung der Völker Spaniens in einer föderativen Republik angestrebt werden. In dieser Übergangsphase soll auch das Bildungswesen demokratisiert werden, der allgemeine Bildungsstand gehoben, die theoretische und die berufliche Bildung miteinander verbunden, Lehrkörper, Schüler und Eltern an der Leitung der Bildungsstätten und der Ausarbeitung neuer Methoden beteiligt, Lehrinhalte und

Methoden den Anforderungen einer modernen Gesellschaft angepaßt werden.

6.) *Die Bedeutung der Übergangsperiode:* Nicht weniger wichtig als die Darlegung der Maßnahmen ist in dem Programm jedoch die theoretische Analyse der Übergangsperiode, die sehr viel differenzierter ist als in anderen eurokommunistischen Parteien. In der Etappe der »politisch-sozialen Demokratie« soll die große Mehrheit der heutigen bürgerlichen Eigentümer als solche weiterbestehen, und es wird auch eine bürgerliche Klasse mit ihren sozialen, politischen und ideologischen Merkmalen geben, die einen beträchtlichen Einfluß auf die gesamte Gesellschaft ausübt. Im Rahmen der politischen und sozialen Demokratie besteht die Möglichkeit eines sehr breiten Bündnisses der Arbeiterklasse mit den bürgerlichen Mittelschichten. Ein solches Bündnis würde gegenseitige Zugeständnisse erfordern. Die Arbeiterklasse würde sich verpflichten, das nichtmonopolistische Eigentum zu respektieren, und dafür die Unterstützung der anderen gesellschaftlichen Kräfte zur Abschaffung des monopolistischen Großeigentums erhalten. Der Übergang zum Sozialismus könne erst in dem Maße allmählich in Angriff genommen werden, in dem sich die Produktivkräfte entfalten, das Angebot an Waren und Dienstleistungen zugenommen hat.

Die vorangehende »politisch-soziale Demokratie« soll also die günstigsten ökonomischen Voraussetzungen für den Eintritt in den Sozialismus schaffen. Ein wichtiger politischer Aspekt dabei ist der demokratische Charakter dieses Umgestaltungsprozesses, der die Gefahr einer Bürokratisierung verhindern soll.

Ohne eine solche Übergangsperiode könnten beim Übergang zum Sozialismus Knappheit und Versorgungsschwierigkeiten oder auch politische Widerstände die neue Macht dazu veranlassen, »strengere Zwangsmaßnahmen anzuwenden, die demokratischen Freiheiten einzuschränken, bürokratische Apparate auszubauen«. Dies aber würde zu Krisen und Fehlentwicklungen führen. Daher ist es von grundlegender Bedeutung, daß die Entwicklung zum Sozialismus in Formen verwirklicht wird, die für die große Mehrheit des Volkes verständlich sind, die eine größtmögliche gesellschaftliche Zustimmung erhalten und sich auf die Beteiligung und Verantwortung der Mehrheit des Volkes stützen.

7.) *Das Modell eines demokratischen Mehrparteien-Sozialismus:* Dem demokratischen Charakter des Umgestaltungsprozesses soll ein demokratisches Modell des Sozialismus entsprechen. Dies wird im Programm nicht nur deklariert, sondern auch erklärt. Im Unterschied zu rückständigen Ländern, in denen die sozialistische Revolution siegte, gibt es in den industrialisierten Staaten eine Vielzahl anderer Kräfte – die Sozialdemokratie, die katholische Bewegung und andere demokratische Gruppen –, die mit Recht fordern, am Aufbau einer neuen sozialistischen Gesellschaft teilzunehmen. Alle diese Kräfte und Strömungen, die den Sozialismus aus unterschiedlichen weltanschaulichen Positionen anstreben, sind unmöglich in einer einzigen Partei zu vereinigen. Daher ist es unvermeidlich, daß verschiedene Parteien bestehen und als solche in einer sozialistischen Gesellschaft mitwirken. Es geht also darum, »das Modell eines demokratischen Mehrparteiensozialismus anzustreben, in dem alle in der vorausgegangenen Etappe eroberten persönlichen und politischen Freiheiten nicht nur beibehalten, sondern auf ein höheres Niveau gehoben werden sollen«. Dies beinhaltet aber, daß es auch unterschiedliche philosophische und weltanschauliche Strömungen geben wird. Eine sozialistische Gesellschaft kann daher keine offizielle Philosophie haben. Im Sozialismus wird der ideologische Kampf sogar zwischen unterschiedlichen sozialistischen Kräften mit ähnlichen Vorstellungen frei und offen ausgetragen werden.

8.) *Die Wandlung der kommunistischen Partei:* Ausgehend von den erwähnten Zielsetzungen – der Übergangsetappe und dem erstrebten pluralistischen Mehrparteiensozialismus – wird in dem Programm schließlich auch eine Wandlung der Partei konzipiert. Aufgabe der Partei ist es vor allem, die Verfestigung überholter Thesen zu lähmenden Dogmen zu vermeiden und die Reste von Erstarrung und Dogmatismus aus der Vergangenheit zu überwinden. Es geht darum, die Zeit zu überwinden, »als der Kommunismus eine Art Kirche mit ihren Göttern und ihren Dogmen, eine Art geschlossener Sekte, Bewahrerin statischer und unverrückbarer Wahrheiten war«. Die Kommunisten sollen mit dem eigenen Volk verwurzelt sein und sich nicht in Gettos abdrängen lassen.

Angeregt wird im Programm bereits, über die Partei hinaus eine neue politische Gruppierung anzustreben, der alle sozialistischen Richtungen angehören können, ohne ihre eigenen ideologischen Merkmale, ihre spezifischen Erscheinungsformen, ihre Unabhängigkeit und ihre Tätigkeit aufgeben zu müssen. Eine solche »neue politische Formation« könne eine reale Alternative zur kapitalistischen Gesellschaft sein und eine Garantie für den weiteren demokratischen mehrparteilichen Charakter einer zukünftigen sozialistischen Gesellschaft, gewissermaßen eine politische Konkretisierung des Bündnisses der Kräfte der Arbeit und der Kultur.

Die Besonderheit dieses Programms der KP Spaniens[110] scheint mir darin zu liegen, daß nicht nur deklamatorische Übergangsformen und Modelle verkündet, sondern auch historisch erklärt und begründet werden. Dies gilt vor allem für die Unterschiede zwischen der Entwicklung zum Sozialismus in rückständigen Ländern und in hochentwickelten kapitalistischen Ländern und für die Übergangsperiode der »politisch-sozialen Demokratie«. Erstmalig werden in einem KP-Programm auch Warnungen vor Schwierigkeiten und Gefahren dieser Periode im Falle eines zu raschen Übergangs zum Sozialismus ausgesprochen. Bedeutsam erscheinen auch die Hinweise auf die Partei und die Gedanken einer zukünftigen »neuen politischen Formation«.

Die zunehmende Verselbständigung der KP Spaniens bis zu ihrer Legalisierung

Die weitere Entwicklung der KP Spaniens war gekennzeichnet durch den allmählichen Übergang von einer illegalen zu einer legal wirkenden Partei im Verlauf der zunehmenden Auflösung des Franco-Regimes, aber auch durch weitere Auseinandersetzungen mit dem Ostblock.

Das spanische KP-Programm vom Dezember 1973 wurde im Ostblock weder erwähnt noch kritisiert. Statt dessen griff die Sowjetführung in der Zeitschrift »Parteileben« in einem zehnseitigen Artikel das Politbüro-Mitglied der KP Spaniens Manuel Azcárate an. Natürlich war mit dem Angriff nicht Azcárate, sondern die KP Spaniens und ihr neues Parteiprogramm gemeint. Man hoffte in Moskau wohl auch, durch einen persönlichen

Angriff auf Azcárate die KP Spaniens zu spalten oder zumindest Zwietracht zu säen. Unter der Überschrift »Anläßlich eines Artikels des führenden Vertreters der KP Spaniens, M. Azcárate« (das Wort Genosse fehlte) warf die sowjetische Parteizeitschrift dem Mitautor des Parteiprogramms der KP Spaniens vor, das Wesen der Außenpolitik der Sowjetunion verfälscht zu haben und »willkürlich« zu erklären, es bestünde ein Gegensatz zwischen den Interessen der sozialistischen Staaten und denen der revolutionären Bewegung. Die Parteizeitschrift polemisierte ferner gegen die Forderung nach einem demokratischen sozialistischen Europa ohne Bindung an die bestehende sozialistische Staatengemeinschaft. Schließlich wurde Azcárate vorgeworfen, die sowjetische Demokratie unrichtig dargestellt zu haben.[111]

Lediglich die Schwäche der bereits erwähnten Lister-Gruppe, die sich inzwischen sogar als eigene Partei formiert hatte, brachte die Sowjetführung zum Einlenken. Deshalb fanden im Oktober 1974 wieder Besprechungen zwischen einer Delegation der KP Spaniens unter Führung von Dolores Ibarruri und Santiago Carrillo mit den sowjetischen Politbüro-Mitgliedern Suslow und Pelsche sowie dem ZK-Sekretariatsmitglied und Politbüro-Kandidaten Ponomarjow statt. Das abschließende Kommuniqué erklärte, beide Seiten begründen ihre Beziehungen auf der »Achtung der Gleichberechtigung und Selbständigkeit sowie der Nichteinmischung in die inneren Angelegenheiten«. Beide Seiten verurteilten »jegliche Spalteraktivitäten«, die eine »Untergrabung der Einheit der Bruderpartei zum Ziel haben«.[112] Mit dieser Erklärung waren die Differenzen jedoch nicht ausgeräumt worden.

Die zunehmende Verselbständigung kam aber nicht nur in den Beziehungen zum Osten, sondern auch zu prosowjetischen kommunistischen Parteien im Westen zum Ausdruck, in erster Linie zur KP Portugals unter Führung von Alvaro Cunhal. Die KP Portugals hatte nach dem Sturz des Caetano-Regimes im April 1974 einen Kurs eingeschlagen, der auf zunehmenden Widerspruch sowohl der KP Italiens als auch in noch größerem Maße der KP Spaniens stieß. Wiederholt benutzte Santiago Carrillo die Gelegenheit, auf die Unterschiede zwischen der Entwicklung in Portugal und in Spanien hinzuweisen. Bereits im Juni 1974 erklärte Carrillo, daß die spanischen Kommunisten eine Wiederherstellung der Demokratie erstreben, nicht aber einen Militäraufstand wie in Portugal.[113] Im April 1975 fügte er hinzu, in Portugal habe die Armee die Diktatur gestürzt, in Spanien würden es politische Kräfte sein, und ein zukünftiges demokratisches Regime in Spanien würde zivil und nicht militärisch sein. In Spanien würden alle in Europa bestehenden Parteien vertreten sein. In Zukunft würden allgemeine Wahlen über die weitere Entwicklung Spaniens entscheiden: »Wenn die KP Spaniens 10 Prozent der Stimmen erhalten wird, werden wir bereit sein, in die Regierung zu gehen, ebenso wie wir bereit sein werden, in der Opposition zu kämpfen.«[114]

Die veränderte Stellung der KP Spaniens zu Europa und zu den USA

Mit dem wachsenden Zerfall des Franco-Regimes und der Aussicht auf eine baldige legale Betätigung wies die KP Spaniens in den Jahren 1975 und 1976 zunehmend auf neue außenpolitische Aspekte hin. In diesen Jahren unterstrich sie wiederholt, daß die wachsende europäische Verflechtung ein irreversibler Prozeß sei und es daher darauf ankomme, sich nicht gegen die EG zu stellen, sondern diese zu demokratisieren – um so mehr, als Spanien heute 60 Prozent seines Außenhandels mit der EG abwickle.
Über das zunehmende Europa-Engagement hinaus gaben die spanischen Kommunisten im Juli 1975 zu erkennen, daß sie sich »ein so mächtiges Land wie die Vereinigten Staaten nicht zum Feind machen« wollen. Die KP Spaniens, erklärte Carrillo, ist zwar nach wie vor gegen einen Eintritt in die NATO und geht davon aus, daß die amerikanischen Stützpunkte in Spanien eines Tages von den USA aufgegeben werden. Dies könne allerdings nur das Ergebnis der Entspannungspolitik und einer gleichzeitigen Auflösung der Militärblöcke in Ost und West sein. Der Rückzug der USA aus ihren spanischen Stützpunkten könne zum Beispiel ins Auge gefaßt werden, wenn »sich die Sowjets aus der Tschechoslowakei zurückziehen«.[115]
Die neuen außenpolitischen Stellungnahmen wurden von Manuel Azcárate Ende 1975 bestätigt. In einem ausführlichen

Aufsatz erklärte er, die spanischen Kommunisten unterstützen zwar eine Reihe von außenpolitischen Positionen der UdSSR, halten aber gleichzeitig an der eigenen unabhängigen politischen Linie fest, die in einigen Aspekten mit der sowjetischen Politik nicht übereinstimmt. Die spanischen Kommunisten seien für den Eintritt eines demokratischen Spanien in die EG und auch für die politische Einheit Westeuropas, wenn dadurch das Gewicht der Völker und der Arbeiterschaft erhöht werde.
Im Juli 1976 präzisierte Carrillo die Stellung zu den US-Stützpunkten in Spanien: »Die Kommunisten sind gegen das Bestehen ausländischer Militärstützpunkte in Spanien, so wie sie auch gegen das Bestehen ausländischer Stützpunkte in allen anderen Ländern der Welt sind, einschließlich der sozialistischen Länder.« Die Stützpunkte müßten im Westen wie im Osten gleichzeitig verschwinden, und zwar aufgrund internationaler Verhandlungen. Daher trete die KP Spaniens nicht gegen eine Präsenz amerikanischer Militärstützpunkte in Spanien auf, aber: »Es ist uns unerträglich, wenn Kissinger diese Präsenz ausnützt, um in unserem Lande das große Wort zu führen.« Zum Eintritt in die EG meinte Carrillo, die spanische KP sei für den Eintritt, wenn es dort demokratische Spielregeln geben werde. Bisher habe Spanien alle Nachteile, aber keinen Vorteil bei der Zusammenarbeit mit der EG gehabt. Die europäische Linke müsse ununterbrochen für die Umwandlung der EG von den multinationalen Kooperationen und Regierungen in eine echte Gemeinschaft der Völker kämpfen.[116] Auf einer ersten, noch illegalen Pressekonferenz in Madrid im Dezember 1976 erklärte Carrillo noch einmal klar und deutlich: »Wir sind für Blockfreiheit und gegen einen NATO-Beitritt ebenso wie gegen einen Beitritt zum Warschauer Pakt.«[117]

Die KP Spaniens nach ihrer Legalisierung

Der Übergang von der Diktatur zu demokratischen Verhältnissen war nun, Anfang 1977, nicht mehr zu bremsen. Auf der bereits erwähnten ersten Pressekonferenz in Madrid im Dezember 1976 sprach Carrillo schon über die bevorstehenden Wahlen. Die KP, so erklärte er, würde ein breites Wahlbündnis der Lin-

ken in Form einer demokratischen Front vorziehen, würde aber, falls dies nicht gelingt, als selbständige Partei kandidieren.[118]
Mehrfach machte die KP Spaniens auch ihre Position zur Gewerkschaftsfrage klar. Die KP Spaniens befürwortete eine Einheit der Gewerkschaftsbewegung, diese solle jedoch weder durch Gesetze noch durch Dekrete geschaffen werden. Die KP sei vielmehr für das Recht der Arbeiter, sich frei zu vereinigen und selbst darüber zu entscheiden. Die gegenwärtige Massenbewegung sei sehr vielfältig und lasse sich nicht in ein konstruiertes Schema oder ein Organisationsprogramm pressen. Die Arbeiterkommissionen, als spontan entstandene Bewegung mit ihrem eigenen Stil und ihren besonderen Charakteristiken, sollten erhalten bleiben und sich weiter im Rahmen der spanischen Gewerkschaften entwickeln.
Trotz des immer noch bestehenden Parteiverbots trat die KP zunehmend in der Öffentlichkeit auf. Dabei machte sie durch ihren eigenen Aufbau von vornherein klar, daß sie für einen föderalistischen Staat eintrete. Neben der spanischen KP gab es die Vereinigte Sozialistische Partei Kataloniens und weitere selbständige Organisationen der KP in Galicien, im Baskenland, in Valencia und sogar auf den Kanarischen Inseln.[119]
Carrillos Auftreten auf der illegalen Madrider Pressekonferenz im Dezember 1976 führte dazu, daß er gemeinsam mit sieben anderen prominenten Funktionären der KP Spaniens vorübergehend verhaftet wurde. Die Verhaftung erfolgte am 22. Dezember 1976, eine Woche später waren alle wieder frei. Carrillo zeigte sich überrascht: »Ich muß sagen, daß die spanische Regierung ein hohes Maß an Gespür für die derzeitige Realität und die Grundtendenzen der politischen Entwicklung in Spanien gezeigt hat.« Die Haftentlassung sei ein wichtiger Schritt auf dem Wege zur unerläßlichen Legalisierung der spanischen KP. Er, Carrillo, hoffe, daß auch Dolores Ibarruri recht bald nach Spanien zurückkehren werde, und die KP Spaniens beabsichtige, in aller Offenheit eine Plenartagung ihres ZK nach Madrid einzuberufen.[120]
Am 11. Februar 1977 beantragte die KP Spaniens offiziell ihre Zulassung als Partei. Zwei Tage später wurde bekanntgegeben, daß Dolores Ibarruri, bekannt als »La Pasionaria«, aus der Sowjetunion nach Spanien zurückkehren werde. Zweitausend in

der Sowjetunion lebende spanische Kommunisten waren bereits nach dem Tode Francos in ihre Heimat zurückgekehrt, weitere zweitausend warteten zu dieser Zeit auf ihre Einreiseerlaubnis.[121]
Für die endgültige Legalisierung der KP Spaniens gab dann das Madrider Treffen der Eurokommunisten Marchais und Berlinguer mit Carrillo Anfang März 1977 den letzten Anstoß. In einer solidarischen Erklärung setzten sich die KP-Führer für die baldige Legalisierung der KP Spaniens ein. Bereits im Laufe des März 1977 stellten die spanischen Kommunisten – obwohl immer noch nicht offiziell legalisiert! – in vielen Provinzen ihre Kandidatenlisten auf. Für die Bergarbeiterprovinz Asturien sollte Dolores Ibarruri kandidieren, in Madrid stand Carrillo auf dem ersten Platz, der populäre Arbeiterführer Camacho, der Führer der Arbeiterkommission, kam auf den zweiten Platz. Am 12. April 1977 wurde die KP Spaniens schließlich legalisiert. Carrillo erklärte dazu, dies sei eine Entscheidung elementarer Gerechtigkeit, die zu lange hinausgezogen worden sei. Von nun an werde es in Spanien kein Verbrechen mehr sein, ein Kommunist zu sein. »Niemand«, so meinte Carrillo, »wird uns mehr bedrohen oder versuchen können, jene zu terrorisieren, die für unsere Partei demonstrieren.« Carrillo forderte eine neue Verfassung, räumte aber ein, daß es noch eines langen Kampfes bedürfe, bis »die Demokratie ein kräftiger Baum« werde, »den kein Blitz niederschlagen kann«.[122]
Die Legalisierung der KP wurde von der Mehrheit der Bevölkerung begrüßt. Die Sozialisten erklärten, daß ohne eine Legalisierung der KP eine Demokratisierung in Spanien sehr schwierig sei. Die Christdemokraten bezeichneten die Entscheidung als völlig gerecht und korrekt. Lediglich die rechten Parteien waren dagegen. Eine Befragung in Spanien ergab, daß sich 55 Prozent für die Legalisierung der KP und nur 12 Prozent dagegen aussprachen, während sich 22 Prozent unentschieden zeigten und 11 Prozent keine Antwort gaben.[123]
Im Mai 1977 kehrte Dolores Ibarruri aus Moskau zurück. Am 15. Juni 1977 erhielt die KP Spaniens bei den ersten freien Wahlen 9,4 Prozent der Stimmen und ist damit mit 19 Abgeordneten im spanischen Parlament vertreten. Anfang Juli 1977 wurde dann auch der bisherige kommunistische Geheimsender »Radio

Unabhängiges Spanien« eingestellt. Anfang November 1977 fanden die Gründungsparteitage der KP des Baskenlandes (Euzkadi) und der »Vereinigten Sozialistischen Partei Kataloniens« statt. Erstmalig in der Geschichte des Kommunismus in Spanien wurden die Führungskader nicht durch Handzeichen, sondern geheim mit Stimmzetteln gewählt. Zum Generalsekretär der KP des Baskenlandes wurde Lerchundi gewählt, während der bisherige Führer und langjährige Widerstandskämpfer Ormazabal den Posten des Parteivorsitzenden erhielt. Bei der »Vereinigten Sozialistischen Partei Kataloniens« (PSUC), die mehr als 40 000 Mitglieder aufwies – somit die stärkste Partei Kataloniens –, wurde Gutiérrez neuer Generalsekretär, während der bisherige Führer Lopez Raimundo neuer Vorsitzender wurde. Der eurokommunistische Kurs beider Gruppierungen wurde auf den Parteitagen eindeutig bestätigt.

Durch ihre Eigenständigkeit und ihre realistische Politik, die unter anderem durch die Unterzeichnung des Moncloa-Wirtschaftsabkommens und durch die Beteiligung an der Ausarbeitung der neuen spanischen Verfassung unterstrichen wurde, gelang es der spanischen KP, ihren Einfluß in der Bevölkerung schrittweise zu vergrößern. Bei den spanischen Gewerkschaftswahlen im Frühjahr und Frühsommer 1978 erhielten die der KP nahestehenden Gewerkschaften »Arbeiterkommissionen« mehr als doppelt so viele Stimmen wie die sozialistische Gewerkschaft UGT.[124]

In der zweiten Januar-Hälfte 1978 veröffentlichte die spanische KP-Führung ihre politischen Thesen und den Entwurf eines neuen Parteistatuts. Besondere Beachtung fand dabei die These 15, wonach die Kommunistische Partei Spaniens sich definiert als eine »marxistische, demokratische und revolutionäre Partei«, das frühere Bekenntnis zum Leninismus aber gestrichen werden sollte. Die Distanzierung vom Leninismus wurde durch ausführliche Beiträge sowohl von Generalsekretär Santiago Carrillo[125] als auch von Manuel Azcárate[126] ausführlich und auf recht hohem Niveau begründet.

In den Thesen zum Parteitag befürwortete die spanische KP – angesichts der schwierigen Situation – eine breite Koalitionsregierung, die sich auf eine Majorität im Parlament und im Lande stützen sollte, und proklamierte als Endziel die Errichtung eines

demokratischen und pluralistischen Sozialismus mit allen politischen Rechten und Freiheiten. Anstelle der Leninschen Formel vom Bündnis der Arbeiter und Bauern setzte sich die KP Spaniens, wie bereits früher, für ein Bündnis der Kräfte der Arbeit und der Kultur ein. Bei aller Bedeutung Lenins als Revolutionsführer müßte eine Reihe seiner Thesen als überholt bezeichnet werden, darunter die Parteidoktrin aus den Jahren 1902/03, seine These vom bewaffneten Aufstand, von der Zerstörung des bürgerlichen Staates und von der Errichtung der Diktatur des Proletariats.[127]
Für die Parteidiskussion – im Rahmen der Vorbereitung des 9. Parteitages – stellte das KP-Zentralorgan »Mundo Obrero« in jeder Nummer vier bis acht Zeitungsseiten zur Verfügung; auch das theoretische Organ »Nuestra Bandera« stand völlig im Zeichen der Diskussion zum bevorstehenden Parteitag. Der demokratische Charakter der freien Auseinandersetzung in der KP Spaniens fand im ganzen Land weite Beachtung.
In den Diskussionen spielte vor allem die These 15 – und damit die Einstellung zum Leninismus – eine große Rolle. Für die Beibehaltung des Leninismus sprach sich kaum jemand aus, wohl aber wurden wiederholt die Eile und die Methoden kritisiert, mit denen die beabsichtigte Veränderung vorgenommen werden sollte. Stürmische Auseinandersetzungen blieben nicht aus. Auf der regionalen Parteikonferenz von Madrid wurde die vorgeschlagene Neufassung des Artikels 15 – nach heftigen Debatten – mit 433 zu 288 Stimmen angenommen. Bei der regionalen Parteikonferenz in Asturien, an der über 400 Delegierte teilnahmen, kam es vorübergehend sogar zum Auszug von etwa hundert Delegierten, ehe sich, nach ihrer Rückkehr, die Mehrheit zu den Thesen zum Parteitag bekannte.[128] Besonders stark war der Widerstand in der katalanischen Schwesterpartei, der »Sozialistischen Einheitspartei Kataloniens« (PSUC), weil diese bereits 1977 eine Neuformulierung beschlossen hatte, von der sie sich nun, nur fünf Monate später, nicht lösen wollte.[129]
Am 9. Parteitag der spanischen KP vom 19. bis 23. April 1978, dem ersten legalen KP-Kongreß seit 1932, nahmen 1350 Delegierte teil, die 220 000 Mitglieder vertraten. Einige ausländische prosowjetische Parteien waren teils nicht eingeladen worden, teils hatten sie keine Delegationen entsandt, darunter die KP der

Tschechoslowakei, die KP Argentiniens, die KP Österreichs und die KP Norwegens (wohl aber waren Vertreter der Linkssozialistischen Partei Norwegens anwesend). Die sowjetische Parteidelegation, vertreten durch »Prawda«-Chefredakteur W.I. Afanasjew und den Stellvertretenden Leiter der internationalen Abteilung des ZK, W.G. Sagladin,[130] überreichte dem Kongreß eine Lenin-Büste. Allerdings war gleichzeitig auch Arthur London, ein bekanntes Opfer des Slansky-Prozesses und Autor des Buches »Das Geständnis«, als Gast zum Parteitag eingeladen. Im Anschluß an den Kongreß fand ein Bankett zu Ehren von František Kriegel statt, dem führenden Repräsentanten des »Prager Frühlings« und heutigen Aktivisten der »Charta 77«, der jedoch kein Ausreisevisum erhielt. Sein Grußschreiben wurde verlesen.[131]

Auf dem Kongreß erklärte Generalsekretär Carrillo, die KP Spaniens sei bestrebt, eine authentische eurokommunistische Partei zu werden, die sich den Bedingungen der heutigen Zeit und den Besonderheiten Spaniens anpaßt. Die KP Spaniens trete für eine breite Koalition demokratischer Kräfte ein, um die Wirtschaftskrise zu überwinden und eine gerechte Verteilung der Lasten anzustreben. Als Nahziel wurde eine Regierung der »demokratischen Kooperation« befürwortet, d. h. eine Koalitionsregierung aus Zentrums-Demokraten und Sozialisten, ohne kommunistische Regierungsbeteiligung, aber mit jeweils in der einen oder anderen Form zu vereinbarender kommunistischer Unterstützung.

Die Debatte über die Neuformulierung des Parteistatuts, vor allem über die These 15, wurde auf dem Kongreß fortgesetzt. 948 Delegierte sprachen sich für die Neufassung, 248 Delegierte dagegen aus. Vierzig Delegierte verlangten zu dieser Frage die Einberufung eines außerordentlichen Parteitages, 6 enthielten sich der Stimme. In ihren Berichten über den spanischen Parteikongreß ging die »Prawda« auf keines der entscheidenden Probleme ein und beschränkte sich auf den Hinweis, ein neues, aus 160 Personen bestehendes Zentralkomitee sei gewählt, und als Vorsitzende sei Dolores Ibarruri, als Generalsekretär Santiago Carrillo bestätigt worden.[132]

Nachdem die KP Spaniens beim Verfassungsreferendum am 6. Dezember 1978 für die Annahme plädiert hatte, konnten die spanischen Kommunisten bei den Parlamentswahlen am 1. März 1979 ihren Stimmenanteil von 9,4 auf 10,7 Prozent erhöhen. Ihre Abgeordnetenzahl stieg von 20 auf 23 (von insgesamt 350). Bei den anschließenden Gemeindewahlen am 3. April 1979 stieg der Anteil der KP-Stimmen auf 13,7 Prozent. Durch Abkommen zwischen Kommunisten und Sozialisten – allerdings ohne gemeinsames Programm – gelang es den beiden Linksparteien, außer in Madrid, Barcelona und Valencia auch in den meisten anderen größeren spanischen Städten – so in Saragossa, León, Guadalajara, Malaga, Tarragona, Córdoba, Gerona und sogar im konservativen Salamanca – die entscheidenden Positionen in den Rathäusern zu übernehmen. Die KP Spaniens stellte den Bürgermeister von Córdoba sowie den von Sabadell, einem Arbeitervorort von Barcelona.

Im Unterschied zu den anderen eurokommunistischen Parteien scheint mir der Weg der KP Spaniens zur Neuorientierung durch folgende Besonderheiten gekennzeichnet zu sein:

1.) Es handelt sich um einen Übergang, der während der Illegalität erfolgte, also ohne jene legalen Möglichkeiten, die alle anderen kommunistischen Parteien (vielleicht ausgenommen die KP Griechenlands) für ihre Neuorientierung hatten.

2.) Auf diesem Weg mußte sich die KP Spaniens jahrelang hart mit einer prosowjetischen Splittergruppe auseinandersetzen, was einerseits erhöhte Schwierigkeiten bedeutete, andererseits aber auch dazu führte, daß die prosowjetischen Elemente aus der Partei ausgeschlossen und damit die weitere Entwicklung erleichtert wurde.

3.) Die Verselbständigung und Neuorientierung der KP Spaniens ist später als bei der KP Italiens erfolgt. Die ersten Anzeichen bei der KP Spaniens gab es erst Mitte der sechziger Jahre, und die entscheidenden Ereignisse für den neuen Weg waren der »Prager Frühling« und die militärische Intervention der Warschauer-Pakt-Staaten in der Tschechoslowakei.

4.) Bei dem Prozeß der Neuorientierung gelang es den spanischen Kommunisten, ein ausführliches Parteiprogramm auszuarbeiten, das zu den wichtigsten Dokumenten des Eurokommunismus gehört und in dem alle entscheidenden Zielsetzungen verankert und begründet sind.

5.) Im Verselbständigungsprozeß der spanischen Kommunisten

spielten theoretische Probleme eine größere Rolle als in den meisten anderen eurokommunistischen Parteien, wobei es den spanischen Kommunisten im Unterschied zu den italienischen nicht möglich war, sich auf einen besonderen Vorläufer – wie etwa die Italiener auf Gramsci – zu berufen.

6.) Der Verselbständigungsprozeß verlief tiefgehender als in fast allen eurokommunistischen Parteien; in gewisser Hinsicht steht die KP Spaniens an der Spitze des Eurokommunismus.

Allerdings ist eine selbstkritische Betrachtung der eigenen Parteigeschichte in der KP Spaniens zwar zaghaft begonnen worden, hat aber noch nicht den Umfang erreicht, der für eine eurokommunistische Partei notwendig wäre.

4.

Die eurokommunistischen Parteien in den anderen Ländern Europas

Neben den drei bedeutendsten eurokommunistischen Parteien in Westeuropa – der KP Italiens, der KP Spaniens und der KP Frankreichs – gibt es noch eine Reihe weiterer kommunistischer Parteien, die teils vollständig zum Eurokommunismus gehören, teils in einen eurokommunistischen und einen prosowjetischen Flügel gespalten sind. Diese Parteien haben zwar meist nur geringen politischen Einfluß in ihren Ländern. Da sich dieses Buch aber nicht nur auf die machtpolitisch bedeutsamen Fragen beschränkt, sondern der Eurokommunismus als Strömung betrachtet werden soll, erscheint es mir wichtig, zumindest kurz auf die Entstehung eurokommunistischer Tendenzen in den kleineren kommunistischen Parteien Europas hinzuweisen.

Dänemark: Die eurokommunistische »Sozialistische Volkspartei« und die prosowjetischen Kommunisten

Nach Jugoslawien und der KP Italiens trat die Mehrheit der dänischen Kommunisten schon 1957/58 für ihre Eigenständigkeit ein, verließ die bestehende KP Dänemarks und schlug mit der Bildung einer »Sozialistischen Volkspartei« eine politische Richtung ein, die heute als eurokommunistisch gilt. Die damals gegründete Sozialistische Volkspartei war der erste eurokommunistische Versuch im Norden Europas. Sie ist heute durch einen Abgeordneten im Europaparlament in der Fraktion »Kommunisten und Sympathisierende« vertreten.
Ähnlich wie in anderen Ländern Europas waren vor allem die

Erfahrungen des Spätstalinismus und die nach dem 20. Parteitag der KPdSU (1956) aufkommende Hoffnung auf Entstalinisierung die Ausgangspunkte für eine eigenständige Entwicklung in Dänemark. Die aktive Teilnahme der dänischen Kommunisten an der Widerstandsbewegung während der deutschen Besatzung – wobei der Parteivorsitzende Aksel Larsen eine wichtige Rolle spielte – führte nach Kriegsende zu einem beträchtlichen Aufschwung der KP Dänemarks. So erhielt sie 1945 12,5 Prozent aller Stimmen, und zwei dänische Kommunisten – Aksel Larsen und Alfred Jensen – traten in die Regierung ein, Larsen als Minister ohne Portefeuille und Jensen als Verkehrsminister.
Die Periode des kalten Krieges und des Spätstalinismus, als die Kommunisten im Westen alle Entwicklungen in der Sowjetunion und in Osteuropa rechtfertigen mußten, führte auch in Dänemark zu einem drastischen Rückgang ihres Stimmenanteils auf 6,8 Prozent im Jahre 1947, auf 4,3 Prozent im Jahre 1953 und unter dem Eindruck der blutigen Niederschlagung der ungarischen Revolution schließlich auf 3,1 Prozent im Jahre 1957.
Nach dem 20. Parteitag der KPdSU und Chruschtschows Geheimrede traten immer mehr Mitglieder für einen eigenständigen Weg nach italienischem Vorbild ein. Auf einem außerordentlichen Parteitag der KP Dänemarks im Januar 1957 schien sich zunächst eine Neuorientierung anzubahnen. Der Parteitag sprach sich erstmals dafür aus, den Sozialismus auf der Grundlage dänischer demokratischer Traditionen aufzubauen. Über die Verwirklichung der Parteitagsbeschlüsse vom Januar 1957 kam es jedoch zu harten Auseinandersetzungen. Die Reformer, angeführt vom Parteivorsitzenden Aksel Larsen, sahen sich starken stalinistischen Kräften gegenüber. Es kam zu der grotesken Situation, daß der Parteivorsitzende Larsen nicht mehr ungehindert und unzensiert für das eigene Parteiorgan »Land og Folk« schreiben konnte. So verweigerten die stalinistischen Kräfte in der Parteizeitung eine Stellungnahme von Larsen, in der dieser die Verhaftung Imre Nagys kritisierte. Der Konflikt zwischen Reformern und Stalinisten verschärfte sich, nachdem Aksel Larsen im März 1958 am Kongreß des Bundes der Kommunisten Jugoslawiens teilgenommen hatte. Für Larsen und seine Reformanhänger wurde die Haltung zu Jugoslawien zum Prüfstein für ihre eigenen Perspektiven. Moskauer Erklärungen, so

schrieb Larsen im Juli 1958, seien keine »päpstlichen Bannbullen, wonach sich alle zu richten haben, wenn sie nicht in das Dunkel der Verdammnis verstoßen werden sollen«.[133]
Im Sommer 1958 arbeitete Larsen ein ausführliches Memorandum aus, in dem er seine Auffassung über die zukünftige Entwicklung der KP Dänemarks darlegte. Unter dem Titel »Wo stehen wir? Was ist zu tun?« wies Larsen darauf hin, daß trotz des 20. Parteitages der KPdSU die alten unkritischen Traditionen weiterleben und die KP Dänemarks stets reflexmäßig alles gutheiße, was aus der Sowjetunion komme. »Wir müssen uns«, schrieb Larsen in seinem Memorandum, »ohne die geringste Abkehr von der internationalen Solidarität, von der Tradition freimachen, daß wir sozusagen mechanisch oder automatisch zu allem ja und amen sagen, was von den sozialistischen Ländern kommt.« Man habe in der Partei fast vergessen, daß der Kampf um den Sozialismus vor allem in Dänemark geführt werden solle. Es sei für die dänische KP höchste Zeit, eine demokratische selbständige Politik zu machen, um das Vertrauen der dänischen Arbeiter zu erhalten. Nach wie vor bestünde jedoch die Tendenz, die Wirklichkeit an den Dogmen zu orientieren. Auch Organisationen, Arbeitsmethoden und Führungsstil der Partei müßten neu analysiert werden. Die Partei sei zwar ein kämpfender Organismus, aber keine militärische Organisation. Unter Berufung auf die absolute »Einheit« dürfe man weder theoretische noch politische Auseinandersetzungen scheuen. Deshalb müßten auch die Parteistatuten demokratisiert werden. Gegenwärtig seien die Statuten immer noch denen der sowjetischen KP ähnlich. Es komme aber darauf an, den Zentralismus abzubauen und dafür zu sorgen, daß die leitenden Organe den Mitgliedern regelmäßig Bericht erstatten und die Führung der Partei auch demokratisch gewählt werde. Vor allem aber verlangt Larsen in seinem Memorandum eine größere Selbständigkeit von der Sowjetunion: »Die wichtigste Propagandawaffe unserer Gegner ist, wie wir wissen, die Behauptung, daß wir keine dänische und selbständige Partei seien, sondern daß die dänischen Kommunisten Befehle aus Moskau empfangen . . . Es lohnt sich kaum, hoch und heilig zu schwören, daß wir eine dänische und selbständige Partei sind. Selbst der beste Beitrag unserer Seite zur dänischen Innen- und Außenpolitik garantiert uns nicht das Ver-

trauen des dänischen Volkes, solange die meisten denken, ›ja, aber trotzdem . . . wir können den Kommunisten nicht trauen, da ihre Gedanken und ihre Ideen und ihre Politik aus Moskau kommen‹. Aber wir sind selbst schuld daran, daß es sich so verhält. Unser eigenes Auftreten . . . erleichtert es unseren Gegnern, uns zu verdächtigen.«[134]

Nach langen internen Auseinandersetzungen im Zentralkomitee veröffentlichte die Parteizeitung »Land og Folk« schließlich am 28. August 1958 das Memorandum von Aksel Larsen, das in der Geschichte des Eurokommunismus eine ähnliche Rolle spielt wie Togliattis Interview vom Juni 1956. Danach begann eine von der Mehrheit der Parteiführung organisierte Kampagne gegen den eigenen Vorsitzenden. Obwohl Larsen immer mehr Anhänger fand und von bekannten Parteifunktionären unterstützt wurde, darunter von den prominenten dänischen Gewerkschaftsführern Willy Brauer und Carlo Hermansen, hinderte man ihn daran, zu den Parteiorganisationen in den drei größten Provinzstädten zu sprechen.

Auf dem außerordentlichen 20. Parteitag der KP Dänemarks, der vom 31. Oktober bis 2. November 1958 in Kopenhagen-Kristiansborg stattfand, traf für die dänischen Stalinisten noch Verstärkung aus Moskau ein. Kein geringerer als Pjotr Pospelow, in der sowjetischen Parteiführung für Fragen des internationalen Kommunismus verantwortlich, nahm am Parteitag teil. Auf diesem Parteitag wurde Larsen als Parteivorsitzender abgesetzt und Knut Jespersen zu seinem Nachfolger berufen. Kurz darauf wurde Larsen auch aus der Partei ausgeschlossen. Anschließend folgte auch eine große Ausschlußkampagne gegen Larsens Anhänger, wobei die KP Dänemarks viele ihrer besten Gewerkschaftsfunktionäre, Kommunalvertreter und Repräsentanten in anderen Organisationen verlor. Im Unterschied zu früheren ähnlichen Ereignissen in der kommunistischen Weltbewegung blieben diesmal die Ausgetretenen und Ausgeschlossenen nicht untätig. In mehreren Orten gründeten sie »Sozialistische Vereinigungen« als Basis für eine neue, von Moskau unabhängige Partei.

Bereits im November 1958 trafen sich 76 Repräsentanten früherer kommunistischer Parteiorganisationen, um die Gründung einer neuen »Sozialistischen Volkspartei Dänemarks« vorzubereiten. Führende Gewerkschaftsfunktionäre riefen zur Unterstützung der neuen Partei auf, und Aksel Larsen wurde aufgefordert, die neue Partei als vorläufiger Repräsentant im dänischen Parlament zu vertreten. Ein Arbeitsausschuß zur Gründung der neuen Partei wurde gewählt, der in einer ersten Erklärung die Schaffung der neuen Partei damit begründete, daß die Sozialdemokratie ihr sozialistisches Ziel aus den Augen verloren habe, während die dänische KP isoliert sei und keinerlei Einfluß auf die dänische Bevölkerung habe. Es komme darauf an, das Vertrauen der Arbeiterschaft in den Sozialismus zu stärken, wobei der Aufbau des Sozialismus in Dänemark eine Sache des dänischen Volkes sei. Das Einparteiensystem sei ein Produkt der besonderen sowjetischen Entwicklung, während in Dänemark der Übergang zum Sozialismus durch die Mitwirkung des Parlaments und Beibehaltung mehrerer Parteien vollzogen werden könne und müsse.

Am 15. Februar 1959 wurde in Hvidovre bei Kopenhagen in Anwesenheit von 174 Delegierten die »Sozialistische Volkspartei« gegründet. Einen Tag später stellte sich die neue Partei in Dänemark, seither unter der Abkürzung SF bekannt, in einer ersten öffentlichen Versammlung vor. Vor fast 4000 Zuhörern hielt Mogens Fog eine programmatische Rede, in der er noch einmal ausführlich die Gründung und Zielsetzung der neuen Partei erklärte.

Den Kern der Sozialistischen Volkspartei (SF) bildeten zu Beginn frühere Kommunisten, insbesondere jene, die Larsen während der Auseinandersetzung mit den Stalinisten unterstützt hatten. Aber die Partei bekam auch Zulauf vom linken Flügel der Sozialdemokratie und aus pazifistischen Kreisen. Bereits am 1. Mai 1959 erschien in einer Auflage von 15 000 Exemplaren die erste Nummer der Parteizeitung »SF-Bladet«. Der erste ordentliche Parteitag fand vom 5. bis 7. Juni 1959 statt und nahm neue Statuten und eine Programmerklärung an. In den neuen Parteistatuten wurde der Versuch unternommen, durch eine demokratische Organisationsstruktur die innerparteiliche Demokratie zu sichern. Von den 25 Vorstandsmitgliedern durften höchstens sechs Parteifunktionäre direkt oder auf andere Weise ökonomisch von der Partei abhängig sein. Von den neun Mitgliedern des geschäftsführenden Vorstandes durften höchstens drei

bezahlte Parteifunktionäre sein. In der Programmerklärung wurde die Ansicht vertreten, Dänemark könne auf friedlichem Wege mit mehreren Parteien unter Mitwirkung parlamentarischer Organe zum Sozialismus gelangen. Allerdings sei der Parlamentarismus nicht ausreichend, vielmehr bedürfe es neuer aktiver demokratischer Organe außerhalb des Parlaments, und die Arbeiter und Angestellten müßten den entscheidenden Einfluß in den Betrieben erhalten.
Trotz der kurzen Vorbereitungszeit gelang es der neugegründeten SF, bei den Parlamentswahlen im November 1960 fast 150 000 Stimmen (6,1 Prozent) auf sich zu vereinigen und 11 Parlamentsmandate zu erringen. Die prosowjetische KP Dänemarks konnte nur noch 1,1 Prozent gewinnen und war damit erstmals nicht mehr im Parlament vertreten. Aus einer Wahlanalyse ging hervor, daß von den fast 150 000 Stimmen für die SF mehr als die Hälfte, nämlich 52 Prozent, von früheren sozialdemokratischen Wählern, fast 30 Prozent von Kommunisten, der Rest von Anhängern linksdemokratischer oder pazifistischer Organisationen stammten. Ein großer Teil der Wähler waren Jugendliche aus den Reihen der Anti-Atomwaffen-Bewegung.
Ein Grundsatzprogramm erhielt die SF nach längeren Diskussionen auf ihrem 3. Parteitag im Oktober 1963. Es enthielt Gedanken, die wir heute zu den unverzichtbaren Grundthesen des Eurokommunismus zählen. So erklärte das Programm etwa, daß die gesellschaftlichen, wirtschaftlichen und sozialen Probleme Dänemarks trotz sozialer oder wohlfahrtsstaatlicher Eingriffe im Rahmen einer kapitalistischen Gesellschaft nicht gelöst werden konnten. Die SF setzt sich daher für die Verwirklichung der sozialistischen Gesellschaft in Dänemark ein. Dabei sei die Respektierung der »fundamentalen Menschenrechte« unerläßlich, sowohl während des Prozesses der Umgestaltung als auch in der zukünftigen sozialistischen Gesellschaft. Der Sozialismus soll in Dänemark die bürgerlichen Grundrechte (Meinungsfreiheit, Redefreiheit, Bewegungsfreiheit, Gleichheit vor dem Gesetz, Achtung vor der persönlichen Integrität, Sicherheit gegenüber willkürlicher Verhaftung, wirtschaftliche Sicherheit und das Recht auf Erziehung, Arbeit und Wohnung) zur Basis haben. Abgelehnt wurden die Diktatur des Proletariats und ein

Einparteiensystem, um so der Gefahr einer Bürokratisierung zu begegnen. Neben der Abgrenzung gegenüber dem östlichen Kommunismus grenzte sich die SF auch von den sozialdemokratischen Auffassungen ab, wonach die Veränderung der Gesellschaft im wesentlichen durch einen Gesetzgebungsprozeß zu erreichen sei. Die SF betonte dagegen die unentbehrliche aktive Teilnahme der Mehrheit der Bevölkerung an der sozialistischen Veränderung der Gesellschaft. Aufgrund der historischen und gesellschaftlichen Bedingungen und in Übereinstimmung mit den parlamentarischen Traditionen des Landes könne die Revolution auf friedlichem Wege durchgeführt werden. Die Bedingung ihres Erfolges sei die aktive Beteiligung der überwiegenden Mehrheit des Volkes, das sich neue Institutionen schaffen und die alten demokratisieren soll. Daher komme es darauf an, die jetzige politische Demokratie zur ökonomischen und industriellen Demokratie auszuweiten, um dem Volk ökonomisches Entscheidungsrecht und den Beschäftigten betriebliches Mitbestimmungsrecht zu sichern.

In einem wichtigen Aufsatz wies Gert Petersen, ein engster Mitstreiter von Aksel Larsen, auf die Stellung des SF zum Marxismus hin. Es gilt, den Marxismus »zeitgemäß zu gestalten, seine theoretischen Errungenschaften aufgrund einer konkreten Analyse auf die dänische Wirklichkeit anzuwenden«. Die Sozialistische Volkspartei lehne jegliche »heiligen Kühe« ab und plädiere dafür, alle Erscheinungen kritisch zu überprüfen. Dies gelte sowohl für das Verhältnis zu den kapitalistischen Ländern als auch zu den sozialistischen Staaten, um so mehr, »als eine Analyse der Tatsachen zeige, wie es aussieht, wenn der Sozialismus nirgends in hochentwickelter Form besteht«.[135]

Die Beziehungen zwischen konkreten Reformen und einer langfristigen sozialistischen Zielsetzung müßten neu durchdacht werden. Die sozialistische Zielsetzung bedeutet nach der Ansicht von Petersen nicht, daß die gegenwärtigen Aufgaben zur Verbesserung der Lebenslage der Werktätigen vernachlässigt werden dürfen. Die SF trete deshalb für die Demokratisierung der Leitung in den Unternehmen ein und für das Recht der Arbeiter, an der Beschlußfassung teilzunehmen. Die SF lehne die Politik von verbalen Demonstrationen im Parlament ab und schlage daher keine Gesetze vor, die undurchführbar seien. Sie verfolge eine praktische Politik im Rahmen der bestehenden Möglichkeiten, wobei sie jedoch bis zu den äußersten Grenzen gehe. Eine solche realistische Politik sei der Ausgangspunkt für neue Forderungen im Einklang mit den anstehenden neuen Möglichkeiten. Die oppositionelle Politik der SF solle keine vernichtende Politik sein, sondern habe das Ziel, die Sozialdemokraten zu beeinflussen, damit sie ihre Zusammenarbeit mit den bürgerlichen Rechtsparteien beenden. Nur so sei das Hauptziel zu erreichen, eine Mehrheit der Arbeiterbewegung, die sich den Weg zu wichtigen innenpolitischen Reformen selbst ebnen kann.

Diese Grundsätze wurden von den Wählern honoriert. Bei den Wahlen im Herbst 1966 erhielt die SF sogar 10,9 Prozent der Stimmen und 20 Mandate, während die alte KP Dänemarks mit 0,8 Prozent ohne einen Vertreter im dänischen Parlament blieb. In der Stadt Kopenhagen wurde die SF sogar die zweitstärkste Partei. Und nach den Wahlen von 1964 konnten die Sozialdemokraten nur mit Unterstützung der Abgeordneten der Sozialistischen Volkspartei regieren. Damit konnte die SF eine Reihe ihrer Programmpunkte durchsetzen. Allerdings stieß diese positive Mitverantwortung der Sozialistischen Volkspartei in den eigenen Reihen auf Widerspruch von links, so daß unter dem Druck dieser Linken – zu ihnen gehörten auch Karl Moltke und Willy Brauer – vom 15. bis 17. Juni 1967 ein außerordentlicher Parteitag einberufen werden mußte.

Diese Schwierigkeiten wurden in Moskau und Ost-Berlin hoffnungsvoll begrüßt. So schrieb das SED-Zentralorgan »Neues Deutschland« damals: »In dieser Situation müssen die Linkskräfte das Wort ergreifen!«[136] Trotz dieser Schützenhilfe aus dem Ostblock – die den Linken in der SF eigentlich hätte zu denken geben sollen – setzten diese ihre Fraktionstätigkeit fort, und am 15. Dezember 1967 stimmten sechs der zwanzig Abgeordneten der Sozialistischen Volkspartei im Parlament gegen einen gemeinsam von den Sozialdemokraten und der Sozialistischen Volkspartei eingebrachten Antrag. Auf dem unmittelbar darauffolgenden 6. Parteitag der SF kam es zur Spaltung. Von den 159 Delegierten verließen 76 Linke die Versammlung, darunter sechs von insgesamt zwanzig SF-Parlamentsabgeordneten. Diese sechs gründeten am 17. Dezember 1967 eine neue Partei, die sich »Linkssozialistische Partei« nannte.

Die Spaltung schwächte natürlich die Sozialistische Volkspartei. Seit 1968 gibt es in Dänemark drei links von den Sozialdemokraten stehende Parteien. Obwohl diese Linkssozialisten in der weiteren Politik keine wesentliche Rolle mehr spielten, war die Spaltung doch ein harter Schlag für Aksel Larsen, der dann im Dezember 1968 auf dem nächsten SF-Parteitag als Vorsitzender der Partei zurücktrat; Nachfolger wurde sein engster Mitarbeiter Sigurd Oemann. Ende Januar 1972 starb Aksel Larsen, der mehrmals mit Tito verglichen worden ist – er hatte erfolgreich der sowjetischen Autorität widerstanden.
Die Bedeutung der Sozialistischen Volkspartei Dänemarks geht weit über die Landesgrenzen hinaus. Mit ihrem neuen, eigenständigen Programm bekam die Sozialistische Volkspartei Dänemarks eine Art Modellcharakter für die nach Selbständigkeit strebenden Kommunisten in Europa, vor allem in den skandinavischen Ländern. So bildete sich nach dem Vorbild der SF Dänemarks 1961 auch in Norwegen eine Sozialistische Volkspartei, und seit 1964 sind ähnliche Neuorientierungen auch bei den schwedischen Kommunisten zu beobachten.
Unter den besonderen Bedingungen Dänemarks, wo seit 1968 drei Parteien links von der Sozialdemokratie tätig sind, gelang es der Sozialistischen Volkspartei, ihre Stellung gegenüber den Linkssozialisten und den prosowjetischen Kommunisten zu behaupten. Bei den Wahlen im Dezember 1973 erhielt die SVP 6 Prozent (11 Abgeordnete), im Januar 1974 4,9 Prozent (9 Abgeordnete) und im Februar 1977 3,8 Prozent (7 Abgeordnete) gegenüber 3,7 Prozent für die prosowjetische KP. Ausgehend von den relativ starken Anti-EG-Stimmungen in Dänemark, gelang es der prosowjetischen KP im Frühjahr 1978, eine breite »Volksbewegung gegen die EG« zu schaffen, die bei den dänischen Wahlen zum Europaparlament am 10. Juni 1979 21 Prozent der Stimmen erhielt und 4 dänische Anti-EG-Vertreter (darunter auch einen KP-Funktionär) in das Europaparlament entsenden konnte.
Aber dies erwies sich nur als ein kurzfristiger Erfolg. Nur wenige Monate später, bei den Neuwahlen in Dänemark am 23. Oktober 1979, ging der Stimmenanteil der prosowjetischen KP von 3,7 auf 1,9 zurück. Sie verlor damit, angesichts der in Dänemark existierenden Sperrklausel von 2 Prozent, alle ihre 7 Mandate. Auf der

anderen Seite konnte die Sozialistische Volkspartei ihren Stimmenanteil gegenüber Februar 1977 von 3,8 auf 5,9 Prozent steigern. Die Zahl ihrer Abgeordneten im Parlament erhöhte sich von 7 auf 11 (von insgesamt 379). Die Sozialistische Volkspartei ist durch einen Abgeordneten im Europaparlament vertreten, der der Fraktion der »Kommunisten und Sympathisierenden« angehört.

Schweden: Spannungen zwischen Eurokommunisten und Stalinisten führen zur Spaltung

Die Bedeutung der schwedischen Kommunisten für die Entwicklung des Eurokommunismus wird oft unterschätzt. Man sollte dabei jedoch nicht übersehen, daß sich die schwedischen Kommunisten Anfang und Mitte der sechziger Jahre zusammen mit den italienischen Kommunisten entschieden für eine Neuorientierung eingesetzt haben.
Bevor sich Anfang der sechziger Jahre in der schwedischen KP-Zeitung »Ny Dag« die kritischen Stimmen zur Politik der schwedischen Kommunisten zu Wort meldeten, hatte die KP Schwedens einen ununterbrochenen Rückgang ihres Einflusses zu verzeichnen gehabt. Während sie bei den Parlamentswahlen 1944 noch 10,5 Prozent der Stimmen erreichen konnte, sank der Stimmenanteil im Verlaufe der nächsten fünfzehn Jahre unter der Führung des Stalinisten Hilding Hagberg auf 6,3 Prozent im September 1948, auf 4,3 Prozent im Jahr 1952 und schließlich auf 3,8 Prozent im Herbst 1962 ab. Der eiserne Griff des stalinistischen Parteiführers Hilding Hagberg war so stark, daß sich sogar die Signalwirkung des 20. Parteitages und die beginnende Entstalinisierung nur langsam in der schwedischen KP durchsetzten, dies um so mehr, als die schwedische KP wie einige andere skandinavische Parteien unter dem Einfluß der ostdeutschen SED stand und schwedische Parteifunktionäre in der SED-Parteischule Bad Doberan in der DDR ausgebildet wurden.
Anfang der sechziger Jahre verstärkten sich kritische Stimmen. Die Parteizeitung »Ny Dag« mußte diesen Meinungen Rechnung tragen. Ein Leser schrieb damals im »Ny Dag«: »Wir verteidigen hingebungsvoll alles, was im sozialistischen Lager geschieht, und

nehmen zu internationalen Streitfragen nur sehr einseitig Stellung.« Andere Leser bezweifelten im »Ny Dag«, daß die Revolution in Ungarn eine Konterrevolution gewesen sei, und bemängelten, daß die schwedische KP die eigenen Bedingungen ihrer Politik außer acht lasse. Auch der diktatorische Parteiaufbau und die autoritäre Führungsweise wurden immer öfters kritisiert. »Ny Dag«-Leser stellten fest, daß sich in Schweden der Bau der Berliner Mauer viel stärker auswirke als in allen anderen westeuropäischen Ländern: »Keine Erscheinung oder Maßnahme in den sozialistischen Ländern hat in den letzten Jahren so negative Reaktionen unter den Arbeitern Schwedens hervorgerufen wie die Berliner Mauer.« Der Ruf nach einer grundlegenden Erneuerung der Partei wurde immer lauter. Mitten in der immer mehr sich ausbreitenden Diskussion trat Hilding Hagberg als Führer der KP Schwedens zurück.[137]

Der 20. Parteitag der KP Schwedens im Januar 1964 brachte dann für die schwedischen Kommunisten den entscheidenden Wendepunkt. Anstelle von Hagberg wurde Carl-Henrik Hermansson neuer Parteiführer, der zu den wichtigsten Wegbereitern des Eurokommunismus in Europa zu zählen ist. Obwohl sich im Parteivorstand auch nach dem 20. Parteitag nach wie vor stalinistische Dogmatiker befanden, gelang es Hermansson bald, seine in der Mitgliedschaft populären Vorstellungen durchzusetzen; die Stalinisten wurden zunehmend in die Defensive gedrängt. Auf seiner ersten Pressekonferenz als neuer Parteivorsitzender distanzierte sich Hermansson von der Errichtung der Berliner Mauer und forderte, die Ausbildung schwedischer KP-Funktionäre im ostdeutschen Bad Doberan zu beenden. Während des Wahlkampfes im September 1964 distanzierte sich Hermansson in Rundfunk und Fernsehen vom sowjetischen Überfall auf Finnland von 1939, vom Prager Putsch von 1948, von der Unterdrückung des Volksaufstandes in der DDR im Juni 1953 und von der Niederschlagung der ungarischen Revolution im November 1956. Wörtlich sagte er: »Wir schwedischen Kommunisten betrachten die Verhältnisse in anderen Ländern wie etwa in der Sowjetunion oder unter den sogenannten Volksdemokratien keinesfalls als ideal für unsere Partei. Wir denken nicht daran, dieses Ziel anzusteuern. Die dortigen Zustände können für die schwedische KP nicht richtungweisend sein.«[138]

Bei der kritischen Kommentierung des Sturzes von Chruschtschow Mitte Oktober 1964 ging die KP Schwedens weiter als alle anderen kommunistischen Parteien, die KP Italiens eingeschlossen. Hermansson beschränkte sich nicht darauf, nur die Methoden der Absetzung zu kritisieren, sondern wies eindeutig darauf hin, daß die Absetzung im Widerspruch zum sowjetischen Parteistatut und zur sowjetischen Verfassung stehe, und schlug der Sowjetführung vor, sich bei der Ablösung so wichtiger Persönlichkeiten die demokratischen Verhältnisse skandinavischer Länder oder Englands zum Vorbild zu nehmen.[139]
Kurz darauf, im Januar 1965, war Carl-Henrik Hermansson der erste europäische KP-Führer, der sich eindeutig vom Begriff »proletarischer Internationalismus« (stets als Unterordnung unter die Sowjetführung zu verstehen) distanzierte und statt dessen den inzwischen im Eurokommunismus gängigen Begriff »internationale Solidarität« vorschlug. Dabei erklärte er, daß sich eine internationale Zusammenarbeit nicht nur auf Kommunisten beschränken sollte: »Wir wollen also nicht nur mit den kommunistischen Parteien zusammenarbeiten, sondern auch mit nationalen Befreiungsbewegungen, linken Sozialdemokraten oder linkssozialistischen Parteien, aber auch mit sozialdemokratischen Parteien, falls dies in konkreten Fragen möglich ist.«[140]
Im April 1965 präzisierte Hermansson in einem ausführlichen Interview seine Vorstellungen von der Erneuerung der Partei und ihrer Zielsetzung. Nach seiner Auffassung sollten die schwedischen Kommunisten die soziale Reformpolitik unterstützen, aber gleichzeitig strukturelle Reformen fordern, die zu Veränderungen der Macht- und Besitzverhältnisse führten. Dies gehe jedoch nur, wenn sich auch die eigene Partei im Sinne einer sozialistischen Erneuerung verändere. Die Partei solle offener sein für das, was in unserer Zeit geschieht. Die kommunistischen Parteien dürfen keine geschlossenen Organisationen sein, sondern müssen offen gegenüber der gesamten Arbeiterbewegung und allen echten Volksbewegungen bleiben.[141]
Als erster europäischer KP-Führer proklamierte schließlich Hermansson am 1. Mai 1965 ein pluralistisches Sozialismusmodell und erklärte ebenfalls als erster, daß seine KP auch in einer sozialistischen Gesellschaft ein Votum der Mehrheit akzeptieren

werde: »Wenn uns die Frage gestellt wird, ob unsere Partei, sobald sie auf parlamentarischem Wege in die Regierung gelangt ist, bei einer Niederlage im Reichstag oder bei allgemeinen Wahlen den üblichen Spielregeln folgen und abtreten werde, müssen wir mit einem entschiedenen Ja antworten. Unsere Einstellung zu diesen Fragen kann nicht taktisch oder anderswie bestimmt sein, sondern muß sich auf die Anerkennung des Vertrauensanspruches stützen, den alle Staatsangehörigen zu erheben berechtigt sind.«[142]

Ende Oktober 1965 wurde mit der Veröffentlichung des Entwurfs eines neuen Parteistatuts erstmals eine weitgehende Abkehr von der leninistischen Parteidoktrin proklamiert. Während bis dahin die bedingungslose Befolgung der jeweiligen Parteilinie verlangt worden war, enthielt das neue Parteistatut nur die Verpflichtung, das Programm und das Statut anzuerkennen. Vertreter der KP Schwedens in parlamentarischen Gremien sollten nur Empfehlungen erhalten, nicht aber Weisungen, wie sie in einzelnen Fragen abzustimmen hätten. Das neue Statut enthielt auch detaillierte Vorschriften über Wahlordnungen und Beschlußverfahren. Jeder Parteiausschluß war von nun an vor dem gesamten Parteitag anfechtbar. Alle Funktionäre im Parteivorstand und in sonstigen Ämtern sollten nur in geheimer Wahl gewählt werden. Vertretern der Parteien in den Gewerkschaften durfte nicht mehr vorgeschrieben werden, wie sie abzustimmen hätten. Alle Parteikongresse waren in Zukunft öffentlich, Protokolle und Akten der Öffentlichkeit zugänglich.[143]

Anfang 1967 veröffentlichte die KP Schwedens dann den Entwurf eines neuen Parteiprogramms, der anschließend von Januar bis Mai 1967 in der gesamten Partei diskutiert und schließlich auf dem 21. Parteitag der KP Schwedens (13.–16. Mai 1967) angenommen wurde. An diesem Parteitag nahmen nur Vertreter kommunistischer und linkssozialistischer Parteien der skandinavischen Länder teil – offensichtlich, um Schwierigkeiten mit Vertretern kommunistischer Parteien des Ostens zu vermeiden. Nach lebhafter Diskussion wurde das 37-Punkte-Programm der »Sozialistischen Alternative« angenommen, in dem es erstmals kein Bekenntnis mehr zur Sowjetunion gab, keine Bezugnahme auf Lenin und den Leninismus und keine Erwähnung der für die sowjetische Richtung so entscheidenden Begriffe wie »Diktatur

des Proletariats«, »Proletarischer Internationalismus« und »Demokratischer Zentralismus«.
Im Parteiprogramm von 1967 wurde proklamiert, daß die Entwicklung zum Sozialismus auf demokratischem Wege erfolgen und die erworbenen demokratischen Rechte und Freiheiten verteidigt, die Demokratie erweitert und entfaltet werden soll. Eine Verstaatlichung nach sowjetischem Muster wurde abgelehnt. Die Rohstoffindustrie, die Banken, Kreditinstitute und Versicherungsgesellschaften sowie große Produktionsunternehmen sollen in gesellschaftliches Eigentum überführt werden, wobei die Arbeitnehmer ihre Unternehmen selbst leiten sollen (Punkt 21). Als Ziel wird ein sozialistisches Schweden angestrebt, in dem die Bevölkerung in freier Diskussion und in demokratischer Form über ihre eigenen Lebensbedingungen und die Entwicklung des Landes bestimmen soll. Im schwedischen Sozialismus werde keine stagnierende, konfliktlose Situation entstehen, sondern die Interessengegensätze zwischen Bevölkerungsgruppen, Ideen und Ansprüchen müßten frei diskutiert werden. Die Grundprinzipien eines sozialistischen Schwedens seien ein Mehrparteiensystem sowie die Organisations-, Versammlungs- und Pressefreiheit.[144]
Auf dem 21. Parteitag im Mai 1967 schlugen Hermansson und seine Anhänger vor, die Kommunistische Partei in »Linkspartei« umzubenennen. Hermansson führte dafür an, daß die schwedischen Kommunisten keineswegs nur kommunistische Parteien, sondern auch volkssozialistische Parteien in den nordischen Nachbarländern als Bruderparteien anerkennen würden; innerhalb der schwedischen Linkspartei sollten sich nicht nur Kommunisten zu Hause fühlen, sondern auch Linkssozialisten und andere Sozialisten. Doch der Umbenennungsvorschlag stieß vor allem bei den Delegierten der nordschwedischen Industriegebiete auf Widerstand, in denen die Stalinisten die Überhand hatten. So kam es zu dem Kompromiß, nach dem die Partei in Zukunft »Linkspartei/Kommunisten« genannt wurde. Mit dem 21. Parteitag der schwedischen KP im Mai 1967, den vor allem die italienischen Kommunisten positiv beurteilten[145], waren die schwedischen Kommunisten damals neben den italienischen Kommunisten in ihrem Erneuerungsprozeß am weitesten fortgeschritten.

Allerdings verstärkte sich nach diesem Parteitag der Widerstand der Stalinisten. Er kam vor allem von den stalinistischen Bastionen im Norden des Landes mit dem Zentrum in Kiruna und der Zeitung »Norrskensflamman«. Gleichzeitig stießen die schwedischen Reformer auf den Widerstand der Linksrevolutionäre und der Maoisten, die der Parteiführung vorwarfen, zu reformistisch zu sein. Die Auseinandersetzungen in der schwedischen KP verschärften sich nach der Okkupation der Tschechoslowakei, die von der Linkspartei/Kommunisten Schwedens besonders scharf verurteilt wurde. Hermansson forderte in einem Fernsehinterview, daß die schwedische Regierung alle Beziehungen, auch die diplomatischen Beziehungen, zu jenen Staaten abbrechen sollte, die an der Okkupation der Tschechoslowakei beteiligt waren. Die stalinistische Zeitung »Norrskensflamman« verteidigte dagegen die Okkupation.
Bei den Parlamentswahlen am 20. September 1970 erhielt die schwedische Linkspartei/Kommunisten 4,8 Prozent der Stimmen, gleichzeitig büßten die Sozialdemokraten Schwedens ihre Mehrheit ein und konnten nur noch gemeinsam mit der Linkspartei/Kommunisten regieren (Sozialdemokraten 163 Abgeordnete, Linkspartei 17 Abgeordnete, bürgerliche Partei 170 Abgeordnete) – eine Konstellation, die die schwedische Linkspartei/Kommunisten stark aufwertete.
Im Sommer 1972 machte Carl-Henrik Hermansson den ungewöhnlichen Vorschlag, Flüchtlinge und Emigranten aus den Ostblockstaaten zur Mitarbeit in seiner Partei aufzurufen: »Wir haben die Verhältnisse aus der Zeit des Stalinkults in der Sowjetunion hart kritisiert und kritisieren sie weiter. Wir wissen, daß diese Verhältnisse auch für die anderen Länder, für Polen, die Tschechoslowakei und Ungarn, schwere Folgen hatten und weiter haben. Ich bin überzeugt, daß wir mit jenen osteuropäischen Kommunisten und Sozialisten, die deshalb zu uns nach Schweden emigriert sind, weil sie gegenüber der Entwicklung in ihren Ländern kritisch eingestellt sind, offen diskutieren müssen. Wir schwedischen Kommunisten haben ein großes Interesse an einem solchen Dialog.«[146]
Auf dem 22. Parteitag (26.–29. Oktober 1972) prallten die unterschiedlichen Richtungen erneut aufeinander. Der Widerstand der prostalinistischen Kräfte aus dem Norden wurde auch aus

Göteborg unterstützt. Zwar wurde Carl-Henrik Hermansson als Parteivorsitzender bestätigt, aber er mußte den Stalinisten Konzessionen machen. Die neue programmatische Deklaration war im Vergleich zum Programm von 1967 weniger progressiv.[147]
Im Zentrum des Parteitagsreferates von Hermansson stand die Stellung zur schwedischen Sozialdemokratie. Einerseits kritisierte Hermansson, daß die sozialdemokratische Regierung eine kapitalistische Gesellschaft verwalte, ohne ernsthafte Veränderungen der Produktions- und Machtverhältnisse anzustreben, andererseits erklärte er, die Kommunisten würden auf keinen Fall mitwirken, eine sozialdemokratische Regierung zu stürzen. Diese Haltung der Linkspartei/Kommunisten war für Schweden außerordentlich bedeutsam, da die sozialdemokratische Regierung nur mit Unterstützung der Reformkommunisten agieren konnte.
Die konstruktive Opposition wurde noch wichtiger nach den Wahlen im September 1973, bei denen die Stimmenanteile der Sozialdemokraten auf 43,5 Prozent absanken, während die Linkspartei sich auf 5,3 Prozent gegenüber 4,8 im Jahre 1970 verbesserte. Im Parlament standen nun die Abgeordneten der Sozialdemokraten und der Linkspartei/Kommunisten (zusammen 175) den ebenfalls 175 Abgeordneten der drei bürgerlichen Parteien gegenüber. Hermansson erklärte nach den Wahlen erneut, seine Partei werde für eine radikale Politik sorgen, aber keine Arbeiterregierung zum Fall bringen. In einem Gespräch mit einem Vertreter der »Frankfurter Allgemeinen Zeitung« wiesen führende Repräsentanten der schwedischen Linkspartei darauf hin, daß in Schweden seit vierzig Jahren die Sozialdemokraten an der Macht seien, es komme daher für die Linkspartei/Kommunisten darauf an, die progressiven und linken Kräfte innerhalb der Sozialdemokratie zu stärken.[148] Von der Parole der SED »Die Partei hat immer recht« wollten die schwedischen Kommunisten nun absolut nichts mehr wissen. Weder der Parteivorstand noch die Mitglieder hätten immer recht. Wichtig für schwedische Kommunisten sei eine freie Atmosphäre, in der es unterschiedliche Meinungen gebe. Es wäre gut, wenn es auch in der Sowjetunion mehr Meinungsfreiheit gäbe.[149]
Auf dem 24. Parteitag (12.–16. März 1975) warf Hermansson der

prosowjetischen Minderheit und ihrer Zeitung »Norrskensflamman« Fraktionstätigkeit vor und forderte sie auf, sich der Mehrheit unterzuordnen. Die Sprecher der prosowjetischen Minderheit hielten dem entgegen, die Parteiführung sei antisowjetisch und weigere sich, die Moskauer Politik gegen den Maoismus zu unterstützen. Die prosowjetische Minderheit bekämpfte erbittert die zunehmende Unabhängigkeit der Partei von der Sowjetunion, die Ablehnung der Okkupation der Tschechoslowakei und die Proteste gegen die Ausweisung Solschenizyns.
Auf diesem Parteitag trat Carl-Henrik Hermansson vom Vorsitz zurück. Er hatte die Partei seit 1964 geleitet und ihren Reformkurs durchgesetzt. Bei der Wahl seines Nachfolgers kam es, sehr ungewöhnlich für einen kommunistischen Parteitag, zu einer Kampfabstimmung. Der bisherige Stellvertreter Hermanssons, Lars Werner, der ebenfalls die Reformrichtung repräsentierte, erhielt 162 Stimmen, der prosowjetische Gegenkandidat Rolf Hagel aus Göteborg 64 Stimmen.
Der neue Parteivorsitzende Lars Werner, ein Arbeiter, der anschließend eine Ingenieurausbildung absolvierte und Gewerkschaftsfunktionär war, gehört der Partei seit 1953 an. Er stand vor der schwierigen Aufgabe, die tiefe Spaltung in der Partei zu überwinden.[150] Die vom Parteitag verabschiedete Einheitsresolution, wonach alle Parteitagsbeschlüsse befolgt werden mußten, überdeckte lediglich den weiterschwelenden Konflikt. »Norrskensflamman« setzte die Kampagne gegen die Mehrheit weiter fort und forderte eine Rückkehr zum sowjetischen Kurs.
Im Sommer und Herbst 1975 spitzte sich der Konflikt zu. Die prosowjetischen Funktionäre im Norden und in Göteborg weigerten sich, die Parteizeitung »Ny Dag« zu verbreiten, und begannen die »Norrskensflamman« in ganz Schweden als Parteizeitung herauszugeben. Der Zeitungskampf wurde zu einem entscheidenden Faktor in der Auseinandersetzung, um so mehr, als auch die Frage aufgeworfen wurde, von wem die prosowjetische »Norrskensflamman« finanziert werde. Die Situation verschärfte sich zusehends, als im Herbst 1975 in vielen Orten und manchen Bezirken Schwedens die Stalinisten eigene Gegenorganisationen schufen.[151] Kurz vor den neuen Parlamentswahlen am 19. September 1976 spalteten sich schließlich von den 19 Abgeordneten der schwedischen Linkspartei/Kommunisten im schwe-

dischen Reichstag drei prosowjetische Abgeordnete ab. Für die Wahlen selbst stellten einige prosowjetische Ortsgruppen und Bezirksorganisationen getrennte Kandidatenlisten auf. Mit den Wahlen vom 19. September 1976 wurden die Sozialdemokraten erstmals nach 40 Jahren in die Opposition gedrängt. Auch die schwedische Linkspartei/Kommunisten mußte mit 4,8 Prozent der Stimmen (gegenüber 5,3 Prozent 1973) Verluste hinnehmen, verursacht vor allem durch die verschärften innerparteilichen Auseinandersetzungen zwischen der eurokommunistischen Mehrheit und der stalinistischen Minderheit.
Nachdem im Januar 1977 die Eurokommunisten Schwedens die Bewegung um die »Charta 77« in Prag begrüßt und die Stalinisten deren Unterdrückung befürwortet hatten, kam es am 1. März 1977 zur endgültigen Spaltung der schwedischen Kommunisten. Einige prosowjetische Spalter, die aus der Linkspartei/Kommunisten austraten, gründeten eine neue Partei, die sich »Kommunistische Arbeiterpartei« nannte. Bei dieser Spaltung spielte auch die Tatsache eine Rolle, daß der Parteivorsitzende Lars Werner die Ausbürgerung Biermanns mißbilligt hatte. Damit gab es im schwedischen Reichstag nun Vertreter zweier kommunistischer Parteien. 16 Abgeordnete vertraten nach wie vor die Linkspartei/Kommunisten, drei die neugegründete prosowjetische Kommunistische Partei unter Führung von Rolf Hagel. Der schwedischen Öffentlichkeit wurde die neue Situation in der Reichstagsdebatte vom 30. März 1977 offenbar. Rolf Hagel erklärte dort im Namen seiner neuen Partei, die Demokratie in den sozialistischen Oststaaten sei die höchste Form der Demokratie, die Kritik am angeblichen Fehlen von Freiheiten sei nur der Versuch, die Aufmerksamkeit von den undemokratischen Zuständen im eigenen Land abzulenken. Auf der gleichen Sitzung erklärte Lars Werner für die Linkspartei/Kommunisten, seine Partei fühle sich mit den Eurokommunisten verbunden: »Wir haben diese Bezeichnung nicht erfunden, aber wir schämen uns ihrer auch nicht.« Es gebe zwar keinen Block gegen andere kommunistische Parteien, aber es sei unbestreitbar, daß einige Parteien in kapitalistischen Industriestaaten Europas, wie auch die Parteien Australiens und Japans, auf die Fragen des Sozialismus und der Demokratie ähnliche Antworten gäben. »Die schwedischen Kommunisten hüten die demokratischen Freihei-

ten und Rechte, die die arbeitenden Menschen sich erkämpft haben. Diese Rechte und Freiheiten müssen weiterentwickelt werden zu einer sozialistischen Demokratie, in der der Demokratismus alle Bereiche des sozialen Lebens umfaßt, die Gewerkschaften eine selbständige Kraft mit Streikrechten bleiben und auch der Opposition alle demokratischen Freiheiten garantiert sind.«[152]

Durch die Spaltung der Partei verlor die Linkspartei/Kommunisten etwa 1500 Mitglieder, sie erklärte aber gleichzeitig, daß der Mitgliederschwund bereits durch neue Beitritte wettgemacht worden sei. Die neuen Mitglieder seien der Partei deshalb beigetreten, weil diese nun die moskauabhängige Fraktion losgeworden sei.

Die im Frühjahr 1977 von Rolf Hagel gegründete neue »Arbeiterpartei-Kommunisten« erhielt durch den demonstrativen Besuch einer sowjetischen KP-Delegation unter Führung des ZK-Mitgliedes W. I. Konotop die Zusicherung einer »solidarischen Zusammenarbeit« mit der sowjetischen KP.[153] Trotz sowjetischer Unterstützung gelang es der prosowjetischen Minderheit nicht, einen nennenswerten Einfluß auszuüben. Bei den schwedischen Parlamentswahlen im September 1979 konnte die eurokommunistische Linkspartei unter Führung von Lars Werner ihren Stimmenanteil von 4,8 auf 5,3 Prozent erhöhen, während die prosowjetische »Arbeiterpartei-Kommunisten« sich mit nur 0,2 Prozent begnügen mußte. In Stockholm erhielten die schwedischen Eurokommunisten sogar 10,4 Prozent und in Göteborg 10 Prozent der Stimmen; die Partei ist jetzt mit 20 Abgeordneten (von insgesamt 349) im schwedischen Reichstag vertreten.

Islands Kommunisten: Die eigenständige Rolle der »Volksallianz«

Nach der KP Italiens, Frankreichs und Finnlands sind die isländischen Kommunisten, prozentual gesehen, in Europa die stärkste Partei – allerdings in einem Land mit nur 220 000 Einwohnern. Häufiger als jede andere kommunistische Partei waren sie an der Regierung beteiligt, und seit 1968 haben die isländischen Kom-

munisten alle Kontakte zur prosowjetischen Richtung im Weltkommunismus abgebrochen.
Die Kommunisten Islands, die sich im Oktober 1938 mit einigen Gruppen vom linken Flügel der Sozialdemokratie vereinigten und seit dieser Zeit ihre Partei Sozialistische Einheitspartei nennen, erreichten bereits während des Krieges bei den Wahlen im Jahr 1942 19,5 Prozent aller Stimmen. Unter Führung des Generalsekretärs Bryjolfur Bjarnasson (seit 1938) und des Parteivorsitzenden Eeinar Olgeirsson (seit 1939) wurde eine unabhängige Politik eingeschlagen. Beide Parteiführer waren Anfang der zwanziger Jahre während ihres Studiums in Berlin Kommunisten geworden. 1944 wurde in Island eine Koalitionsregierung aus Sozialdemokraten, Konservativen und der Sozialistischen Einheitspartei gebildet, die in dieser Koalitionsregierung durch zwei Minister vertreten war: Bjarnasson als Minister für Volksbildung und Jakobsson als Minister für Arbeit. Die kommunistische Regierungsbeteiligung währte bis zum Frühjahr 1947. Dann kam es zu Differenzen über die Methoden zur Bekämpfung der zunehmenden Inflation und über die Haltung zu den amerikanischen Militärstützpunkten in Keflavik. Die Sozialistische Einheitspartei lehnte die amerikanischen Stützpunkte ab, beteiligte sich jedoch – als einzige kommunistische Partei der Welt – nicht an der antijugoslawischen Kampagne.[154]
Mit den linken Sozialdemokraten schloß die Sozialistische Einheitspartei ein Wahlbündnis, das unter dem Namen »Volksallianz« bekannt wurde (»Altydubandalagid«). Diese »Volksallianz« beteiligte sich in den Jahren 1956–1958 erneut an der isländischen Regierung. Seit Ende der fünfziger Jahre wurde eine zunehmende Distanzierung der isländischen Kommunisten von der kommunistischen Weltbewegung deutlich. An den Feiern zum 50. Jahrestag der Oktoberrevolution im November 1967 nahmen sie noch teil, nicht aber an den offiziellen kommunistischen Weltkonferenzen.
Sie beschränkten sich lediglich darauf, hie und da zu Parteitagen der Ostblockparteien einige allgemeine Grußworte zu senden.
Vorwiegend konzentrierten sich die isländischen Kommunisten auf ihre eigenen inneren Probleme. Bei den Wahlen im Juni 1963 erhielt die isländische »Volksallianz« 16 Prozent der Stimmen

und entsandte damit 9 Abgeordnete von insgesamt 52 in das Parlament. Sie verabschiedete im selben Jahr ein neues Parteiprogramm, in dem sie unter anderem den friedlichen Übergang zum Sozialismus proklamierte.
Nach längeren inneren Auseinandersetzungen wurde im Dezember 1967 beschlossen, die »Volksallianz« aus einem Wahlbündnis in eine politische Partei zu verwandeln. Bereits im August 1968 hatten die isländischen Kommunisten die Okkupation der Tschechoslowakei scharf verurteilt und erklärt, sie hielten jegliche Beziehung zu den herrschenden Parteien in jenen Ostblockstaaten, die an der Okkupation der Tschechoslowakei teilgenommen hatten, für unvereinbar mit der Mitgliedschaft in der Volksallianz. Auf ihrem 16. Parteitag (November 1961) trat Eeinar Olgeirsson nach dreißig Jahren den Vorsitz der Partei an den neuen Führer der »Volksallianz«, Ragnar Arnalds, ab, der die unabhängige Politik seines Vorgängers fortsetzte. Die neuen Parteistatuten enthielten weitreichende Demokratisierungsvorschläge: Die Parteitage sollten von nun an öffentlich sein, die Minderheit sollte ihre Auffassung auch in der Parteiführung ungehindert vertreten können, es wurde ein Rotationssystem eingeführt, wonach kein Funktionär mehr als drei Wahlperioden (d. h. 9 Jahre) in der gleichen Funktion verbleiben konnte.
Nachdem die Verurteilung der Okkupation der ČSSR mehrmals von den isländischen Kommunisten erneuert wurde, bildete sich schließlich auch in Island eine kleine prosowjetische Gruppierung, die sich »Vereinigung Isländischer Sozialisten« nannte und eine eigene Zeitung mit dem Titel »Ny Dagsbund« herausbrachte. Diese prosowjetische Gruppe blieb jedoch völlig bedeutungslos.
Bei den Wahlen im Juni 1971 erhielt die »Volksallianz« 17,2 Prozent der Stimmen und hatte damit die Sozialdemokraten (10,5 Prozent) überflügelt. Von Juni 1971 bis Sommer 1974 waren die isländischen Kommunisten Josefsson (Minister für Fischerei und Handel) und Kjartansson (Minister für Industrie, Gesundheit und Soziales) erneut in der Regierung vertreten. Im Jahre 1971/72 protestierten die isländischen Kommunisten gegen die Unterdrückung der Opposition in der Tschechoslowakei und kritisierten die Todesurteile im Leningrader Prozeß gegen die angeblichen Flugzeugentführer.

Auf einem Parteitag Mitte November 1971 wurde Ragnar Arnalds als Parteivorsitzender bestätigt und Frau Adda Bara Sigfusdottir zur stellvertretenden Parteivorsitzenden gewählt, die in der Regierung das Amt des stellvertretenden Ministers für Soziales und Gesundheit innehatte.
Die Regierungsbeteiligung der isländischen Kommunisten endete nach den Wahlen am 30. Juni 1974. Zwar konnte die Volksallianz ihren Anteil sogar auf 18,4 Prozent steigern, was ihr 11 Sitze im Parlament einbrachte, aber die Wahlniederlage der Sozialdemokraten, die nur noch 9,1 Prozent der Stimmen erreichten, führte Ende August 1974 zum Rücktritt der Mitte-Links-Regierung.
Von 1974 bis Sommer 1978 war die isländische Volksallianz in der Opposition, während die Regierungsverantwortung in den Händen der konservativen »Unabhängigkeitspartei« lag. Die schwierigen ökonomischen Probleme, darunter auch die Abhängigkeit Islands vom Fischexport, führten zu einer weitgehenden Mißstimmung gegen die konservative Regierung. Bei den Wahlen am 25. Juni 1978 kam es zu einer entscheidenden Niederlage der Unabhängigkeitspartei, während die beiden Linksparteien einen außerordentlichen Aufschwung verzeichnen konnten. Die Sozialdemokraten erhielten 22 Prozent der Stimmen (gegenüber 9,1 Prozent 1974), und die isländische Volksallianz erhöhte ihren Stimmenanteil von 18,4 auf 22,9 Prozent.
Während der mehrfachen Verhandlungen zur Neubildung einer Regierung wurde im August 1978 auch der 64jährige Parteivorsitzende der »Volksallianz« Ludwik Josefsson gebeten, eine Koalitionsregierung zu bilden, was ihm jedoch nicht gelang. Schließlich kam es zur Bildung einer Koalition aus Fortschrittspartei (12 Abgeordnete), Sozialdemokraten (14 Abgeordnete) und der »Volksallianz« (ebenfalls 14 Abgeordnete), wobei vereinbart wurde, daß weder Islands Mitgliedschaft in der NATO noch die amerikanischen Militärbasen in Keflavik in Frage gestellt werden dürften.[155] Die neue Regierungskoalition stützt sich damit auf eine Mehrheit von 40 (von insgesamt 60) Abgeordneten im isländischen Parlament. Die Kommunisten sind in der isländischen Regierung durch drei Minister vertreten: Ragnar Arnalds (Volksbildung, Kultur und Transport), Hjorleifur Guttormsson (Industrie) und Svavar Gestsson (Handel). Damit sind

die isländischen Kommunisten erneut – wie schon vorher 1944–47, 1956–58 und 1971–74 – an der Regierungsverantwortung beteiligt. Im Oktober 1979 kam es jedoch zu einer Regierungskrise, die voraussichtlich zu Neuwahlen führen wird.
Unabhängig von den weiteren aktuellen Ereignissen steht eines fest: Die isländischen Kommunisten haben seit Anfang der 60er Jahre weder an internationalen noch an regionalen kommunistischen Konferenzen mehr teilgenommen; selbst auf der Ostberliner Konferenz der europäischen kommunistischen Parteien im Juni 1976 waren sie nicht vertreten. Sie unterhalten lediglich sporadische Beziehungen sowohl zu einigen eurokommunistischen Parteien wie auch zu linkssozialistischen und sozialdemokratischen Parteien und Organisationen.

Die KP Griechenlands: Eurokommunistische »Inlandspartei« und prosowjetische »Auslandspartei«

Die Kommunisten Griechenlands werden bei Diskussionen über den Eurokommunismus nur selten erwähnt. Das ist bedauerlich, weil eurokommunistische Tendenzen auch in Griechenland eine wichtige Rolle spielen. In der KP Griechenlands kam es zu heftigen inneren Auseinandersetzungen, die dazu führten, daß die Kommunisten seit Frühjahr 1968 in eine prosowjetische »Auslandspartei« und eine eurokommunistische »Inlandspartei« gespalten sind. Letztere ist eng verbunden mit der »Vereinigten Linken« (EDA).
Die Ursprünge dieser Entwicklung gehen auf den Bürgerkrieg von 1946 bis 1949 zurück. In diesem Bürgerkrieg wurden über 50 000 Menschen getötet, 750 000 verloren ihre Heimat, weite Landstriche wurden zerstört. Nach dreijährigen Kämpfen war die griechische KP zerschlagen. Ihre Niederlage war eine Folge der mangelnden Unterstützung durch die kriegsmüde griechische Bevölkerung, vor allem der Arbeiterschaft. Hinzu kam, daß der Aufstand offen von der Sowjetunion und Bulgarien gelenkt wurde. Im Herbst 1949 befand sich die KP Griechenlands nach der Niederlage in der Illegalität, Zehntausende griechischer Kommunisten flüchteten in die Länder des Ostblocks. Man rechnet mit etwa 75 000 Flüchtlingen, darunter etwa 20 000 Partei-

mitglieder, die seit dieser Zeit im Ostblock lebten.
Die große Mehrheit der Mitglieder und Funktionäre der griechischen KP war erst während der deutschen Besatzung der Partei beigetreten, sie kannten keine anderen Kampfformen als den bewaffneten Widerstand. Der Begriff »politischer Kampf« war ihnen unbekannt, wirtschaftliche und soziale Probleme wurden von ihnen oft in äußerst primitiver und dogmatischer Form behandelt. Hinzu kam, daß die starre politische Struktur der Ostblockstaaten und die Willkür des Stalinismus für viele der im Exil lebenden griechischen Kommunisten negative Folgen hatten. Innerhalb der Emigrations-KP gab es ständige Auseinandersetzungen zwischen verschiedenen Cliquen und Fraktionen, viele griechische KP-Funktionäre wurden in den Oststaaten verhaftet, einige erschossen. Entscheidend war aber die völlige Trennung der Emigrations-KP von den griechischen Verhältnissen. Schon in den fünfziger Jahren kam es immer häufiger zu Differenzen zwischen jenen Kommunisten, die in Griechenland verblieben waren, und jenen, die in der Emigration lebten.
Seit Mitte der fünfziger Jahre konnten die Linkskräfte wieder legal im eigenen Land arbeiten, allerdings nicht als Kommunistische Partei. Es bildete sich eine »Partei der Vereinigten Linken« (EDA), die aus kommunistischen Mitgliedern und Funktionären bestand, aber auch viele Sympathisierende und nichtkommunistische Linke integrierte. Bei den Wahlen erhielt die EDA beträchtliche Stimmenanteile: 1958 waren es 24,4 Prozent, 1961 14,8 Prozent, 1963 14,5 Prozent, 1964 11,8 Prozent.
Über das Verhältnis zur EDA kam es bei den griechischen Kommunisten zu Auseinandersetzungen. Nach einer Auffassung sollte die EDA sich zu einer selbständigen marxistischen Partei formieren und faktisch die Rolle einer zweiten KP übernehmen. Andere wollten die EDA als linke legale »Dachorganisation« behalten, wobei die Kommunisten neben der EDA eigene illegale Parteiorganisationen bilden sollten. Umstritten war auch die Frage, ob sich die Leitung der griechischen Kommunisten im Inland oder im Ausland befinden sollte.
Durch den Militärputsch im April 1967 verschärfte sich die Situation. Sowohl die KP als auch die EDA waren nun illegal, ihre Mitglieder galten als Verschwörer, und es kam zu Massenverhaftungen. 6500 Kommunisten und Sympathisierende kamen in die

Gefängnisse und in die berüchtigten Lager auf den Inseln. Nach Beginn des Militärputsches befanden sich von den 38 Mitgliedern des ZK der KP Griechenlands zehn im Gefängnis. Die Partei wurde von dem prosowjetischen und weitgehend stalinistischen Generalsekretär Koliyannis vom Ausland aus geführt. Wenige Wochen nach der Installierung der Militärdiktatur versuchte Koliyannis, Sündenböcke für die Niederlage der Partei zu finden. Er erklärte im November 1967 vor dem im Ausland befindlichen Politbüro, die Verantwortlichen für die Niederlage der Partei nach dem Putsch der Obristen seien die Politbüromitglieder Partsalides, Dimitriu und Zographos, die eng mit der EDA zusammengearbeitet hatten. Diese progressiveren Funktionäre sollten degradiert werden. Koliyannis stieß damit aber auf den Widerstand der Mehrheit der griechischen Kommunisten. Daraufhin berief er im Ausland das sogenannte 12. erweiterte ZK-Plenum ein, allerdings ohne Vertreter der in Griechenland illegal arbeitenden Mitglieder einzuladen. Auf diesem ZK-Plenum vom 3. bis 14. Februar 1968 – ohne Partsalides und seine Anhänger – wurde mit 12 gegen 9 Stimmen der Ausschluß der drei genannten Politbüromitglieder beschlossen. Im Gegenzug beschlossen die drei Ausgeschlossenen am 17. Februar 1968 mit ihren Anhängern, ein neues ZK zu bilden. Über den in Bukarest stationierten Sender »Stimme der Wahrheit« verurteilten sie das 12. ZK-Plenum und erklärten, die Beschlüsse der Koliyannis-Gruppe seien ein offener Bruch des Parteistatuts, diese Gruppe würde den Konservatismus und Dogmatismus repräsentieren. Daraufhin verkündete die Koliyannis-Gruppe in einer Rundfunksendung aus Moskau, die drei Politbüromitglieder Partsalides, Zographos und Dimitriu seien nicht nur ihrer Funktionen enthoben, sondern auch aus der Partei ausgeschlossen. Jetzt bildete sich unter Leitung von Partsalides, Dimitriu und Zographos ein neues »Zentralkomitee der Einheit« mit dem Ziel, so schnell wie möglich einen repräsentativen Parteitag einzuberufen. Dieser Aufruf fand auch unter den Kommunisten in Griechenland ein großes Echo. Besondere Wirkung hatte dabei ein Brief von 22 höheren Funktionären der KP Griechenlands aus dem Gefängnis in Egina, die sich mit folgenden Worten gegen Koliyannis wandten: »Die Kommunisten Griechenlands sind nicht mehr bereit, diese Situation zu ertragen. Die Tragödie, in

der wir uns befinden, verpflichtet uns, offen auszusprechen: Genossen, ihr seid jetzt zwanzig Jahre von der Heimat weg, gewiß nicht durch eure Schuld. Ihr könnt nicht weiter die Bewegung in Griechenland leiten. Die Führung der KP Griechenlands kann nur aus den Mitgliedern des Zentralkomitees bestehen, die in Griechenland an der Spitze der Bewegung stehen.«
Die Koliyannis-Gruppe beschloß darauf im März 1968, den Sender »Stimme der Wahrheit« und dessen gesamten Redaktionsstab von Rumänien in die DDR zu verlagern. Auch die prosowjetische Führung siedelte in die DDR über. Damit spaltete sich die Partei in eine Inlandsrichtung und eine unter Koliyannis' Führung stehende Auslandsrichtung. Die Leitung der EDA bekannte sich daraufhin zur Inlandsrichtung.
Nachdem die sowjetische Intervention in der ČSSR vom Inlandsflügel der KP Griechenlands und der EDA verurteilt worden war, vertiefte sich die Spaltung. Auch neunzig bekannte kommunistische Häftlinge in der Haftanstalt auf der Insel Leros, darunter Manolis Glezos, verurteilten den sowjetischen Einmarsch und forderten den Rückzug der ausländischen Truppen, damit das tschechoslowakische Volk frei über sein Schicksal bestimmen könne. Die prosowjetische Auslandsführung unterstützte dagegen die Okkupation der Tschechoslowakei.
Seit Anfang 1969 war die Koliyannis-Fraktion fast ausschließlich in Ost-Berlin tätig, sie absolvierte eine Vielzahl von Plenarsitzungen und veröffentlichte Programmentwürfe, aber es gelang ihr nicht, in Griechenland selbst eine ernstzunehmende Basis für ihre Richtung zu schaffen. Im Oktober 1971 wurden Partsalides und Drakopolous, die beiden führenden Vertreter der KP-Inlandsrichtung, vom Obristenregime in Griechenland verhaftet. Sie erhielten keine Unterstützung durch die prosowjetische Richtung. Dagegen empfing der rumänische Parteiführer Ceauşescu im November 1971 eine Delegation der Inlandsrichtung der KP Griechenlands und drückte offiziell die Besorgnis der rumänischen Staatsführung über die Verhaftung von Partsalides und Drakopolous aus. Alle anderen Ostblockstaaten schwiegen zur Verhaftung der griechischen Kommunistenführer.
Obwohl im Dezember 1972 auf dem sogenannten 17. ZK-Plenum der prosowjetischen Richtung eine Veränderung in der Führung erfolgte, verschärften sich 1972 die Auseinandersetzun-

gen zwischen den beiden Richtungen. Koliyannis und mehrere seiner engsten Mitarbeiter, die sich selbst diskreditiert hatten, wurden abgelöst, zum neuen Generalsekretär wurde Florakis eingesetzt, einer der wenigen prosowjetischen Funktionäre, die innerhalb Griechenlands illegal tätig gewesen waren und mehrere Jahre in Haft verbracht hatten. Aber auch Florakis fungierte eindeutig als Vertreter der Ostblockstaaten. Er führte im Januar 1973 Verhandlungen mit Suslow und Ponomarjow in Moskau, im Februar besuchte er Ungarn, im März Bulgarien und schließlich im Mai 1973 die Tschechoslowakei, wo er mit dem tschechoslowakischen Stalinisten Bilak konferierte.
Unterdessen aktivierte die Inlandsrichtung der KP Griechenlands ihre Tätigkeit in Griechenland, wo Ende Januar 1973 die Führer der Inlandsrichtung, Partsalides und Drakopolous, und fünfzehn weitere Funktionäre zu hohen Gefängnisstrafen verurteilt wurden. Vor einem Sondergerichtshof in Athen erklärten Partsalides und Drakopolous, daß sie eine Einigung aller demokratischen Kräfte gegen das Obristenregime anstrebten. Griechenland brauche eine Partei, die mit der Volksbewegung des Widerstandes fest verbunden ist und einen Sammelpunkt für alle Kräfte der Linken darstellt. Die Kommunisten der Inlandsrichtung setzen sich deshalb für den Sturz des Obristenregimes und die Rückkehr zur Demokratie ein, befürworten eine Regierung der nationalen Einheit, die das Land von allen antidemokratischen Gesetzen befreit und freie Wahlen ausschreibt. In Griechenland bestehen die Bedingungen für einen friedlichen Weg zum Sozialismus. Wörtlich erklärten sie während ihres Prozesses: »Wir streben einen Sozialismus an, der seine Wurzeln in der griechischen Realität hat und sich in einer pluralistischen Gesellschaft ausdrückt.«
Nach zunehmendem innerem Widerstand und Protestaktionen, die, wie etwa die große Studentendemonstration im November 1973, zu bewaffneten Auseinandersetzungen führten, erfolgte schließlich am 23. Juli 1974 der von der Bevölkerung und den Kommunisten lang ersehnte Sturz des Obristenregimes. Bereits am 24. Juli 1974 bildete sich die Karamanlis-Regierung. Der Bankrott der Diktatur und der Widerstand der Bevölkerung, an dem sich auch Teile des Bürgertums beteiligt hatten, trugen gleichermaßen zur Wiederherstellung der Demokratie bei. Am 4.

August 1974 konnte das Organ der Vereinigten Linken (EDA) und der Inlandsrichtung, die Zeitung »Avgi«, wieder legal erscheinen, und am 21. August 1974 kehrte der prosowjetische KP-Führer Florakis nach Athen zurück. Kurz darauf eröffnete die prosowjetische KP Griechenlands ihr Büro in Athen und gab die Zeitung »Rizospastis« heraus.
Beide Richtungen, die Inlandsrichtung und EDA auf der einen, die prosowjetische Partei Griechenlands auf der anderen Seite, waren nun wieder legal. Obwohl die Spaltung nach wie vor bestand, beschlossen beide Richtungen am 11. Oktober 1974, bei den bevorstehenden Parlamentswahlen auf der Wahlplattform der Vereinigten Linken zusammenzuarbeiten. Als Ziel dieser Vereinigten Linken wurden die Verteidigung und Konsolidierung der nationalen Unabhängigkeit, die Demokratisierung des Landes und der Kampf für die Rechte der Arbeiter bezeichnet. Das Wahlbündnis der Vereinigten Linken wurde von einem Komitee geführt, dem sowohl Repräsentanten der prosowjetischen KP, der EDA und der Inlandsrichtung angehörten.
Der erste freie Wahlkampf für die Wahlen am 17. November 1974 wurde unter erschwerten Bedingungen geführt. Beide kommunistische Parteirichtungen und die EDA waren gerade erst legalisiert worden. Zu einer echten Einheit der Linken kam es deshalb nicht, weil Andreas Papandreou mit einer eigenen Partei, der sogenannten Panhellenischen Sozialistischen Bewegung (PASOK), auftrat und die Mehrzahl der Linken für sich gewinnen konnte. Außerdem spielte die Popularität von Karamanlis, der als Symbol der Befreiung von der Obristendiktatur betrachtet wurde, eine entscheidende Rolle. Schließlich litt das Wahlbündnis unter der Spaltung der Kommunisten, denn trotz des Wahlabkommens und des gemeinsamen Programms blieben die Meinungsverschiedenheiten bestehen, und die übrigen zur Wahl angetretenen Parteien profitierten im Wahlkampf davon.[156]
Unter diesen Voraussetzungen erhielt das Wahlbündnis bei den ersten freien griechischen Wahlen nur 9,45 Prozent aller abgegebenen Stimmen, während die Panhellenische Sozialistische Bewegung (PASOK) 13 Prozent erreichte.
In der Wahlgemeinschaft der Vereinigten Linken hatte die Auslandsrichtung der Kommunisten ihre eigene fraktionelle Tätigkeit und ihre Verleumdungskampagne gegen die EDA und die

Inlandsrichtung fortgesetzt. Von den acht Abgeordneten, die die Vereinigte Linke in das Parlament entsandte, gehörten fünf der prosowjetischen Auslandspartei und nur zwei der Inlandspartei an, ein Abgeordneter vertrat die EDA. Bei den Wahlen hatte die Auslandspartei ihren Mitgliedern empfohlen, für das Wahlbündnis, nicht aber für Kandidaten anderer Gruppierungen innerhalb des Bündnisses zu stimmen. So erhielt etwa der Vorsitzende der EDA, Iliou, nur 24 077 Stimmen, obwohl die Vereinigte Linke 48 065 Stimmen auf sich vereinigen konnte. Die französische Zeitung »Le Monde« berichtete damals, daß vieles darauf hindeute, daß die Parteien diese kurzlebige Zusammenarbeit bald beenden und sich die einzelnen Flügel verselbständigen würden.
Am 23. Februar 1975 erklärte die KP Griechenlands der Inlandsrichtung, daß sie für den November 1975 einen eigenen Kongreß vorbereite, für eine Massenpartei und für die Überwindung der sektiererischen Linie der Vergangenheit eintrete.
Am 6. Juli 1976 wurde in Athen der erste Parteitag der griechischen KP Inland eröffnet. Er fand unmittelbar nach der Ostberliner Konferenz der europäischen kommunistischen Parteien Ende Juni 1976 statt, an der die KP Griechenlands Inland nicht teilnahm. Florakis, der Führer der Auslandsrichtung, war dort als Sprecher aller griechischen Kommunisten aufgetreten. Auf dem Athener Parteitag der Inlandsrichtung wurde die neue Linie bekanntgegeben, nach der, ausgehend von der konkreten Situation im Lande, eine Politik des demokratischen Weges zum Sozialismus befürwortet wurde. Gleichzeitig betonte man, daß die Inlandsrichtung trotz der Kritik, die sie an den negativen Aspekten der Regierung Karamanlis übe, keine Regierungskrise wolle, die die Lage Griechenlands nur verschlechtern könnte. In den Parteitagsdokumenten wurden der politische Pluralismus und die Freiheitsrechte der Bürger befürwortet. Die Delegierten der kommunistischen Parteien Spaniens, Jugoslawiens, Rumäniens und eine Delegation der norwegischen Linken wurden herzlich begrüßt. Eine Reihe anderer kommunistischer Parteien, darunter aus Großbritannien, Italien, Australien und der Schweiz, hatte Grußbotschaften entsandt. Von den prosowjetischen Parteien wurde der Parteitag boykottiert.
Der Parteitag machte klar, daß die KP Griechenlands Inland und die EDA eine konstruktive Opposition betreiben wollten. Im

September 1977 beschloß der griechische Regierungschef Konstantin Karamanlis, das Parlament aufzulösen und Wahlen für den November 1977, d. h. ein Jahr vor dem vorgesehenen Termin, auszuschreiben. Angesichts der ernsten innen- und außenpolitischen Probleme – Zypern, EG-Verhandlungen, Türkei-Konflikt und die schlechte Wirtschaftslage – lag Karamanlis daran, uneingeschränkte Handlungsfreiheit zu erlangen und nach innen und außen beweisen zu können, daß ihm die Mehrheit der 9 Millionen Griechen immer noch vertraute.
Tatsächlich brachten die Wahlen im November 1977 eine Bestätigung der Karamanlis-Politik. Seine Partei erhielt 42 Prozent der Stimmen; andererseits stieg der Anteil für die Panhellenischen Sozialisten (PASOK) von 13 Prozent auf über 25 Prozent.
Bei den Parlamentswahlen im November 1977 fand die relativ maßvolle Haltung der Eurokommunisten sowohl in der Frage eines griechischen Beitritts zur EG als auch zur Karamanlis-Regierung nicht den erwarteten Anklang bei den griechischen Linkswählern. Die eurokommunistische Liste erhielt nur 2,7 Prozent der Stimmen, während die prosowjetische KP, die geschickt die in der griechischen Linken starken Anti-NATO und Anti-EG-Stimmen ausnutzte und durch eine großzügige Unterstützung des Ostblocks zusätzlich gestärkt war, 9,4 Prozent der Stimmen erreichen konnte – mehr als dreimal soviel wie die Eurokommunisten. Seitdem sind die Eurokommunisten im griechischen Parlament nur durch 2 Abgeordnete vertreten, während die prosowjetische KP über 11 Abgeordnete (von insgesamt 300) verfügt.
Der Wahlerfolg der prosowjetischen KP wurde von Moskau durch die Entsendung des Politbüro-Mitglieds und ZK-Sekretärs Konstantin Tschernenko zum 10. Parteitag im Mai 1978 honoriert. Tschernenko, der anschließend auch mit Ministerpräsident Karamanlis zusammenkam, erklärte vor seiner Abreise, der 10. Parteitag der griechischen (prosowjetischen) KP habe »zur Festigung der griechisch-sowjetischen Beziehungen beigetragen«.[157]
Nach den Wahlen fand vom 16. bis 21. April 1978 in Athen der 2. Parteitag der eurokommunistischen KP Griechenlands statt. Auf dem Parteitag waren Delegationen vom Bund der Kommunisten Jugoslawiens und den kommunistischen Parteien Rumä-

niens, Spaniens, Nordkoreas und Italiens anwesend. Die kommunistischen Parteien Großbritanniens, Schwedens, Norwegens, Belgiens und Australiens entsandten Grußbotschaften. Von allen prosowjetischen kommunistischen Parteien wurde der Kongreß boykottiert – aber auch die KP Frankreichs war weder durch eine Delegation vertreten, noch hatte sie eine Grußbotschaft entsandt.

Auf dem Kongreß der griechischen Eurokommunisten wurde betont, die allgemeine politische Linie sei in der Vergangenheit richtig gewesen, es habe jedoch Schwächen beim Aufbau der Partei und in der theoretischen Ausarbeitung und praktischen Anwendung des einzuschlagenden Kurses gegeben. An den Arbeitskämpfen im Lande und an den Konflikten zwischen Regierung und Opposition in den Gemeinden und Universitäten habe sich die Partei nicht genügend beteiligt und versäumt, die Ideen des Eurokommunismus selbständig zu entwickeln; sie habe vielmehr meist die Stellungnahmen der KP Italiens abgewartet. Auch habe sie nicht genügend in der Öffentlichkeit betont, welche Auffassungen sie von der prosowjetischen KP Griechenlands unterscheiden.

Griechenland ist damit das einzige Land, in dem – zumindest gegenwärtig – die prosowjetischen Kommunisten beträchtlich stärker sind als die Eurokommunisten. Die offene, selbstkritische Betrachtung der Fehler auf dem Kongreß und die klare Orientierung könnten darauf hindeuten, daß die griechischen Eurokommunisten sich allmählich gegenüber der stärkeren prosowjetischen KP deutlicher profilieren werden.

Die KP Großbritanniens: Kontroversen um den »britischen Weg zum Sozialismus«

Die KP Großbritanniens ist mit ihren rund 20 000 Mitgliedern eine kleine Partei. Bei Wahlen spielt sie kaum eine Rolle. Infolge des Persönlichkeitswahlrechtes hat die KP keine Chance einer parlamentarischen Vertretung und ist seit mehr als dreißig Jahren im Parlament nicht mehr vertreten. Trotzdem hat sie einigen Einfluß auf die Linke in der Arbeiterbewegung, in den Betrieben, Gewerkschaften und einem Teil der britischen Intelligenz.

Die Führung der Partei zeichnet sich durch eine große Kontinuität aus. Von 1929 bis 1956 wurde die KP Großbritanniens von Harry Pollitt, von 1956 bis 1975 von John Gollan und seit 1975 von Gordon McLennan geleitet. Der Weg der KP Großbritanniens zu einer eurokommunistischen Haltung vollzog sich vor allem seit 1968 in ständigen Auseinandersetzungen mit einer prosowjetischen Minderheit.

Die ersten Zeichen einer Veränderung wurden nach dem 20. Parteitag der KPdSU im Februar 1956 bemerkbar. Ab 1956 gab es in der bis dahin absolut moskautreuen Partei relativ offene Diskussionen, und nicht wenige britische Kommunisten unterstützten Togliattis Konzept vom Polyzentrismus in der kommunistischen Bewegung. Ein Schock war die Niederschlagung der ungarischen Revolution. Über 7000 Mitglieder, also fast ein Drittel der damaligen Mitgliederzahl, traten aus der Partei aus, darunter auch viele Funktionäre und Intellektuelle, die eine eigene Zeitschrift unter dem Titel »The New Reasoner« herausgaben. Diese Gruppe wies Parallelen zum Petöfi-Kreis in Ungarn auf.

Gegen Ende der sechziger Jahre schwenkte die KP Großbritanniens allmählich auf eine »italienische Linie« ein. Auf dem 30. Parteitag (»Nationalkongreß«) im November 1967 wurde erstmals betont, daß jede kommunistische Partei eine eigene Politik ausarbeiten und ihre eigenen Methoden des Kampfes finden müsse, die den Bedingungen des betreffenden Landes entsprechen sollten. Die KP Großbritanniens trat von nun an offen gegen ein Führungszentrum auf und erklärte schon damals, daß Angelegenheiten der kommunistischen Weltbewegung nicht mehr nur auf der Basis von internationalen Kongressen geregelt werden könnten. Gleichzeitig trat die britische KP jedoch noch für den Austritt Großbritanniens aus der NATO ein und für einen Freundschaftsvertrag mit der UdSSR sowie für die Anerkennung der DDR.

Die wirkliche Wende und damit die entscheidenden Auseinandersetzungen in der britischen KP erfolgten wie in vielen anderen europäischen kommunistischen Parteien in Verbindung mit dem »Prager Frühling« und der anschließenden Okkupation der ČSSR. In einer Anfang Oktober 1968 erschienenen Neufassung der 1947 erstmals erschienenen programmatischen Schrift »Der

britische Weg zum Sozialismus« dokumentierte sich neben einer noch stark dogmatischen Betrachtung der internationalen Situation im eigenen Land die Wende mit einer Reihe fortschrittlicher Gedanken über einen eigenen Weg zum Sozialismus mit dem Hauptziel einer demokratisch-sozialistischen Gesellschaft. Die KP Großbritanniens betrachtete sich danach als eine marxistische Partei (ein Hinweis auf den Leninismus fehlte), die für den wissenschaftlichen Sozialismus und für die Einheit der Arbeiterklasse kämpfe. Sie habe keinerlei Interesse, die Labour-Partei zu unterminieren oder gar zu spalten, sondern trete vielmehr für eine Stärkung aller linken Kräfte innerhalb der Labour-Partei ein. Als wichtigste Maßnahme zur Veränderung der Gesellschaft forderte die KP Großbritanniens eine weitgehende Ausdehnung des nationalisierten Sektors in der Wirtschaft. Die leitenden Organe der nationalisierten Betriebe sollten aus Arbeitern und Technikern der betreffenden Industriezweige gebildet werden, wobei die Gewerkschaften auf allen Ebenen der Verwaltung und Leitung direkt vertreten sein sollten. Die Massenmedien – vor allem Rundfunk und Fernsehen – sollten von einem Nationalrat geleitet werden, in dem alle demokratischen Organisationen vertreten sind. Dadurch sollten mehr als bisher freie Diskussionen über unterschiedliche Themen gewährleistet werden. Die KP Großbritanniens sprach sich für die Einführung eines repräsentativen Wahlrechts auf kommunaler und nationaler Ebene aus. Das Oberhaus sollte abgeschafft, die Kontrolle der Bevölkerung über die Polizei durch demokratische Komitees gewährleistet werden. Die Völker von Schottland und Wales sollten nationale Selbstbestimmung erhalten, und aus Nordirland sollten die britischen Truppen zurückgezogen werden.
Im außenpolitischen Bereich sah das Programm der KP Großbritanniens weiterhin enge Beziehungen zur Sowjetunion vor, es verurteilte den amerikanischen Imperialismus als aggressivsten Gegner von Demokratie, nationaler Befreiung und Sozialismus, weshalb sich Großbritannien von der Vorherrschaft der USA lösen müsse. Die NATO und andere imperialistische Bündnisse seien aufzulösen und durch ein System der europäischen Sicherheit zu ersetzen. Der westdeutsche Militarismus müsse gezügelt werden, alle britischen Truppen seien aus anderen Ländern zurückzuziehen, alle ausländischen Truppen aus Großbritan-

nien. Der Gemeinsame Markt wurde als Konzentration der größten Konzerne des kapitalistischen Europa bezeichnet, die sowohl eine Gefahr für die Demokratie in Westeuropa als auch für die Arbeiterklasse und die Sowjetunion und die sozialistischen Länder darstelle.

Den Weg zu einem eigenständigen Sozialismus zeichnete das Programm der KP Großbritanniens in der Schrift »Der britische Weg zum Sozialismus« so vor: Alle demokratischen Parteien können ungehindert existieren und an den Wahlen teilnehmen, auch diejenigen, die dem Sozialismus feindlich gegenüberstehen. Die Gewerkschaften sind vom Staat unabhängig, vertreten allein die Interessen ihrer Mitglieder und nehmen gleichzeitig wichtige Funktionen in der Wirtschaftsplanung wahr. Die staatliche Verwaltung und Planung wird dezentralisiert, demokratisch gewählte Regionalräte planen die ökonomische, soziale und politische Entwicklung ihrer Regionen. Im künftigen Sozialismus werden alle Freiheiten gesichert und erweitert, darunter das Recht auf Streik, die Wahl des Arbeitsplatzes, des Glaubens, des Reisens und der Religionen. Lediglich Rassenhaß ist verboten. Die Justiz ist unabhängig von der Exekutive.

In einer sozialistischen Gesellschaft sind die Kommunistische Partei und der linke Flügel der Labour-Partei die wichtigsten politischen Organisationen der Arbeiterklasse und als solche verantwortlich für die Entwicklung der sozialistischen Gesellschaft. Im Sozialismus ist der Marxismus keine Staatsideologie, marxistische Ideen werden den Parteimitgliedern nicht aufgezwungen.

Die britischen Kommunisten, so wurde im Schlußsatz des Programms erklärt, werden nie die Erfahrung anderer Länder kopieren, sondern einen britischen Weg zum Sozialismus beschreiten.[158]

Dieses Programm vom Herbst 1968 verknüpfte also innenpolitisch eurokommunistische Vorstellungen über den Weg zum Sozialismus mit noch weitgehend prosowjetischen Konzeptionen in der Außenpolitik. Allerdings hatte die Parteizeitung »Morning Star« am 22. August 1968 die Invasion in die Tschechoslowakei als einen »tragischen Fehler« und die gesamte Aktion als illegal bezeichnet. Die KP Großbritanniens trete für den sofortigen Rückzug der Truppen der Warschauer-Pakt-Staaten aus der

ČSSR ein und für die Wiederherstellung normaler Beziehungen zwischen den Staaten und kommunistischen Parteien. Zwei Tage später wiederholte die Führung der KP Großbritanniens ihre Verurteilung der militärischen Intervention.[159] Als Antwort veröffentlichte die »Prawda« eine Kritik am Standpunkt der britischen Kommunisten.[160]

Die Mehrheit der britischen KP-Mitglieder teilte den Beschluß der Parteiführung. Einige statistische Angaben dazu sind nicht uninteressant. So stimmten in den Bezirksorganisationen der Partei in London 152 für und 72 gegen den Beschluß (bei 7 Enthaltungen). In Yorkshire wurde der Beschluß mit 64 Stimmen gutgeheißen, 20 stimmten dagegen, 6 enthielten sich der Stimme. In Middlessex waren 50 dafür, 25 dagegen und 3 Enthaltungen. In South Midlands waren 24 dafür, 13 dagegen. Lediglich im Bezirk Surrey wurde der Beschluß der Parteiführung mit 53 Stimmen gegen 11 Befürworter abgelehnt.[161] Zu den prominentesten Befürwortern der sowjetischen Intervention in der Tschechoslowakei gehörte Palme Dutt, ein Parteiveteran, der die KP Großbritanniens in den dreißiger Jahren in der Komintern vertreten hatte. Unterstützt wurde Dutt von Sid French, dem Parteivorsitzenden im Bezirk Surrey.

Auf der Dritten Kommunistischen Weltkonferenz in Moskau im Juni 1969 war die KP Großbritanniens durch John Gollan und Jack Woddis (verantwortlich für internationale Angelegenheiten) vertreten. Gollan erklärte dort, es genüge nicht, die Beziehungen zwischen sozialistischen Ländern und kommunistischen Parteien durch allgemeine Thesen zu begründen, sondern man müsse darüber diskutieren, aus welchen Gründen die Grundprinzipien nicht in die Realität umgesetzt werden konnten.[162]

Auf dem anschließenden 31. Parteitag der KP Großbritanniens (15.–18. November 1969) wurde der Beschluß, die Okkupation der Tschechoslowakei zu verurteilen, von 295 der 413 Delegierten, d. h. von mehr als 70 Prozent der Delegierten, begrüßt; auch Gollans Stellungnahme auf der Dritten Weltkonferenz wurde von der überwältigenden Mehrheit gebilligt.

Im Juni 1970 protestierten die britischen Kommunisten gegen den Ausschluß Dubčeks aus dem ZK der KPČ.[163] Damit nahm die Spannung zwischen Moskau und der Partei zu, obwohl der Parteivorsitzende Gollan im August 1970 zu Verhandlungen mit

den sowjetischen Führern Andrej Kirilenko und Boris Ponomarjow zusammentraf. Von Übereinstimmung war im Kommuniqué über den »offenen Meinungsaustausch« nicht die Rede.[164] An der nachfolgenden freien Diskussion in der Parteizeitung »Morning Star« ab 1971, die die Neuorientierung der Partei wesentlich vorantrieb, nahmen nicht nur Kommunisten teil, sondern auch Anhänger der Labour-Partei, Gewerkschaftsführer und linksgerichtete Schriftsteller und Publizisten. Dabei wurden auch Ansichten abgedruckt, die für die KP Großbritanniens keineswegs schmeichelhaft waren. Ein führender Funktionär der britischen Bergarbeitergewerkschaft warf z. B. offen die Frage auf, warum die britische KP in den 50 Jahren ihres Bestehens zwar in den Gewerkschaften Fuß fassen konnte, im politischen Leben dagegen überhaupt nicht. Nach seiner Meinung werden Tausende überzeugte Kommunisten von der Arbeiterschaft respektiert und viele von ihnen auch als Gewerkschaftsfunktionäre akzeptiert, gegenüber der Kommunistischen Partei bestehe jedoch nach wie vor tiefes Mißtrauen. Die konsequente Verteidigung des Stalinismus über drei Jahrzehnte habe bei der Mehrheit der britischen Arbeiterschaft zu der Meinung geführt, daß die Kommunistische Partei, wenn sie an die Macht käme, in England ein ähnliches Regime errichten würde. Die Arbeiterschaft müsse deshalb davon überzeugt werden, daß die Linke für ein sozialistisches Programm eintrete, das die Erweiterung der demokratischen Rechte und nicht ihre Einschränkung beinhalte.[165]
Im Verlaufe des Jahres 1971 besuchte eine Delegation der KP Großbritanniens unter der Leitung von Jack Woddis Jugoslawien und vereinbarte einen verstärkten Kontakt der beiden Parteien. Ende Mai 1971 gab die KP Großbritanniens bekannt, sie werde nicht am 14. Parteitag der KPČ teilnehmen, weil die Prager Führung die Rede des britischen Vertreters nicht erlaube, in der er sich gegen die Okkupation aussprechen wollte. Im Juli 1971 reiste Generalsekretär John Gollan in die Sowjetunion und konferierte mit dem dortigen Politbüromitglied Arvid Pelsche. Wieder wurde keine Übereinstimmung im nachfolgenden Kommuniqué verzeichnet. Die auf dem 31. Parteitag (vom 13. bis 16. November 1971) von Sid French eingebrachte Resolution, die Okkupation der Tschechoslowakei zu begrüßen, wurde nur noch von 18 Prozent der Delegierten unterstützt.

In der Außenpolitik verstärkte die Partei seit 1970 ihrer Kampagne gegen den Beitritt Großbritanniens zur EG, mit der Begründung, das britische Parlament würde dadurch seine Souveränität verlieren. Ähnliche Einwände erfolgten auch noch 1972. Gleichzeitig protestierte die Partei gegen die Prozesse, die zu jener Zeit gegen die Repräsentanten des »Prager Frühlings« in der ČSSR stattfanden.
Im Februar 1973 sprach der italienische KP-Generalsekretär Berlinguer während seines England-Besuches sowohl mit den Führern der KP als auch mit denen der Labour-Partei. Es wurde beschlossen, die Zusammenarbeit zwischen der KPI und der britischen KP zu verstärken. Zur gleichen Zeit besuchte allerdings auch eine Delegation der KP Großbritanniens unter Führung von Gordon McLennan die Sowjetunion. Auf dem 33. Parteitag (10.–12. November 1973) wurde dann deutlich, daß sich die stalinistische Opposition im Verlauf dieses Zick-Zack-Kurses verstärkt hatte. Erneut forderte Sid French eine Rücknahme der Beschlüsse gegen die Okkupation der ČSSR und wurde dabei von John Tarver aus South Midlands unterstützt, der dem Parteitag sogar eine ostentative Einladung an den Kreml zur Teilnahme einer sowjetischen Delegation am Parteitag vorschlug.
Bei den Wahlen im Oktober 1974 hatte die KP Großbritanniens in 29 Wahlkreisen Kandidaten aufgestellt und 0,5 Prozent der Stimmen erhalten. Nach dem Rücktritt John Gollans aus Altersgründen am 11. März 1975 wurde der fünfzigjährige Gordon McLennan zum Nachfolger gewählt, der den Weg einer kontinuierlichen Verselbständigung fortsetzte. Dies zeigte sich schon auf dem 34. Parteitag (15.–18. November 1975), auf dem nicht nur – wie bisher – die tschechoslowakische Frage im Zentrum der Diskussionen stand, sondern erstmals auch das Problem der Dissidenten in der Sowjetunion zur Sprache kam. Die Parteitagsresolution erklärte, man könne antimarxistische Ideen nur durch politische Diskussionen bekämpfen, nicht aber mit administrativen Maßnahmen.
Trotz der anhaltenden Kampagne der KP und zahlreicher Labour-Politiker gegen den Verbleib Großbritanniens in der EG entschieden sich am 15. Juli 1975 67,2 Prozent der britischen Wähler beim Referendum für den Verbleib in der EG.

Die Kritik an der Sowjetunion verstärkte dann der ehemalige Generalsekretär Gollan im Februar 1976 in seiner Broschüre »Sozialismus in Großbritannien«. Er zitierte Breschnew, wonach jeder Sowjetschriftsteller, der die Sowjetrealität verleumde, öffentliche Verurteilung verdiene. John Gollan bemerkte dazu, daß die Öffentlichkeit für eine Verurteilung vorher erst einmal das umstrittene Werk kennen müsse. Gollan vertiefte in seiner Broschüre auch das Programm von 1968 mit der Zielsetzung eines künftigen demokratischen Sozialismus.
Die Grundsatzdiskussionen nahmen 1976 im Vorfeld des 35. Parteitages, der zum November 1977 einberufen war, an Schärfe zu. Ein revidiertes Programm wurde vorbereitet, das vor allem die Entwicklung in jüngster Vergangenheit berücksichtigen sollte. Dagegen leiteten die Stalinisten nun eine Offensive ein, die sich allgemein gegen die ganze Politik der Partei richtete und vor allem von dem Vorsitzenden des Bezirks Surrey, Sid French, vorangetrieben wurde. Immer deutlicher drohte die Opposition mit einem offenen Bruch.
Im Sommer 1977 beschlossen die Stalinisten die Gründung einer eigenen Organisation. Die Diskussion über den veränderten Programmentwurf der KP diente dabei offenbar nur als Vorwand, denn alle Parteimitglieder hatten die Möglichkeit einer offenen Rede und Gegenrede. Die Stalinisten suchten aber keine politische Diskussion, sie wußten auch, daß auf dem 35. Parteitag erneut eine Abstimmungsniederlage auf sie zukam.
Mitte Juni 1977 erfolgte dann die politische und organisatorische Spaltung der britischen KP. Unter Führung von Sid French wurde eine »Neue Kommunistische Partei« (New Communist Party) gegründet. Wie viele Mitglieder sich der neuen Partei anschlossen, wurde nicht mitgeteilt, nach allgemeiner Auffassung sind es jedoch nur wenige hundert Mitglieder.[166] Vermutlich will der Kreml, wenn es ihm opportun erscheint, diese Splittergruppe eines Tages als »echte kommunistische Partei Großbritanniens« etablieren und international vorweisen.
Auf dem 35. Parteitag Mitte November 1977 wurde das eurokommunistische Programm »Der britische Weg zum Sozialismus« mit 330 Stimmen gegen 40 angenommen. Die antistalinistischen Konzepte, vor allem das Bekenntnis zu demokratischen Freiheiten, wurden deutlicher zum Ausdruck gebracht, und es

wurde erklärt, daß eine britische Regierung auch im Rahmen einer sozialistischen Gesellschaft bereit wäre, ihr Amt widerstandslos niederzulegen, falls sie von der Wählerschaft keine Mehrheit erhalten würde. Im Beisein des sowjetischen Politbüromitglieds Kunajew erklärte der Generalsekretär Gordon McLennan, die britische KP sei unabhängig, stimme jedoch mit den eurokommunistischen Parteien in vielen Fragen überein. Kritisch erklärte er über den Ostblock, man könne politische Parteien nicht einfach verbieten. Man müsse in einer sozialistischen Gesellschaft der Bevölkerung das Recht zur Wahl zwischen unterschiedlichen Auffassungen gewähren.

5.

Eurokommunisten außerhalb Europas

Die KP Japans: Eine eurokommunistische Massenpartei im Fernen Osten

Die besondere Bedeutung der KP Japans ist von den Eurokommunisten selbst wiederholt betont worden. Santiago Carrillo erklärte, der Begriff Eurokommunismus sei vor allem deshalb auch unrichtig, weil eine so wichtige Partei wie die KP Japans dann aus diesem Rahmen herausfalle. Auch der Vorsitzende der Linkspartei Schwedens, Lars Werner, erklärte im März 1977 in einer Rede im schwedischen Parlament, daß zum Eurokommunismus unbedingt die kommunistischen Parteien Japans und Australiens gezählt werden müssen.
Die KP Japans verfügt über mehr als 370 000 Mitglieder und erhielt bei den letzten Parlamentswahlen in Japan über 10 Prozent der Stimmen.
Der Prozeß der Verselbständigung und Neuorientierung vollzog sich – im Unterschied zu anderen Parteien – in drei Stufen: Von 1963 bis 1965 befreite sich die Partei von der sowjetischen Vormundschaft. Seit 1966 erfolgte eine zunehmende Distanzierung und anschließende Loslösung von den chinesischen Kommunisten. Und seit 1968 näherten sich die japanischen Kommunisten dem westlichen Eurokommunismus an, was seit 1970 in der KP Japans zu einem klaren eurokommunistischen Kurs geführt hat.
Nach dem Ende des Zweiten Weltkrieges wurde die KP Japans legalisiert und im Oktober 1945 von einigen Veteranen wieder gegründet. Zu ihnen gehörten vor allem Tokuda, der nach langjähriger Haft aus japanischen Gefängnissen entlassen worden

war, und Nosaka, der viele Jahre bei den chinesischen Kommunisten in ihrer damaligen Partisanenhauptstadt Yenan verbracht hatte, im Januar 1946 nach Japan zurückkehrte und auch heute noch als Vorsitzender des Politbüros der KP Japans fungiert.

Von 1946 bis Anfang 1950 verfolgte die KP Japans eine gemäßigte Politik. Die offizielle Linie bestand darin, die bürgerlich-demokratische Revolution zu vollenden. Das Eintreten für eine Bodenreform, für die Verbesserung der Arbeitsbedingungen und das Wirken im Rahmen der demokratischen Verfassung wurden mit dem Engagement für einen friedlichen Weg zum Sozialismus verbunden. Bei den Wahlen 1946 erhielt die KP Japans knapp 4 Prozent der Stimmen, 1949 stieg der Stimmenanteil auf fast 10 Prozent (35 Abgeordnete im Parlament). Diese Entwicklung wurde aber kurz vor dem Korea-Krieg jäh unterbrochen. Auf eine persönliche Initiative Stalins wurde die KP Japans im Januar 1950 über das Kominform scharf kritisiert und ultimativ aufgefordert, eine härtere Linie einzuschlagen.[167] Die japanischen Kommunisten akzeptierten die Anweisung, die Parteilinie wurde drastisch verschärft – vor allem durch einen harten antiamerikanischen Kurs und ein offenes Bekenntnis zu einem revolutionären Sturz der Regierung. Die Folge war, daß die japanische KP mehr als die Hälfte ihrer Mitglieder verlor, das Parteiorgan »Akahata« von 1950 bis 1952 sein Erscheinen einstellte und die Partei bei den Wahlen von 1952 von 10 auf 2,5 Prozent absank. Sie verlor ihre Vertretung im Parlament.

Dieser ultrarevolutionäre Kurs wurde erst 1955/56 gemildert. Auf dem 7. Parteitag 1958 wurde Nosaka zum Parteivorsitzenden und Kenji Miyamoto zum neuen Generalsekretär gewählt, der dann bei der Neuorientierung eine bedeutende Rolle spielen sollte. Miyamoto, 1908 geboren und Absolvent der Universität in Tokio, Mitglied der KP Japans seit 1931, war bereits 1933 Leiter der Sektion für Propaganda. Von 1933 bis 1945 befand er sich in Haft; nach seiner Befreiung wurde er 1946 Mitglied des Zentralkomitees und ist seit Dezember 1947 auch Mitglied des Politbüros.

Für die Neuorientierung der KP Japans gab der sich verschärfende Moskau-Peking-Konflikt den entscheidenden Anstoß. Anfangs bemühte sich die KP Japans noch – ähnlich wie Rumänien –, einen neutralen Kurs zwischen Moskau und Peking zu steuern. Aber Chruschtschows Drängen im Oktober 1961, die japanischen Kommunisten sollten sich endlich der sowjetischen Linie anschließen und klar gegen China und Albanien Stellung beziehen, verstärkte den Widerstand der Japaner. Seit 1963 begann sich die KP Japans einem prochinesischen Kurs anzunähern, sie veröffentlichte chinesische und albanische Artikel, hat sich aber nie völlig mit dem Maoismus identifiziert. In dieser Situation begann sich die Sowjetunion durch ihre diplomatischen Vertreter, Parteifunktionäre und Journalisten in die inneren Angelegenheiten der KP Japans einzumischen, vor allem durch Kontakte mit prosowjetischen Funktionären innerhalb der KP Japans. Bereits 1963 beschwerte sich die KP Japans wiederholt in Moskau. Die Öffentlichkeit wurde auf diese Differenzen zwischen Moskau und der KP Japans erstmals durch einen Artikel des prominenten Sowjetpublizisten Shukow in der »Prawda« aufmerksam.[168]

Vom 2. bis 11. März 1964 fanden in Moskau Verhandlungen zwischen der Führung der KP Japans und Breschnew, Suslow Ponomarjow statt, bei denen sich die japanischen KP-Vertreter – späteren sowjetischen Veröffentlichungen zufolge – über die »Einmischung in die inneren Angelegenheiten der KP Japans« beschwerten und mit dem Abbruch der Beziehungen zwischen den beiden Parteien drohten. Die weitere Auseinandersetzung wurde vornehmlich durch einen erneuten Briefwechsel zwischen Moskau und der KP Japans geführt, wobei die KP Japans alle Briefe veröffentlichte, die sowjetischen Zeitschriften dagegen nur die sowjetischen Schreiben.[169]

So verwahrte sich die KP Japans in einem offiziellen Brief vom 15. Juli 1964 an die Kreml-Führung gegen die anhaltenden unbegründeten Beschuldigungen der Sowjetführung und warf den sowjetischen Führern vor, sie hätten während der Verhandlungen zwischen der sowjetischen und japanischen KP-Delegation in Moskau hinter ihrem Rücken Kontakte mit einer parteifeindlichen Gruppierung um Yoshio Shiga und Ichizo Suzuki aufgenommen. Außerdem werde die sowjetische Bevölkerung völlig einseitig über die KP Japans informiert, denn nur die sowjetischen Anschuldigungen, nicht aber die Antworten der KP Japans würden in der UdSSR veröffentlicht. Der Brief enthält einen Satz, der erstmals auf die Unabhängigkeit der KP Japans verweist: »Als eine unabhängige politische Partei, die den Prinzipien des Marxismus-Leninismus anhängt, weist unsere Partei Eure unbilligen und prinzipienlosen Forderungen entschieden zurück.«[170] In einem zweiten Brief an die Kreml-Führung vom August 1964 dokumentiert die KP Japans erstmals offiziell ihre Selbständigkeit: »Unsere Partei denkt nicht daran, einer anderen Partei kritiklos zu folgen oder blind zu gehorchen, sondern sie legt ihre Haltung zu allen Angelegenheiten einschließlich der Polemik innerhalb der kommunistischen Weltbewegung unabhängig und in Übereinstimmung mit den marxistisch-leninistischen Prinzipien fest.«[171]

Im Verlaufe dieses Briefwechsels wurden Yoshio Shiga und Ichizo Suzuki, die mit den Sowjetführern separate Beziehungen pflegten, im Mai 1964 aus dem Präsidium des ZK der KP Japans ausgeschlossen, im Juni und im Oktober 1969 folgten weitere bekannte Parteiaktivisten. Die prosowjetische Gruppierung veröffentlichte Mitte Juli 1964 die erste Nummer ihrer Zeitung unter dem Titel »Nippon Koe« (»Die Stimme Japans«), die von der »Prawda« am 16. Juli freudig begrüßt wurde.

Vom 24. bis 30. November 1964 tagte in Tokio der 9. Parteitag der nunmehr unabhängigen KP Japans. Kurz danach erfolgte die offizielle Gründung der prosowjetischen Gegengruppe, die sich als »Kommunistische Partei Japans/Stimme Japans« bezeichnete, jedoch bis heute eine kleine Splittergruppe geblieben ist.

Seit dem Ausbruch der Kulturrevolution in China distanzierte sich die KP Japans auch mehr und mehr von Peking, was wiederum die Sowjetführer ermunterte, erneut Beziehungen zur KP Japans aufzunehmen, in der Hoffnung, sie auf ihre Seite ziehen zu können. Im Juni 1966 sprach deshalb das Mitglied des sowjetischen Politbüros Viktor Grischin in Tokio mit der KP-Führung Japans, und wenige Monate später, im Mai 1967, fanden Besprechungen mit dem ZK-Mitglied der KPdSU Iwan Kowalenko statt. Beide Besprechungen wurden jedoch ergebnislos abgebrochen und machten deutlich, daß sich die KP Japans nicht von Peking distanziert hatte, um sich erneut in die Abhängigkeit Moskaus zu begeben.

Auf dem 10. Parteitag der KP Japans (24.–30. Oktober 1966)

wurde erstmals eine breite Einheitsfront mit den Sozialisten, der Komeito (buddhistische Partei) und mit den Sozialdemokraten als anzustrebendes Ziel verkündet. Bei den Wahlen im Januar 1967 konnte die KP Japans ihren Stimmenanteil auf 4,76 Prozent (gegenüber 4,01 Prozent im Jahre 1963) erhöhen. 1968 streckte Moskau erneut seine Fühler aus, nachdem die KP Japans noch schärfere Kritik an der chinesischen Entwicklung und am persönlichen Mao-Kult, aber auch an manchen Mao-Thesen über die gewaltsame Revolution und über den Volkskrieg geübt hatte. Anfang Januar und Ende Februar 1968 kam es in Tokio wieder zu Gesprächen zwischen einer Delegation der KP Japans unter der Führung Miyamotos und einer sowjetischen Parteidelegation unter Führung von Suslow. Im abschließenden Kommuniqué wurden erstmals die Prinzipien der Autonomie, Gleichberechtigung und Nichteinmischung in die inneren Angelegenheiten festgehalten.[172] Suslow versprach damals, sich jeglicher weiterer Unterstützung der Shiga-Gegenpartei zu enthalten. Die Hoffnungen der Sowjetführung, die KP Japans würde sich nach diesen Gesprächen an der Vorbereitung der Dritten Kommunistischen Weltkonferenz im Juni 1969 beteiligen, erfüllten sich allerdings nicht, die KP Japans nahm weder an den Vorbereitungskonferenzen noch an der Weltkonferenz selbst teil.
Während und nach dem »Prager Frühling« verschärften sich erneut die Spannungen mit der sowjetischen KP. Im Juli 1968 entsandte die KP Japans ein Grußschreiben an die führenden Repräsentanten des »Prager Frühlings« und veröffentlichte Berichte, in denen das Prager Modell mit größter Sympathie vorgestellt wurde. Im August 1968 kam es in Moskau zwischen dem Japaner Hakamada an der Spitze einer japanischen KP-Delegation und dem Partei-Ideologen Suslow zu einer harten Kontroverse über die Situation in der Tschechoslowakei, wobei Hakamada scharf gegen die Einmischung in die inneren Angelegenheiten eines brüderlichen sozialistischen Staates protestierte. Die Okkupation der ČSSR wurde von der prosowjetischen Shiga-Splittergruppe begrüßt; die KP Japans wartete mit exakt begründeten und weitreichenden Verurteilungen der Okkupation auf.[173] Auch die späteren Versuche der Sowjetführung, die Okkupation nachträglich zu legitimieren, wurden von der KP Japans mit aller Konsequenz abgelehnt, was zu einer scharfen

Pressepolemik zwischen Moskau und Tokio führte.[174]
Nach der Befreiung von der sowjetischen wie von der chinesischen Vorherrschaft war die KP Japans zunehmend daran interessiert, ihre Beziehungen zu den westeuropäischen kommunistischen Parteien auszubauen. Im Herbst 1968 besuchte eine repräsentative Delegation unter der Führung von Hakamada zunächst die KP Frankreichs, danach die KP Italiens und schließlich Rumänien, wo die Delegation auch von Ceauşescu empfangen wurde. Überall unterstrichen die japanischen Kommunisten, daß sie Beziehungen in der kommunistischen Weltbewegung auf den Grundsätzen der Gleichheit, Unabhängigkeit und Nichteinmischung befürworteten.
Weitere Kontroversen mit Moskau gab es anläßlich der Feiern zu Lenins 100. Geburtstag im April 1970. Dem offiziellen Vertreter der KP Japans in Moskau wurde es nicht gestattet, auf einer internationalen Konferenz zur Lenin-Thematik zu sprechen. Er durfte lediglich auf einer lokalen Veranstaltung reden, auf der keine ausländischen Delegationen anwesend waren; die Hinweise des japanischen Sprechers auf die Unabhängigkeit seiner Partei und die Forderung der Nichteinmischung in die inneren Angelegenheiten anderer kommunistischer Parteien wurden von der »Prawda« nicht im Wortlaut veröffentlicht. Zur gleichen Zeit aber nahmen offiziell sowjetische Diplomaten an Lenin-Gedenkfeiern der prosowjetischen Shiga-Gruppe teil, die in Tokio, Osaka und Kioto stattfanden, was erneut einen Protest der KP Japans auslöste.[175]
Neben den genannten Problemen spielte zunehmend auch die Frage der Kurilen-Inseln eine wichtige Rolle in den Auseinandersetzungen. Bereits auf dem 21. außerordentlichen Parteitag der KPdSU in Moskau Ende Januar 1959 hatte Chruschtschow mit japanischen Kommunisten über dieses Thema gesprochen und erklärt, die nach 1945 der Sowjetunion angegliederten Kurilen-Inseln würden an Japan zurückgegeben, sobald Japan ein unabhängiges, friedliches und neutrales Land werde. Dieser Teil der Auseinandersetzungen war der Hintergrund eines besonders harten Angriffs gegen die KP Japans, der im Sommer 1970 in der sowjetischen Zeitschrift »Parteileben« unter dem Titel »Auf abschüssigem Wege« veröffentlicht wurde.[176] Der KP Japans wurde in der mit über 900 000 Exemplaren weitverbreiteten

sowjetischen Zeitschrift vorgeworfen, sie habe eine Abkehr vom sowjetischen proletarischen Internationalismus vollzogen und ihre Forderung nach Rückgabe der Kurilen-Inseln sei revanchistisch und antisowjetisch. Die japanische Parteizeitung »Akahata« publizierte den vollen Wortlaut der sowjetischen Anklage und wies in einer daneben abgedruckten Erklärung der KP Japans die Vorwürfe Punkt für Punkt zurück, wobei der Sowjetunion erneut die Einmischung in die Angelegenheiten der KP Japans (die Unterstützung der Shiga-Gruppe entgegen den gemachten Versprechungen), das Betreiben einer Politik des Großmacht-Chauvinismus (Intervention in der ČSSR, Beharren auf den Kurilen-Inseln) und der Bruch leninistischer Prinzipien vorgeworfen worden.[177]
Mit dem erstmals öffentlich abgehaltenen 11. Parteitag (1.–7. Juli 1970) begann die eindeutige Neuorientierung der Partei in Richtung Eurokommunismus. Aus dem Ausland nahmen nur eine Delegation der KP Italiens und der KP Australiens teil, Vertreter der sowjetischen und chinesischen KP waren nicht eingeladen worden. Die Neuorientierung fand ihren Niederschlag in dem programmatischen Dokument »Perspektiven für die siebziger Jahre und die Aufgaben der Kommunistischen Partei Japans«. Als Ziel wurde darin eine demokratische Koalitionsregierung genannt, gebildet von einer breiten Einheitsfront auf der Grundlage des Friedens, der Neutralität und Demokratie. Die KP Japans werde ihre Ziele legal durch Wahlen und durch parlamentarische Tätigkeit zu verwirklichen versuchen. Eine Koalitionsregierung werde keine Einparteienregierung sein, sondern die freie Tätigkeit aller Parteien, auch die der Oppositionsparteien, ermöglichen.
Nach dem 11. Parteitag wurden die Beziehungen zu den Parteien in Europa, die heute als eurokommunistisch gelten, intensiviert. Ein letzter Versuch der KP Japans, mit der Sowjetunion zu einer Normalisierung der Beziehungen zu kommen, fand im September 1971 in Moskau statt. Im abschließenden Kommuniqué betonten beide Parteien ihre Selbständigkeit, Gleichberechtigung und Nichteinmischung in innere Angelegenheiten. Trotz der Meinungsverschiedenheiten bei einer Reihe von Fragen würden beide Parteien eine Normalisierung anstreben.[178] Anläßlich des 50. Jahrestages der KP Japans im Juli 1972 kam es jedoch

erneut zu Meinungsverschiedenheiten. Die KP Japans gab sich ein neues Wappen (anstatt Hammer und Sichel wurde der Berg Fudji als Symbol verwendet), das dem japanischen Selbstverständnis besser entsprach, und auf der Jubiläumsveranstaltung wurden der parlamentarische Weg zum Sozialismus, die Verurteilung von Gewalt und das Ziel einer demokratischen Koalitionsregierung bestätigt. Die »Prawda« vom 15. Juli 1972 sowie vor allem die sowjetische Zeitschrift »Probleme der Geschichte der KPdSU« benutzt das Jubiläum, um ein höchst einseitiges Bild der KP Japans zu zeichnen. Dabei wurde die Kominternperiode als besonders positiv dargestellt und sogar Stalins verhängnisvolle Anweisung vom Januar 1950 zum linksabenteuerlichen Kurs der KP Japans als »gesunde Kritik« gerechtfertigt, während die Verselbständigung der KP Japans seit 1964 in verzerrtem Licht dargestellt wurde.[179] Die japanische KP-Zeitung »Akahata« wies in einem ausführlichen Artikel die Verzerrung der Geschichte der KP Japans in der sowjetischen Zeitschrift nach.

Die unabhängige Haltung und die sich immer mehr durchsetzende eurokommunistische Neuorientierung führten zu einem schnell ansteigenden Einfluß bei der japanischen Bevölkerung. Bei den Wahlen am 10. Dezember 1972 erhielt die KP 5,7 Millionen Stimmen (gegenüber 3,2 Millionen Stimmen im Jahr 1969) und konnte nun 38 Abgeordnete in das japanische Parlament entsenden, womit sie hinter den regierenden Liberaldemokraten und den oppositionellen Sozialisten zur drittstärksten Partei des Landes geworden war. Unter diesen neuen Bedingungen gab es zunehmende Bestrebungen der Oppositionsparteien – Sozialisten, Kommunisten, Komeito und Sozialdemokraten –, künftig gemeinsam aufzutreten. Die vier Oppositionsparteien beschlossen im Frühjahr 1973, gemeinsam die vom Großkapital diktierte Wirtschaftspolitik, Korruption und Spekulation und die Aufrüstung zu bekämpfen, gleichzeitig das Lebensniveau der Bevölkerung zu verteidigen, sich jeglicher Verschlechterung der Sozialversicherung zu widersetzen und eine Erhöhung der Pensionen und andere soziale Maßnahmen anzustreben. Damit war, wie die KP Italiens lobend hervorhob, ein wichtiger Schritt zur Ausarbeitung einer Alternative gegenüber der herrschenden konservativen Regierung eingeleitet worden.[180] Diese Aktivitäten der

Oppositionsparteien wirkten sich bei den Kommunalwahlen aus, bei denen die vier Parteien nun immer häufiger mit gemeinsamen Kandidaten erfolgreich im Wahlkampf auftraten. Im Jahr 1973 siegten die Kandidaten der Oppositionsparteien, in Nagoya (April), in Osaka (Juni), in Tokio (Juli), wo die KP sogar mehr als 20 Prozent der Stimmen erreichte, und schließlich in Kobe (Oktober). Diese Erfolgswelle prägte auch den 12. Parteitag der KP Japans (14.–21. November 1973). Die Zahl der Parteimitglieder war in der Periode der Verselbständigung von 140 000 im Jahr 1964 auf 300 000 im Jahr 1970 und 330 000 zur Zeit des 12. Parteitages im November 1973 gestiegen. Mit der Gründung eines »Instituts für Gesellschaftswissenschaften«, dem namhafte Politikwissenschaftler und Soziologen, darunter auch Nichtparteimitglieder, angehörten, verstärkte die Partei ihre Öffentlichkeitsarbeit. Auf dem 12. Parteitag wurde Miyamoto als Vorsitzender des Präsidiums und Nosaka als Parteivorsitzender bestätigt. Unter den ausländischen KP-Delegationen befanden sich Vertreter der italienischen, französischen, spanischen und australischen Parteien, von der KPdSU und der KP Chinas waren keine Delegationen anwesend. In einer auf dem Parteitag angenommenen »Plattform für eine demokratische Koalitionsregierung« wurden die Respektierung und die Verteidigung der Verfassung verankert. Zwar sollte nach dem Wunsch der KP der Sicherheitspakt mit den USA aufgelöst werden, gleichzeitig aber setzte sich die Partei auch für gleichberechtigte Beziehungen zu den USA ein und unterstrich die positiven Aspekte der japanisch-amerikanischen Wirtschaftsbeziehungen, die es aufrechtzuerhalten und zu erweitern gelte. Eine demokratische Koalitionsregierung würde auch alle Wahlergebnisse anerkennen und bei einer Wahlniederlage zurücktreten. Im Wirtschaftsbereich wurde eine Nationalisierung des Energiesektors angekündigt (Elektrizität, Kohle, Gas, Erdöl, Kernenergie), aber die Planwirtschaft nicht mehr befürwortet, sondern nur noch eine demokratische Kontrolle angestrebt. In dieser »Plattform« wurde die Sowjetunion nicht mehr wie früher als »Vortrupp der kommunistischen Weltbewegung« bezeichnet, der Begriff »Diktatur des Proletariats« wurde durch die Formulierung »Herrschaft der Arbeiterklasse« ersetzt. Die politischen Anforderungen an die Parteimitglieder wurden gelockert und der parlamentarisch-

demokratische Weg zu einem unabhängigen, friedlichen und neutralen Japan unterstrichen.
Die Reaktion auf den 12. Parteitag der KP Japans war unterschiedlich. Während die italienischen Kommunisten die neue Linie lobten[181], beschwerte sich die »Prawda« darüber, daß die japanischen Kommunisten die Außenpolitik der Sowjetunion in einer »entstellenden und verzerrten Weise« dargestellt hätten; Kritik wurde auch an der Haltung der KP Japans in der Frage der Kurilen-Inseln geäußert.[182] Im Mai 1974 veröffentlichte die sowjetische Zeitschrift »Parteileben« im Zusammenhang mit dem 12. Parteitag erneut einen scharfen Angriff auf die KP Japans. Offiziell war der Artikel vom Sekretär des ZK der KP Argentiniens, Athos Faya, gezeichnet. Er drückte aber nur zu deutlich die Ansichten der sowjetischen Führung aus: Das Eintreten der KP Japans für die Rückgabe der Kurilen-Inseln sei ein beispielloser Fall in der Geschichte der kommunistischen Weltbewegung. Es sei unfaßbar, daß ein kommunistischer Parteitag territoriale Forderungen an einen sozialistischen Staat erhebe. Ferner wurde der japanischen KP-Führung vorgeworfen, sie stelle die Sowjetführung mit China auf eine Ebene, um damit die eigene Unabhängigkeit zu betonen.[183] Der offensichtlich bestellte Artikel wurde nach seiner Veröffentlichung auch in anderen Publikationen prosowjetischer Parteien nachgedruckt, um die kommunistische Weltbewegung einseitig zu informieren. Die japanische Parteizeitung »Akahata« schrieb dazu, daß der Artikel offensichtlich von den Sowjets inspiriert sei, sogar japanische Namen seien in russischer Transkription wiedergegeben. Sie verteidigte die rechtmäßige Forderung nach den Kurilen-Inseln und verlangte, daß die Sowjetunion endlich mit Japan einen Friedensvertrag abschließen und nach der Errichtung einer demokratischen Koalitionsregierung die Kurilen-Inseln an Japan zurückgeben soll. Dazu veröffentlichte die »Akahata« den Text der Vereinbarung zwischen der sowjetischen und japanischen KP von Anfang 1969 zur Zeit des außerordentlichen 26. Parteitages der KPdSU, die 1971 erneut bekräftigt worden war.[184] Die Wandlung der KP Japans fand zunehmend auch in Europa mehr und mehr Beachtung. So wies im Sommer 1974 »Le Monde« in einem ausführlichen Bericht darauf hin, es sei der KP Japans gelungen, ein neues Kräfteverhältnis im politischen

Leben des Inselstaates zu schaffen. Dadurch werde immer mehr der Kern einer möglichen Alternative zur konservativen Regierung Japans deutlich. Dazu habe vor allem die Tatsache beigetragen, daß sich die KP Japans von Moskau und Peking distanziert habe und einen eigenständigen nationalen Kurs verfolge. Die KP Japans habe mit ihrer größeren Elastizität in ihren Strukturen, mit ihrer Überzeugungskraft und realistisch-gemäßigten Politik zunehmend Anklang in der Bevölkerung gefunden und auf diese Weise viele Japaner angezogen, die eine Veränderung wünschen. Ihre Stärke beruhe nicht nur auf einer arithmetischen Grundlage, denn durch ihre neue Politik habe sie neue Möglichkeiten der Zusammenarbeit zwischen den Oppositionsparteien geschaffen.[185]
Die sowjetische Einladung zum 25. Parteitag der KPdSU (Ende Februar/Anfang März 1976) hat die KP Japans nicht angenommen, dafür aber die Beziehungen zu den Eurokommunisten weiter gefestigt. Besonders bedeutsam war in dieser Hinsicht der Besuch einer Delegation der KP Spaniens in Tokio unter Führung von Santiago Carrillo im März 1976, der mit dem gemeinsamen Bekenntnis zu einer sozialistischen Gesellschaft nach den historischen und gesellschaftlichen Bedingungen der einzelnen Länder abschloß.[186] Wenige Wochen später, im April 1976, weilte auch eine Delegation der KP Frankreichs unter Führung von Generalsekretär Marchais in Tokio. In ähnlicher Weise wurden auch dabei die gemeinsamen Auffassungen der beiden Parteien betont. Richtungweisend aber war vor allem das Manifest der KP Japans vom Juni 1976. Hier wurden deutlicher als je zuvor der Parteienpluralismus, die Respektierung einer möglichen Abwahl, die Freiheit der Rede, Presse, Religion und Kunst unterstrichen sowie versprochen, das Privateigentum kleinerer und mittlerer Unternehmen nicht nur zu tolerieren, sondern sogar zu unterstützen und lediglich große Schlüsselindustrien zu nationalisieren. Der Begriff Verstaatlichung wurde vermieden, man sprach von einer demokratischen Kontrolle. Seit 1976 läuft außerdem noch eine Kampagne gegen die moralische und geistige Dekadenz. Bei diesem Novum unter den kommunistischen Aktivitäten wandte man sich gegen das Anwachsen von Straftaten und Gewaltanwendung, besonders bei Jugendlichen, gegen Rauschgift und Alkohol, gegen Müßiggang und Spielleiden-

schaft, gegen sexuelle Entartung und Pornographie in Film und Fernsehen. In zunehmendem Maße wurde damit auch die moralische Integrität im japanischen Alltag ein wichtiger Aspekt in der Programmatik der japanischen KP.
Die weitere Entwicklung in der KP Japans war erneut durch eine Verschärfung der Polemik zwischen der Sowjetunion und den japanischen Kommunisten gekennzeichnet. Am 11. Juni 1977 veröffentlichte die »Prawda« einen Aufsatz unter dem Titel »Entgegen den Interessen des Friedens und der guten Nachbarschaft« mit der bisher wohl schärfsten Kritik an der KP Japans. Die angeblich »unberechtigten Ansprüche« der KP Japans auf die Kurilen-Inseln sind Mittelpunkt dieser Polemik. Die Erklärungen der KP Japans zur Lösung dieser Frage »auf der Grundlage einer internationalen Gerechtigkeit« wurden von der »Prawda« mit dem Hinweis zurückgewiesen, man dürfe nicht vergessen, daß der Begriff der Gerechtigkeit einen Klassencharakter trage und es keine abstrakte Gerechtigkeit geben könne. Die Stellungnahme der KP Japans stünde auch im Gegensatz zur internationalen Entspannung. Aber die KP Japans beharrte auf ihrem Standpunkt.
Stalin, so erklärte einer ihrer führenden Vertreter, habe auf der Konferenz von Jalta Süd-Sachalin und die Kurilen-Inseln gefordert, also einen Teil des traditionellen japanischen Territoriums. Dies sei der Preis für den Eintritt der Sowjetunion in den Krieg gegen Japan gewesen. Die gegenwärtige Haltung der »Prawda« zeige eine Haltung der Sowjetunion, bei der sich die Fehler Stalins wiederholten.[187]
In der innerparteilichen Entwicklung der KP Japans kam es in den Jahren 1977 und 1978 zu vorübergehenden Schwierigkeiten. Bei den Parlamentswahlen im Dezember 1976 erhielt die KP Japans 10,38 Prozent der Stimmen (gegenüber 10,49 Prozent im Dezember 1972), konnte jedoch nur 17 Abgeordnete (gegenüber 38 zuvor) in das Parlament entsenden. In der erhofften Zusammenarbeit mit den anderen Oppositionsparteien – den Sozialisten, der Komeito und den Sozialdemokraten – kam es zu Schwierigkeiten, die das von der KPJ erwünschte Anti-Regierungsbündnis scheitern ließen. In der Öffentlichkeit spielte auch die Wiederaufwärmung eines Lynch-Mordes eine Rolle, in der Mitglieder der heutigen KPJ-Führung verstrickt gewesen sein

sollten. Auf dem Parteitag der KP Japans im Oktober 1977 wurde im Zuge interner Konflikte der stellvertretende Präsidiumsvorsitzende Satomi Hakamada abgesetzt, und Anfang 1978 wurde Hakamada aus der KP Japans ausgeschlossen. Ihm wurde parteischädigendes Verhalten, Verstoß gegen die Parteistatuten, Verunglimpfung des Parteiführers Nosaka sowie eigenmächtige Kontaktaufnahme zur Sowjetunion vorgeworfen. Im Frühjahr 1979 kam es bei den japanischen Provinz- und Kommunalwahlen zu ernsten Rückschlägen. Während 1975 die KP bei den Gemeindewahlen mit anderen Oppositionsparteien gemeinsam Kandidaten aufgestellt hatte (die auch gewählt wurden), siegten diesmal die Kandidaten der Regierungspartei; die Linke verlor selbst ihre beiden wichtigsten Hochburgen Tokio und Osaka. Lediglich in der Provinz Kanagawa, zu der die Hafenstadt Yokohama gehört, wurde ein linker Gouverneur gewählt.

Die Rückschläge und innerparteilichen Schwierigkeiten der KP Japans wurden von der Sowjetführung benutzt, um erneut den Versuch zu unternehmen, die japanischen Kommunisten wieder der sowjetischen Linie näherzubringen. Bereits im Februar 1979 fanden Begegnungen zwischen Vertretern der sowjetischen und der japanischen KP in Tokio statt. Am 11. und 12. April 1979 wurden die Verhandlungen in Moskau fortgesetzt. In einem gemeinsamen Kommuniqué wurde das Bestreben »zur Normalisierung der Beziehung zwischen beiden Parteien« betont, allerdings auf den Grundlagen der Achtung der Selbständigkeit und Unabhängigkeit, der Gleichberechtigung und gegenseitiger Nichteinmischung in die inneren Angelegenheiten. Die Beziehungen sollten sich auf die internationale Solidarität gründen, wobei jedoch der stets von der Sowjetführung gewünschte Begriff »proletarischer Internationalismus« nicht erwähnt wurden. Beide Parteien würden, »trotz unterschiedlicher Auffassungen in einzelnen Fragen«, im Kampf gegen Imperialismus und Reaktion für Frieden, Demokratie und sozialen Fortschritt zusammenarbeiten. Die sowjetische Seite erklärte, sie würde ihre Beziehungen zu Gruppen einstellen, die von ehemaligen Mitgliedern der KP Japans geleitet werden – ein offensichtlicher Hinweis auf die bis dahin stets von Moskau unterstützte prosowjetische Gruppierung »KP Japans – Stimme Japans« unter Lei-

tung von Yoshio Shiga.[188]
Nach diesem Kommuniqué setzte die KP Japans im großen und ganzen ihren eigenständigen Kurs fort. Bei den Parlamentswahlen im Oktober 1979 konzentrierte sich die Partei auf bestimmte Wahlkreise, und es gelang ihr, 41 Abgeordnete in das Parlament zu entsenden (gegenüber 17 im Dezember 1976) und damit die höchste parlamentarische Vertretung in ihrer Geschichte zu erreichen.
Die Entwicklung der KP Japans weist damit eine Vielzahl von Ähnlichkeiten mit dem Eurokommunismus in den Industriestaaten Westeuropas auf. Die ähnliche Situation in der wirtschaftlichen Entwicklung, der sozialen Problematik und den politischen Kräfteverhältnissen führte in Japan wie in Westeuropa zu ähnlichen Schlußfolgerungen. Mehr als alle anderen eurokommunistischen Parteien war die KP Japans einer ständigen sowjetischen Pressepolemik ausgesetzt. Wie in anderen Ländern gelang es der sowjetischen Führung nicht, mit dem Aufbau einer Splittergruppe eine wirkliche Gegenpartei zu formieren.

Australien: Eurokommunisten und die prosowjetische »Sozialistische Partei«

Im Rahmen der Auseinandersetzung zwischen Eurokommunisten und den prosowjetischen Parteien bieten die Kommunisten in Australien ein besonders ungewöhnliches Bild. Ausgangspunkt für ihre Neuorientierung war die starke Erschütterung nach dem 20. Parteitag der KPdSU im Februar 1956. Trotzdem änderte sich aber zunächst nicht viel, teils weil die Partei von dem absolut moskautreuen Generalsekretär Laurence Sharkey geführt wurde, teils weil zunächst noch die Hoffnung bestand, daß mit den offenen Erklärungen auf dem Moskauer Parteitag die eigenen Fehler überwunden wären und die Möglichkeit für eine allgemeine Neuorientierung damit gegeben wäre.
Der Moskau-Peking-Konflikt übertrug sich in den sechziger Jahren besonders weitgehend auf die australische KP. Zwischen den chinesischen und australischen Kommunisten hatten bereits in den fünfziger Jahren enge Verbindungen bestanden, australische KP-Funktionäre waren auf der chinesischen Parteihochschule

ausgebildet worden. Seit 1963 machten sich zunächst zunehmend promaoistische Strömungen in der Partei bemerkbar, und im Frühjahr 1964 entstand unter der Führung von E. F. Hill die maoistische »Kommunistische Partei – Marxisten-Leninisten«, die jedoch in der politischen Linken Australiens keine größere Rolle spielte. Die Auseinandersetzungen vor und nach dieser Abspaltung führten jedoch zu weitreichenden Diskussionen über die innerparteiliche Linie der KP Australiens, zumal sich seit 1963 auch immer mehr Anhänger einer »italienischen Richtung« in der KP Australiens bemerkbar machten. Diese gewannen an Bedeutung, als im Juni 1964 Sharkey abgesetzt und Laurence Aarons neuer Generalsekretär wurde. Bereits im Oktober 1964 gab die KP Australiens eine eigene Erklärung zum Sturz Chruschtschows heraus, und seit Anfang 1965 wurde diese selbständige Richtung immer deutlicher.
Im April 1965 erschien in Australien ein Buch des Politikwissenschaftlers Leibler aus Melbourne mit dem Titel »Das sowjetische Judentum und die Menschenrechte«. Zunächst hatte das politische Kommitee (so heißt das Politbüro der KP Australiens) die Behauptung des Autors zurückgewiesen, daß es in der Sowjetunion einen offiziell inspirierten Antisemitismus gäbe. Der Autor Leibler schrieb jedoch an den Generalsekretär Aarons, er sei gerne bereit, mit den Vertretern der Kommunistischen Partei Australiens über die in seinem Buch angeschnittenen Fragen zu diskutieren. Tatsächlich kam es zu einem ausführlichen Dialog zwischen dem Politikwissenschaftler und den australischen KP-Führern. Aarons erklärte sich schließlich bereit, bei seinem bevorstehenden Besuch der Sowjetunion mit den Führern im Kreml das Problem des Antisemitismus zu besprechen.
Als die führenden Vertreter der KP Australiens dann im Dezember 1965 in Moskau waren, erhielten sie von den Sowjetführern die Versicherung, manche antisemitischen Artikel in der Sowjetpresse würden nicht die offizielle Auffassung widerspiegeln. Gegen Ende des Moskaubesuches wurde Eric Aarons, der Bruder des Generalsekretärs der KP Australiens, aufgefordert, die australische KP solle einen ausführlichen offiziellen Artikel gegen die KP Chinas veröffentlichen. Der Artikel würde von der sowjetischen KP-Führung zur Verfügung gestellt. Eric Aarons berichtete später darüber: »Die Art und Weise, wie die Angele-

genheit betrieben wurde, machte es deutlich, daß auch schon vorher große Artikel auf diese Weise plaziert worden waren.«[189] Anläßlich der Vorbereitung zum 21. Parteitag der KP Australiens fand 1966 eine Diskussion über die zum Parteitag herausgegebenen Dokumente statt, vor allem über eine Koalition der Linken, in der die KP als gleichberechtigte Kraft fungieren sollte. Dabei wurde die Notwendigkeit freier Diskussionen innerhalb der Linken und auch innerhalb der KP Australiens akzeptiert. Seit dieser Zeit wurde der Begriff »Demokratischer Zentralismus« nicht mehr erwähnt und die Namen der führenden Gremien den australischen Bedingungen angepaßt: Der Generalsekretär wurde zum Nationalsekretär und das Zentralkomitee zum Nationalkomitee umbenannt. Die entscheidende Wende erfolgte auf dem 21. Parteitag der KP Australiens im Juni 1967. Der Kongreß stand im Zeichen der Koalition der Linken und einer Demokratisierung der Parteistruktur. Die Koalition der Linken sollte davon ausgehen, daß es in Australien einige Gruppierungen gibt, die in ihrer allgemeinen Orientierung auf eine sozialistische Umwandlung der Gesellschaft übereinstimmen, aber in wichtigen Punkten der Ideologie, des Programms und der Organisation verschiedener Meinung sind. Als Partner einer Koalition der Linken wurde die wachsende linke Strömung in der Labour-Partei, Strömungen innerhalb der Gewerkschaft, unter den Studenten, Intellektuellen und Bürgerrechtlern angesehen. Diese Koalition der Linken – eine Art australische Version des »historischen Kompromisses« – sollte die verschiedensten Formen von gemeinsamen Aktionen und die Zusammenarbeit unterschiedlicher Gruppen verwirklichen. Auch Kräfte, die sich einseitig nur auf die Lösung bestimmter Probleme beschränkten – etwa bürgerliche Freiheiten, Reform der Sozial- und Gesundheitsvorsorge oder das Schulwesen –, sollten in eine solche Koalition miteinbezogen werden. Die Links-Koalition sollte schließlich auch zu Diskussionen über theoretische, programmatische und organisatorische Fragen führen, zu einem Wettstreit der Meinungen beitragen, gestützt auf »gegenseitige Achtung, Toleranz und Offenheit zwischen den verschiedenen Gruppen und Parteien«. Dies sollte eine wichtige Garantie »für eine echte Demokratie in der sozialistischen Gesellschaft der Zukunft sein«.[190] Im Verlaufe der Diskussionen auf dem 21. Parteitag gab

es auch einige Vorschläge, den Begriff »kommunistisch« im Namen der Partei zu streichen. Andere schlugen vor, auf eine selbständige Partei zu verzichten und innerhalb der Labour-Partei als eigene Organisation tätig zu werden. Diese Vorschläge wurden jedoch von der Mehrheit des Parteitages abgelehnt.
Gleichzeitig bekannte sich der 21. Parteitag der KP Australiens in einer »Charta der demokratischen Freiheiten« zur Bejahung der Demokratie. All das vollzog sich im Juni 1967, also noch vor dem »Prager Frühling«. Die KP Australiens lehnte auf diesem Parteitag auch bereits die Prinzipien des »Demokratischen Zentralismus« und die These von der führenden Rolle einer monolithischen kommunistischen Partei ab. Die Verhältnisse in Australien könnten nicht mit früheren sozialistischen Revolutionen verglichen werden, die von Gewalt und Bürgerkrieg begleitet waren. In Australien könnte eine sozialistische Gesellschaft ohne Gewaltanwendung errichtet werden. Die Befreiung vom Stalinismus und die Wiederherstellung einer moralischen Position hätten in diesem Zusammenhang eine besondere Bedeutung. Auch organisatorisch gab es in der KP Australiens mit dem 21. Parteitag demokratische Veränderungen. Alle Wahlen zu den Parteigremien wurden von nun an geheim abgehalten. Besondere Berufungskommissionen wurden gebildet, in denen Personalfragen und innerparteiliche Auseinandersetzungen erörtert werden konnten. Diesen gewählten Berufungskommissionen sollten nur Mitglieder angehören, die nicht zur jeweiligen örtlichen oder regionalen Parteileitung gehörten. Das Nationalkomitee (früher ZK) wurde verpflichtet, in allen Fällen, in denen es in politischen Fragen Unklarheiten oder unterschiedliche Auffassungen gab, die gesamte Partei darüber zu informieren. Zum neuen Vorsitzenden der Partei wurde Richard Dixon gewählt, als Nationalsekretär Laurence Aarons bestätigt, zu stellvertretenden Vorsitzenden wurden Claude Jones und John Allen Sendy gewählt.
Mit dem 21. Parteitag im Juni 1967 war der unabhängige Kurs der KP Australiens dokumentiert worden. Im Januar 1968 protestierte die KP Australiens gegen den in Moskau stattfindenden Prozeß gegen vier junge sowjetische Schriftsteller. Die australische KP-Zeitung »Tribune« erklärte, es sei bedauerlich, daß bei diesem Moskauer Prozeß der Tatbestand nicht veröffentlicht

worden sei und die sowjetischen Meldungen darüber unklar und widerspruchsvoll seien. Das Nationalkomitee beschloß deshalb, zum Budapester Konsultativtreffen (Februar/März 1968) eine Delegation zu entsenden, die mit den Vertretern der KPdSU über solche sogenannte »antisowjetische Aktivitäten« diskutieren sollte. In Budapest, wo die KP Australiens durch Claude Jones und Bernard Taft vertreten war, traf Bernard Taft auch mit dem Philosophen Georg Lukács zusammen, der seine Auffassung über die Sowjetunion, den Stalinismus und den »Prager Frühling« sehr ausführlich darlegte. Lukács erwähnte gegenüber den australischen Kommunisten damals auch zum erstenmal, daß er selbst eine Zeitlang im Gefängnis in der Sowjetunion verbracht hatte. Lukács bat Taft, die Niederschrift dieses Gespräches erst nach seinem Tode zu veröffentlichen, was dann auch so geschah. Bernard Taft fuhr 1968 weiter in die Tschechoslowakei, wurde Augenzeuge des »Prager Frühlings« und schrieb darüber in der australischen KP-Zeitung einen ausführlichen, begeisterten Bericht.[191] Damit hat die KP Australiens die Entwicklung in der Tschechoslowakei deutlicher und nachdrücklicher schon während des »Prager Frühlings« begrüßt als jede andere kommunistische Partei. Sie organisierte im Juli 1968 auch in allen größeren Städten Australiens Massenversammlungen für den »Prager Frühling«. Nach der Okkupation der Tschechoslowakei im August 1968 protestierte die KP Australiens nicht nur in ihrer Parteizeitung dagegen, sondern entsandte sogar Protestdelegationen zu den Botschaften der Warschauer-Pakt-Staaten in Sydney und trat für eine gemeinsame Initiative aller kommunistischen Parteien ein, die ebenfalls gegen die Intervention in der ČSSR Stellung genommen hatten. Mit der Kritik an Okkupation der ČSSR verband die KP Australiens auch eine Analyse der inneren Situation in der Sowjetunion. Dabei wurde erklärt, daß die Überkonzentration der Macht in den Händen der Sowjetbürokratie die Demokratie dort so weit eingeschränkt habe, daß jedes Eintreten für demokratische Reformen in der Sowjetunion schon als Abkehr von den Prinzipien des Sozialismus angesehen werde.[192]

Unter diesen Voraussetzungen war es nicht verwunderlich, daß bei den Delegiertenwahlen zum 22. Parteitag die prosowjetischen Kräfte eine entscheidende Niederlage erlitten und im

Durchschnitt nur ein Viertel der abgegebenen Stimmen auf sich ziehen konnten. Der 22. Parteitag der KP Australiens (Ostern 1970) bestätigte die unabhängige Linie der Partei. Auf dem Parteitag kam es auch zu einer Diskussion über die Entwicklung in den sozialistischen Ländern. Dabei wurde es für notwendig erachtet, eine objektive Analyse der sozialistischen Entwicklung, besonders in der Sowjetunion, auszuarbeiten. Während der Diskussion wurde der Vorschlag angenommen, die Sowjetunion nicht mehr als »sozialistisches Land«, sondern als Land »auf sozialistischer Basis« zu bezeichnen.[193]

Kurz nach dem 22. Parteitag begann die Gegenoffensive der Sowjetführer in Moskau. Die »Prawda« hatte über den 22. Parteitag nur Auszüge aus den Vorschlägen der kleinen prosowjetischen Minderheitsgruppe veröffentlicht.[194] Die tschechoslowakische Parteizeitung »Rude Pravo« veröffentlichte einen scharfen Artikel gegen den Kurs der KP Australiens[195], den die australische KP-Zeitung »Tribune« im Wortlaut nachdruckte und eine Antwort hinzufügte, in der vorgeschlagen wurde, »Rude Pravo« möge ihrerseits in der Tschechoslowakei die Antwort der australischen KP veröffentlichen. In dieser Antwort der australischen KP stand unter anderem: »Der Sozialismus kann nicht Gewerkschafter gewinnen, wenn Gewerkschaftsvertreter, von Arbeitern gewählt, durch Beschlüsse kleinerer Parteigremien abgesetzt werden. Der Sozialismus kann nicht Demokraten gewinnen, wenn Abgeordnete des Parlaments durch ein höheres Parteigremium abgelöst werden, ohne daß die Bevölkerung die Möglichkeit hat, durch Neuwahlen den eigenen Willen kundzutun. Der Sozialismus kann nicht Kommunisten gewinnen, wenn eine Parteiregistrierung davon abhängt, daß eine ausländische Intervention gutgeheißen wird, und eine von der Führung durchgesetzte Politik ohne Parteikongreß durchgeführt und dabei die Hälfte der Mitglieder aus der Partei ausgeschlossen wird.«

»Rude Pravo« veröffentlichte die australische Antwort natürlich nicht, aber die sowjetische Wochenzeitung »Neue Zeit« übernahm den »Rude Pravo«-Angriff auf die KP Australiens – ohne die Antwort der KP Australiens überhaupt zu erwähnen. Und während des Theaterdonners dieser Pressekampagne bildete sich eine prosowjetische Gegenpartei in Australien. Im Juni 1970 gründeten zwei ehemalige führende australische KP-Funktionäre, Edgar Ross und Alf Watt, den prosowjetischen Verlag »Socialist Publications« und gaben die Zeitschrift »The Australian Socialist« heraus. Im Herbst 1971 konzentrierte sich die prosowjetische Minderheitsgruppierung als »ständiges Komitee«, und Anfang Dezember 1971 fand dann schließlich die Gründungskonferenz der prosowjetischen Kommunisten Australiens statt. Die neue Partei nannte sich ironischerweise »Sozialistische Partei Australiens«.

Auf dem 23. Parteitag der KP Australiens (31. März bis 4. April 1972) gab es nun keine Querelen durch prosowjetische Kräfte mehr, er wurde von allen prosowjetischen kommunistischen Parteien der Welt boykottiert. Lediglich die KP Japans und die KP Spaniens sandten Delegationen, und von den eurokommunistischen Parteien Italiens, Rumäniens, Jugoslawiens, Großbritanniens und Griechenlands (Inlandsrichtung) trafen Grußtelegramme ein. Der Parteitag bestätigte die Zielsetzung einer »Koalition der Linken« und beschäftigte sich vor allem mit dem Stil der Diskussionen. Generalsekretär Aarons erklärte, in der Linken komme es nicht auf Verurteilungen an, sondern auf Argumente; gegenseitige Beschuldigungen wie »Revisionist«, »Stalinist«, »Maoist« oder »Bürokrat« sollten der Vergangenheit angehören. Die KP Australiens sei eine offene und demokratische Partei. Beschlossen wurde eine weitere Demokratisierung der Parteistruktur (Nationalsekretär nur für 6 Jahre gewählt), nach dem Vorbild des »Prager Frühlings« sollte ein »Sozialismus mit menschlischem Antlitz« angestrebt und stärker als von allen anderen eurokommunistischen Parteien der Aspekt der Arbeiterkontrolle und der Selbstverwaltung in Wirtschaft und Gesellschaft betont werden.[196] Nach dem Parteitag besuchte eine Delegation der KP Australiens die eurokommunistischen Parteien in Spanien, Italien, Frankreich, Rumänien und Jugoslawien.

Mit dem Boykott des 23. australischen KP-Parteitages durch die prosowjetischen kommunistischen Parteien und der Bildung einer prosowjetischen sozialistischen Gegenpartei ging die Sowjetführung weiter als bei allen anderen eurokommunistischen Parteien. Anläßlich der Feiern zum 50. Gründungstag der UdSSR im Dezember 1972 wurden von Moskau führende Vertreter beider kommunistischer Parteien Australiens eingeladen und der Vertreter der prosowjetischen SPA, Pat Clancy, bevorzugt von Funk und Fernsehen aufgewertet. Auch die »Prawda« sprach nur von Clancy als dem Vertreter der australischen Kommunisten. Als im Kreml bei der Hauptveranstaltung zwei Sitze reserviert wurden, verließ John Sandy, der Vorsitzende der eurokommunistischen KP Australiens, aus Protest den Saal und informierte anschließend Ponomarjow, daß eine Gleichstellung der KP Australiens mit der neugegründeten SPA unannehmbar sei.

Die bisher letzten Verhandlungen der KP Australiens mit der Sowjetführung in Moskau fanden vom 28. September bis 3. Oktober 1973 statt. Auf australischer Seite nahm auch Nationalsekretär Laurence Aarons teil, auf sowjetischer Seite saß Ponomarjow mit einigen seiner engsten Mitarbeiter. Aarons wies wiederum darauf hin, daß es absolut legitim für kommunistische Parteien sei, in freundschaftlicher Weise Politik und Aktionen sozialistischer Länder zu diskutieren. Im Kampf für den Sozialismus in den entwickelten kapitalistischen Industrieländern wie Italien, Frankreich, Großbritannien und Australien sei eine neue Beziehung zwischen Demokratie und Sozialismus notwendig, es gelte, den Beweis zu erbringen, daß die Zielsetzung des Sozialismus auch eine Befreiung für den Menschen bedeute. Ideologische Auseinandersetzungen der sozialistischen Länder dürfen deshalb nie mit administrativen Maßnahmen durchgeführt werden. Die Aktionen der sowjetischen Behörden gegen Menschen wie Andrej Sacharow und Generalmajor Grigorenko würden sowohl der Sowjetunion als auch der sozialistischen Sache im allgemeinen schaden. Aarons fügte hinzu, daß die KP Australiens auch in Zukunft das Recht für sich in Anspruch nehmen werde, falsche Maßnahmen der KPdSU zu kritisieren. Aarons forderte schließlich die KPdSU auf, ihre Unterstützung der SPA aufzugeben, dann stünde einer Normalisierung der Beziehungen zur KPdSU nichts mehr im Wege. Von sowjetischer Seite erklärte Ponomarjow dagegen, die Frage der Normalisierung der Beziehungen hänge von der KP Australiens und ihrer »antisowjetischen Haltung« ab. Die Sowjetunion sei zu einer Normalisierung bereit, wenn die »Tribune« keine antisowjetischen Artikel mehr veröffentliche. Die sowjetische Seite forderte schließlich, daß die KP Australiens die Formulierung, die Sowjetunion sei ein Land »auf sozialistischer Basis«, zurücknehme und die

Sowjetunion offiziell wieder als »sozialistisches Land« bezeichnen möge (»Tribune«, 20.–26. November 1973). Dieses auf den ersten Blick kleinkarierte Gerangel um Formulierungen hat trotz allem einen ernstzunehmenden Hintergrund: Wenn die Sowjetunion als sozialistisches Land gilt, wird der Begriff Sozialismus damit sofort auf eine Staats- und Gesellschaftsform festgelegt, die für die Eurokommunisten immer untragbarer wird.
Nach der Weigerung der australischen Kommunisten – das ZK hatte mehrheitlich abgestimmt –, sich den sowjetischen Forderungen zu beugen, verschärfte sich erneut die Pressekampagne. Im November 1973 wurde ein Angriff der sowjetischen Zeitschrift »Fragen der Philosophie« gegen die KP Australiens veröffentlicht, im Februar 1974 erfolgte wieder ein Angriff der Zeitschrift »Parteileben«, und schließlich schickte Moskau auch die prosowjetische KP in den USA mit einer harten Kritik an der KP Australiens vor.[197]
Heute wird die KP Australiens von der gesamten prosowjetischen Richtung im Weltkommunismus boykottiert, sie hat nur noch Verbindung zu den Eurokommunisten, wobei sie die in Jugoslawien praktizierte gesellschaftliche Selbstverwaltung besonders bevorzugt und sich überhaupt in vieler Hinsicht mehr für das jugoslawische Sozialismusmodell interessiert. Sie veröffentlichte deshalb auch im November 1973 eine offizielle Entschuldigung für ihre früheren Erklärungen vom Sommer 1948 gegen Jugoslawien, als sie in verunglimpfender Form Präsident Tito und andere jugoslawische Kommunisten attackierte.[198] Zum 10. Kongreß des Bundes der Kommunisten Jugoslawiens schickte die KP Australiens ein besonders herzliches Grußtelegramm, in dem die Entwicklung der Selbstverwaltung und der Kampf gegen demokratische Verfälschungen als ein entscheidender Beitrag der jugoslawischen Kommunisten für die revolutionäre Theorie und die internationale Bewegung gerühmt wurden.[199] Im Frühjahr 1975 besuchte eine australische Delegation Rumänien und anschließend Jugoslawien und Italien. Im November 1975 kam es auch zu freundschaftlichen Gesprächen mit führenden Vertretern der KP Spaniens.
Zwar ist die KP Australiens relativ klein, und ihre Mitgliederzahl schwankt in den letzten Jahren zwischen 3000 und 5000. Sie verfügt über keine Vertreter im australischen Parlament. Für die

theoretisch-politische Entwicklung des Eurokommunismus spielt die KP Australiens jedoch eine wichtige Rolle.

Die Kommunisten Venezuelas: Die unabhängige MAS und die prosowjetische KP

Am 30. März 1971 gab Generalsekretär Breschnew vor 5000 Delegierten des 24. Parteitages der KPdSU seinen Rechenschaftsbericht ab und sprach dabei auch von den Renegaten vom Typ eines Garaudy in Frankreich, eines Fischer in Österreich – und eines Petkoff in Venezuela . . . [200] Seine Zuhörer horchten auf. Petkoff? Venezuela? Gab es auch in Venezuela »Abweichler«? Es gibt sie noch heute in der »Bewegung für den Sozialismus« (Movimiento al Socialismo). Sie ist im Januar 1971 nach zweijährigen Auseinandersetzungen in der KP Venezuelas entstanden.

Die KP Venezuelas, im Mai 1931 gegründet, war fast die gesamte Zeit über illegal oder besaß bestenfalls einen halblegalen Status. Erst nach dem Sturz der Diktatur von Perez Jiménez im Jahr 1958 begann sie eine Rolle zu spielen und gewann rasch in der organisierten Arbeiterbewegung erheblichen Einfluß. Bei den Wahlen im Dezember 1958 erhielt die KP Venezuelas 6,3 Prozent aller Stimmen. In der Hauptstadt Caracas wurde sie sogar zweitstärkste Partei. Aber diese legale Periode war nur von kurzer Dauer. Nach dem Sieg Castros in Kuba Anfang 1959 gab es auch in Venezuela einen starken Aufschwung der linksrevolutionären Bewegung. Gleichzeitig machte sich innerhalb der KP eine Enttäuschung über die legalen Kampfformen bemerkbar, und seit Ende 1960 gab es immer häufiger Stimmen, die dafür plädierten, mit der neuen, von Castro inspirierten linksrevolutionären Bewegung MIR zum bewaffneten Kampf überzugehen. Von 1962 bis 1965 konzentrierte sich die Partei dann in erster Linie auf bewaffnete Guerilla-Aktionen, obwohl sie zum Unterschied zur MIR gleichzeitig auch den politischen Kampf fortsetzte. Erst Anfang 1966 ging die KP Venezuelas wieder zu legalen Kampfmethoden über, was im März 1967 zu einer harten Auseinandersetzung mit Castro führte. Zu dieser Zeit wurde die Partei von dem Generalsekretär Jesus Faria geleitet, der sich jedoch die

meiste Zeit in Moskau aufhielt, während Pompeyo Marquez als amtierender Generalsekretär die praktische Parteiarbeit leistete und deshalb auch über eine große Autorität verfügte. Im Juni 1968, während des »Prager Frühlings«, waren drei Vertreter der KP Venezuelas, darunter Generalsekretär Faria, zu Besprechungen mit Suslow und Ponomarjow in Moskau. Faria kehrte im August 1968 nach Venezuela zurück, und im März 1969 wurde die KP offiziell wieder legalisiert, die politischen Gefangenen, darunter viele Kommunisten, aus der Haft entlassen.
Die KP Venezuelas hat unter der Leitung ihres prosowjetischen Generalsekretärs Jesus Faria der Okkupation der Tschechoslowakei zugestimmt. Kritische Stimmen wurden erst während der Vorbereitung des nächsten Parteitages laut, der für den 4. Dezember 1970 einberufen worden war, nachdem die Parteipresse allgemein offener wurde und eine freie Diskussion zuließ. Unter den Kritikern trat besonders Teodoro Petkoff mit kritischen Artikeln über die Intervention in der Tschechoslowakei hervor. Petkoff, 1932 geboren, trat mit 16 Jahren, also 1948, der KP bei, studierte Volkswirtschaft und wurde anschließend Berufsrevolutionär. Bereits mit 18 Jahren war er zum erstenmal im Gefängnis, in den Jahren 1951–1953 war er wiederholt verhaftet. Nach dem Zusammenbruch des diktatorischen Perez-Regimes vertrat er 1960 im Alter von 28 Jahren die KP als Abgeordneter im Parlament. Während der Periode des bewaffneten Kampfes wurde seine Immunität aufgehoben, er mußte erneut ins Gefängnis, konnte aber fliehen, nahm am bewaffneten Kampf teil, wurde erneut verhaftet, verbrachte wieder zweieinhalb Jahre im Gefängnis, bis ihm erneut die Flucht gelang. 1964 wurde er Mitglied des Politbüros der Partei.
Petkoff veröffentlichte im Juli 1969 eine Reihe von Interviews in der venezolanischen Wochenzeitschrift »Semana«, einige Zeit später erschien sein Buch »Tschechoslowakei – das Problem des Sozialismus«. In diesem Buch wies Petkoff nach, daß das sowjetische Sozialismusmodell nicht obligatorisch sein kann. Die Tschechoslowakei habe versucht, ein neues Modell zu entwickeln. Es sei tragisch, daß dies durch die Truppen der Warschauer-Pakt-Staaten zerstört worden sei. Im Unterschied zu den sowjetischen Behauptungen wies Petkoff nach, daß es weder die Gefahr einer westdeutschen Invasion noch einer Rückkehr zum Kapitalismus

in der ČSSR gegeben habe. Durch den bürokratischen und autoritären Charakter der sowjetischen KP sei ein bedeutendes Experiment des Sozialismus vernichtet worden. Die Sowjetunion sei im Innern noch immer vom Stalinismus befangen, der proletarische Internationalismus sei nur eine Beschönigung für einen sowjetischen Nationalismus. Die Tschechoslowakei habe Probleme aufgeworfen, die auch für den Sozialismus in Venezuela von Bedeutung seien. Dringend notwendig sei eine ernste Auseinandersetzung mit dem Stalinismus. Die Schlußfolgerungen für die venezolanischen Kommunisten lauteten:

1.) Wir müssen die Abhängigkeit von der Sowjetunion beenden und zu einer echten venezolanischen kommunistischen Partei werden.

2.) Die Partei muß demokratisiert werden und die autoritäre Parteistruktur beseitigen.

3.) Der Hauptkampf richtet sich nicht nur gegen den amerikanischen Imperialismus, sondern auch gegen die Kapitalisten Venezuelas.

Petkoffs Buch, in dem er auch die Entwicklung in der spanischen, italienischen und japanischen KP erwähnte, schlug wie eine Bombe ein. Im Oktober 1969 richtete Generalsekretär Jesus Faria einen offenen Brief mit scharfen Vorwürfen an Petkoff. Auch die Parteizeitung »Tribuna Popular« veröffentlichte Artikel gegen Petkoff, dem eine »antikommunistische« Haltung vorgeworfen wurde. Petkoff fragte in der gleichen Zeitung zurück, ob etwa jegliche Kritik an der Sowjetunion bereits »antikommunistisch« sei, falls ja, dann müßte geklärt werden, ob die Genossen Mao Tse-tung, Fidel Castro, Ceauşescu, Kim il Sung und Luigi Longo vielleicht auch »Antikommunisten« seien.[201]

Im Februar und März 1970 fand eine entscheidende Sitzung des Zentralkomitees statt. Von den neun Mitgliedern des Politbüros traten Generalsekretär Jesus Faria und drei weitere für Disziplinarmaßnahmen gegen Petkoff ein, sie warfen ihm vor, trotzkistisch, antisowjetisch und parteifeindlich zu sein, und befürworteten, daß die Diskussion in der Partei damit beendet sein müsse. Aber das erwies sich als unmöglich, da Petkoff die Unterstützung von zwei anderen Politbüromitgliedern erhielt. Zwischen den Stalinisten und den Petkoff-Anhängern standen auch noch die sogenannten Zentristen, unter ihnen vor allem der hochgeachtete Pompeyo Marquez, der seinerseits von einem weiteren Politbüromitglied unterstützt wurde. Diese mittlere Gruppe wollte die Abhängigkeit von der Sowjetunion verringern und Petkoff nicht das Recht zur Diskussion verweigern. Sie wollte auf jeden Fall eine Spaltung vermeiden und zwischen den beiden extremen Richtungen vermitteln.

Während sich hinter Petkoff der Jugendverband der Partei und viele Intellektuelle stellten, fanden die Stalinisten unter Faria immer weniger Unterstützung. Petkoff war sehr beliebt, und seine Vorschläge stießen über die Partei hinaus auch in den Reihen der anderen Linken auf ein großes Echo. Die Diskussion verstärkte sich im Spätherbst 1970, als Petkoffs zweites Buch »Sozialismus für Venezuela« erschien. In diesem Buch kritisierte er die KP-Führung Venezuelas, weil sie jegliche unabhängige und notwendige Kritik unterdrücke; er trat für ein Bündnis ohne Hegemonieanspruch mit anderen Linkskräften und für eine pluralistische sozialistische Gesellschaft gegen jede monolithische Diktatur im politischen und kulturellen Leben ein. Kurz darauf, Ende Oktober 1970, veröffentlichte die sowjetische Zeitschrift »Fragen der Philosophie« eine scharfe Rezension von Petkoffs Buch, unterzeichnet von S.S. Romanow und M.I. Mopschnaltschew. Wichtiger für die weitere Entwicklung aber war ein Artikel von Mosinow in der »Prawda«[202], in dem Petkoff vorgeworfen wurde, das Leninsche Organisationsprinzip des Demokratischen Zentralismus zu verunglimpfen und den Prozeß des Aufbaus des Kommunismus zu verfälschen. Der Aufsatz schloß mit dem direkten Aufruf an die Mitglieder der KP Venezuelas, durch eine entschiedene Zurückweisung von Petkoffs »parteifeindlichen Aktivitäten« die Einheit der Partei wiederherzustellen. Dieser Artikel wurde von den Stalinisten in der Parteiführung als Moskauer Direktive angesehen, die »Tribuna Popular« veröffentlichte dann auch Ende Oktober den Mosinow-Artikel.

Gegen diese Einseitigkeit entstand jedoch eine starke Opposition. Im November 1970 mußte die »Tribuna Popular« sowohl Artikel gegen Petkoff als auch solche, die für ihn eintraten, und schließlich einen Beitrag von Petkoff selbst veröffentlichen. Der Konflikt verschärfte sich bei den Wahlen für die Delegierten des nächsten Parteitages, wo sich die überwältigende Mehrheit für die Petkoff-Richtung aussprach, die nun als die »Erneuerer« (los

Renovadores) bezeichnet wurden. Unter dem Druck der Stalinisten begann sich auch die von Pompeyo Marquez geführte mittlere Richtung den Reformern anzunähern. Damit hatten sich die Gewichte eindeutig verschoben. Auf dem Plenum des ZK der KP Venezuelas (23. November bis 4. Dezember 1970) prallten die Auffassungen hart aufeinander. Die Stalinisten wollten nun den nächsten Parteitag, der für den 4. Dezember vorgesehen war, so weit wie möglich hinausschieben, um in der Zwischenzeit mit Hilfe des Parteiapparates die stalinistische Minderheit in eine Mehrheit zu verwandeln. Die von den Zentristen unterstützten Reformer lehnten dies ab. Der Parteitag wurde zwar verschoben, aber nur auf den 23. Januar 1971.

Beide Seiten begannen nun ihre eigenen Reihen zu formieren. Am 10. Dezember 1970 veröffentlichte die »Tribuna Popular« eine scharfe Attacke des Generalsekretärs Faria gegen die Erneuerer, er behauptete, sie stellten nur eine kleine Minderheit in der Partei dar. Am gleichen Tag fand eine Pressekonferenz der Renovadores statt, an der nicht nur Petkoff und seine Anhänger, sondern auch Pompeyo Marquez und die Zentristen teilnahmen. Auf dieser Pressekonferenz wurde die autokratische Parteiführung Farias scharf kritisiert und ihm vorgeworfen, daß er eine Säuberung vorbereite, um das Kräfteverhältnis zu seinen Gunsten zu verändern, weil er wisse, daß der 4. Parteitag mit einer Niederlage für ihn enden werde.

Am 14. Dezember 1970 fielen die Würfel. Die stalinistischen Mitglieder des Zentralkomitees trafen sich zu einer Fraktionssitzung und beschlossen, fünf Mitglieder des Politbüros und 22 von 68 ZK-Mitgliedern auszuschließen. Aber dieser Handstreich wurde vereitelt, denn am gleichen Tag konstituierten sich die offiziell »Ausgeschlossenen« zu einer »Vorbereitungskommission« für den 4. Parteitag und gaben eine Erklärung über den Sozialismus in Venezuela heraus, in der sie für ein breites Bündnis aller antiimperialistischen Kräfte eintraten, in dem keine Partei einen dogmatischen Anspruch auf die Führung erheben dürfe, und beriefen unter dieser Zielsetzung den Parteitag zum 14. Januar 1971 ein. Wenige Tage später veröffentlichte Petkoff in der venezolanischen Zeitung »Ultimas Noticias« einen Artikel gegen die »Mottenpulvermarxisten«, die den Marxismus kanonisieren und zu scholastischen Erklärungen degradieren wollen.

Am 14. Januar 1971 fand unter diesen Voraussetzungen der Gründungskongreß der »Bewegung für den Sozialismus«, MAS, in Caracas statt. Pompeyo Marquez wurde zum Generalsekretär der MAS gewählt, zur Führungsspitze gehörten Teodoro Petkoff und die übrigen »Erneuerer« und Zentristen des früheren Politbüros. Die Parteizeitung »Deslinde« ging zur neugegründeten MAS über.

In dem Manifest zur Gründung der MAS war zu lesen: »Zwei Auffassungen von der Partei, der wirtschaftlichen und sozialen Realität Venezuelas, zwei Auffassungen von der Revolution stehen einander gegenüber. Wir sind in wachsenden Gegensatz zu jenen geraten, die den Marxismus als Dogma und Katechismus handhaben und die Partei zur Sekte degradieren, mit dem Rükken zu den Massen. Wir sehen darin die schlimmsten Ausdrucksformen der stalinistischen Entartung.«[203] Anfang Februar 1971 verkündete die MAS in ihrer Zeitung »Deslinde«, es komme nun darauf an, klare politische Vorschläge zu entwickeln, zu unterschiedlichen Kampfformen bereit zu sein, keine Erfahrung anderer Länder mechanisch auf Venezuela zu übertragen und einen eigenen venezolanischen Weg zum Sozialismus zu entwickeln. Die Partei müsse als eine Kraft betrachtet werden, die die Bildung einer antiimperialistischen, sozialistischen Volksregierung ermögliche, die das Vertrauen des Volkes genieße, in der die Arbeiterklasse und die Werktätigen keine Zuschauer, sondern die Schöpfer einer neuen Gesellschaft sein werden. Die MAS sei weder pro- noch antisowjetisch, weder pro- noch antichinesisch und weder pro- noch antikubanisch.[204] Generalsekretär Pompeyo Marquez besuchte im Frühjahr 1971 an der Spitze einer Delegation Rumänien, Jugoslawien sowie die Kommunistischen Parteien Italiens, Frankreichs und Spaniens. Nach seiner Rückkehr erklärte er, die Bildung der MAS werde in der kommunistischen Bewegung Europas mit großen Hoffnungen beobachtet.

In der Abkehr von der leninistischen Parteistruktur ist die MAS am weitesten gegangen. Die MAS versteht sich als eine Bewegung, nicht als eine Partei. »Wir ziehen die horizontalen Strukturen vor und wollen mit dem pyramidalen Organisationstyp des Stalinismus Schluß machen«, erklärte Teodoro Petkoff. Es gibt keine geschlossenen Mitgliederversammlungen, sondern die

Mitglieder der MAS wirken in aller Öffentlichkeit, in Betrieben, Unternehmungen oder Stadtteilen, »ohne irgendeiner Leitung Rechenschaft geben zu müssen«. Die MAS ist, laut Petkoff, »von der Führung der KPdSU exkommuniziert worden«, werde jedoch als revolutionäre Bewegung anerkannt. »Unsere Hauptsorge besteht nicht darin, andere zu verurteilen, sondern bescheiden einen sozialistischen Weg zu finden und zu beschreiten, der den spezifischen Bedingungen Venezuelas entspricht.«
Seit 1971 gibt es somit in Venezuela zwei marxistische Strömungen: die dem Eurokommunismus zuzuordnende MAS und die prosowjetische KP unter Jesus Faria. Bei den Wahlen am 9. Dezember 1973 zum Parlament Venezuelas erhielt die MAS 216 473 Stimmen, das sind 5,2 Prozent aller abgegebenen Stimmen. Sie konnte 9 Abgeordnete in das Parlament sowie einen Abgeordneten in den Senat entsenden. Die MAS war damit die drittstärkste Partei Venezuelas geworden. Die prosowjetischen Kommunisten erhielten nur 1,1 Prozent der Stimmen und konnten nur 2 Abgeordnete in den Kongreß und keinen einzigen in den Senat entsenden.
Die Entwicklung der MAS in Venezuela zeichnete sich seitdem durch Stabilität aus. Bei den Wahlen in Venezuela im Dezember 1978 erhielt die eurokommunistische »Bewegung für den Sozialismus« (MAS) erneut fast 6 Prozent der Stimmen und konnte 11 Abgeordnete in das Parlament und 2 in den Senat entsenden. Die prosowjetischen Kommunisten erhielten weniger als 1 Prozent der Stimmen und mußten sich mit einem einzigen Parlamentsabgeordneten begnügen. Die KP Venezuelas dient heute nur noch dazu, auf prosowjetischen regionalen Tagungen oder Weltkonferenzen der Moskauer Führung eine zusätzliche Stimme zu vermitteln.

Mitglieder der MAS während ihrer Abwesenheit in [illegible], Unternehmungen oder Stadtteilen ohne irgendwelche Leitung. [illegible] für die MAS [illegible] der [illegible] organisiert werden [illegible] besonders [illegible] und Zu[illegible] [illegible] Bedingungen [illegible]

[illegible] Parlament [illegible] MAS [illegible] Stimmen [illegible] Prozent der abgegebenen Stimmen [illegible] Abgeordnete in das Parlament [illegible] Die MAS [illegible]

[illegible] der MAS [illegible] Dezember [illegible]

IV.

Eurokommunismus als Herausforderung für Ost und West

1.

Die Herausforderung für den Osten

Namhafte Rußland-Experten, Kommunismusforscher und Publizisten haben in letzter Zeit wiederholt auf die Ausstrahlungskraft des Eurokommunismus auf den Osten hingewiesen. So meinte der Nestor der Rußland-Experten der westlichen Welt, George F. Kennan, daß in dem Maße, in dem die westeuropäischen kommunistischen Parteien von Moskau unabhängig werden, die osteuropäischen Parteien neue Orientierungspunkte gewinnen würden, was sehr bedeutsam sein könne.[1] Auch der britische Rußland-Forscher Hugh Seton-Watson, der dem Eurokommunismus eigentlich skeptisch gegenübersteht, ist in dieser Frage mit Kennan einer Meinung. Westeuropäische Kommunisten, so argumentiert Seton-Watson, die sich verfassungsmäßig und liberal verhalten, werden es den tschechischen und ungarischen Kommunisten sicher leichter machen, die Frage zu stellen: »Warum kann nicht auch unser System freier sein?«[2] Der britische Kommunismusexperte Victor Zorza glaubt sogar, daß die sowjetischen Führer »im westeuropäischen Kommunismus eine größere Herausforderung für das sowjetische System sehen als in irgendeiner politischen Bedrohung von seiten westlicher Kapitalisten«.[3] Der deutsche Ostexperte Boris Meissner wies bereits Anfang 1970 auf die Ausstrahlungskraft reformkommunistischer Gedanken auf die Ostblockstaaten hin, die offensichtlich auch das Hauptmotiv für die mitlitärische Intervention in der Tschechoslowakei gewesen sei.[4]

Auch in jüngster Zeit haben bekannte Publizisten wiederholt auf die Ausstrahlungskraft des Eurokommunismus auf den Osten hingewiesen. Dabei wurde unterstrichen, »daß das eurokommunistische Sozialismusmodell eine immer größere Anziehungskraft auf die sozialistischen Länder ausübt und dadurch die Machtbasis der Sowjetunion und Osteuropas, auf der die sowjetische Weltmachtstellung beruht, erschüttert«. Thesen und Kritik der Eurokommunisten seien »zu einem Stachel im Fleisch des Sowjetkommunismus geworden«. Vor allem in Polen verkörpere der Eurokommunismus ein Stück Sehnsucht nicht nur außerhalb der Partei, sondern sogar innerhalb der Funktionärskreise.[5]

Milovan Djilas verwies darauf, daß sich die eurokommunistischen Parteien faktisch vom Leninismus trennten, dessen Monopolinhaber die Sowjetunion sei. »Davon, daß der Eurokommunismus sich als Trojanisches Pferd der Sowjetunion entpuppen könnte, kann überhaupt keine Rede sein. Er hat nichts zu tun mit sowjetischer Taktik und Politik gegenüber Westeuropa. Eher ist die Sowjetunion mit dem Eurokommunismus sehr unzufrieden.« Bei Erfolgen der Eurokommunisten werde Rußland allmählich seine Führungsrolle an den fortgeschrittenen Westen abtreten, und es werde zu einer Entwicklung kommen, die »sich früher oder später auch gegen den Staatskapitalismus in Rußland« wenden würde.[6]

Der Theoretiker der Trotzkisten, Ernest Mandel, faßt die Problematik so zusammen: »In Osteuropa und in der UdSSR werden die Aussagen der Eurokommunisten zugunsten des politischen Pluralismus und der demokratischen Freiheiten gierig aufgegriffen, weil diese Aussagen als Alternative für die heutigen politischen Herrschaftsformen der osteuropäischen Länder, als Alternativmodelle von Arbeiterstaaten angenommen werden. Darin liegt objektiv die Sprengwirkung des Eurokommunismus vom Standpunkt des Kreml aus.«[7]

Die Ausstrahlungskraft des Eurokommunismus auf den Osten hat mehrere Aspekte:

1.) Mit der Ablehnung eines Führungszentrums und der Betonung des eigenen Weges wird die Monopolstellung Moskaus in der kommunistischen Weltbewegung geschwächt, mit dem Bekenntnis zum eigenen Weg und der Autonomie werden ähnliche Kräfte im Rahmen des Ostblocks ermuntert.

2.) Mit der Kritik der Eurokommunisten am Stalinismus und dem gegenwärtigen System in der UdSSR wird die in diesen Ländern bereits bestehende Kritik bestätigt, mit der Propagie-

rung eines pluralistischen Mehrparteien-Sozialismusmodells werden moralisch und politisch jene Kräfte gestärkt, die für Reformen im Sinne einer Demokratisierung und Liberalisierung eintreten.
3.) Mit der eurokommunistischen Neuinterpretation des Marxismus werden den kritischen und nachdenklichen Bürgern im Osten ideologische Alternativen angeboten. Sie geben der Opposition moralischen Auftrieb und die Möglichkeit, sich auf die neuen Konzeptionen der westeuropäischen Kommunisten berufen zu können. In einigen Fällen kam es bereits zu einer gewissen Solidarisierung zwischen Eurokommunisten im Westen und unabhängigen Marxisten im Osten.

Die Ablehnung der führenden Rolle Moskaus in der Weltbewegung

Die Ablehnung eines Zentrums in der kommunistischen Weltbewegung, die Verneinung der führenden Rolle der sowjetischen KP und die Forderung nach voller Gleichberechtigung und Nichteinmischung in die inneren Angelegenheiten der einzelnen Parteien stellen bereits eine bedeutsame Herausforderung an den bürokratisch-diktatorischen Apparat Moskaus dar. Die entscheidende These der sowjetischen KP, wonach die kommunistische Weltbewegung als einheitliches Instrument fungiert, auf gemeinsamer Zielsetzung beruht und alle kommunistischen Parteien der Welt sich zum »proletarischen Internationalismus« bekennen müssen, wobei die Kernfrage »die Einstellung zur KPdSU, zur Sowjetunion« ist[8], wird dadurch in Frage gestellt.
Es geht jedoch um mehr als um die Ablehnung entscheidender sowjetischer Konzeptionen. Die sowjetische Führung ist dadurch der Möglichkeit beraubt, kommunistische Parteien in entscheidenden westlichen Ländern für ihre eigenen außenpolitischen Zwecke beliebig einsetzen zu können. Die Sowjetführer müssen die Hoffnung aufgeben, durch kommunistische Parteien in diesen Ländern einen maßgeblichen Einfluß auszuüben oder sie gar nach ihren Vorstellungen umgestalten zu können, um damit ihren Machtbereich in Westeuropa zu erweitern. Durch

den Eurokommunismus sind all diese Ziele heute in Frage gestellt.

Darüber hinaus bedroht die eurokommunistische Herausforderung auch Moskaus Interesse an einer revolutionär-internationalistischen Legitimation. Je mehr sich das bürokratisch-diktatorische System von den ursprünglichen revolutionären Zielen Lenins entfernt, um so wichtiger ist für die sowjetischen Führer der Anspruch, die revolutionär-internationalistischen Traditionen der Vergangenheit fortzusetzen und damit die eigene Politik als Verkörperung der kommunistischen Weltbewegung darstellen zu können. Auch die kommunistischen Weltkonferenzen dienen ja nicht nur der praktischen Politik, sondern gerade dieser Legitimierung. Mit der Ablehnung des sowjetischen Führungsanspruchs über die kommunistische Weltbewegung und der regelmäßig abzuhaltenden Weltkonferenzen wird gerade dieser Legitimationsanspruch der sowjetischen Führung gefährdet.

Nicht weniger ernst für Moskau sind schließlich die Ablehnung der These von den »gemeinsamen Gesetzmäßigkeiten« in der Entwicklung zum Sozialismus und die Forderung der Eurokommunisten, ihre Politik nach den jeweiligen Bedingungen des betreffenden Landes zu orientieren, ihr Eintreten für Autonomie und eine »Einheit in Vielfalt« in der kommunistischen Weltbewegung. Die Tatsache, daß die Sowjetführung sich genötigt sah, auf der Ostberliner Konferenz im Juni 1976 diesem Grundsatz zuzustimmen, bleibt natürlich nicht nur auf die kommunistischen Parteien außerhalb des sowjetischen Machtbereichs beschränkt, sondern bedeutet einen Ansporn für die autonomen Kräfte in Osteuropa, denn jetzt können auch die kommunistischen Parteien in Polen, der Tschechoslowakei, in Ungarn und in der DDR früher oder später mehr Autonomie fordern, ja selbst innerhalb der Sowjetunion können Forderungen nach Einführung pluralistischer Prinzipien erhoben werden.

Die Kritik am gegenwärtigen System der UdSSR und der osteuropäischen Länder

Die zweite Herausforderung des Eurokommunismus an den Osten besteht in der Kritik an den Widersprüchen im gegenwärtigen System der Ostblockstaaten und ihrem Protest gegen die

repressiven Maßnahmen in diesen Ländern.
Diese Herausforderung ist um so ernster, als sich die gegenwärtigen bürokratisch-diktatorischen Systeme im Ostblock in einer Krise befinden.
Selbst in Kreisen der sowjetischen Funktionäre wird in zunehmendem Maße erkannt, daß das heute immer noch bestehende, von Stalin geschaffene System der zwanziger Jahre den Erfordernissen der modernen sowjetischen Industriegesellschaft nicht gewachsen ist. Der Widerspruch zwischen den vielfältigen Problemen einer entstehenden modernen sowjetischen Industriegesellschaft und einem völlig überlebten bürokratisch-diktatorischen, hierarchisch abgestuften System ist nicht mehr zu übersehen. Das Zurückbleiben der Sowjetunion in der wissenschaftlich-technischen Revolution, die Vernachlässigung der Konsumgüterproduktion und die Versorgungsschwierigkeiten, die zunehmenden Konflikte zwischen den Nationalitäten und, vor allem, der Unterdrückungscharakter des Regimes fördern die Bestrebungen, Alternativen zu entwickeln, sich für Reformen und neue Wege der sowjetischen Entwicklung einzusetzen.

Unter diesen Bedingungen spielen die eigenständigen, oft kritischen Analysen der Eurokommunisten eine wichtige Rolle. In der Regel bekennen sich die Eurokommunisten vorbehaltlos zur Oktoberrevolution von 1917, zum sozialistischen Charakter der Sowjetunion und der osteuropäischen Länder, zum entscheidenden Anteil der Sowjetunion am Sieg über den Faschismus im Zweiten Weltkrieg und zu den Grundzügen der sowjetischen Außenpolitik, sie verurteilen jedoch repressive Maßnahmen des Kreml: die Absetzung Chruschtschows im Oktober 1964, den Schauprozeß gegen die Schriftsteller Daniel und Sinjawskij Anfang 1966, die Okkupation der ČSSR im August 1968, die Niederschlagung des polnischen Arbeiteraufstandes im Januar 1971, die Ausweisung Solschenizyns im Frühjahr 1974, die ständige Unterdrückung von Intellektuellen in der Sowjetunion, die Repressalien gegenüber den Anhängern der »Charta 77« in der Tschechoslowakei, die Ausweisung Wolf Biermanns und den Hausarrest Robert Havemanns, die antisemitischen Erscheinungen in der Sowjetunion und in anderen Ostblockstaaten.
Diese Kritik durch die Eurokommunisten wird von vielen osteu-

ropäischen und sowjetischen Bürgern geteilt. Einige Eurokommunisten haben darüber hinaus bereits begonnen, die gesamte sowjetische Entwicklung kritisch zu analysieren. So stellte, wie bereits erwähnt, Togliatti mehrfach fest, darunter in seinem Memorandum vom August 1964, man könne die Probleme der Sowjetunion und der Ostblockstaaten nicht auf persönliche Charaktereigenschaften Stalins zurückführen, sondern es handle sich bei der sowjetischen Entwicklung um den tiefgreifenden Prozeß einer bürokratischen Degeneration, und es komme daher darauf an, den Stalinismus als System zu überwinden und energische Schritte in Richtung auf eine Demokratisierung voranzutreiben. Als Ursachen für die bürokratische Degeneration der Sowjetunion wiesen Eurokommunisten wiederholt auf die ungünstigen Bedingungen und die fehlende demokratische Tradition hin. So erklärte Enrico Berlinguer, die sozialistische Entwicklung sei bisher in Ländern erfolgt, »in denen kaum liberale und demokratische Traditionen existierten«.[9] Manuel Azcárate sprach von einer sowjetischen Entwicklung, die durch eine historische Periode bedingt sei, welche vor allem bürgerlich, manchmal sogar feudalistisch war.[10] Auch das spanische KP-Programm von 1975 wies auf den »rückständigen Ausgangspunkt« hin sowie auf den Einfluß von »Ideen und Traditionen aus vorhergehenden Gesellschaften«. Hinzu kamen »Fehlentwicklungen«, insbesondere Tendenzen zur Verschmelzung von Partei und Staat, die zum Autoritarismus und Bürokratismus führten.[11]

Die wohl gravierendste Herausforderung an den Osten sind die Feststellungen der Eurokommunisten über eine Bürokratisierung in der Sowjetunion. In einigen Fällen kamen die Eurokommunisten gar dem Gedanken nahe, den sozialistischen Charakter der Sowjetunion, zumindest teilweise, in Frage zu stellen. Santiago Carrillo gelangte in seinem Buch »Eurokommunismus und Staat« nach einer ausführlichen Analyse zu der Schlußfolgerung, daß durch die Oktoberrevolution von 1917 zwar der bürgerliche Staat zerschlagen worden sei, aber die weitere sowjetische Entwicklung habe zur Errichtung eines Staates geführt, der nicht nur die ehemaligen herrschenden Klassen unterdrücke, sondern auch große Teile der Werktätigen. Begleitet von scharfen Widersprüchen in der Gesellschaft, habe sich in der Sowjetunion eine

bürokratische Schicht entwickelt, die sich nach eigenen Mechanismen und Gesetzen bewege. Sie sei zwar keine kapitalistische Klasse, verfüge aber über eine maßlose und nahezu unkontrollierte politische Macht, mit der sie über die Köpfe der Arbeiterklasse, ja selbst über die Partei hinweg entscheidet und beschließt.[12] Auch der französische Parteitheoretiker Jean Elleinstein meinte, im Verlaufe des Stalinismus sei eine neue bürokratische Schicht entstanden, die zwar nicht als herrschende Klasse bezeichnet werden könne, aber einen Sozialismus repräsentiere, der auf Unterentwicklung beruhe und aus dem der Stalinismus noch nicht eliminiert sei.[13]
Die australische KP, die sich besonders ausführlich mit dem System der Sowjetunion befaßte, lehnte es ab, die UdSSR als Verwirklichung einer sozialistischen Gesellschaft anzusehen, und charakterisierte die Sowjetunion nur als ein Land »auf sozialistischer Basis«. Lombardo-Radice, Mitglied des Zentralkomitees der KP Italiens, meinte Ende 1976, die italienischen Kommunisten müßten die sowjetische Entwicklung systematisch-theoretisch studieren. Dies sei bisher nur in unzureichendem Maße geschehen; Lombardo-Radice schlug dabei vor, das System in den Ostblockstaaten als »Staatssozialismus« zu definieren.[14]
In der Regel sind die Eurokommunisten jedoch nicht bereit, den sozialistischen Charakter der UdSSR zu leugnen und sich zu einer kritischen Gesamtanalyse durchzuringen. Die Kritik der westlichen Eurokommunisten geht daher auch längst nicht so weit wie die der unabhängigen Marxisten in Osteuropa und der Sowjetunion. Die Analysen von Robert Havemann und Roy Medwedjew sind sicher fundierter. Noch mehr gilt dies für die analytisch tiefgründig fundierten Konzeptionen von Kuron und Modzelewski über den »Monopolbürokratismus«, von Svetozar Stojanović über den »oligarchischen Etatismus«, für die interessanten Thesen des kritischen sowjetischen Marxisten P. Jegorow, der das heutige Sowjetsystem als »etatistischen Elitarismus« analysiert.[15] Offensichtlich sind die Eurokommunisten des Westens der Meinung, es sei nicht ihre primäre Aufgabe, Gesamtanalysen der Sowjetunion vorzunehmen. Die Tatsache jedoch, daß zumindest die Bücher von Medwedjew und Havemann – wenn auch nur in relativ geringen Auflagen – im italieni-

schen Parteiverlag erschienen, zeigt, daß sich auch manche Eurokommunisten in westlichen Ländern zunehmend damit befassen.

Die Forderung nach Reformen in den Ostblockstaaten

Die Kritik der Eurokommunisten an manchen Erscheinungen östlicher Systeme wird mit einer Befürwortung von Reformen im Sinne einer Demokratisierung verknüpft. Dies ist um so bedeutsamer, weil in der Sowjetunion und in den Ländern Osteuropas immer breitere Kreise sich in der einen oder anderen Form für eine Abkehr vom bürokratisch-zentralistischen System einsetzen. Selbst innerhalb des Parteiapparates wird in zunehmendem Maße erkannt, daß man Wirtschaftsmanagern, Ingenieuren und Wissenschaftlern größere Betätigungsfreiheit einräumen, Wirtschaft und Wissenschaft allgemein von den Fesseln bürokratischer, parteilicher und ideologischer Bevormundung befreien und den Übergang zu moderneren, rationelleren und liberaleren Regierungsformen finden müsse. Dies bedeutet aber eine Abkehr von dem alles umfassenden Eingriffsrecht des Parteiapparates und die Ersetzung des Terrors durch Rechtsstaatlichkeit. Nach wie vor stoßen jedoch alle Versuche, Reformen zu verwirklichen, auf den hartnäckigen Widerstand der bürokratisch-autoritären Kräfte, die sich an ihre Machtpositionen und Privilegien klammern und deren einziges politisches Ziel es ist, so viel Stalinismus wie möglich zu erhalten.

Die Reformkräfte nehmen trotzdem mehr und mehr zu. Weit über den bewußten aktiven Kern der Reformoppositionellen hinaus – im Westen oft als »Dissidenten« bezeichnet – setzen sich heute unterschiedlichste Kräfte für Reformen ein: In den Reihen der wissenschaftlich-technischen Intelligenz wächst das Verlangen nach einer Modernisierung des Wirtschaftssystems, einer größeren Delegation der Befugnisse, größerer Entscheidungsfreiheit im wirtschaftlichen und wissenschaftlichen Bereich – alles Forderungen, die ohne Liberalisierung im politischen Bereich nicht zu verwirklichen sind. Eine selbstbewußte sowjetische Arbeiterklasse in ihrer dritten Generation stellt nunmehr ihre eigenen Forderungen, mit denen die Kreml-Führung in zunehmendem Maße rechnen muß. In den nichtrussischen Nationalitäten wachsen der Unmut über die Russifizierung und das Drängen nach Autonomie. In weiten Kreisen der Bevölkerung zeigt sich der Widerstand gegen die restriktive Bevormundung, darunter auch die mangelnde Freizügigkeit und die faktisch kaum bestehenden Möglichkeiten, ins Ausland zu reisen. Hinzu kommt, daß ein moderner Flügel im Partei-, Staats- und Wirtschaftsapparat zu erkennen beginnt, daß Reformen unabdingbar sind, und, zumindest teilweise, mit den Reformströmungen sympathisiert.

Unter diesen Bedingungen ist es verständlich, daß Impulse von außen eine wichtige Rolle spielen. Dazu gehören neben der Helsinki-Deklaration und Präsident Carters wiederholtem Eintreten für Menschenrechte auch die Stellungnahmen der Eurokommunisten für Reformen im Osten. Bereits in den sechziger Jahren hatte sich vor allem Togliatti wiederholt für Reformen und eine Demokratisierung der Sowjetunion und Osteuropas eingesetzt. Auch das im Herbst 1975 angenommene Parteiprogramm der spanischen Kommunisten erklärt, ein Fortschritt der Eurokommunisten im Westen würde dazu beitragen, auch die jetzigen sozialistischen Länder »auf ein höheres, entwickelteres Niveau zu heben«.[16] Santiago Carrillo wies in seinem Buch »Eurokommunismus und Staat« darauf hin, man könne durch eine konstruktive Kritik der sowjetischen Gesellschaft helfen, »Fortschritte zu machen in Richtung auf eine Umgestaltung in einen wirklichen Staat der Demokratie der Werktätigen«.[17]

Eine vielbeachtete Ermunterung für die Reformkräfte im Osten war die Erklärung Berlinguers auf der Ostberliner Konferenz der europäischen kommunistischen Parteien (Juni 1976), in der er sich ausdrücklich für eine »umfassende und freie Zirkulation der Ideen, der kulturellen Strömungen und der Menschen in Europa« einsetzte.[18] Wenige Monate später sprach Lucio Lombardo-Radice (Mitglied des ZK der KPI) davon, daß die neuen italienischen, französischen und spanischen Modelle für die herrschenden kommunistischen Regime in Osteuropa zu einem ernsten Problem würden. Die Eurokommunisten konzentrieren sich zwar auf die Probleme in Italien und in Westeuropa, aber diese Erklärungen »können zu Stimmen der Opposition werden, wenn sie in Moskau, Ost-Berlin und Warschau übersetzt und verbreitet werden«.[19] Im Februar 1977 ergänzte Lombardo-Radice diese Hoffnung mit dem Hinweis auf die Entwicklung von Wissenschaft und Technik trotz der Beibehaltung veralteter Strukturen: »Mein Freund Robert Jungk würde sagen, die Zukunft hat auch dort schon begonnen. Und ich glaube, daß sich nun auch die veralteten politischen Strukturen ändern müßten. Sie entsprechen nicht mehr dieser neuen Realität.«[20] Jean Elleinstein vermutet sogar, »daß auf irgendeinem Parteitag in hoffentlich nicht zu ferner Zukunft Leute auftreten werden, die aus wirtschaftlicher Notwendigkeit und aufgrund der demokratischen Hoffnungen der Völker der Sowjetunion einen Fortschritt verlangen werden«.[21]

Die Bedeutung des pluralistischen Sozialismusmodells für die osteuropäischen Länder

Selbst die scheinbar weit entfernte Zukunftsvorstellung eines pluralistischen Modells des Sozialismus stellt eine wichtige Herausforderung dar. Es ist sicher kein Zufall, daß fast alle Erklärungen der Eurokommunisten über die Freiheiten in einer zukünftigen sozialistischen Gesellschaft von den Ostblockzeitungen zensiert werden.

Besonders wichtig und entscheidend sind das Eintreten der Eurokommunisten für demokratische Freiheiten, die Unverletzlichkeit des Privatlebens und ungehinderte Reisemöglichkeiten im In- und Ausland sowie die Bejahung eines Mehrparteiensystems, verbunden mit dem Recht auf die Existenz und Tätigkeit von Oppositionsparteien und der Möglichkeit eines demokratischen Regierungswechsels infolge veränderter Mehrheiten. Diese Tatsache ist um so bedeutsamer, als viele kritische Bürger der Sowjetunion und der osteuropäischen Länder, darunter auch kritische Marxisten, ebenfalls ein Mehrparteienmodell im Sozialismus befürworten.

Zum erstenmal tauchte die Forderung nach einem Mehrparteiensystem in einer Samisdat-Publikation unter dem bezeichnenden Titel »Über das Mehrparteiensystem« Mitte der sechziger Jahre auf, die von einem illegal tätigen marxistischen »Bund der Kommunarden« in Leningrad herausgegeben worden war. 1970 wurde in oppositionellen sowjetischen Kreisen die Arbeit des Marxisten Ilja Glumow, »Auf dem Prüfstein des Leninismus«, verbreitet, der sich ebenfalls für ein Mehrparteiensystem in der Sowjetunion aussprach. In beiden Schriften wurde erklärt, das gegenwärtige sowjetische Einparteiensystem sei durch die Herrschaft der bürokratischen Klasse bedingt und entspreche dieser. Das offizielle Argument, das Einparteiensystem sei angeblich notwendig, weil es eine einheitliche Zielsetzung der sowjetischen Gesellschaft widerspiegle, ist nach Überzeugung der kritischen sowjetischen Marxisten falsch, weil es diese Einheit nicht gibt, und selbst wenn es sie gäbe, wäre es durchaus möglich, daß verschiedene Parteien dasselbe Ziel anstrebten, dabei aber unterschiedliche Wege zur Verwirklichung vorschlagen. »Es gibt keine Argumente zur Verteidigung des Einparteiensystems«, erklärten die Marxisten des Bundes der Kommunarden, »die einer Kritik standhalten können, und sie widersprechen dem marxistischen Bild der sozialistischen Gesellschaft.«[22] Auch in späteren Schriften der innersowjetischen Opposition wurde die Forderung nach einem Mehrparteiensystem laut. Vor allem Roy Medwedjew forderte sie nachdrücklich immer wieder. Er begründete die Notwendigkeit weiterer Parteien mit den beträchtlichen sozialen Unterschieden zwischen der Stadt- und Landbevölkerung, zwischen den Arbeitern und der Intelligenz einerseits und den bürokratischen Elementen im Partei- und Staatsapparat andererseits. Die Entwicklung eines Mehrparteiensystems und die Existenz von Oppositionsparteien würden für die regierende Partei ein neues Klima und neue Bedingungen schaffen. Die Partei müßte sich in einem solchen Fall einer offenen Diskussion stellen, Männer anderer Art, mit anderen Qualitäten an die leitenden Posten berufen, Propaganda und Presse erhielten neue Bedingungen. Ein offener politischer Kampf würde auch zur Weiterentwicklung der marxistischen Theorie, zur Erziehung einer neuen, fähigeren Generation kommunistischer Funktionäre führen. Ein Mehrparteiensystem und die Herstellung von wirklicher Öffentlichkeit wären die besten Mittel, um die sowjetische Gesellschaft von den Übeln des Bürokratismus und der Korruption zu heilen, sie wären eine Garantie gegen Willkür und Ungesetzlichkeit.[23]

Drei Jahre später faßte Medwedjew seine Auffassungen über ein

Mehrparteiensystem in folgenden Sätzen zusammen, die auch aus den Programmen der Eurokommunisten stammen könnten: »Die überwältigende Mehrheit der Sowjetbürger steht bedingungslos hinter dem sozialistischen Weg der Entwicklung unserer Gesellschaft, wenn auch die Vorstellungen über den Sozialismus bei vielen Leuten noch verschieden sind. Deshalb gibt es für die Sowjetunion keinen anderen realen Weg der Entwicklung außer der Vervollkommnung der sozialistischen Gesellschaft, des Übergangs von den primitiven bürokratisierten Varianten des Sozialismus und des Pseudosozialismus zum Sozialismus mit menschlichem Antlitz.«[24]

Die eurokommunistische Neuinterpretation des Marxismus

Eine besonders wichtige Herausforderung der Eurokommunisten liegt in ihrer Neuinterpretation des Marxismus. Die oft verbreitete Auffassung, Eurokommunisten und Sowjetkommunisten hätten »die gleiche Ideologie«, kann heute wohl nicht mehr aufrechterhalten werden.
Der Marxismus-Leninismus sowjetischer Prägung ist durch einen uneingeschränkten Universalitäts- und Totalitätsanspruch gekennzeichnet. Er gilt offiziell als »die einzige wissenschaftliche Weltanschauung«. Nur die Kenntnis dieser »machtvollen Lehre« ermöglicht, »ein wahrhaft wissenschaftliches Bild von der Entwicklung der menschlichen Gesellschaft zu erhalten«.[25] Die Existenz irgendwelcher übernatürlicher Kräfte wird abgelehnt, der Atheismus als untrennbarer Bestandteil der Ideologie betrachtet, und in den Parteistatuten sind alle Parteimitglieder nicht nur verpflichtet, selbst Atheisten zu sein, sondern »religiöse Überbleibsel« auch zu bekämpfen. Mit dieser Weltanschauung ausgerüstet, so erklären die Sowjetideologen, »wird der Mensch stark, politisch standhaft und prinzipienfest«.[26]
Der heutige totale Universalitätsanspruch des Marxismus-Leninismus führte zu einer einseitigen, schematischen Ideologie, die lediglich eine alleingültige sowjetische Interpretation zuläßt, in der für die Auffassungen Trotzkis oder Bucharins, der jugoslawischen Theoretiker oder der Maoisten, die Konzeptionen des »Prager Frühlings« oder der Eurokommunisten kein Platz ist.

Obwohl diese aufgenötigte Schmalspurideologie heute nur Desinteresse und Langeweile erzeugt – was selbst von offiziellen Parteistellen in der Sowjetunion inzwischen zugegeben wird –, werden nach wie vor alle selbständigen Gedanken als Abweichung deklariert, um damit jede weitere Diskussion abzublocken.[27]

Die Sowjetideologie dient ganz offensichtlich der Legitimierung des Regimes, der nachträglichen Begründung und Rechtfertigung aller von der Führung gefaßten Beschlüsse und Maßnahmen sowie vor allem der Aufoktroyierung von Denkschablonen, wobei nicht nur wichtig ist, was man glauben soll, sondern vor allem, was man ablehnen muß. Gegen alle »Abweichungen« ist ein »ideologischer Kampf« zu führen.

Die Eurokommunisten lehnen diesen verödeten Marxismus entschieden ab, der Begriff Marxismus-Leninismus wird daher von den italienischen, spanischen, französischen, japanischen, schwedischen, australischen und japanischen Kommunisten nicht mehr benutzt. Selbst die Thesen Lenins sind nicht mehr sakrosankt und werden offen kritisiert. Sowjetische ideologische Lehrbücher werden von den Eurokommunisten bereits seit den sechziger Jahren nicht mehr verbreitet.

Die eurokommunistische Neuinterpretation des Marxismus läßt sich in folgenden Stichworten zusammenfassen:

1.) So wichtige und im Mittelpunkt stehende Doktrinen der Sowjetideologie wie der »proletarische Internationalismus«, die »allgemeinen Gesetzmäßigkeiten der Entwicklung zum Sozialismus«, die Allgemeingültigkeit der »Diktatur des Proletariats«, die Konzeption der »moralisch-politischen Einheit« in einer sozialistischen Gesellschaft, die Doktrin vom »Sozialistischen Realismus« als verpflichtende Generallinie für Literatur und Kunst, die Doktrin von der »begrenzten Souveränität« sowie vor allem die Doktrin von der »führenden Rolle der Partei« im Kampf für den Sozialismus und nach der Errichtung der sozialistischen Gesellschaft werden alle von den Eurokommunisten abgelehnt.

2.) Die Eurokommunisten lehnen ferner die für die Sowjetideologie typische Begrenzung des Marxismus auf die Werke von Marx, Engels und Lenin sowie die als offiziell geltenden sowjetischen Lehrbücher und Parteitagsresolutionen ab und treten für eine »Öffnung des Marxismus« ein. Sie sehen den Marxismus in seiner Vielgestaltigkeit und von unterschiedlichsten Persönlichkeiten her interpretiert. Die italienischen Kommunisten veröffentlichten sogar Bücher von Marxisten, die von den Parteien ihrer Länder ausgeschlossen wurden, wie z. B. Publikationen der österreichischen Marxisten Ernst Fischer und Franz Marek, des Polen Stefan Morawski, der Tschechen Karel Kosik und Eduard Goldstücker.[28] Viele Eurokommunisten verweisen auf die Schriften von Gramsci, Rosa Luxemburg, Karl Korsch, Togliatti, Tito, Georg Lukács und von Ernst Bloch, selbst der im gesamten Ostblock verfemte Leo Trotzki wird, wenn auch kritisch, von den Eurokommunisten diskutiert.[29]

3.) Marx, Engels und Lenin gelten für die Eurokommunisten keineswegs als »sakrosankt«. Wiederholt wurden Thesen Lenins offen kritisiert. So wies, wie bereits erwähnt, Luciano Gruppi, einer der führenden Theoretiker der KP Italiens, schon 1964 darauf hin, daß manche Thesen Lenins über den Staat und die Diktatur des Proletariats der heutigen Realität nicht entsprechen. Santiago Carrillo wandte sich in seinem Buch »Eurokommunismus und Staat« gegen die von Lenin vorgenommene »einschränkende Auslegung des Demokratiebegriffs«, die dazu geführt habe, daß die Anhänger Lenins den Wert der Demokratie zu gering achteten und damit zu den ungeheuerlichen Verirrungen des Stalinismus beigetragen haben. Lenins Vorstellungen von der Diktatur des Proletariats seien überholt und würden nicht mehr den heutigen Realitäten entsprechen, da es heute andere Formen zur Veränderung der Gesellschaft gebe.[30]

Auch über Marx und Engels werden von den Eurokommunisten selbständige Urteile gefällt. So erklärte Enrico Berlinguer, daß sich im Gegensatz zu dem, was Marx und Engels vorausgesehen hatten, eine Struktur von mittleren, kleinen, industriellen, handwerkschaftlichen, kaufmännischen und bäuerlichen Betrieben erhalten habe.[31]

4.) Vor allem lehnen die Eurokommunisten den Totalitätsanspruch des Marxismus-Leninismus ab. Typisch dafür ist der Hinweis im spanischen KP-Programm: »Der sozialistische Staat wird keine offizielle Philosophie haben; der ideologische Kampf wird sich, sogar zwischen den sozialistischen Kräften mit ähnlichen Vorstellungen, frei und offen entfalten können.«[32] Diese Vor-

stellungen sind heute von allen eurokommunistischen Parteien übernommen worden. Enrico Berlinguer betrachtet den Marxismus auch nicht mehr als unfehlbare wissenschaftliche Weltanschauung, sondern als ein Instrument, »um die Vorgänge in der heutigen Welt zu verstehen und den Kämpfen für den Sozialismus ein solideres theoretisches Fundament zu geben«.[33]
5.) Ausgehend davon, setzen sich die Eurokommunisten für eine ernsthaftere Behandlung der Religion im allgemeinen und des Christentums im besonderen ein. So unterstrich etwa Carrillo die Bedeutung jener Theologen, die Teilhard de Chardin folgten und den Graben zwischen offiziellem Katholizismus und der Wissenschaft zu überbrücken suchten. Das Zweite Vatikanische Konzil und das Aggiornamento (d. h. die Anpassung an die Gegebenheiten und den neuen Stand der Entwicklung) habe, so Carrillo, in den christlichen Familien eine Kulturrevolution eingeleitet. Diese Bereitschaft des Christentums, sich mit der Wissenschaft auseinanderzusetzen, mache auch eine weitergehende Öffnung zu Strömungen möglich, die die Gesellschaft in einer sozialistischen Richtung verändern wollen. Dagegen, so Carrillo, könne man nicht mit überholten Lehrformeln oder antiklerikalen Vorbehalten argumentieren. Hier seien Kräfte entstanden, mit denen Marx, Engels und Lenin zu ihrer Zeit noch nicht rechnen konnten.[34]
Ähnliche Gedanken kennen wir neuerdings auch aus Osteuropa. So unterstrich auch der im Herbst 1977 in der DDR verhaftete und nach seiner Freilassung seit Herbst 1979 in der Bundesrepublik lebende marxistische Regimekritiker Rudolf Bahro die Notwendigkeit für die Kommunisten, mit den neueren Entwicklungen innerhalb des Christentums zu rechnen. Einerseits werde es immer mehr zum Allgemeingut denkender Christen, daß der historische Materialismus von Marx ein unentbehrliches Instrument sei, andererseits sollten die Marxisten die aktuelle Bedeutung jenes ethischen Provokationsprinzips begreifen, das in der Bergpredigt Jesu Christi liegt.[35]
Grundsätzlich wird von den Eurokommunisten die Bereitschaft betont, von allen anderen geistigen Strömungen zu lernen. Berlinguer verwies beispielsweise auf die Erklärung von Gramsci, »daß man jeden Kern von Wahrheit aufgreifen soll, und möge er noch so klein sein, der auch in den Positionen des Gegners liegen

kann«.[36] Auf das Christentum gemünzt, meinte Berlinguer an anderer Stelle: »Ein Christ beispielsweise sieht Aspekte im Leben und in den menschlichen Beziehungen, die einem Marxisten teilweise entgehen können. Wir sind dafür offen, die Werte und Wahrheiten anderer anzuerkennen.«[37]

Der Eurokommunismus und die kritischen Marxisten in Osteuropa

Robert Havemann unterstreicht deutlich den engen Zusammenhang zwischen dem Kampf für eine Demokratisierung im Osten und dem Kampf der sozialistischen Arbeiterbewegung im Westen. Die Fortschritte eurokommunistischer Parteien im Westen würden auch das Ringen um Demokratie und politische Menschenrechte in den Ländern des realen Sozialismus nachhaltig unterstützen. Dann nahm Havemann direkt auf den Eurokommunismus Bezug: »Für mich ist der neue Weg, den die Kommunistische Partei Italiens, Frankreichs, Spaniens und weitere Parteien Westeuropas eingeschlagen haben und der etwas ungenau mit dem Wort Eurokommunismus bezeichnet wird, ein außerordentlich ermutigendes Zeichen.«[38]
Von Rudolf Bahro kommt der Hinweis darauf, daß sich vor allem durch die Berliner Konferenz der europäischen kommunistischen Parteien die Position der bürokratischen Apparate im Osten verschlechtert habe: »Die Wahrheit ist, daß der sogenannte Eurokommunismus den Geist der Spaltung in die osteuropäischen Parteien hineinträgt, auch in das Personal ihrer Apparate bis hinauf zu den Politbüros.« Ein erfolgreicher westeuropäischer Weg zum Sozialismus im Sinne der Eurokommunisten würde, laut Bahro, die institutionellen Reformen in Osteuropa erleichtern, denn »die osteuropäischen Völker wollen mit Sicherheit politische Verfassungen aus jenem Geist, den Berlinguer, Marchais, Carrillo u. a. auf der Berliner Konferenz vertreten haben«.[39] In Ungarn erklärte die kritische marxistische Soziologin Agnes Heller, die der sogenannten Budapester Schule angehört, daß sie als Vertreterin Osteuropas der KPI ihren Dank aussprechen möchte, da diese Partei dazu beitrage, »in so vielen Herzen die Hoffnung aufrechtzuerhalten und so

viele Menschen, die an die Idee des Sozialismus glauben, vor der Verzweiflung zu retten«.[40]
Aus einer Vielzahl ähnlicher Erklärungen sei hier nur noch der bekannte marxistische Wirtschaftstheoretiker Eduard Lipinski erwähnt. In einem offenen Brief an den Ersten Parteisekretär Polens, Gierek, schrieb Lipinski, er verfolge bereits seit langem die Entwicklung des sozialistischen Denkens im Westen, vor allem in Italien, denn in der Sowjetunion oder in Polen sei dieses Denken völlig erstarrt. Die gewaltsame Einführung des sowjetischen Systems habe im sozialen, politischen und moralischen Leben Polens verheerende Auswirkungen gehabt. Dies sei zu einer Zeit erfolgt, als sich viele kommunistische Parteien von der Sowjetunion loslösten und die Bedeutung der politischen Demokratie erkannten. Lipinski begrüßte, daß die Kommunisten Italiens, Frankreichs, Spaniens und anderer Länder für einen politischen Pluralismus eintreten und die Notwendigkeit der demokratischen Freiheiten betonen: »Diese ideologischen Veränderungen und Wandlungen sind von großer historischer Bedeutung. Sie stellen einen wichtigen Schritt zu einem authentischen Sozialismus dar.« Der Sozialismus, so erklärte Lipinski, sei nur als Ergebnis einer Umwandlung der hierarchischen, sozialen und politischen Strukturen denkbar: »Darum halte ich es mit dem Kommunisten Berlinguer, mit dem Kommunisten Marchais, mit den spanischen Kommunisten, aber nicht mit dem Kommunisten Breschnew.«[41]
Wiederholt haben sich kritische Marxisten Osteuropas auch direkt an die Eurokommunisten um Hilfe und Unterstützung gewandt. In der Sowjetunion verhaftete kritische Kommunisten schilderten in einem offenen Brief an westliche kommunistische Parteien unter Nennung von Namen und Orten in allen Einzelheiten die Bedingungen, unter denen die politischen Gefangenen ihre Strafen abbüßten, weil sie an der Entartung der sowjetischen KP Kritik geübt und eine wirklich marxistische Politik gefordert hatten. Als Beispiel verwiesen sie auf den Komsomolzen Tschechowskoj, der sich schuldig bekannte, »für die Verwirklichung der Leninschen Ideen zu kämpfen, und dafür zu 6 Jahren bei strengem Regime verurteilt wurde«. Die verurteilten sowjetischen Kommunisten in den Lagern riefen die Kommunisten der westlichen Länder auf, sich für eine internationale Kom-

mission einzusetzen, um die Existenzbedingungen der politischen Gefangenen in verschiedenen Ländern, darunter auch in der UdSSR, zu prüfen.[42] Unter vielen anderen Beispielen sei hier noch der Sohn des inhaftierten tschechoslowakischen Systemkritikers Jiri Lederer erwähnt, der sich an Georges Marchais wandte mit der Bitte, zugunsten seines Vaters, eines der Unterzeichner des Menschenrechtsmanifestes »Charta 77«, zu intervenieren.[43] Jacek Kuron, einer der führenden Bürgerrechtskämpfer in Polen, richtete im Juli 1976 einen Brief an Enrico Berlinguer mit der Bitte, zugunsten der polnischen Arbeiter zu intervenieren, die im Juni bei den Demonstrationen gegen die Preissteigerungen verhaftet worden waren.[44]

Allerdings gibt es auch osteuropäische marxistische Oppositionelle, die neben einer positiven Beurteilung der Eurokommunisten manche kritischen Einwände vorbringen. Ihrer Auffassung nach sind die Eurokommunisten in ihrer Kritik am Osten nicht konsequent genug. So meinte Jiri Pelikan, Direktor des tschechoslowakischen Fernsehens während des »Prager Frühlings«, er habe zwar aufrichtiges Verständnis bei italienischen Kommunisten gefunden, gleichzeitig aber mit einer gewissen Bestürzung vermerkt, daß sich die Eurokommunisten nur auf die Kritik einiger Einzelheiten der sowjetischen Realität beschränken und nicht wagen, »die Frage nach dem wirklichen Charakter des Systems zu stellen«.[45] Er begrüßte zwar die kritische Beurteilung der Sowjetunion durch die Eurokommunisten, doch würde er es vorziehen, wenn »ihre Kritik noch weiter geht. Jetzt geht sie ganz bestimmt nicht weit genug«. Die Verletzungen der Menschenrechte, die von den Eurokommunisten verurteilt werden, seien keine Einzelfälle, sondern typisch für Regime, die ohne Repressionen und ohne Zensur nicht überleben könnten.[46]

Auch Eugen Loebl, langjähriger stellvertretender Außenhandelsminister der ČSSR und aktiver Teilnehmer am »Prager Frühling«, der heute in den USA lebt, erklärte, es sei zwar positiv, daß die Eurokommunisten für sich das Selbstbestimmungsrecht fordern, noch wichtiger wäre es jedoch, daß sie auch das Selbstbestimmungsrecht der Völker im Rahmen des Ostblocks vertreten und den sowjetischen Imperialismus offen kritisieren.[47]

Die Defensive der Ostblockführungen

Die Konzeptionen und Aktivitäten der Eurokommunisten haben – darüber kann es keinen Zweifel geben – die Führungen der Ostblockstaaten in die Defensive gedrängt.

Zunächst gibt es innerhalb der Ostblockführungen keine gemeinsame Generallinie gegenüber dem Eurokommunismus mehr, sondern nur unterschiedliche Stellungnahmen in den Führungen der einzelnen Länder. Rumänien nimmt an der Kampagne gegen die Eurokommunisten überhaupt nicht teil, sondern unterstützt die Eurokommunisten. Angegriffen wurden die Eurokommunisten in erster Linie von den bürokratisch-stalinistischen Kräften in der Sowjetunion, in der Tschechoslowakei und in Bulgarien. In etwas gemilderter Form beteiligten sich polnische Führungskräfte an diesen Angriffen. An der Spitze der Gegner des Eurokommunismus standen bisher der bulgarische Parteiführer Shiwkoff, der tschechoslowakische ZK-Sekretär Vasil Bilak und eine Reihe führender sowjetischer Ideologen. Als Shiwkoff den Eurokommunismus »das neueste Werk der bürgerlichen Propaganda« nannte, welches »schwanger von Antisowjetismus« sei, erklärte der Erste Sekretär der ungarischen KP, János Kádár, vor Journalisten in Wien, er teile diese Auffassungen Shiwkoffs nicht.[48] Die ungarische Presse nahm danach auch eine etwas verständnisvollere Haltung gegenüber dem Eurokommunismus ein.

Typisch für die frontalen Attacken der prosowjetischen Richtung ist die Erklärung des Sekretärs der KP der Tschechoslowakei, Vasil Bilak, beim Eurokommunismus handele es sich um einen bewußten Versuch westlicher Kapitalisten, »den internationalen Kommunismus nach geographischen Regionen aufzusplittern«, wobei die Propagandisten des Kapitalismus diese »revisionistischen Erzeugnisse in schönes Papier packen, aber Mist bleibt auch in der besten Verpackung Mist«.[49] Herbert Mies, der Vorsitzende der DKP in der Bundesrepublik, nannte den Eurokommunismus eine »Waffe westlicher rechtsstehender Sozialdemokraten« für die »erhoffte Schwächung der kommunistischen Bewegung«, um die westlichen Kommunisten »in Gegensatz zu den Ländern des realen Sozialismus zu stellen«.[50]

Mit Ausnahme Rumäniens werden eurokommunistische Stellungnahmen in den Zeitungen der Ostblockstaaten nicht veröffentlicht, offensichtlich aus Furcht, die Leser östlicher Länder könnten daraus eigene Schlußfolgerungen für ihre Länder ziehen. Selbst in ideologischen oder sogenannten »theoretischen« Zeitschriften der Sowjetunion und osteuropäischer Länder werden die Grundgedanken der Eurokommunisten nicht vorgestellt, Auszüge aus ihren Schriften nicht veröffentlicht. Die östliche Polemik gegen die Eurokommunisten wirkt daher schwach, hilflos und wenig überzeugend. Die vielen neuen Probleme und Konzeptionen, die von den Eurokommunisten aufgeworfen werden, werden nicht analysiert, sondern durch das Wirken von Feinden »erklärt«. Da ist von »raffinierten Formen des bürgerlichen Eindringens« die Rede, wobei die Gegner »raffiniert, fein und verschleiert« vorgehen. Die Konzeptionen der Eurokommunisten werden als »revisionistisch« abgetan, sie seien »ein Zeichen des Anwachsens kleinbürgerlicher Schichten«.[51] Unter den Bedingungen der Entspannungspolitik, meinen andere Sowjetideologen, seien die Kommunisten vor neue komplizierte Probleme gestellt. Sie müßten mit anderen Kräften, vor allem Sozialdemokraten, zusammenarbeiten. Dies aber bereite den »Boden für die Belebung revisionistischer Elemente«.[52] Die Sozialdemokraten versuchten bei der Ausarbeitung gemeinsamer Plattformen, »ihre versöhnlichen Positionen aufzuzwingen«.[53] Der Eurokommunismus ist für die Sowjetideologen also nichts anderes als eine moderne Form des »Rechtsrevisionismus«, sozial verkörpert im Anwachsen des Kleinbürgertums, politisch hervorgerufen durch die Entspannungspolitik, in deren Verlauf die kommunistischen Parteien vor schwierigen Problemen stehen, mit anderen Kräften zusammenarbeiten müssen, aber dabei in die Gefahr geraten, von diesen beeinflußt zu werden. Ausgehend von dieser »Analyse«, empfehlen die Sowjetideologen ihren eurokommunistischen Genossen: Verstärkung des ideologischen Kampfes, Festhalten am sowjetischen Modell, proletarischen Internationalismus, verstärkten Kampf gegen Antikommunismus und Antisowjetismus. Die Konzeptionen der Eurokommunisten selbst werden einfach ignoriert.

Gründe für die Ablehnung eines offenen Bruchs mit Moskau

Wiederholt ist die Frage aufgeworfen worden, warum die Eurokommunisten zwar den Osten kritisieren, aber sich nicht zu einem offenen Bruch mit der Sowjetunion entschließen können. Selbst wohlmeinende Kritiker wiesen darauf hin, daß die Eurokommunisten durch einen offenen Bruch mit der sowjetischen Führung an Glaubwürdigkeit gewinnen würden[54] und ihr ideologisch-politischer Entwicklungsprozeß dadurch beschleunigt würde.[55]

Sicher gibt es unter den Eurokommunisten auch Strömungen und Personen, die über die bisher geübte Kritik am Osten hinausgehen wollen. Bisher haben die offiziellen Repräsentanten der Eurokommunisten den vollständigen Bruch mit Moskau jedoch eindeutig abgelehnt. Enrico Berlinguer sprach von einem »absurden Verlangen, daß Kommunisten ihr Freundschafts- und Solidaritätsempfinden mit Ländern aufgeben sollen, die am meisten zur Besiegung des Faschismus und Nazismus beigetragen haben, die gegen den Imperialismus kämpften, die Protagonisten im Kampf für die Erhaltung des Weltfriedens sind«.[56] Selbst Santiago Carrillo will einen endgültigen Bruch vermeiden. Im März 1977 erklärte er, die KP Spaniens habe »all das scharf kritisiert, was im politischen System mehrerer Länder des Ostblocks undemokratisch und daher noch nicht sozialistisch ist«, aber die Eurokommunisten weigern sich, »über die Grenze hinauszugehen, von der an es nicht mehr um eine kritische Haltung ginge, die uns von den Auffassungen gewisser kommunistischer Parteien an der Macht unterscheidet, sondern objektiv um unseren Mißbrauch als Elemente des kalten Krieges«.[57] Für die Weigerung der Eurokommunisten, einen offenen Bruch mit Moskau zu vollziehen, scheinen vor allem zwei Gründe maßgebend zu sein:

Zunächst ist es die Hoffnung der Eurokommunisten, durch eine Politik des »Dabeiseins« die Möglichkeit zu haben, die in der Sowjetunion und anderen osteuropäischen Ländern vorhandenen Reformströmungen zu unterstützen, mit diesen Kräften Kontakt zu halten und ihnen Ermunterung und Auftrieb zu geben. Ein völliger Bruch würde jegliche Kontakte unmöglich machen und dazu führen, daß die kritischen Stimmen der Euro-

kommunisten im Ostblock nicht mehr gehört werden. Diese Begründung läßt sich gewiß nicht mit einer Handbewegung abtun und sollte ernst genommen werden.
Hinzu kommt jedoch zweitens – obwohl dies von den Eurokommunisten selbst kaum ausgesprochen wird – die Tatsache, daß nicht wenige Mitglieder und Funktionäre der eurokommunistischen Parteien nach wie vor an der Sowjetunion und am Mythos der KPdSU hängen. Die eurokommunistischen Parteiführungen müssen diese immer noch vorhandenen prosowjetischen Stimmen in ihren Parteien berücksichtigen. Nach einer im Herbst 1977 durchgeführten Umfrage unter den Mitgliedern der KPI glaubten noch 93 Prozent der italienischen Kommunisten, alle Bewohner der Sowjetunion erhielten unabhängig von ihrem politischen Bekenntis Arbeit, 53 Prozent glaubten an Religionsfreiheit in der Sowjetunion, und – dies erscheint mir besonders wichtig – sogar 28 Prozent der Mitglieder der KPI glaubten, Stalin sei der Mann, der dem Sowjetstaat am meisten genutzt habe.[58] Gewiß lassen sich diese 28 Prozent unterschiedlich interpretieren. Man könnte im positiven Sinne darauf hinweisen, daß immerhin schon 72 Prozent der KPI-Mitglieder den Stalin-Mythos überwunden haben. Andererseits sind 28 Prozent der Mitgliedschaft keine geringe Größe. Offensichtlich muß die Führung der KPI und anderer eurokommunistischer Parteien diese noch vorhandenen prosowjetischen Stimmungen in der Mitgliedschaft berücksichtigen.
Die Existenz solcher prosowjetischer Strömungen ist von vielen Sachkennern, teilweise sogar aus eigener Anschauung, unterstrichen worden. So meint der jetzt in Rom lebende Jiri Pelikan, der häufig Kontakte mit den italienischen Kommunisten hat: »Neben Berlinguer und den anderen aufgeklärten Parteiführern gibt es auch zahlreiche Funktionäre, die Gefangene der Vergangenheit bleiben und nur allzu bereit wären, wieder auf eine harte sowjetische Linie umzuschwenken.«[59] Andere Kommentatoren wiesen darauf hin, daß prosowjetische Kräfte in den Kommunistischen Parteien Italiens, Frankreichs und Spaniens ihre »Widerstandsnester« gegen die Eurokommunisten systematisch ausbauen.[60] Milovan Djilas unterstrich, daß es in den eurokommunistischen Parteien noch »stalinistische Gruppen« gibt, »die teilweise sehr stark sind und von der Sowjetunion unterstützt

werden, die aber jetzt keine Aussichten mehr haben, die Führungen dieser Parteien zu übernehmen«.[61]
Für die Rücksichtnahme auf noch vorhandene prosowjetische Stimmungen gibt es in der Geschichte der kommunistischen Weltbewegung interessante historische Präzedenzfälle. So mußte auch die jugoslawische Parteiführung nach dem Bruch mit Moskau im Sommer 1948 noch mindestens zwei Jahre darauf bedacht sein, der immer noch vorhandenen prosowjetischen Richtung innerhalb der Partei Rechnung zu tragen und zunächst durch eine längere Aufklärungsperiode die Voraussetzungen für eine unabhängige Politik schaffen.
Das Problem eines möglichen Bruchs zwischen den Eurokommunisten und der Sowjetunion kann jedoch nicht nur von der eurokommunistischen Seite aus betrachtet werden, sondern es gilt auch, Moskaus Blickwinkel in Betracht zu ziehen. Gegenwärtig scheint die Sowjetführung einen offenen Bruch mit so bedeutenden eurokommunistischen Parteien wie denen Italiens und Frankreichs vermeiden zu wollen. Dabei darf nicht vergessen werden, daß die Sowjetführung nicht gezögert hat, in Ländern mit kleineren kommunistischen Parteien, wie etwa in Australien, Großbritannien, Schweden und Spanien, prosowjetische Gegenparteien zu gründen. Bei so wichtigen Parteien wie der italienischen und der französischen KP ist die Interessensituation für die Sowjetführung jedoch offensichtlich anders. Hier könnte ein Bruch den sowjetischen Anspruch, die gesamte, kommunistische Weltbewegung zu verkörpern, ernsthaft gefährden. Deshalb schiebt auch die Sowjetführung eine prinzipielle Entscheidung in Sachen Eurokommunismus so lange wie möglich hinaus, um sich alle Möglichkeiten offenzuhalten.
In der unmittelbaren Gegenwart ist somit ein Bruch zwischen Moskau und den Eurokommunisten unwahrscheinlich, er wäre aber in Zukunft durchaus denkbar und möglich. Die Situation könnte sich – und hier stimme ich der Auffassung des Kommunismusexperten Heinz Timmermann zu – dann verändern, wenn die Eurokommunisten direkt die Regierungsverantwortung übernehmen sollten. Sie müßten sich dann definitiv entscheiden, wem ihre eigentliche Loyalität gilt, dem eigenen Land oder der immer noch kritischen Verbundenheit mit der kommunistischen Weltbewegung. Auch für Tito und Mao stellte sich das Problem

ihres Verhältnisses zur Sowjetunion in aller Schärfe erst nach der Übernahme der Regierungsgewalt. In einem solchen Falle ist mit dramatischen Entwicklungen im Verhältnis zwischen dem Kreml und dem Eurokommunismus zu rechnen. Eine eventuelle Regierungsbeteiligung der Eurokommunisten in den Ländern Westeuropas könnte, wie Jiri Pelikan meint, eine so große Rückwirkung auf die Länder Osteuropas haben, daß die Sowjetführung diese nicht mehr im Griff behalten könnte. Dann würde es zu einem ernsthaften Konflikt kommen – es sei denn, diese Parteien würden sich wieder dem sowjetischen Diktat unterwerfen.[62]

2.

Die Herausforderung für den Westen

In den westlichen Industriestaaten wird, vor allem in konservativen Kreisen, von der Gefahr einer möglichen »Volksfront« zwischen Eurokommunisten und Sozialdemokraten gesprochen. In breiten Kreisen der Öffentlichkeit wird eine mögliche Regierungsbeteiligung von Eurokommunisten in Italien, Frankreich und Spanien als Gefahr für den Westen betrachtet, sowohl was die Auswirkungen auf die innere Entwicklung dieser Länder anbetrifft als auch – in noch viel stärkerem Maße – in den sich daraus ergebenden Auswirkungen für die Europäische Gemeinschaft und für das westliche Verteidigungsbündnis, die NATO.

Volksfront zwischen Eurokommunisten und Sozialdemokraten?

In der Eurokommunismus-Diskussion im Westen spielt, vor allem bei jenen, die diese Entwicklung als ein taktisches Manöver ansehen, die Auffassung eine große Rolle, daß hier eine Neuauflage der Volksfront vorbereitet werde, mit dem Ziel, die Sozialdemokraten, oder zumindest den linken Teil der Sozialdemokraten, in eine kommunistische Richtung zu drängen.
Andererseits wird die Entwicklung des Eurokommunismus von manchen Beobachtern als eine Entwicklung in eine sozialdemokratische Richtung interpretiert.[63]
Östliche Kommentatoren sprechen von der Gefahr einer »Sozialdemokratisierung«; der trotzkistische Theoretiker Ernest Mandel vergleicht die Entwicklungen des Eurokommunismus mit den Wandlungen der deutschen Sozialdemokratie von 1890 bis Mitte der zwanziger Jahre. Auch von anderen Kommentato-

ren werden die Wandlungen der Eurokommunisten als Annäherung an die Sozialdemokratie betrachtet. Italiens christlich-demokratischer Ministerpräsident Andreotti meinte im November 1977, daß die KP Italiens »objektiv viele Positionen sozialdemokratischer Parteien teilt«.[64]

Die Eurokommunisten selbst erklären dagegen immer wieder, ihre Verselbständigung und Neuorientierung bedeute nicht, daß sie sozialdemokratische Konzeptionen übernähmen oder gar selbst zu Sozialdemokraten würden. Der entscheidende Unterschied zwischen den Eurokommunisten und den Sozialdemokraten liegt, nach ihrer eigenen Einschätzung, darin, daß die Sozialdemokraten zwar Reformen innerhalb des Systems anstreben und zum Teil sogar durchsetzen, es ihnen bisher jedoch nirgends gelungen sei, das kapitalistische System zu verändern. Im Juni 1976 wies Berlinguer darauf hin, daß trotz mancher sozialer und materieller Erfolge »keines dieser sozialdemokratischen Experimente zu einer tatsächlichen Überwindung des Kapitalismus führte«, auch nicht zur Überwindung »der Vorherrschaft der großen wirtschaftlichen und finanziellen Zusammenschlüsse«.[65]

Man dürfe nicht vergessen, daß im Sozialismus künftig neue menschliche Werte gesehen werden müssen. In sozialdemokratischen Gesellschaften gäbe es zwar Fortschritte auf allen Gebieten des materiellen Wohlergehens, aber sämtliche negativen Auswirkungen des Kapitalismus, wie etwa die Entfremdung, seien nirgends überwunden worden.[66] Carrillo weist darauf hin, daß der Eurokommunismus nicht mit der Sozialdemokratie zu verwechseln sei, zumindest nicht mit der Sozialdemokratie, wie sie sich bisher dargestellt habe. Der Eurokommunismus habe das Ziel, die kapitalistische Gesellschaft umzugestalten und nicht nur zu verwalten.[67]

Diese klare Unterscheidung gegenüber den Sozialdemokraten bedeutet jedoch nicht, daß die Eurokommunisten die Sozialdemokratie genauso bewerten wie die sowjetischen Kommunisten. Im Ostblock gilt heute die Unterscheidung zwischen den »klassenbewußten sozialdemokratischen Arbeitern« an der Basis und den »reformistischen Funktionären«, zwischen den »fortschrittlichen« Sozialdemokraten (worunter jene verstanden werden, die mit der Sowjetunion zusammenzuarbeiten bereit sind) und den

»rechtsgerichteten« sozialdemokratischen Führern (die auf Abgrenzung bedacht sind). Solche Postulate werden von den Eurokommunisten abgelehnt, sie erkennen sogar sozialdemokratische Erfolge an. Berlinguer will die Tatsache, daß es in sozialdemokratisch regierten Ländern zu einem gewissen Niveau des Wohlstands gekommen sei, nicht »mit Verächtlichkeit abtun«, erinnert aber daran, daß dies alles nicht zu einer tatsächlichen Überwindung des Kapitalismus geführt habe.[68]

Die Eurokommunisten lehnen vor allem die primitive sowjetische These ab, wonach die Sozialdemokraten in der Geschichte stets unrecht, die Kommunisten dagegen immer recht gehabt haben. Santiago Carrillo rief die Kommunisten dazu auf, ernsthaft die Gründe zu untersuchen, die es der Sozialdemokratie ermöglicht haben, in entwickelten Ländern eine so starke Position einzunehmen. Es reiche wirklich nicht mehr aus, zu erklären, der Kapitalismus habe die Sozialdemokratie zu seinem Werkzeug gemacht. Gewiß hätten die Sozialdemokraten lange Jahre hindurch die Interessen der kapitalistischen Gesellschaft verwaltet, andererseits aber seien auch die Kommunisten nicht in der Lage gewesen, die Stärke und die Chancen des Kapitalismus zu erkennen und in der Arbeiterschaft größeren Einfluß zu gewinnen. Man dürfe auch nicht vergessen, daß die Sozialdemokratie nach wie vor eine entscheidende Rolle in der Arbeiterbewegung mehrerer Länder spielt. Dies sei auch deshalb so, weil die Kommunisten lange Zeit die Machtübernahme nach dem Vorbild der Erstürmung des Winterpalastes vertreten hätten – eine Zielrichtung, die mit der Wirklichkeit in Westeuropa heute nichts mehr zu tun habe.[69]

In manchen eurokommunistischen Schriften wird auch zugegeben, daß beide Seiten, Sozialdemokraten und Kommunisten, ihre unterschiedlichen Ziele nicht verwirklichen konnten, weil die einen sich zu sehr in Richtung Reformen, die anderen zu sehr auf dem Gebiet der reinen Propaganda bewegt hätten. Der Theoretiker der französischen KP, Jean Elleinstein, weist dabei auf das Mißtrauen zwischen Sozialdemokraten und Kommunisten in der Geschichte hin und erklärt, dieses Mißtrauen sei gegenseitig und beruhe auf der Spaltung der sozialistischen Kräfte vor sechzig Jahren.[70]

So unterstreichen die Eurokommunisten deutlich den Unterschied zwischen sich und den Sozialdemokraten, zeigen andererseits aber auch die Bereitschaft, frühere Standpunkte gegenüber der Sozialdemokratie sachlich zu überprüfen. Mit gewissen Abwandlungen gilt dies auch für die Stellung der Sozialdemokraten zu den Eurokommunisten. Auch die Sozialdemokraten wollen einerseits ihren prinzipiellen Gegensatz zum Kommunismus aufrechterhalten, sind aber bereit, bestimmte Wandlungen innerhalb des Kommunismus, darunter die Herausbildung des Eurokommunismus, in Betracht zu ziehen. So meinte Willy Brandt, vor allem bei den italienischen Kommunisten fänden »interessante entdogmatisierende Prozesse« statt, von denen man allerdings nicht wisse, wie tief sie gehen. Nach allem, was geschehen sei, müßten sich die Kommunisten gefallen lassen, daß man sich diese Prozesse genauer ansieht. Selbst wenn es nur Taktik wäre, führe das jedoch schrittweise zu Veränderungen. »Wenn sich das durchsetzt, wofür es im Augenblick vor allem in Italien Anzeichen gibt, dann wird das die Lage in manchen Ländern nicht unbeträchtlich verändern.«[71] Die Bereitschaft, Wandlungen des Eurokommunismus anzuerkennen, wird in der Regel mit Erklärungen verbunden, man müsse die Entwicklung mit »kritischer Sorgfalt« prüfen (Entwurf des SPÖ-Programms) und werde »skeptischer und kritischer Betrachter der Entwicklung bleiben«. Als langfristige Möglichkeit werden dabei weitgehendere Wandlungen keineswegs ausgeschlossen, etwa im Sinne einer »wirklichen Öffnung westeuropäischer kommunistischer Parteien für freiheitliche Ideen« (Horst Ehmke). Die eurokommunistischen Parteien würden dann aufhören, »Kommunisten in dem uns bekannten Sinne zu sein« (Richard Löwenthal). Falls es sich um einen echten, tiefgreifenden Gesinnungswandel handeln sollte, würden sich »neue Perspektiven für die Entwicklung der sozialen Demokratie« ergeben (Entwurf des SPÖ-Programms).[72]

Die Vorsichtigkeit der Formulierungen von beiden Seiten ist deutlich zu erkennen, gleichzeitig gibt es aber auch Anzeichen dafür, daß die absolute und tiefe Spaltung der Vergangenheit nicht mehr in gleichem Maße fortwirkt. Beide Seiten bemühen sich um eine objektivere und sachlichere Beurteilung, auch wenn beide Parteien – Sozialdemokraten wie Eurokommunisten – weiterhin auf ihren eigenen Positionen beharren. Vor allem die

Sozialdemokraten können die vielen Unterdrückungen ihrer Parteifreunde in den kommunistisch regierten Ländern nicht einfach vergessen.
Von seiten der Eurokommunisten sind die ersten Anstöße erfolgt, um die frühere Spaltung – aus dem Anfang der zwanziger Jahre – durch eine nüchterne und kritische Betrachtung von beiden Seiten zu überwinden. So meinte Santiago Carrillo, die Spaltung der Sozialdemokraten und Kommunisten im Jahre 1921 sei unter den damaligen Umständen verständlich und eine historische Notwendigkeit gewesen. »Aber sie muß nicht ewig sein. Unter den Bedingungen der heutigen Welt – die ein anderer Planet geworden ist – besteht die reale historische Notwendigkeit, die Spaltung von 1921 zu überwinden.« Es entwickelten sich bereits gewisse Bedingungen, die zu einer Überwindung der Spaltung beitragen. Allerdings werde »dies kein leichter und auch kein schneller Prozeß sein«. Als ersten Schritt sieht Carrillo ein gemeinsames Vorgehen von Kommunisten und Sozialisten in manchen Ländern.[73] Auch Gian Carlo Pajetta, ein führendes Vorstandsmitglied der KP Italiens, sprach im November 1977 von der »Perspektive einer kommunistisch-sozialistischen Einheit für Europa«, die mit den westeuropäischen Sozialdemokraten »erörtert« werden soll.[74]
All dies zeigt: Mit ihrer Absage an frühere Strategien und Doktrinen (sozialistische Revolution, Diktatur des Proletariats, einheitliche kommunistische Weltbewegung, »realer Sozialismus« des Ostens als Modell) haben sich die politischen Unterschiede zwischen Eurokommunismus einerseits und Sozialisten bzw. Sozialdemokraten andererseits tatsächlich verringert. Dies bedeutet jedoch nicht automatisch eine Erleichterung der Zusammenarbeit. Da beide Linksparteien in zunehmendem Maße ähnliche oder gleiche Wählerschichten ansprechen, tritt ein gewisser Konkurrenzcharakter zwischen Sozialisten und Eurokommunisten deutlicher zutage, was manchmal die Beziehungen zwischen den beiden Linksparteien erschwert.
Die Wandlungsprozesse des Eurokommunismus – auch seine Beziehung zu Sozialisten und Sozialdemokraten – mit der Volksfrontpolitik der 30er Jahre zu vergleichen oder gar von einer »Neuauflage einer Volksfront« zu sprechen, ist jedoch sachlich unrichtig.

Damals, in der Volksfrontperiode Mitte der 30er Jahre, haben die Kommunisten das Endziel, die Diktatur des Proletariats und die Errichtung des Sozialismus nach sowjetischem Vorbild, nicht aufgegeben oder verändert. Der Eurokommunismus dagegen schließt auch eine veränderte Zielsetzung – einen pluralistischen Sozialismus mit allen demokratischen Freiheiten – ein.
In der Volksfrontperiode der 30er Jahre gab es keine Distanzierung von der Sowjetunion; Stalin wurde verherrlicht und die Sowjetunion nach wie vor als Vorbild gepriesen. Die Eurokommunisten verbinden dagegen ihre Neuorientierung mit einer Kritik an den Unterdrückungsmaßnahmen im Sowjetblock und mit der Bekräftigung der eigenen Autonomie und Unabhängigkeit.
Und schließlich: Die Volksfrontperiode währte nur knapp 4 Jahre und wurde durch einen Kurswechsel Moskaus nach dem Hitler-Stalin-Pakt vom August 1939 jäh beendet. Die Entwicklung des Eurokommunismus erstreckt sich dagegen auf mehr als zwei Jahrzehnte und führte zu einer so weitgehenden Selbständigkeit, daß sich heute keine eurokommunistische Partei einem von Moskau befohlenen Kurswechsel unterwerfen würde.

Die mögliche Regierungsbeteiligung der Eurokommunisten

Eine mögliche Regierungsbeteiligung der Eurokommunisten in Italien, Frankreich oder Spanien hat in der Öffentlichkeit zu großen Diskussionen geführt. Vielfach wurde dabei die Befürchtung geäußert, bei einem Regierungseintritt der Eurokommunisten würden die westeuropäische Einigung und die NATO gefährdet und damit der westliche Teil Europas dem sowjetischen Einfluß ausgeliefert. Auch wurde (und wird) befürchtet, eine Regierungsbeteiligung der Eurokommunisten in westeuropäischen Ländern würde zur völligen Machtübernahme und zur Aufrichtung einer kommunistischen Einparteiendiktatur führen – ähnlich wie in den Ländern Osteuropas nach 1945.
Bei diesen Diskussionen wurde (und wird) häufig außer acht gelassen, daß eine kommunistische Regierungsbeteiligung in westlichen Ländern keineswegs ein außergewöhnliches oder neues Ereignis darstellt. Von 1945–1947 waren kommunistische

Parteien (mit je 2–4 Ministern) in den Regierungen mehrerer westlicher Länder vertreten, darunter in Italien, Frankreich, Belgien, Dänemark, Norwegen und Island. In all diesen westlichen Ländern haben sich die Kommunisten an die demokratischen Spielregeln gehalten und keinen Widerstand geleistet, nachdem sie 1947 durch entsprechende Abstimmungen im Parlament aus den Regierungen entfernt wurden. Es bleibt festzuhalten: Eine kommunistische Machtübernahme hat somit zwar in den osteuropäischen Ländern, d. h. der sowjetischen Einflußsphäre stattgefunden, nicht aber bei einer kommunistischen Regierungsbeteiligung in den parlamentarisch-demokratischen Ländern des Westens.

Bei Betrachtung einer möglichen zukünftigen Regierungsbeteiligung der Eurokommunisten muß von den Unterschieden in den drei zur Diskussion stehenden Ländern – Italien, Frankreich und Spanien – ausgegangen werden.

Italien: Hier ist die kommunistische Partei auch nach den Wahlrückschlägen vom Juni 1979, bei denen sie von 34,4 Prozent auf 31,4 Prozent der Stimmen zurückfiel, nach wie vor die zweitstärkste Partei des Landes. Ein Heranziehen der italienischen Kommunisten an die Regierungsverantwortung in der einen oder anderen Form wird von manchen italienischen Kreisen als notwendig angesehen, sowohl um die dringenden Maßnahmen zur Gesundung der Wirtschaft zu verwirklichen, als auch um der Bedrohung der öffentlichen Sicherheit und Ordnung durch Terrorismus und politischen Extremismus erfolgreich zu begegnen.

Die italienischen Kommunisten haben dabei wiederholt deutlich zum Ausdruck gebracht, es gehe ihnen nicht darum, sofort mit einer sozialistischen Transformation zu beginnen, sondern zunächst vor allem darum, die ökonomische Krise zu überwinden, den Terrorismus erfolgreich zu bekämpfen und eine Modernisierung der Verwaltungsstruktur vorzunehmen.

Für den Wirtschaftsbereich erklärte die KPI, es sei »nicht ihr Ziel, den staatlichen Wirtschaftssektor weiter auszubauen«, sondern vielmehr den bereits heute großen öffentlichen Sektor zu reorganisieren und zu modernisieren. Die von der KPI erstrebte Planung soll, unter Berücksichtigung der Marktmechanismen, der wirtschaftlichen Entwicklung neue Prioritäten setzen. Alle grundlegenden Entscheidungen der Wirtschaftsplanung müssen dem Parlament vorgelegt werden, wodurch das Parlament umfassende Orientierungs- und Kontrollbefugnisse erhält. Die Regionen sollen nicht nur ihre eigenen regionalen Pläne erstellen, sondern an der Ausarbeitung auf nationaler Ebene mitwirken. Auch die Gewerkschaften sollen an der Durchführung der Wirtschaftsplanung beteiligt werden.

Im innenpolitischen Bereich treten die italienischen Kommunisten für die Aufwertung des Parlaments ein; Struktur und Arbeitsweise des Parlaments sei den neuen Bedingungen anzupassen, die Tätigkeit der beiden Kammern zu koordinieren (um eine unnütze Wiederholung der Debatten zu vermeiden) und das Gesetzgebungsverfahren zu vereinfachen und zu beschleunigen. Der Staatsapparat sei zu dezentralisieren, die Regionen sollten weitgehendere Kompetenzen und Aufgaben erhalten.

Die Beziehungen zwischen Staat und Kirche sollten, nach Vorschlag der KPI, auf der vollen Anerkennung der Religionsfreiheit, der Autonomie aller religiöser Organisationen und Kirchen sowie der eindeutigen Bekräftigung der Souveränität und Unabhängigkeit des italienischen Staates beruhen. Der Staat dürfe weder zum Träger irgendeiner parteilichen Weltanschauung werden, noch diese oder jene kulturelle oder philosophische Richtung vorziehen, sondern müsse als Garant des freien Vergleichs der Ideen wirken.

Die KP Italiens befürwortet die Demokratisierung der Streitkräfte; Soldaten und Offiziere sollten alle Rechte genießen, die allen anderen Staatsbürgern zustehen. Der positive Charakter der Wehrpflicht, erklärt die KPI, sei zu bekräftigen, wobei neben der Ausbildung im Umgang mit Waffen die Hebung des Bildungsniveaus, die Vorbereitung zum Beruf und die Stärkung des staatsbürgerlichen Bewußtseins angestrebt werden sollen.

Zur effektiven Bekämpfung des Terrorismus fordert die KPI eine verbesserte technische Schulung der Polizei, die strengere Einhaltung der demokratischen Verfassungsgrundsätze und das Recht der Polizisten, sich gewerkschaftlich zu organisieren. Die bürokratischen Aufgaben, mit denen die Polizei gegenwärtig betraut ist, seien drastisch einzuschränken und sollten zivilen Behörden – in erster Linie Regionen und Gemeinden – übertragen werden. Damit könnten größere Kräfte der Polizei, befreit

von administrativen und bürokratischen Aufgaben, verstärkt zum Kampf gegen den Terrorismus abgestellt werden und die in der Verbrechensbekämpfung eingesetzten Kräfte auf das Zwei- oder Dreifache anwachsen.[75]
Soweit die wiederholt von der KPI verkündeten Maßnahmen im Falle ihres Regierungseintritts. Ob und inwieweit die KP Italiens bei einem möglichen Regierungseintritt sich an diese verkündeten Zielsetzungen halten wird, ist natürlich umstritten. Diejenigen, die den Eurokommunismus als Täuschungsmanöver ansehen, befürchten, die italienischen Kommunisten könnten bei einem Regierungseintritt schrittweise ihre Verbündeten an die Wand drücken und ihrem eigentlichen Ziel, der Errichtung einer Einparteienherrschaft, rasch näherkommen. Andere, vor allem Kenner der italienischen Szene, weisen auf die langjährige, teilweise sogar sich auf Jahrzehnte erstreckende Mitwirkung der KPI an den Regierungen der Regionen, Provinzen und wichtigsten Städte hin, unterstreichen das dabei gezeigte Verantwortungsbewußtsein, das sich – dieser Auffassung nach – auch bei einer Regierungsbeteiligung der KPI in ganz Italien bestätigen würde.
Bei einer möglichen Regierungsbeteiligung der KPI müßten jedoch nicht nur der Einfluß der KPI auf Italien, sondern umgekehrt auch die Rückwirkungen auf die KPI selbst betrachtet werden. Die italienischen Kommunisten stünden nämlich dann vor dem Dilemma, einerseits ihre große Zielsetzung, die Umgestaltung der Gesellschaft durch strukturelle Reformen, zu verwirklichen, andererseits aber aktuelle praktische Probleme lösen und die Mitverantwortung für schwierige und unpopuläre Maßnahmen tragen zu müssen, um Italien aus seiner gegenwärtigen Krise herauszuführen. Dies könnte bei manchen Mitgliedern und Anhängern, vor allem wenn sich die notwendigen Maßnahmen als langwierig und schwierig erweisen, zu gewissen Enttäuschungen führen. Schon heute stehen die italienischen Kommunisten vor dem Problem, ihre Politik gegenüber den, teilweise revolutionärer eingestellten, Mitgliedern verständlich zu machen.
Frankreich: Eine andere Situation würde sich bei einem (gegenwärtig recht unwahrscheinlich anmutenden) Regierungseintritt der KP in Frankreich stellen. Eine Regierungsbeteiligung der KPF wäre, vom gegenwärtigen Standpunkt aus betrachtet, über-

haupt nur durch einen Wahlsieg der »Union der Linken« möglich. Zweimal war die »Union der Linken« bereits relativ nahe an ihrem Ziel. Bei der Präsidentenwahl im Mai 1974 erhielt der Kandidat der Linken, der Sozialist Mitterrand, in der zweiten Runde 49,33 Prozent der Stimmen, gegenüber 50,67 Prozent für Giscard d'Estaing. Bei den Parlamentswahlen am 12. März 1978 erhielt die »Union der Linken« 45,3 Prozent der abgegebenen Stimmen gegenüber 46,5 Prozent für die Regierungsparteien.

Die zunehmenden Differenzen innerhalb der beiden entscheidenden Linksparteien Frankreichs, der Sozialisten und Kommunisten, verursacht vor allem durch die scharfen Attacken der KP Frankreichs gegen die Sozialisten seit Herbst 1977, dürften sich bei einer versuchten Neuauflage der Union der Linken negativ auswirken. Ohne ein Bündnis mit den Sozialisten aber dürfte die KP Frankreichs kaum Chancen haben, an einer Regierung beteiligt zu werden.

Hinzu kommt, daß bei einem (gegenwärtig recht unwahrscheinlichen) Erfolg der Union der Linken die in der Verfassung verankerte starke Position des französischen Staatspräsidenten es einer Linksregierung erschweren würde, ungehindert zu operieren und weitreichende Wandlungen zu vollziehen. Schließlich würden aller Wahrscheinlichkeit nach bei zukünftigen Wahlen wiederum die französischen Sozialisten eine Vormachtstellung gegenüber der KP Frankreichs haben, so daß die französischen Kommunisten in einer solchen Regierung lediglich als Juniorpartner wirken könnten.

Spanien: Wieder eine andere Situation ist in Spanien gegeben. Die KP Spaniens verfügt, wie sie auf ihrem 9. Parteitag im April 1978 bekanntgab, über 220 000 Mitglieder. Bei den spanischen Parlamentswahlen am 1. März 1979 erhielt die KP 10,7 Prozent der Stimmen und ist mit 23 Abgeordneten (von insgesamt 350) im spanischen Parlament vertreten. Sie steht damit nicht nur weit hinter der Regierungspartei, den Zentrumsdemokraten, sondern auch weit hinter den Sozialisten. In Spanien wäre daher nur eine allmähliche Einbeziehung der KP in die politische Verantwortung denkbar – entweder in einer großen Mitte-Links-Koalition (Zentrumsdemokraten, Sozialisten und Kommunisten) oder aber, falls es bei zukünftigen Wahlen zu drastischen Verschiebungen nach links kommen sollte, in einem Linksbündnis, als Juniorpartner der Sozialisten. Die KP Spaniens verfügt zwar über einen relativ starken Einfluß in der Gewerkschaftsbewegung, zeichnet sich durch eine große Aktivität ihrer Mitglieder aus und ist in Stadtverwaltungen wichtiger spanischer Großstädte beteiligt. Durch ihre relative allgemeine Schwäche von nur 10,7 Prozent aller abgegebenen Stimmen dürfte jedoch die KP Spaniens bei einer, gegenwärtig nur schwer vorstellbaren, Regierungsbeteiligung kaum einen entscheidenden Einfluß ausüben.

Die Eurokommunisten und die Europäische Gemeinschaft (EG)

Bei den ersten Direktwahlen zum Europaparlament vom 7. bis 10. Juni 1979 konnten die Eurokommunisten insgesamt 44 Abgeordnete (von insgesamt 410) in das Europaparlament entsenden. Sie sind in der »Fraktion der Kommunisten und Nahestehende« vereinigt, wobei die italienischen Kommunisten (gemeinsam mit 1 unabhängigen Linken) 24 Abgeordnete stellen, die KP Frankreichs 19 und die mit den Eurokommunisten sympathisierende »Sozialistische Volkspartei Dänemarks« 1 Abgeordneten.
In der Stellung zur EG gibt es bedeutsame und weitreichende Unterschiede zwischen der meist stark national gefärbten Betrachtungsweise der KP Frankreichs auf der einen und der ausgeprägten Europapolitik der italienischen Kommunisten auf der anderen Seite.
Die proeuropäische Haltung der *italienischen Kommunisten* ist nicht das Ergebnis einer kürzlich vorgenommenen Kehrtwendung, sondern eines langen historischen Prozesses. Während die Sowjetunion und alle prosowjetischen kommunistischen Parteien sich von Beginn gegen eine westeuropäische Integration stellten, erklärten die italienischen Delegierten bereits auf der Weltkonferenz der kommunistischen Parteien im November – Dezember 1960, man dürfe sich in der Einstellung zur EWG nicht nur auf Ablehnung beschränken. Bei der internationalen Konferenz für Wirtschaftsfragen in Moskau im März 1962 traten die italienischen Kommunisten erneut als einzige für eine realistische Einstellung zur EWG ein.[76] Auch in seinem berühmten,

kurz vor seinem Tode veröffentlichten Memorandum vom Sommer 1964 wies Togliatti darauf hin, daß der Kampf für den Sozialismus unter den heutigen Bedingungen Westeuropas nicht mehr in jedem einzelnen Land isoliert geführt werden könne.[77]
Mit dem Abbau der starren Block-Konfrontation in Europa verstärkten sich die Selbständigkeitstendenzen der KPI und damit auch die Chance für die Herausbildung einer eigenständigen Europapolitik. Besonders wichtig für diese Entwicklung war die Tagung »Die italienischen Kommunisten und Europa« im November 1971, an der neben Vertretern kommunistischer und sozialistischer Parteien und Organisationen Europas auch Mitglieder der Brüsseler EG-Kommission und namhafte italienische Wirtschaftsmanager teilnahmen. »Ein neues Feld hat sich der Initiative der Arbeiterkommunisten eröffnet: Europa«, verkündete das italienische Zentralorgan »Unità« am 14. November 1971.
Auf dem 14. Parteitag der KP Italiens im März 1975 erklärte Berlinguer, das anzustrebende Europa müsse autonome Initiativen entwickeln, gleichberechtigte Beziehungen mit den USA und der Sowjetunion unterhalten, den allgemeinen Entspannungsprozeß unterstützen und gemeinsame Probleme, wie Umweltschutz, Wahrung des künstlerischen Erbes, Erkundung und Nutzung neuer Energiequellen, bewältigen. Die europäischen Institutionen sollten demokratisiert und der Einfluß der Arbeiterbewegung und demokratischer Volkskräfte verstörkt werden.[78] Auf der europäischen KP-Konferenz in Ost-Berlin im Juni 1976 unterstrich Berlinguer erneut die gemeinsamen Aufgaben der europäischen Länder und fügte hinzu, daß zur Erreichung dieser Ziele »ein ausgedehnterer und freierer Austausch von Ideen, von kulturellen Strömungen und der Menschen« nötig sei.[79]
Im Rahmen dieser politischen Grundlinie befürwortet die KPI von Beginn an die Direktwahl zum europäischen Parlament. Die linken und demokratischen Kräfte Europas, erklärte Sergio Segre, Mitglied des Zentralkomitees und Leiter der Auslandssektion der KP Italiens, stehen vor der Aufgabe, sich die Europa-Idee zu eigen zu machen und sich für die Erneuerung und Demokratisierung der europäischen Organe einzusetzen: »Die Direktwahlen zum Europaparlament können für diesen Prozeß bedeut-

sam werden und ihm jenes Interesse und jene Teilnahme des Volkes sichern, an denen es bisher aus vielen Gründen weitgehend gefehlt hat.«[80]

Mehrmals versuchten die italienischen Kommunisten auch die übrigen kommunistischen Parteien der EG-Länder zu einer positiveren Stellung zu Europa zu bewegen. Beim ersten Treffen der kommunistischen Parteien der EG-Länder im Juli 1977 in Luxemburg kam es jedoch zu keiner Einigung; es wurde lediglich beschlossen, jede KP werde ihre Teilnahme bei den Europawahlen in voller Autonomie bestimmen.[81] Auch bei einem zweiten Treffen im Oktober 1978 in Brüssel gelang es nicht, eine gemeinsame Wahlplattform der Kommunisten im EG-Raum auszuarbeiten. Die Teilnehmer einigten sich lediglich darüber, im Europa-Wahlkampf entsprechend den besonderen Bedingungen des jeweiligen Landes die Fragen der Arbeitslosigkeit, der Wirtschaftskrise, der Landesverteidigung, der demokratischen Freiheiten und der internationalen Entspannung aufzuwerfen.

Auf die unterschiedliche Haltung der Kommunisten in den neun EG-Staaten wies Georgio Amendola, Vorsitzender der Fraktion der Kommunisten und Sympathisierenden im Europaparlament, Anfang Dezember 1978 auf einer Tagung des Zentralkomitees der KPI hin. Eine gemeinsame Liste in einer europäischen Kommunistischen Partei sei nicht möglich, weil dazu die Voraussetzungen fehlten und dies auch mit Grundsätzen des Eurokommunismus im Widerspruch stünde; jede kommunistische Partei würde in unabhängiger Form die eigene Verhaltensweise festlegen.

Amendola setzte sich auf der Tagung des Zentralkomitees für eine »Vermehrung der Kompetenzen des Europaparlaments« ein. Die Institutionen der EG sollten durch eine breitere Beteiligung der Gewerkschaften, Kultur-, Jugend- und Frauenorganisationen demokratisiert werden. Die KPI befürworte den Eintritt Griechenlands, Spaniens und Portugals in die EG, weil dadurch »das Gewicht des Südens in der EG erhöht« werde, die Präsenz der Mittelmeerländer könnte die Zusammenarbeit der EG mit den Ländern Asiens und Afrikas fördern. Erneut trat Amendola für eine Politik der Freundschaft und Kooperation der EG sowohl mit den USA als auch mit der UdSSR ein; dies dürfe jedoch die EG nicht daran hindern, »auch neue Beziehungen mit der dritten großen Weltmacht«, mit China, herzustellen.

Besonders interessant und bedeutsam war die im Dezember 1978 von Amendola befürwortete Bündnispolitik der KP Italiens sowohl bei den Europawahlen als auch, später, im Europaparlament. Selbst wenn die Sozialisten bzw. Sozialdemokraten mit Unterstützung der Eurokommunisten 50 Prozent der Stimmen erreichen sollten, sei es, laut Amendola, notwendig, »Übereinstimmung mit anderen demokratischen, christlich-sozialen und auch liberalen Kräften zu suchen«, um die Probleme der Erneuerung der EG anzugehen. Auch die Auseinandersetzung mit konservativen Rechtskräften mache ein »Übereinkommen zwischen einem Teil der christlich-demokratischen Kräfte und der Linken im künftigen Parlament« notwendig.[82]

Die Europa-Ziele der KP Italiens wurden schließlich auf ihrem 15. Parteikongreß (30. März bis 3. April 1979) bekräftigt. Die Probleme der Währung und des Kapitalflusses, der industriellen Umwälzung, der Energie, der Landwirtschaft des Umweltschutzes und der wissenschaftlichen Forschung machten »eine übernationale öffentliche Gewalt erforderlich«. Das Europaparlament müsse »mit den nötigen Machtbefugnissen zur Eigeninitiative, mit politischen Richtlinien und mit Kontrollbefugnissen über die Exekutivorgane ausgestattet sein«. Die KPI sprach sich erneut »für den Beitritt Griechenlands, Spaniens und Portugals zur Gemeinschaft« aus und bedauerte, daß es der europäischen Linken an einer »einheitlichen europäischen Perspektive« mangelt. Die europäische Linke könne ihre großen Aufgaben nur erfüllen, »wenn sie die alten Trennungslinien überwindet und einer Zusammenarbeit mit anderen demokratischen Kräften, insbesondere mit dem fortgeschrittenen Teil der christlichen Bewegung, offen gegenübersteht«.[83]

Im krassen Unterschied zu den italienischen Kommunisten hat die *KP Frankreichs* noch bis in die 70er Jahre hinein fast kritiklos den sowjetischen Kurs gegen die europäische Integration unterstützt. Noch im April 1972 erklärte der Generalsekretär der KP Frankreichs, Georges Marchais, völlig nach sowjetischer Sprachregelung, die Europäische Gemeinschaft sei »eine neue heilige Allianz der Monopole und der Reaktion gegen die Arbeiterklasse und die Völker«.

Erst innenpolitische Sachzwänge, darunter vor allem die Notwendigkeit, mit den französischen Sozialisten ein Bündnis zu schließen, führten zögernd und halbherzig zu einer teilweisen Anerkennung der neuen Realitäten. In dem Ende Juni 1972 veröffentlichten gemeinsamen Regierungsprogramm der Sozialisten und Kommunisten erklärten beide Parteien, nach einem Wahlsieg der Linken würde Frankreich an der EG und ihren Institutionen mitwirken. Die »Union der Linken« trete jedoch dafür ein, daß die eigene Handlungsfreiheit zur Verwirklichung des politischen, wirtschaftlichen und sozialen Programms innerhalb des Gemeinsamen Marktes gewahrt bleibe.
Die KP Frankreichs lehnte bis zum Frühjahr 1977 auch die Direktwahlen zum Europäischen Parlament ab. Erst Mitte April 1977 erklärte Georges Marchais die Bereitschaft der KP Frankreichs, an den Wahlen teilzunehmen, sofern es klare, verbindliche Festlegungen über die Vollmachten des Europaparlaments gäbe, die nicht über die in den Römischen Verträgen von 1957 festgelegten Vereinbarungen hinausgingen.[84] Anfang Juni 1977 bekräftigte Marchais, die Direktwahlen dürften nicht dazu dienen, die Rechte und Vorrechte des Europaparlaments zum Schaden der nationalen Institutionen zu erweitern. Frankreich müsse unter allen Umständen Herr über das eigene Schicksal bleiben. Im Oktober 1977 sprach sich Jacques Denis, Mitglied des Zentralkomitees der KP Frankreichs und stellvertretender Leiter der internationalen Abteilung, gegen einen Beitritt Spaniens, Griechenlands und Portugals zur Europäischen Gemeinschaft aus. Dieser widerspreche den Interessen der französischen Bauernschaft, und die KP Frankreichs trete in erster Linie »für das Interesse ihres Volkes und ihres Landes« ein.[85]
Im Laufe des Jahres 1978 verschärfte sich die kritische Haltung der französischen KP-Führung zur EG. Die starke Betonung der nationalen Souveränität widerspiegelte zweifellos sowohl die Stimmungen der eigenen Wählerschaft als auch das Interesse der KP-Führung, die nationale Karte auszuspielen, um sich gegenüber der europafreundlicheren Mitte und den Sozialisten abzugrenzen. So erklärte die Führung der KP Frankreichs Anfang Juli 1978, der Gemeinsame Markt habe lediglich zur wachsenden Arbeitslosigkeit, zum Niedergang wichtiger Industrien Frankreichs und zur Verstärkung des westdeutschen Einflusses

geführt. Die französischen Kommunisten würden sich daher konsequent für die nationale Unabhängigkeit einsetzen. Im September 1978 erklärte die KP Frankreichs sogar, die fortschreitende Integration führe allmählich zu einer Machtzunahme der Bundesrepublik, und Westeuropa werde der amerikanischen Vormundschaft unterworfen. Die Ausdehnung der europäischen Integration bedeute, so die offizielle Erklärung der KP Frankreichs vom Dezember 1978, nicht nur die Gefahr eines Rückschrittes, sondern auch einer »nationalen Kapitulation« vor einer angeblich drohenden wirtschaftlichen und politischen Hegemonie der Bundesrepublik, gegen die man sich mit aller Kraft wehren müsse.[86]

Im Unterschied zur KP Frankreichs haben sich dic *spanischen Kommunisten* mehr und mehr der italienischen KP-Konzeption angenähert. Schon in seinem Buch »Eurokommunismus und Staat« befürwortete Carrillo im Frühjahr 1977 ein von der UdSSR wie von den USA unabhängiges Europa, ein Europa, in dem Spanien seine eigene Persönlichkeit bewahren könne.[87] Die spanische KP befürwortet seit 1977 den Beitritt Spaniens zur EG und kritisierte dabei wiederholt das Verhalten der KP Frankreichs.

Die Europa-Vorstellungen brachte Manuel Azcárate, Mitglied des Exekutivkomitees der KP Spaniens und Leiter ihrer internationalen Abteilung, noch deutlicher zum Ausdruck: »Die KP Spaniens steht einer Integration Westeuropas positiv gegenüber, und zwar nicht nur der wirtschaftlichen, sondern auch der politischen Integration, sowie natürlich auch den militärischen Implikationen, die das mit sich bringen könnte.« Die spanischen Kommunisten treten für ein Europa ein, »das von den Vereinigten Staaten ebenso unabhängig ist wie von der Sowjetunion; ein Europa, das weder antisowjetisch noch antiamerikanisch ist, sondern einen eigenen autonomen Beitrag zur Entwicklung des internationalen Lebens zu leisten vermag«.

Ein vereinigtes Europa soll, nach Auffassung der spanischen Kommunisten, dazu beitragen, Fortschritte auf dem Gebiet der Abrüstung zu erreichen und »Möglichkeiten zur Auflösung der gegenwärtig bestehenden antagonistischen Militärblöcke zu eröffnen«. Das Mittelmeer soll nach Auffassung der spanischen Kommunisten »eine Zone des Friedens und der Neutralität«

werden, um einen Prozeß einzuleiten, »der die Flotten der Supermächte aus dem Mittelmeer entfernt – die sowjetischen ebenso wie die amerikanischen«. Die Europäische Gemeinschaft könnte, nach Auffassung der spanischen Kommunisten, eine wichtige Rolle spielen, »um die Bipolarität zu überwinden, die heute das internationale Leben bestimmt«. Auch soll ein vereinigtes Europa durch seine wirtschaftliche und technologische Kapazität »hinsichtlich der Dritten Welt eine bedeutende historische Rolle spielen«, an einem neuen Typ internationaler Wirtschaftsbeziehungen mitwirken, um die großen Unterschiede zwischen entwickelten und unterentwickelten Ländern zu vermindern. Die KP Spaniens befürworte Direktwahlen zum Europaparlament und hoffe, »daß Spanien so bald wie möglich bei solchen Wahlen präsent sein kann«.

Nach Auffassung der spanischen KP bedeutet die europäische Rechte eine wirkliche Gefahr. Daher treten die spanischen Kommunisten »für die Entwicklung von Beziehungen zwischen den kommunistischen, sozialistischen und sozialdemokratischen Parteien sowie anderen demokratischen Kräften nicht nur in diesem oder jenem Land, sondern auf europäischer Ebene ein«. Die KP Spaniens ist nicht nur an Beziehungen zu anderen kommunistischen Parteien interessiert, »sondern auch zu sozialistischen und sozialdemokratischen Parteien, beispielsweise in Italien und Frankreich, sowie zur Labour Party«. Die KP Spaniens wünsche auch, »regelmäßigere Beziehungen zur SPD aufzunehmen«, obwohl »es ernsthafte Unterschiede zwischen unseren Konzeptionen und jenen der deutschen Sozialdemokraten gibt«. Manuel Azcárate bekräftigte abschließend den Wunsch der spanischen Kommunisten nach einer »Einheit von sozialistischen, kommunistischen, sozialdemokratischen und christlichen Kräften in Europa«.[88]

Soweit die, im einzelnen recht unterschiedlichen, Einstellungen der drei eurokommunistischen Parteien zur EG und zum Europaparlament. Ausgehend von dieser Situation wird man erwarten, daß die kommunistischen Abgeordneten im Europaparlament keineswegs immer eine einheitliche Stellung beziehen werden. Dies könnte höchstens in einigen wirtschaftlichen und sozialen Fragen der Fall sein, aber sonst sind die politischen Unterschiede zwischen den italienischen und französischen Kommuni-

sten so groß, daß sich dies auch im Europaparlament widerspiegeln wird. Man kann erwarten, daß die italienischen Kommunisten alle Maßnahmen zur Ausdehnung der Kompetenzen des EG-Parlaments unterstützen, die französischen Kommunisten dagegen ablehnen werden.
Die häufig geäußerten Vermutungen über eine »Volksfront«, eine enge Zusammenarbeit, ja einen Block von Eurokommunisten mit Sozialdemokraten (bzw. Sozialisten) dürften unter diesen Umständen kaum der Realität entsprechen. Zunächst deshalb, weil die italienischen Kommunisten im Europaparlament keineswegs nur an einer Linksunion, an einem Bündnis mit Sozialisten, interessiert sind, sondern breitere Bündnisformen befürworten und daher bestrebt sein werden, auch mit christlichen Demokraten und liberalen Kräften Gemeinsamkeiten zu suchen und vielleicht auch zu finden. Hinzu kommt, daß die französischen Kommunisten in harten Auseinandersetzungen mit den Sozialisten stehen und in vielen entscheidenden Fragen gemeinsam mit den Gaullisten stimmen dürften, vor allem dort, wo sie das nationale Interesse Frankreichs bedroht sehen könnten. Unterschiedliche Abstimmungsergebnisse, quer durch den Parteirahmen, erscheinen daher im Europaparlament durchaus möglich. Dies wird sicher auch bei einer Erweiterung der EG durch die Aufnahme Spaniens, Portugals und Griechenlands der Fall sein: Die italienischen Kommunisten begrüßten diese Erweiterung, die französischen Kommunisten lehnen sie dagegen vehement ab.

Die Eurokommunisten und die NATO

Ähnliche Unterschiede zwischen der KP Frankreichs auf der einen und der KP Italiens und teilweise auch der KP Spaniens auf der anderen Seite bestehen auch in ihren Einstellungen zur NATO. Jede eurokommunistische Partei spricht in diesen Fragen für sich selbst und mit unterschiedlicher Akzentuierung. Während bis Ende der 60er Jahre alle europäischen kommunistischen Parteien sich nach Moskauer Sprachregelung gegen die NATO stellten, vollzog sich im letzten Jahrzehnt in dieser Hinsicht eine Verselbständigung und Neuorientierung, die sich

jedoch bei der KP Frankreichs in einer anderen Richtung vollzog als bei der KP Italiens – ausgehend von den unterschiedlichen national-staatlichen Interessen der beiden Länder und der Wählerschaft der beiden Parteien.
Bis Ende der 60er Jahre verkündete die KP Italiens die Losung: »NATO raus aus Italien – Italien raus aus der NATO«. Die erste Wandlung in der Einstellung der KPI zur NATO erfolgte auf dem 13. Parteitag (13.–17. März 1972 in Milano), als Berlinguer darauf hinwies, man könne die Einstellung zur NATO nicht mehr auf die einfache Stellungnahme für oder gegen den Militärpakt reduzieren.[89] Im Zuge der Entspannungspolitik, die von der KP Italiens unterstützt wurde, gingen die italienischen Kommunisten im Dezember 1974 einen Schritt weiter. Eine einseitige Schwächung eines der beiden Militärbündnisse in Europa – NATO oder Warschauer Pakt – sei, erklärte die KPI, einer Entspannung nicht förderlich. Das Verbleiben Italiens in der NATO solle daher nicht mehr in Frage gestellt werden.
Die entscheidende Wandlung wurde auf dem 14. Parteitag der KPI in Rom (18.–23. März 1975) verkündet. Berlinguer erklärte, es widerspreche den Interessen der italienischen Werktätigen und der ganzen Nation, »eine Stellung der Feindseligkeit gegenüber der Sowjetunion oder den Vereinigten Staaten zu beziehen«. Daher stelle die KPI nicht mehr die Forderung »nach einem Ausscheiden Italiens aus dem Atlantikpakt«, weil eine solche Entwicklung, wie jedes andere einseitige Ausscheiden aus dem einen oder anderen Block, »im Endeffekt den Prozeß der internationalen Entspannung behindern« würde.[90]Die Erklärung Berlinguers wurde in der Resolution des Parteitages wörtlich bekräftigt.[91]In einem anschließenden Interview wies Berlinguer darauf hin, daß »ein einseitiger Rückzug Italiens aus der NATO« den gesamten Entspannungsprozeß stören würde, »der sich auf das strategische Gleichgewicht der Kräfte der NATO und derjenigen des Warschauer Pakts stützt«.[92]Wenige Monate später gab Berlinguer für Italiens Verbleib in der NATO auch die Notwendigkeit an, einen Bruch zwischen den italienischen demokratischen Parteien zu vermeiden.[93]Schließlich erklärte Berlinguer am 15. Juni 1976 in seinem aufsehenerregenden Interview im Mailänder »Corriere della Sera«, er befürchte nicht, das »ungerechte Schicksal Dubčeks zu erleiden«, denn die

italienische KP sei in einem »anderen Gebiet der Welt tätig« und die NATO sei ein »nützlicher Schutzschild für den Aufbau des Sozialismus in Freiheit«. Berlinguer erklärte anschließend wörtlich: »Ich fühle mich auf dieser Seite sicherer.«[94]

Auf dem 15. Parteikongreß (30. März bis 3. April 1979 in Rom) erklärte die KPI, sie trete »für eine stufenweise Überwindung der Teilung Europas in entgegengesetzte Militärblöcke« ein. Dies könne jedoch nur dann erfolgen, »wenn einseitige Brüche des gegenwärtig bestehenden Gleichgewichts vermieden werden«. Im Interesse der Entspannung liege daher auch »die Notwendigkeit des Verbleibs Italiens im Atlantikpakt, der ausschließlich für die Verteidigung des genau abgesteckten geographischen Bereichs wirken muß, für den er geschaffen wurde«. Innerhalb der NATO solle Italien eigene Initiativen entwickeln und sich gegen »überspitzte und aggressive Positionen« wenden.[95]

Wenige Wochen später, im Mai 1979, bekräftigte Berlinguer seine aufsehenerregende Erklärung vom Juni 1976, wonach die KPI die NATO nicht nur als wichtigen Faktor des Gleichgewichts und der Entspannung betrachte, sondern auch als einen wirksamen Schutz zum Aufbau eines Sozialismus in Freiheit.[96] Berlinguer fügte hinzu: »Italien gehört nicht dem Warschauer Pakt an; man kann absolut sicher sein, den italienischen Weg zum Sozialismus ohne Vorbedingungen einschlagen zu können.« Er, Berlinguer, fühle sich sicherer auf dieser Seite, aber er sehe auch hier ernste Versuche, »unsere Autonomie zu beschränken«.[97]

Ähnlich wie in der Europapolitik verhält sich auch in der Einstellung zur NATO die *KP Frankreichs* anders als ihre italienische Schwesterpartei.

Die Herauslösung Frankreichs aus der militärischen Integration der NATO durch de Gaulle 1967 wird von der KP Frankreichs eindeutig bejaht – wobei sich die KPF darin in Übereinstimmung mit großen Teilen der französischen Bevölkerung befindet. Bis 1972 trat die KP Frankreichs dafür ein, Frankreich völlig aus der NATO herauszulösen. Erst im gemeinsamen Programm mit den Sozialisten vom Juni 1972 erklärte sich die KP Frankreichs dann bereit, die NATO als »Realität« anzuerkennen, und verzichtete damals darauf, für eine eigene französische Atomstreitmacht einzutreten. Es handelt sich hier ganz offensichtlich nur um eine vorübergehende Konzession, denn Jean Kanapa, Mitglied des Politbüros der KP Frankreichs und ZK-Sekretär für Auslandsbeziehungen, proklamierte auf einer Tagung kommunistischer Parteien Europas[98] erneut den Kampf gegen die NATO als wichtige Aufgabe der kommunistischen Parteien, denn die NATO übe die Rolle eines »Gendarmen der Völker« aus. Erst auf der europäischen KP-Konferenz im Juni 1976 in Ost-Berlin rang sich der KPF-Chef Georges Marchais zur Erklärung durch, daß »Frankreich unter Respektierung seines Bündnisses Mitglied der NATO« bleiben werde, solange »eine Politik der Initiativen zugunsten der Überwindung und schließlichen Auflösung der antagonistischen Blöcke« noch nicht zum Erfolg geführt habe.

Die ursprünglich im gemeinsamen Regierungsprogramm verankerte Ablehnung der eigenen französischen Atomstreitmacht (»Force de Frappe«) wurde im Mai 1977 einseitig von der KP Frankreichs revidiert. Georges Marchais erklärte, es komme darauf an, die Unabhängigkeit Frankreichs mit allen Mitteln zu verteidigen und die atomare Bewaffnung sei dazu das einzig wirksame Mittel: »Wir wollen, daß morgen keine Macht den geringsten Zweifel hat an unserer Entschlossenheit, mit allen uns zur Verfügung stehenden Mitteln die Souveränität des Landes, die Unantastbarkeit seines Territoriums und die Sicherheit der friedlichen Arbeit seines Volkes zu verteidigen.«[99] Das Eintreten für eine eigene französische atomare Streitmacht sollte die nationale Selbständigkeit Frankreichs und seine Unabhängigkeit auch gegenüber der NATO zum Ausdruck bringen. Ein führender Sprecher der KP Frankreichs erklärte dazu: »Für uns muß gerade in bezug auf die nationale Verteidigung die nationale Unabhängigkeit bewahrt bleiben. Eine europäische Verteidigungsmacht könnte Frankreich in militärische Strategien und Abenteuer verwickeln, die im Gegensatz zu den nationalen Interessen und den Interessen der demokratischen Kräfte in Frankreich stehen.«[100]

Ähnlich drückte dies Jacques Denis aus, Mitglied des ZK der KP Frankreichs und stellvertretender Leiter der internationalen Abteilung seiner Partei. Über die Haltung der KPF zur NATO erklärte Denis: »Während wir bekanntlich den Verbleib Frankreichs in der atlantischen Allianz akzeptiert haben, setzen wir unseren Kampf gegen die Blöcke fort, die heute eines der Hauptinstrumente imperialistischen Drucks und imperialistischer Einmischung sind. Wir wünschen, daß Frankreich sich für die Überwindung und parallele Auflösung der bestehenden Blöcke sowie für neue Beziehungen im Rahmen der kollektiven Sicherheit einsetzt.« Im Zentrum der außenpolitischen Konzeption der KPF stehe die nationale Unabhängigkeit und die Souveränität des Landes, die eigene Initiativen für Abrüstungsschritte ermögliche. »Wir wünschen ein Frankreich, das auf niemanden ausgerichtet ist.«[101]

Zusammengefaßt läßt sich sagen: Die KP Frankreichs unterstreicht auch in der Frage der NATO die nationale Souveränität besonders stark und lehnt eine erneute Integration der französischen Streitkräfte in die NATO ab. Selbst nach einem Regierungseintritt, so erklärt die KP Frankreichs, würde sie die Bündnisverpflichtungen zwar respektieren; im Zentrum stehe jedoch die französische nationale Souveränität und eine Politik der Unabhängigkeit gegenüber den militärischen Blöcken.

Schließlich zur Einstellung der *KP Spaniens* zur NATO: Hierbei handelt es sich ja mehr um eine theoretische Frage, da Spanien nicht zur NATO gehört. Die KP Spaniens hat sich wiederholt recht kritisch zur NATO ausgesprochen und einen möglichen künftigen Beitritt Spaniens zur NATO abgelehnt; sie sei jedoch bereit, den Beitritt Spaniens zur NATO zu akzeptieren, falls sich die Mehrheit der Bevölkerung dafür aussprechen würde.

Gegenüber den amerikanischen Militärstützpunkten ist die Haltung der KP Spaniens flexibler. Carrillo ist zwar generell der Meinung, daß militärische Stützpunkte überall, im Westen wie im Osten, auf dem Weg internationaler Verhandlungen verschwinden müßten. In der gegenwärtigen Situation hätten die spanischen Kommunisten aber nichts gegen eine Präsenz der US-Militärstützpunkte in Spanien einzuwenden, solange diese nicht dazu benutzt werden, sich in spanische Angelegenheiten einzumischen.[102] In einer späteren Erklärung Carrillos ist zu lesen, daß das Problem der amerikanischen Stützpunkte in Spanien erst dann von den Kommunisten wieder aufgegriffen würde, wenn sich »die sowjetischen Truppen aus der Tschechoslowakei zurückziehen«.[103]

Nach den bisherigen Veröffentlichungen zu urteilen, werden die Auswirkungen einer kommunistischen Regierungsbeteiligung auf die NATO beträchtlich ernster beurteilt als die auf die EG. Helmut Sonnenfeldt, engster Mitarbeiter von Kissinger unter der früheren Ford-Regierung, meinte, eine Beteiligung von Kommunisten an europäischen Regierungen würde »die amerikanische Verpflichtung zur Verteidigung Europas mit Sicherheit beeinflussen«. Man würde in den USA nicht verstehen, »warum amerikanische Truppen in Europa stationiert sind, um zum Teil kommunistische Regierungen zu verteidigen«. Eine prokommunistische Entwicklung in Italien könnte in der Bundesrepublik zu einem starken Rechtsruck führen.[104] Der CDU-Vorsitzende Helmut Kohl meinte, eine Regierungsübernahme der Kommunisten würde »das atlantische Bündnis in eine Krise stürzen«.[105] Aber auch Willy Brandt äußerte, bei allen interessanten Eigenentwicklungen eurokommunistischer Parteien sei »das Problem der Loyalität in der Verteidigung ihrer der NATO angehörenden Länder noch unklar«. Man müsse fragen, ob der Entwicklungsprozeß dieser Parteien soweit ist, »daß das westliche Bündnis bei ihnen gut aufgehoben wäre«. Dies sei gegenwärtig noch zu bezweifeln, weil es sich beim Eurokommunismus um einen Prozeß handle, der, selbst wenn er sich in gleicher Richtung fortsetzt, noch seine Zeit brauche.[106] Andere Sachkenner meinen, die Probleme der NATO würden durch eine Regierungsbeteiligung von italienischen Kommunisten nicht erleichtert, »gerade auch nicht im Verhältnis Europas zu den Vereinigten Staaten«.[107] Zwar erkenne die KP Italiens die militärischen Stützpunkte an, werde aber aller Voraussicht nach darauf drängen, den Status der Vierten US-Flotte zu klären, die, obwohl nicht in der NATO integriert, in Italien mehrere Basen besitzt.[108]
Kritisch wird vor allem vermerkt, daß die Eurokommunisten in ihren Erklärungen die NATO und den Warschauer Pakt stets auf eine gleiche Stufe stellen. Dabei werde außer acht gelassen, daß die NATO ein plurilaterales Bündnis ist, ein Zusammenschluß souveräner Staaten, während die Mitgliedstaaten des Warschauer Pakts zusätzlich noch durch zweiseitige Militärpakte und Truppenstationierungsverträge an die sowjetische Hegemonialmacht gekettet sind. Bei einer etwaigen zukünftigen Auflösung der beiden Militärblöcke würde, nach dieser Auffassung, das

westliche NATO-Bündnis weitgehend geschwächt oder ganz zerfallen, während der Warschauer Pakt de facto durch die Vielzahl der zweiseitigen Militärpakte und Truppenstationierungsverträge weiterhin existieren würde.
Auch sind die geographischen Gegebenheiten der beiden Militärblöcke nicht miteinander zu vergleichen. Bei einer eventuellen zukünftigen Auflösung des Warschauer Pakts, selbst bei einem Rückzug der sowjetischen Truppen aus den osteuropäischen Ländern hinter die Grenzen der UdSSR, könnten diese bei einer Krisensituation binnen weniger Stunden wieder nach Osteuropa und in die DDR zurückgebracht werden. Umgekehrt dagegen würde die amerikanische Garantiemacht Westeuropas nach einem Rückzug ihrer Truppen und ihres Kriegsmaterials nur unter größten Mühen und – trotz aller modernen Lufttransportkapazitäten – nur mit zeitlicher Verzögerung ihre militärischen Positionen in Westeuropa wieder einnehmen können. Unter diesen Bedingungen können die NATO und der Warschauer Pakt nicht auf eine gleiche Stufe gestellt werden.
Innerhalb der NATO selbst gibt es natürlich bereits Überlegungen, wie auf eine Regierungsbeteiligung von Eurokommunisten in einem NATO-Land zu reagieren wäre. Vieles spricht dafür, daß die NATO nicht mit einem Ausschluß oder einer entsprechenden Drohung antworten würde, wohl aber mit einer veränderten Kompetenzverteilung. So ist bereits davon die Rede gewesen, daß bei einem Regierungseintritt der italienischen Kommunisten die NATO dazu übergehen könnte, Bedingungen für die weitere Mitgliedschaft aufzustellen, so etwa die Beibehaltung des bisherigen Verteidigungskontingents, einen bestimmten Prozentsatz des Bruttosozialproduktes für die Verteidigung Europas und die ungeschmälerte Nutzung bestehender Stützpunkte sowie die Fernhaltung der Kommunisten von wichtigen Kommandoposten. Dies könnte allerdings dazu führen, daß die NATO in verschiedene »Klassen« aufgeteilt wird, etwa, daß beispielsweise Italien dann nicht mehr in Gremien wie der nuklearen Planungsgruppe mitwirken könnte. Entsprechend könnte auch Frankreichs Verteidigungsbeitrag bei einer kommunistischen Regierungsbeteiligung »niedriger« als bisher eingestuft werden, was dem Bündnis sicher nicht sehr zuträglich wäre.[109]

Aus dieser kurzen Übersicht geht hervor, daß der Eurokommunismus sowohl eine Herausforderung für den Osten wie auch für den Westen darstellt. Für die bürokratisch-diktatorischen Systeme in der Sowjetunion und in Osteuropa ist entscheidend, daß die Eurokommunisten die sowjetische Vorherrschaft ablehnen, für einen eigenen Weg zum Sozialismus eintreten und damit die Monopolstellung Moskaus gefährden. Hinzu kommt vor allem, daß das eurokommunistische Sozialismusmodell eine immer größere Anziehungskraft auf kritische Teile der Bevölkerung der osteuropäischen Länder ausübt, die Reformprozesse unterstützt, den Bürgerrechtsbewegungen neue Impulse gibt und damit die bürokratische Machtstellung erschüttert.
Für die westlichen parlamentarisch-demokratischen Systeme wird, vor allem, falls die Eurokommunisten an einer Regierung teilnehmen, die Veränderung der Wirtschafts- und Gesellschaftsordnungen der betreffenden Länder befürchtet sowie ein möglicher negativer Einfluß der Eurokommunisten auf die wirtschaftliche und politische Integration Europas (also auf die EG) und, noch mehr, eine Schwächung der NATO.

3.

Der Eurokommunismus – Taktik oder Neuorientierung?

Für die Beurteilung möglicher Auswirkungen bei einer Regierungsbeteiligung von Eurokommunisten auf die EG und die NATO steht eine Frage im Mittelpunkt der Diskussion: die Grundeinschätzung des Eurokommunismus; die Frage, ob es sich beim Eurokommunismus lediglich um ein taktisches Manöver oder bereits um eine echte Wandlung und Neuorientierung handelt.
Vielfach wurde (und wird) der Eurokommunismus nur als ein »taktisches Manöver« bewertet. Die Eurokommunisten, so meinen manche, versprechen zwar, sich an demokratische Institutionen und Grundsätze zu halten, und betonen ihre Unabhängigkeit, aber in Wirklichkeit vertreten sie ihre alten Ziele und werden nach wie vor von Moskau geleitet und gelenkt. Sobald sie in die Regierung eintreten, so wird befürchtet, würden sie ihr wahres Gesicht zeigen und, ähnlich wie in Osteuropa nach dem Zweiten Weltkrieg, ihre eigene Diktatur errichten und mit den jetzt so umworbenen Verbündeten abrechnen. Daher sei eine Teilnahme von Kommunisten an westeuropäischen Regierungen für die EG und die NATO eine äußerste Gefahr. »Kommunisten bleiben Kommunisten«, wird von Verfechtern dieser These erklärt. Sie machen zwar heute Versprechungen, aber die Geschichte habe bewiesen, daß man ihnen nicht trauen kann und darf. Auch in der Vergangenheit haben sich Kommunisten wiederholt ein demokratisches Mäntelchen umgehängt, aber ihr wahres Gesicht gezeigt, nachdem sie den eigenen Machtapparat errichtet hatten. Trotz aller Erklärungen über Autonomie oder gar Unabhängigkeit sind sie nach wie vor ein Teil des Weltkom-

munismus, dessen Zentrum in Moskau liegt.
Diese These wird keineswegs nur von einigen Konservativen vertreten, sondern drückt Befürchtungen von Anhängern unterschiedlicher demokratischer Parteien in den verschiedensten westlichen Ländern aus – und ist daher nicht mit einer Handbewegung abzutun. Sie widerspiegelt Erfahrungen, die von den Massenverhaftungen und Schauprozessen in der Sowjetunion über den Hitler-Stalin-Pakt und die diktatorische Gleichschaltung osteuropäischer Länder, die Unterdrückung des Volksaufstandes in der DDR im Juni 1953 und der ungarischen Revolution von 1956 bis zur Errichtung der Berliner Mauer reichen und weiter zu der Okkupation der Tschechoslowakei, den Erschießungen an der deutsch-deutschen Grenze und den gegenwärtigen Unterdrückungsmaßnahmen in der DDR und im ganzen Ostblock.
Das dadurch geprägte Kommunismusbild beschränkte sich nicht nur auf die kommunistisch regierten Länder des Ostens, sondern wurde auf alle Kommunisten übertragen – um so mehr, als auch die Kommunisten westlicher Länder viele Jahre hindurch (einige sogar noch heute) alles, was in der DDR, Osteuropa und der Sowjetunion geschah, verteidigten, beschönigten und verherrlichten.
Dieses durch eine jahrzehntelange geschichtliche Erfahrung geprägte Mißtrauen und die Furcht, vielleicht erneut einem taktischen Manöver zum Opfer zu fallen, erzeugten die auch heute noch weitverbreitete Skepsis gegenüber dem Eurokommunismus. So verständlich viele dieser Schlußfolgerungen auch sind, so bedenklich erscheint es mir, alle Vorgänge im Kommunismus nur als taktische Manöver zu klassifizieren und Kommunisten aller Länder und zu allen Zeiten für die Ereignisse in Osteuropa und der Sowjetunion verantwortlich machen zu wollen.
Geschichte und Gegenwart des Kommunismus sind vielfältiger als die erwähnten tragischen Erfahrungen. Die Entwicklung des Kommunismus besteht nicht nur aus taktischen Manövern, sondern es gab auch bedeutende echte, tiefgreifende Wandlungen. In allen Perioden des Weltkommunismus gab es innerhalb der Bewegung nicht nur diktatorische Stalinisten, sondern auch nachdenkliche, suchende, kritische Kommunisten, die sich ehrlich für soziale Gerechtigkeit und menschliche Befreiung einsetz-

ten, die mit Angst und Sorge erkannten, daß die Entwicklung der Sowjetunion nicht den ursprünglichen sozialistischen Grundsätzen entsprach, und stets die Hoffnung hegten, in der Zukunft, in anderen Ländern werde man es einmal besser und anders machen.

Selbst während der Stalin-Ära gab es nicht nur diktatorische Apparatschiks, sondern auch kritische Kommunisten mit eigenen Hoffnungen und Erkenntnissen, die in vieler Hinsicht als Vorläufer des heutigen Eurokommunismus anzusehen sind. Eine lange Periode hindurch bestimmten und prägten allerdings nicht sie, sondern der riesige Machtapparat unter Moskauer Führung die Geschicke des Weltkommunismus.

Aber dieses Kommunismusbild gehört in vieler Hinsicht heute bereits der Vergangenheit an. Seit mehr als drei Jahrzehnte, seit dem Bruch Jugoslawiens mit Moskau im Sommer 1948, vollzieht sich ein großer Differenzierungsprozeß im Weltkommunismus. Die einzelnen Stufen dieses Prozesses sind in diesem Buch geschildert worden. Für uns bleibt hier festzuhalten, daß dieser Differenzierungsprozeß nicht nur durch den bereits seit zwei Jahrzehnten währenden Moskau-Peking-Konflikt charakterisiert ist – die Eigenständigkeit Chinas wird heute wohl allgemein anerkannt –, sondern auch durch die Emanzipation einiger westeuropäischer und einiger außereuropäischer kommunistischer Parteien von der sowjetischen Führung.

Diese Emanzipation führte nicht nur zur Autonomie und Selbständigkeit gegenüber der sowjetischen Vorherrschaft und zu einer zunehmenden Distanzierung von den Entwicklungen im Ostblock, sondern auch zu einer Abkehr von Doktrinen, Praktiken und Strategien der sowjetischen Richtung, die schließlich, seit Ende der sechziger Jahre, auch die Zielvorstellungen in eine freiheitliche und demokratische Richtung wandelten. Die neue Strömung, zunächst als »Autonomismus« und als »Reformkommunismus« bekannt, manifestierte sich deutlich vor aller Welt auf der Ostberliner Konferenz der europäischen kommunistischen Parteien im Juni 1976. Die Selbständigkeit, der Einfluß und die Bedeutung der neuen Strömung waren nun nicht mehr zu übersehen; mit dem erstmals im Herbst 1975 geprägten Begriff »Eurokommunismus« standen sie nunmehr im Mittelpunkt der öffentlichen Diskussion.

Das, was sich heute vor unseren Augen als Eurokommunismus manifestiert, ist somit das Resultat eines fast 30jährigen Wandlungsprozesses im Weltkommunismus. Der Eurokommunismus kann daher meiner Auffassung nach weder durch Analogien aus der stalinistischen Vergangenheit noch vom rein aktuell politischen Standpunkt aus, von den Erklärungen dieses oder jenes eurokommunistischen Führers her beurteilt werden, sondern muß als politische Strömung erkannt und eingeschätzt werden, die sich im Verlaufe eines langfristigen Wandlungs- und Emanzipationsprozesses herausgebildet hat.

Unterschiedliche Faktoren spielten bei der Herausbildung der neuen eurokommunistischen Strömung eine Rolle. Zunächst müssen die *Erfahrungen* aus der Periode des monolithischen Weltkommunismus erwähnt werden, als die kommunistischen Parteien, an Moskau gekettet, widerspruchslos alle Wendungen der sowjetischen Außenpolitik zu unterstützen hatten – auch dann, wenn es für die Wirksamkeit im eigenen Lande verheerend war – und alles zu verteidigen, was sich in der Sowjetunion ereignete – auch dann, wenn eine solche Verteidigung dem gesunden Menschenverstand widersprach und zu eigenen tiefen inneren Zweifeln führte. Die Abkehr von der sowjetischen Vorherrschaft im Weltkommunismus, die Erringung der Autonomie und Selbständigkeit waren die entscheidenden logischen Schlußfolgerungen.

Hinzu kamen die aus *Sachzwängen* geborenen *Erkenntnisse*, die diese Emanzipation förderten. Schrittweise, nicht ohne innere Widersprüche und Schwierigkeiten, verstärkte sich unter den Kommunisten die Erkenntnis, daß die vom Sowjetkommunismus verkündeten Dogmen, Schemata und Strategien auf die inzwischen längst veränderten Bedingungen und Probleme moderner Industriegesellschaften parlamentarisch-demokratischer Prägung nicht zu übertragen sind und daß es gilt, neue politische Konzeptionen zu entwickeln, die den heutigen Bedingungen, Problemen und Aufgaben entsprechen. Dies konnte nicht ohne kritische Distanzierung von Erscheinungen im Ostblock verwirklicht werden.

Jeder Schritt einer Neuorientierung machte logischerweise einen weiteren Schritt notwendig: Das Bekenntnis zum eigenen Weg zum Sozialismus, der den historischen Traditionen, den ökonomischen, politischen und kulturellen Bedingungen des betreffenden Landes entspricht, gab den Anstoß für die neuen Konzeptionen einer demokratischen Umgestaltung, gestützt auf die Mehrheit der Bevölkerung, auf die Verfassung und die parlamentarischen Institutionen. Dies wiederum machte eine völlig neue Bündnispolitik notwendig, die nicht ernsthaft langfristig realisiert werden konnte, ohne den Anspruch auf die führende Rolle der eigenen Partei aufzugeben. Damit aber war der Grundstein gelegt für die Abkehr vom Totalitätsanspruch, für eine neue Interpretation Marxscher Gedanken – darunter auch eine veränderte Einstellung zur Religion – und offenere Parteistrukturen. Diese Neuorientierungen bewirkten wiederum eine neue Interpretation des Endziels der sozialistischen Gesellschaft, die logischerweise nicht der »reale Sozialismus« des Ostblocks sein konnte, sondern als pluralistisches demokratisches Mehrparteiensystem mit allen Rechten und Freiheiten zu konzipieren war.

Gewiß spielten in diesem Umgestaltungsprozeß auch taktische Gesichtspunkte eine Rolle. Die Erfahrung hatte nur allzu anschaulich offenbart, daß Kommunisten nur dann erfolgreich sein können, wenn sie glaubwürdig als selbständige Kraft auftreten, ihre Politik auf die Realitäten ihrer Länder gründen und durch einen offenen Dialog, eine breite Bündnispolitik mit anderen politischen Kräften und Gruppierungen ihre Ziele zu verwirklichen suchen; während sie zu bedeutungslosen Sekten herabsinken, je fester sie an die Sowjetführung gekettet sind, je härter und kompromißloser sie alle übrigen Kräfte, auch der Linken – und schließlich sogar eigene Parteimitglieder –, bekämpfen und verurteilen. Alle Eurokommunisten sind sich heute darüber im klaren, daß ihre neuen Konzeptionen als einzige weitere Erfolge verbürgen, während jedes Abgehen von diesen Konzeptionen, jede Beeinträchtigung der Autonomie und Neuorientierung zu einem drastischen Rückschlag führen würde.

Dieser taktische Aspekt ist sicher nicht zu leugnen, aber es wäre ein Fehlurteil, zumindest eine grobe Vereinfachung, den gesamten Emanzipationsprozeß ausschließlich als taktisches Manöver zu werten. Selbst wenn, vor allem anfangs, taktische Aspekte eine Rolle gespielt haben, so hat die Entwicklung von ein bis zwei

Jahrzehnten längst inzwischen ein Eigengewicht erhalten, eine eigene Dynamik, die als ernstzunehmender Wandlungsprozeß zu klassifizieren ist.
Die Ernsthaftigkeit des Wandlungsprozesses wird durch die eigenständige Haltung gegenüber der Sowjetunion und dem Ostblock eindeutig unterstrichen. Die eigenständige Haltung der Eurokommunisten hat die führenden Kräfte der Ostblockstaaten bereits so beunruhigt, daß sie nicht nur eine, manchmal äußerst scharfe, Pressekampagne gegen die Eurokommunisten führten und führen, sondern auch in vielen Ländern getrennte prosowjetische neben den eurokommunistischen Parteien aufbauten. Im Juli 1964 wurde mit sowjetischer Unterstützung eine prosowjetische Gegenpartei in Japan geschaffen; seit Frühjahr 1968 sind die Kommunisten Griechenlands in eine prosowjetische und eine eurokommunistische Richtung gespalten; Anfang 1970 entstand mit sowjetischer Hilfe eine »Kommunistische Arbeiterpartei« Spaniens unter Führung von Enrico Lister; im Januar 1971 kam es zur Spaltung der Kommunisten Venezuelas in eine eurokommunistische »Bewegung für den Sozialismus« auf der einen und eine prosowjetische KP auf der anderen Seite. Im Dezember 1971 wurde eine prosowjetische Gegenpartei in Australien geschaffen, im März 1977 die prosowjetische »Arbeiterpartei-Kommunisten« in Schweden, im Juni 1977 die prosowjetische »Neue Kommunistische Partei« in Großbritannien.
Die Tatsache, daß es heute in 7 Ländern getrennte eurokommunistische Parteien auf der einen und prosowjetische Parteien auf der anderen Seite gibt, zeigt deutlich, wie tief und ernst die Auseinandersetzung ist.
Bedeutsam erscheint ferner, daß die Eurokommunisten sich nicht nur in ihren offiziellen Erklärungen für unterschiedliche Wege und ein neues, pluralistisches Sozialismusmodell einsetzen, sondern sich auch von den diktatorischen Parteistrukturen östlicher Prägung entfernen und ihre Parteistrukturen den neuen Zielsetzungen anpassen. Mit Ausnahme der KP Frankreichs (die, wie bereits mehrfach erwähnt, höchstens als eurokommunistische Partei im Kandidatenstand zu bezeichnen ist) haben alle eurokommunistischen Parteien ihr innerparteiliches Leben bereits weitgehend verändert.

Die Presse der eurokommunistischen Parteien weist eine Vielfalt unterschiedlicher Meinungen zu wichtigen Fragen auf, wie sie bei prosowjetischen kommunistischen Parteien undenkbar wäre. In den theoretischen Zeitschriften der Eurokommunisten finden lebhafte Diskussionen statt, wobei auch Meinungen von Persönlichkeiten zu Wort kommen, die keinesfalls auf eine »Parteilinie« eingeschworen sind. Eine kritische Betrachtung der eigenen Geschichte hat bereits begonnen.
Auf Parteikonferenzen und Parteikongressen der Eurokommunisten gibt es nicht wie bei prosowjetischen Parteien übliche Einförmigkeit und Uniformität, sondern es wird wieder echt diskutiert – man denke an die Diskussionen über den »historischen Kompromiß« auf den Kongressen der KP Italiens, an die heftigen Diskussionen über die Einstellung zur Tschechoslowakei in der britischen KP und die Auseinandersetzungen in der spanischen KP 1978 über den Leninismus –, wobei es mehrfach zu Kampfabstimmungen zwischen unterschiedlichen Richtungen kam –; an die freien Diskussionen auf den australischen KP-Kongressen über den Charakter der Sowjetunion und die tiefgehenden Auseinandersetzungen auf schwedischen KP-Kongressen zwischen den Eurokommunisten und der prosowjetischen Strömung. All diese und viele andere Beispiele zeigen, daß die politische und ideologische Neuorientierung auch eine Demokratisierung der Parteistrukturen eingeleitet hat.
Die Emanzipation der Eurokommunisten hat schon jetzt dazu geführt, daß sie sich weitgehend und qualitativ vom Kommunismus sowjetischer Prägung unterscheiden. Aber der Wandlungsprozeß, so bedeutend er ist, kann noch keineswegs als beendet angesehen werden. Noch befinden sich die Eurokommunisten in einem Übergangsstadium. Neben den vielen neuen bedeutsamen Erkenntnissen ist der Ballast der Vergangenheit noch nicht völlig überwunden. Manche teilweise widerspruchsvollen Aspekte des heutigen Eurokommunismus finden darin ihre Erklärung.
Die Verurteilung vieler Repressionen und die oft scharfsinnige Kritik an bürokratischen Erscheinungen des Ostblocks ist sicher ein ermutigendes und begrüßenswertes Zeichen, aber noch fehlt eine wirkliche kritische Gesamtanalyse. Die Befürwortung eines demokratischen Weges zum Sozialismus und der strukturellen

Reformen, die Ablehnung einer totalen Verstaatlichung der Wirtschaft, die Betonung einer demokratischen Rahmenplanung, der Dezentralisierung und des Pluralismus sind sicher als ermutigende neue Erkenntnisse im Weltkommunismus zu werten, aber noch gibt es auch manche ungeklärten Aspekte, darunter etwa, welche Methoden und Maßnahmen bei möglichen Schwierigkeiten und Widersprüchen in diesem Prozeß geplant oder ins Auge gefaßt werden. Die Konzeption eines historischen Kompromisses, ohne einen Anspruch auf die »führende Rolle«, die Unterstreichung des Dialogs und der Konvergenz der unterschiedlichen Kräfte stellen sicher eine beachtliche Abkehr von früheren taktischen Schemata des Kommunismus sowjetischer Prägung dar, aber unklar bleibt, wie sich diese Entwicklung vollziehen soll, falls der gewünschte »historische Kompromiß« nicht zustande kommt, und schließlich auch, wie es um das Funktionieren einer parlamentarischen Demokratie bestellt sein wird, falls durch einen langfristigen historischen Kompromiß alle oder fast alle Parteien in der Regierungsverantwortung stehen und damit eine parlamentarische Opposition kaum noch existent ist. Das Bekenntnis zu einem pluralistischen demokratischen Mehrparteiensystem im Sozialismus, zu einer freien Existenz von Oppositionsparteien und zur Respektierung der Wahlentscheidung der Mehrheit stellt sicher die weitestgehende Abkehr von den Zielvorstellungen des Kommunismus sowjetischer Prägung dar. Offen bleiben jedoch die Beziehungen zwischen dem vergesellschafteten Sektor im ökonomischen Bereich und dem erstrebten Pluralismus im politischen Bereich.

Diese und manche andere Unklarheiten zeugen davon, daß der Emanzipationsprozeß zwar weit fortgeschritten, aber noch keineswegs beendet ist. Die Eurokommunisten stehen zweifellos vor vielen neuen Problemen. Berlinguer selbst wies wiederholt darauf hin, daß es sich um neue Wege handelt, »die zum Teil noch unerforscht sind« und »die wir ohne Scheu als unerforscht bezeichnen«.

Aber es gibt nicht nur unerforschte Wege, sondern auch unterschiedliche Tendenzen und Strömungen innerhalb der eurokommunistischen Parteien. Nicht alle ihre Mitglieder haben sich heute bereits völlig vom Ballast der stalinistischen Vergangenheit befreit; der Erkenntnis- und Verselbständigungsprozeß ist

innerhalb der Eurokommunisten noch keineswegs beendet. Hinzu kommen, zahlenmäßig nicht bedeutsam, aber trotzdem nicht zu unterschätzen, die bewußten aktiven Gegenkräfte. In den meisten, vor allem den großen eurokommunistischen Parteien dürften sie kaum die Möglichkeit haben, das Rad zurückzudrehen; sie könnten aber von bestimmten Kräften im Osten durchaus einmal reaktiviert werden – vor allem, wenn sich bei der Verwirklichung der Strukturreformen und des demokratischen Weges gewisse Schwierigkeiten, Rückschläge oder Enttäuschungen eines Teils der Mitglieder ergeben sollten.
Obwohl der Emanzipationsprozeß der Eurokommunisten zweifellos noch nicht beendet ist, scheint mir heute bereits festzustehen, daß es sich bei den Eurokommunisten um qualitativ andere Kommunisten als diejenigen der sowjetischen Prägung handelt. Bei der aktuellen Frage nach einem möglichen Regierungseintritt von Eurokommunisten und den sich daraus ergebenden Auswirkungen auf die EG und die NATO kann man daher nicht davon ausgehen, daß man es hier mit moskautreuen Kommunisten zu tun hat. Hinzu kommt, wie in diesem Buch mehrfach betont, daß der Eurokommunismus auch – vielleicht sogar in noch größerem Maße – eine Herausforderung an die bürokratisch-diktatorischen Systeme im Osten darstellt. Die Ausstrahlung des Eurokommunismus auf die Reformkräfte im Osten ist nicht zu übersehen. Dies sollte, wie mir scheint, auch bei der außenpolitischen Problematik des Eurokommunismus erkannt und berücksichtigt werden, um so mehr, als es eurokommunistische Strömungen auch in den osteuropäischen Ländern gibt, die durchaus, unter bestimmten politischen Konstellationen – man denke etwa an den »Prager Frühling« –, als wirkungsvolle politische Kraft einmal einflußreich oder gar bestimmend sein könnten.
Manches scheint dafür zu sprechen, daß es sich beim Eurokommunismus, langfristiger betrachtet, um nichts Geringeres handelt als um die Herausbildung einer neuen Linkspartei in Europa, einer neuen Linkspartei in der europäischen politischen Landschaft, die sich sowohl von den Kommunisten sowjetischer Prägung als auch von den Sozialdemokraten unterscheidet. Diese Linkspartei proklamiert als Ziel eindeutig und klar die Wandlung der Gesellschaft, in der praktischen Politik zeigt sie

jedoch mitunter eine Elastizität, eine Bereitschaft zu Konzessionen und Vereinbarungen mit anderen Kräften, wie sie in diesem Ausmaß bei der Linken bisher nur selten vorhanden war.
Unter diesen Bedingungen wird man, wie mir scheint, den Eurokommunismus kaum als Täuschungsmanöver abtun können. Es gilt vielmehr, den Entwicklungsprozeß im Eurokommunismus ernst zu nehmen, sorgfältig zu studieren und zu analysieren – um einen in der Geschichte des Kommunismus bedeutsamen Emanzipationsprozeß als neuen Faktor erkennen und einschätzen zu können.

Anmerkungen

Titel von Zeitungen und Zeitschriften sind kursiv gesetzt

I. Der gegenwärtige Stand des Eurokommunismus

1 Manfred Steinkühler: »Ursprung und Konzept des Eurokommunismus«. Gespräch mit Frane Barbieri. In: *Deutschland-Archiv*. Zeitschrift für Fragen der DDR und der Deutschlandpolitik. Köln, Heft 4, April 1977.
2 Vgl. »Was ist Euro-Kommunismus?« *NIN*, Belgrad, 26. Dezember 1976.
3 Vgl. Alfons Dalma: »Der Italo-Kommunismus«. In der Anthologie Euro-Kommunismus. Zürich 1977, S. 7.
4 Boris Meissner: »Moskauer Orthodoxie und Reformkommunismus«. In: *Moderne Welt,* Heft 2, 1970. Düsseldorf-Wien.
5 Enrico Berlinguer: Rede auf der Konferenz der kommunistischen Parteien Europas in Ost-Berlin am 30. Juni 1976.
6 Santiago Carrillo: »Eurokommunismus und Staat«. Hamburg-West–Berlin 1977, S. 8, 9, 10, 42, 111–113.
7 *Unità,* Rom, 31. Dezember 1976.
8 *Frankfurter Rundschau,* 6. Juni 1977.
9 Edvard Kardelj: »Revolutionäre in Vision und Realisten in Möglichkeiten«. In: *Sozialistische Theorie und Praxis;* dtsch., Belgrad, Nr. 5/1977, S. 54–87, Zitat auf Seite 76–77.
10 Vgl. Zdenek Hejzlar: »Linkssozialisten in Skandinavien«. In: *Wiener Tagebuch,* Nr. 5, 1977.
11 »Ex-Präsident Ford: Euro-Kommunismus ist verkappte Tyrannei«. *Die Welt,* Hamburg, 31. Oktober 1977.
12 »Kissinger sees Nato End if Europe elects Reds«. *New York Times,* 7. April 1976.
13 »Kissinger warns West on its Reds«. *New York Times,* 14. April 1976.
14 Kai-Uwe von Hassel: »Was muß denn noch passieren«. In: *Weltbild,* Hamburg, 3. Januar 1977.

15 »Dialog um die Zukunft Italiens und Europas«. *Vorwärts*, Bad Godesberg, Nr. 20, 19. Mai 1977.
16 *Die Welt*, Hamburg, 12. Mai 1977.
17 Ingeborg Schawol: »Thorn: Die Neun müssen erklären, wohin sie wollen«. In: *Die Welt*, Hamburg, 28. Oktober 1977.
18 Wilfried Hertz-Eichenrode und Manfred Schell: »Volksfront ist Sünde wider den Geist«. Interview mit dem CSU-Vorsitzenden Franz Josef Strauß. In: *Die Welt*, Hamburg, 16. Dezember 1976.
19 Rudolf Titzck: »Eurokommunismus – ein trojanisches Pferd«. In: *Die Welt*, Hamburg, 3. Mai 1977.
20 Joachim Fest: »Eurokommunismus und Utopie«. In: *Frankfurter Allgemeine Zeitung*, 18. September 1976.
21 Rolf Görtz: »Kohl: Eurokommunismus ist Teil des Weltkommunismus«. In: *Die Welt*, Hamburg, 25. Mai 1977.
22 *International Herald Tribune*, 5. November 1976.
23 *New York Times*, 19. April 1977; veröffentlicht auch in *Unità* Rom, 20. April 1977.
24 Interview mit Jimmy Carter. Beilage »Europa und die Welt«, in: *Die Welt*, Hamburg, 3. Mai 1977.
25 »Nato auch mit Kommunisten, Carter: Regierungsbeteiligung nicht sofort Ausschlußgrund«. In: *Frankfurter Rundschau*, 21. September 1977.
26 »Wir Sozialdemokraten dürfen nicht so weinerlich sein«; Interview mit Willy Brandt. In: *Stern*, Hamburg, 11. August 1977.
27 *Frankfurter Allgemeine Zeitung*, 24. Februar 1976.
28 Rede auf dem Bundesparteitag der Sozialistischen Partei Österreichs in Wien am 12. März 1976; zitiert nach Horst Ehmke: »Der demokratische Sozialismus als geistige und politische Kraft«, Friedrich-Ebert-Stiftung, Bonn-Bad Godesberg.
29 *Der Spiegel*, Hamburg, Nr. 11/1977.
30 Zit. nach Leopold Spira: »Zum Entwurf des SPÖ-Programms«. In: *Wiener Tagebuch*, Nr. 11, November 1977, S. 4–6.
31 »Dialog um die Zukunft Italiens und Europas / Vertreter der sozialistischen, christdemokratischen und liberalen Parteien Italiens nehmen Stellung zum Problem des Euro-Kommunismus«. In: *Vorwärts*, Nr. 20, 19. Mai 1977.
32 dto.
33 Horst Ehmke: »Der demokratische Sozialismus als geistige und politische Kraft«, Friedrich-Ebert-Stiftung, Bonn-Bad Godesberg 1976.
34 Richard Löwenthal: »Im Osten erstarkt, im Westen gescheitert«. In: *Der Spiegel*, Hamburg, Nr. 18, 25. April 1977.

1 Josef Stalin: Werke, Band 10, S. 45. Stuttgart 1953.
2 Programm der Kommunistischen Internationale. Angenommen auf dem 6. Weltkongreß, Sommer 1928. Zit. nach »Revolutionäre Parteiprogramme«, Mannheim 1975, S. 131.
3 Vladimir Dedijer: »Tito«. Berlin 1953, S. 111.
4 Santiago Carrillo, Régis Debray, May Gallo: »Spanien nach Franco«. West-Berlin 1975, S. 131/132.
5 Vladimir Dedijer: »Tito«. Berlin 1953, S. 316.
6 Svetozar Vukmanović-Tempo: »Mein Weg mit Tito«. Zürich 1972. S. 191.
7 »Die Lehren aus der Entartung der jugoslawischen Parteiführung«. Ost-Berlin 1948, S. 18.
8 Erklärung des Zentralkomitees der Kommunistischen Partei Jugoslawiens anläßlich der Resolution des Informationsbüros. Belgrad 1948. S. 15–17, dtsch. Übersetzung.
9 Erich W. Gniffke: »Jahre mit Ulbricht«. Köln 1966, S. 325.
10 Vgl. Wolfgang Leonhard: »Kominform und Jugoslawien. Über einige grundsätzliche Fragen des Kominform-Konflikts«. Belgrad 1949, dtsch.
11 Milovan Djilas: »Lenin über die Beziehungen zwischen sozialistischen Staaten«. Belgrad 1950, S. 44, dtsch. Übersetzung.
12 Edvard Kardelj: »Über die Volksdemokratie in Jugoslawien«. Belgrad 1950, dtsch. Übersetzung, S. 51–55 und 73–75.
13 Josip B. Tito: »Die Fabriken in Jugoslawien werden von Arbeitern verwaltet«. Belgrad 1950, dtsch. Übersetzung, S. 28–30.
14 *Tanjug Wochenbericht.* Bad Godesberg, dtsch., 7. Juni 1951.
15 Der 6. Kongreß der Kommunistischen Partei Jugoslawiens 1952. Presse- und Informationsabteilung der jugoslawischen Botschaft. Bonn 1952, dtsch., S. 139–140.
16 dto., S. 110–111.
17 dto., S. 35.
18 »Political Emigrants in Yugoslavia«. In: *Review of International Affairs*. Belgrad, 1. Dezember 1952.
19 *Prawda*, Moskau, 7. November 1954.
20 Severyn Bialers in: *Hinter dem Eisernen Vorhang*. Nummer 10/1956.
21 Vgl. Ernst Halperin: »Der siegreiche Ketzer«. Köln 1957, S. 315–318.
22 »Der XX. Parteitag der KPdSU«. Düsseldorf 1956, S. 219, 264 und 353.
23 Vgl. Wolfgang Leonhard: »Kreml ohne Stalin«. Köln 1959, S. 234–235, Ausgabe 1962, S. 170/171; »Der XX. Parteitag der KPdSU«. Düsseldorf 1956, S. 329–334.
24 *Ostprobleme*, Nr. 25/26, 22. Juni 1956; vgl. Wolfgang Leonhard:

»Die Dreispaltung des Marxismus«. Düsseldorf–Wien 1970, S. 199–206.
25 Wolfgang Leonhard: »Die Dreispaltung des Marxismus«. Düsseldorf–Wien 1970, S. 206.
26 Ralph Giordano: »Die Partei hat immer recht«. Köln 1961, S. 198/199.
27 *Unità*, Rom, 15. März 1956; dtsch. in *Ostprobleme*, Bonn, Nr. 14/1956, S. 484–486.
28 *Daily Worker*, London, 22. Juni 1956ff.
29 *Für dauerhaften Frieden, für Volksdemokratie*. 17. 4. 1956; vgl. auch *Ostprobleme*, Bonn, Nr. 19/1956, S. 668/669.
30 *Prawda*, Moskau, 18. April 1956.
31 *Borba*, Belgrad, 19. April 1956.
32 *Unità*, Rom, 18. April 1956; dtsch. in *Ostprobleme*, Bonn, Nr. 19/1956, S. 668–670.
33 *Unità*, Rom, 17. Juni 1956; dtsch. in *Ostprobleme*, Bonn, Nr. 28/1956, S. 938–946.
34 *L'Humanité*, Paris, 18. Juni 1956.
35 *Daily Worker*, London, 22. Juni 1956.
36 *Friheten*, Oslo, 19. Juni 1956; *Drapeau Rouge*, Brüssel, 19. Juni 1956; dtsch. in *Ostprobleme*, Bonn, Nr. 28/1956, S. 943–945.
37 *Prawda*, Moskau, 2. Juli 1956.
38 Aczel/Meray: »Die Revolte des Intellekts. Die geistigen Grundlagen der ungarischen Revolution«. München 1959.
39 Imre Nagy: »Politisches Testament«. München 1955. S. 53, 62/63, 112/113, 115/116.
40 Aczel/Meray: »Die Revolte des Intellekts. Die geistigen Grundlagen der ungarischen Revolution«. München 1959.
41 *Po prostu*, Warschau, Nr. 45; dtsch. in *Ostprobleme*, Bonn, Nr. 2, 11. 1. 1957, S. 52–54.
42 Dtsch. in *Ostprobleme*, Bonn, Nr. 52/1956, S. 1706.
43 *Neue Zürcher Zeitung*, 13. und 15. November 1956.
44 *Unità*, Rom, 15. Dezember 1956; dtsch. in *Ostprobleme*, Bonn, Nr. 1/1957, S. 5–6.
45 Erklärung der Beratung von Vertretern der Kommunistischen und Arbeiterparteien in Moskau, 14.–16. November 1957, Unter dem Banner des proletarischen Internationalismus. Ost-Berlin 1960, S. 316–331; vgl. Wolfgang Leonhard: »Kreml ohne Stalin«. Köln 1962, S. 295–302.
46 Günther Nollau: »Der Zerfall des Weltkommunismus«. Köln 1963, S. 35.
47 *Unità*, Rom, 24. November 1957; vgl. Günther Nollau: »Der Zerfall des Weltkommunismus«. Köln 1963, S. 38.
48 *Rinascita*, Rom, 5. September 1964; dtsch. in *Neues Deutschland*,

Ost-Berlin, sowie *Ostprobleme*, Bonn, Nr. 23/13. 11. 1964, S. 650–656.

49 *Unità*, Rom, 23. Oktober 1964; vgl. *Ostprobleme*, Bonn, Nr. 23, 13. November 1964.

50 *Ny Dag*, Stockholm, 21. Oktober 1964, und *Hinter dem eisernen Vorhang*, München, November 1964, S. 31; vgl. Wolfgang Leonhard: »Chruschtschow – Aufstieg und Fall eines Sowjetführers«. Luzern 1965, S. 171–174.

51 Nach *Unità*, Rom, 16. Februar 1966, und *L'Humanité*, Paris, 16. Februar 1966; dtsch. in *Ostprobleme*, Bonn, Nr. 6, 25. März 1966, S. 186–189.

52 Zdenek Mlynar: »Erwägungen über die Beschlüsse des Januar-Plenums – Unser politisches System und die Teilung der Macht«. In: *Rude Pravo*, Prag, 13. Februar 1968; zit. nach Leopold Grünwald: »ČSSR im Umbruch«. Wien–Frankfurt–Zürich 1968, S. 93–97.

53 Ivan Svitak: »Offener Brief an die Arbeiter und Techniker der Dubrava-Grube in Ostrau, 29. März 1968«, veröffentlicht in *Literarny Listy*, Prag, Nr. 8, 18. April 1968.

54 *Rude Pravo*, Prag, 9. Februar 1968; zit. nach Leopold Grünwald: »ČSSR im Umbruch«. Wien–Frankfurt–Zürich 1968, S. 64.

55 Jiri Pelikan: »Ein Frühling, der nie zu Ende geht«. Frankfurt a. M. 1976, S. 224–225.

56 *Pravda Bratislava*, 19. April 1968; zit. nach Grünwald: »ČSSR im Umbruch«. Wien–Frankfurt–Zürich 1968, S. 25.

57 Resolutions-Bulletin zur politischen Lage, in *Rude Pravo*, Prag, 6. April 1968; dtsch. *Informations-Bulletin*. Materialien und Dokumente kommunistischer und Arbeiterparteien. Wien.

58 Zit. nach *Informations-Bulletin*. Materialien und Dokumente kommunistischer und Arbeiterparteien. Wien, S. 15–60.

59 *Prawda*, Moskau, 17. April 1968.

60 *Informations-Bulletin*. Wien, Nr. 23/24, 1968, S. 74.

61 *Informations-Bulletin*, Wien, Nr. 26/27, 1968, S. 72.

62 Bericht über die ČSSR am Gramsci-Institut in Rom, 8. Mai 1968; zit. nach *Weg und Ziel*, Wien, Nr. 7/8, 1968, S. 353.

63 *Tribune*, Sydney, 24. April 1968.

64 *Mundo Obrero*, Zentralorgan der KP Spaniens, Madrid, 1. Mai 1968.

65 *Informations-Bulletin*, Wien, Nr. 26/27, 1968, S. 64.

66 Zit. nach *Die Zeit*, Hamburg, Nr. 32, 9. August 1968 (vollständiger Text A. Sacharow: »Wie ich mir die Zukunft vorstelle – Gedanken über Fortschritt, friedliche Koexistenz und geistige Freiheit«. Zürich, 1968).

67 Robert Havemann: »Sozialismus und Demokratie – ein freisinniges Wort zu der Umwälzung in der Tschechoslowakei«. In: *Die Zeit*, Hamburg, 31. Mai 1968.

68 Karel Kosik: »Die Krise unserer Gegenwart«. In: *Literarny Listy*, Prag, Nr. 7–12. April 1968; dtsch. in: Josef Skvorecky (Hrsg.): »Nachrichten aus der ČSSR – Dokumentation der *Literarny Listy«*. Frankfurt a. M. 1968, S. 69; Robert Kalivoda: »Demokratie und kritisches Denken«. In: *Literarny Listy*, Prag, 2. und 9. Mai 1968; vgl. Josef Skvorecky (Hrsg.): »Nachrichten aus der ČSSR«. Frankfurt a. M. 1968, S. 126–146.

69 Interview mit der ungarischen Zeitung *Elet Es Irodalom*, Budapest, 4. Mai 1968.

70 *Prawda*, Moskau, 19. Mai 1968.

71 dto., 14. Juni 1968.

72 *Komsomolskaja Prawda*, Moskau, 21. Juni 1968.

73 *Prawda*, Moskau, 5. Juli 1968.

74 Jiri Pelikan: »Ein Frühling, der nie zu Ende geht«. Frankfurt a. M. 1976.

75 Resolution über die gegenwärtige Situation und das weitere Vorgehen der Partei. In: *Rude Pravo*, Prag, 2. Juni 1968; dtsch. in *Ostprobleme*, Bonn, Nr. 20, 4. Oktober 1968, S. 460–462.

76 Ludvik Vaculik: »2000 Worte«. In: *Literarny Listy*, Prag, Nr. 18, 27. Juni 1968; vgl. Josef Skvorecky (Hrsg.): »Nachrichten aus der ČSSR«. Frankfurt a. M. 1968, S. 170–177.

77 *Prawda*, Moskau, 18. Juli 1968; dtsch. in *Ostprobleme*, Bonn, Nr. 20, 4. 10. 1968, S. 463–464.

78 Stellungnahme des Präsidiums des ZK der KPČ zum Brief von fünf kommunistischen und Arbeiterparteien. In: *Rude Pravo*, Prag, 19. Juli 1968; dtsch. in *Ostprobleme*, Bonn, Nr. 20, 4. 10. 1968, S. 455–467.

79 *Prawda*, Moskau, 19. Juli 1968.

80 dto.

81 dto., 20. Juli 1968.

82 Jiri Pelikan: »Ein Frühling, der nie zu Ende geht«. Frankfurt a. M. 1976, S. 235.

83 *Prawda*, Moskau, 2. und 4. August 1968; dtsch. in *Informations-Bulletin*, Wien, Nr. 34/35, S. 1–2, und *Ostprobleme*, Bonn, Nr. 20, 4. Oktober 1968, S. 467/8.

84 *Unità*, Rom, 6. August 1968.

85 Radio Zagreb, 25. August 1968, 20 Uhr; zit. nach *Osteuropäische Rundschau*, München, Heft 9/10, 1968, S. 54.

86 Zit. nach Wolfgang Leonhard: »Der Weltkommunismus nach der Prager Tragödie«. In: *Tschechoslowakei heute*, Zürich, August 1968.

87 Luigi Longos Denkschrift über Einheit in Vielfalt. In: *Rinascita*, Rom, 20. und 27. Oktober, 3. und 20. November 1967; dtsch. in *Ostprobleme*, Bonn, Nr. 25, 15. Dezember 1967, S. 671–677.

88 *Unità*, Rom, 6. Dezember 1968; vgl. *Weg und Ziel*, Wien, Januar 1969, S. 53/4.

89 Erklärung des ZK der KP Großbritanniens, dtsch. in *Informations-Bulletin*, Wien, Nr. 16, Juli 1969, S. 5–7.
90 Dtsch. in *Informations-Bulletin*, Wien, Nr. 17, August 1969, S. 8/9.
91 Roy Medwedjew: »Sowjetbürger in Opposition/Plädoyer für eine sozialistische Demokratie«. Hamburg/Düsseldorf 1973.
92 Über das Mehrparteiensystem in »Kolokol«. Zitiert nach Cornelia Gerstenmeier: »Die Stimme der Stummen«. Stuttgart 1971, vgl. auch Boris Lewytzkyj: »Die linke Opposition in der Sowjetunion«. Hamburg 1974, S. 151–160.
93 *Unità*, Rom, 27. Dezember 1970.
94 *L'Humanité*, Paris, 25. Dezember 1970.
95 *Prawda*, Moskau, 8. April 1971; dtsch. in *Osteuropa*, Stuttgart, Nr. 8/9, 1971, S. 736.
96 Helmut König: »Dissidenten im Dilemma – Zum Auftreten einiger ausländischer Delegationen auf dem 24. Parteitag der KPdSU«. In: *Osteuropa*, Stuttgart, Nr. 8/9, 1971, S. 722–737.
97 *Unità*, Rom, 28. April 1971; vgl. *Osteuropa*, Stuttgart, Nr. 8/9, 1971, S. 729–730.
98 *Prawda*, Moskau, 13. September 1971.
99 *Borba*, Belgrad, 12. September 1971.
100 *Unità*, Rom, 12. September 1971.
101 *Unità*, Rom, 6. Oktober 1971; vgl. *Osteuropa*, Nr. 11, 1971, S. 719–723.
102 *L'Humanité*, Paris, 11. Januar 1971.
103 *Unità*, Rom, 19. Februar 1971.
104 *Politika*, Belgrad, 23. Februar 1971.
105 9. März 1971.
106 *Unità*, Rom, 6. Januar 1971, 20. Juni 1971.
107 *Mundo Obrero*, Madrid, 10. Dezember 1971.
108 »Manifest zum 28. Oktober 1970«. In: Jiri Pelikan: »Sozialistische Opposition in der ČSSR«. Frankfurt/Köln 1973, S. 126–132.
109 *Unità*, Rom, 15. Januar 1971.
110 *L'Humanité*, Paris, 18. Januar 1971.
111 *Comment*, London, 6. Februar 1971.
112 *NIN*, Belgrad, 23. Mai 1971.
113 *Vie Nuove*, Giorni, 17. September 1971.
114 *Tribune*, Sydney, 12. August 1972.
115 Vgl. Jiri Pelikan: »Sozialistische Opposition in der ČSSR«. Frankfurt/Köln 1973, S. 160–162.
116 *Unità*, Rom, 21. August 1973.
117 Vgl. Heinz Timmermann: »Der Fall Solschenizyn als Herausforderung an die Westkommunisten«. In: *Osteuropa*, Stuttgart, Nr. 9, 1974, S. 651–669.
118 Vgl. *Times*, London, 14. Februar 1974, und *Unità*, Rom, 13. Februar 1974.

119 *Akahata*, Tokio, 20. März 1974.
120 *Le Monde*, Paris, 15. Februar 1975.
121 *Prawda*, Moskau, 6. August 1975; dtsch. in *Osteuropa*, Stuttgart, Nr. 12/1975, S. 608–611.
122 *Unità*, Rom, 9. August 1975.
123 *Prawda*, Moskau, 25. Februar 1976.
124 *Prawda*, Moskau, 26. Februar 1976; dtsch. in *Osteuropa*, Stuttgart, Nr. 8/9, 1976, S. 818/819.
125 *Prawda*, Moskau, 27. Februar 1976; dtsch. in *Neuer Weg*, Bukarest, 28. Februar 1976; vgl. *Osteuropa*, Stuttgart, Nr. 8/9, 1976, S. 466–470.
126 *Borba*, 28. Februar 1976; dtsch. in *Internationale Politik*, Belgrad, Nr. 622, 5. März 1976, S. 13–15; vgl. auch *Osteuropa*, Stuttgart, Nr. 8/9, 1976, S. 470–474.
127 *Prawda*, Moskau, 28. Februar 1976, und *Unità*, Rom, 28. Februar 1976; dtsch. in *Osteuropa*, Stuttgart, Nr. 8/9, 1976, S. 459–462.
128 Helmut König: »Brudergrüße mit schrillem Nachhall«. In: *Osteuropa*, Stuttgart, Nr. 8/9, 1976, S. 838.
129 *Le Monde*, Paris, 27. Februar 1976.
130 *Corriere della Sera*, Rom, 26. Februar 1976; zit. nach *Osteuropa*, Stuttgart, Nr. 8/9, 1976, S. 838.
131 *La Stampa*, Turin; *Times*, London, 5. März 1976.
132 *Prawda*, Moskau, 18. März 1976, und *Kommunist*, Moskau, Nr. 5, März 1976.
133 *Le Monde*, Paris, 20. März 1976.
134 *Unità*, Rom, 28. März 1976.
135 dto., 19. März 1976.
136 Radio Belgrad, 23. März 1976.
137 *Mundo Obrero*, Madrid, 3. April 1971.
138 Warschauer Konsultativtreffen der kommunistischen und Arbeiterparteien Europas, nach *Informations-Bulletin*, Nr. 19/20, Wien, 1974, 80 Seiten; vgl. Heinz Timmermann: »Das Konsultativtreffen der kommunistischen Parteien Europas in Warschau«. *Berichte des Bundesinstituts für ostwissenschaftliche und internationale Studien*, Nr. 55, 1974.
139 *Unità*, Rom, 23. Januar 1976.
140 Vgl. u. a. Heinz Timmermann: »Das Tauziehen um eine Konferenz der europäischen Kommunisten«. In: *Europa-Archiv*, Bonn, Nr. 2/1976, S. 35–46; Peter C. Lutz: »Die aufgeschobene Gipfelkonferenz der europäischen kommunistischen Parteien«. In: *Aus Politik und Zeitgeschichte*, Beilage zur Wochenzeitung *Das Parlament*, Bonn, 31. Januar 1976; Kevin Devlin: »The Interparty Drama«, in *Problems of Communism*, und Walter Osten: »Mit der Diktatur des Proletariats ist kein Staat zu machen. Riesenhindernisse vor der kommunistischen Europa-Konferenz«. In: *Vorwärts*, Bad Godes-

berg, 18. Dezember 1975: Ernst Lewy: »Breschnew ist in Ostberlin nur zweiter Sieger. Der sowjetische Zick-Zack-Kurs vor der Kommunistenkonferenz«. In: *Frankfurter Allgemeine Zeitung*, 29. Juni 1976.

141 Alle Reden der Ostberliner KP-Gipfelkonferenz sind abgedruckt in *Neues Deutschland*, Ost-Berlin, 30. Juni und 1. Juli 1976; größere Auszüge aus den Reden Breschnews, Titos, Berlinguers, Marchais' und Carrillos sowie das im nachfolgenden Absatz vorgestellte ganze Dokument der Konferenz sind nachzulesen im *Europa-Archiv*, Bonn, Nr. 17, 1976, S. 431–451.

142 Walter Osten: »Moskau ist nicht mehr ihr Rom«. In: *Vorwärts*, Bad Godesberg, 8. Juli 1976.

143 Botho Kirsch: Kommentar der »Deutschen Welle«, 2. Juli 1976.

144 Victor Meier: »Die Stunde der Eurokommunisten«. In: *Frankfurter Allgemeine Zeitung*, 2. Juli 1976.

145 Heinz Timmermann: »Die Konferenz der europäischen Kommunisten in Ostberlin. Ergebnisse und Perspektiven«. In: *Berichte des Bundes-Institutes für ostwissenschaftliche und internationale Studien*, Nr. 38, 1976, S. 15–17.

146 Robert Havemann: »Das sind schreckliche Wahrheiten«. Essay in *Der Spiegel*, Hamburg, Nr. 28, 5. Juli 1976.

147 »Die Bürokratie entläßt ihre Kinder. Konferenz von 29 kommunistischen und Arbeiterparteien in Ost-Berlin«. In: *Was tun?*, Frankfurt, Nr. 114, 8. Juli 1976.

148 Revisionistenkonferenz in Ost-Berlin. In: *Rote Fahne*, Köln, Nr. 27, 7. Juli 1976.

149 Erklärung des Politbüros der KPdSU zur Berliner Konferenz. Dtsch. in *Neues Deutschland*, Ost-Berlin, 3. Juli 1976; Boris Ponomarjow: »Die internationale Bedeutung der Berliner Konferenz«. In: *Kommunist*, Moskau, Nr. 12, Juli 1976; *Partijnja Shisnj*, Moskau, Nr. 15, 1976, S. 63ff; vgl. auch Boris Lewytzkyj: »Zur Auseinandersetzung mit dem Eurokommunismus in der UdSSR«. *Berichte des Bundesinstitutes für ostwissenschaftliche und internationale Studien*, Nr. 16/1977.

150 W. Jegorow: »Die Partei des proletarischen Internationalismus«. In der Armee-Zeitung *Roter Stern*, Moskau, 5. August 1976.

151 S. Trapesnikow: »Gesellschaftswissenschaften – ideologischer Reichtum der Partei und des Volkes«, in: *Kommunist*, Moskau, 12. August 1976, S. 28.

152 *L'Humanité*, Paris, 17. November, 22. November 1976; *Rinascita*, Rom, 26. November 1976; *Mundo Obrero*, Madrid, Anfang Dezember 1976.

153 *Frankfurter Allgemeine Zeitung*, 7. Juni 1977.

154 *La Stampa*, Turin, 8. Dezember 1976.

155 Vgl. *Listy-Blätter*, Zeitschrift der tschechoslowakischen sozialistischen Opposition. Nr. 12/Februar 1977.

156 *Weltgeschehen*, Oktober–Dezember, 1976/IV, hrsg. v. H. Siegler (»Archiv der Gegenwart«). Villingen-Schwenningen 1977, S. 410.
157 *Unità*, Rom, 16. Januar, 21. Januar 1977; *Drapeau Rouge*, Brüssel, 15. Januar 1977; *Morning Star*, London, 19. Januar 1977; *Le Monde*, Paris, 25. Januar 1977; *Vorwärts*, Bad Godesberg, 20. Januar 1977; vgl. auch *Wiener Tagebuch*, Juni 1977, S. 12.
158 *Le Monde*, Paris, 19. März 1977.
159 »Mlynar dankt der KPI für Hilfe gegen Moskau«. In: *Die Welt*, Hamburg, 29. Juli 1977.
160 Erklärung nach dem Treffen in Madrid, veröffentlicht von der spanisch-italienischen und französischen kommunistischen Partei; dtsch. in *Neues Deutschland*, Ost-Berlin, 4. März 1977, und in *Deutschland-Archiv*, Zeitschrift für Fragen der DDR und der Deutschland-Politik, Köln, Nr. 7/1977, S. 443/444.
161 *Unità*, Rom, 10. Mai 1977; *L'Humanité*, Paris, 12. Mai 1977; *Unità*, Rom, 21. Mai 1977.
162 Vgl. Harry Schleicher: »Die Euros schicken die dritte Garnitur. Die Hintergründe des Prager April-Treffens«. In: *Frankfurter Rundschau*, 27. Mai 1977.
163 Santiago Carrillo: »Eurokommunismus und Staat«. Hamburg–West-Berlin 1977.
164 »Entgegen den Interessen des Friedens und des Sozialismus in Europa«. Zu dem Buch des Generalsekretärs der KP Spanien Santiago Carrillo: »Eurokommunismus und Staat«. In: *Neue Zeit*, Moskau, Nr. 26, Juni 1977; vgl. auch *Neues Deutschland*, Ost-Berlin, 25./26. Juni 1977, sowie in *Frankfurter Allgemeine Zeitung*, 29. Juni 1977, S. 10.
165 Dtsch. in *Frankfurter Allgemeine Zeitung*, 27. Juni 1977; vgl. auch *Wiener Tagebuch*, Nr. 309, 30. Juni 1977, S. 4/5.
166 *Neue Zürcher Zeitung*, 28. Juni 1977.
167 *Frankfurter Allgemeine Zeitung*, 29. Juni 1977.
168 *Unità*, Rom, 24., 26. und 29. Juni 1977; *Politika*, Belgrad, 28. Juni 1977; *Kommunist*, Belgrad, 27. Juni 1977; *Drapeau Rouge*, Brüssel. Zit. nach *Wiener Tagebuch*, 30. Juni 1977, S. 13; *Vorwärts*, Organ der Schweizer Partei der Arbeit, 30. Juni 1977; *Süddeutsche Zeitung*, München, 12. Juli 1977.
169 *Unità*, Rom, 4. Juli 1977.
170 *L'Humanité*, Paris, 7. Juli 1977.
171 *NIN*, Belgrad, 3. Juli 1977.
172 *Mundo Obrero*, Madrid, 26. Januar–1. Februar 1978.
173 *Rinascita*, Rom, 20. Januar 1978.
174 *Unità*, Rom, 18. August 1978.
175 *L'Humanité*, Paris, 19. August 1978.
176 *Mundo Obrero*, Madrid, 17.–23. August 1978.
177 *L'Humanité*, Paris, 16. und 17. März 1978.

178 Santiago Carrillo in der ZDF-Sendung »Kennzeichen D«; vgl. auch »Carrillo rügt DDR wegen Bahro«, *Frankfurter Rundschau*, 24. November 1978.
179 Vgl. *L'Humanité*, Paris, 18. Mai 1978, und *Unità*, Rom, 20. Mai 1978.
180 *Frankfurter Allgemeine Zeitung*, 11. Juni 1979.
181 Vgl. *Unità*, Rom, 21. Juni 1979.
182 dto., 3. Oktober 1979.
183 »Internationale Solidarität – mit wem?« Vgl. *Wiener Tagebuch*, Nr. 5, Mai 1979.
184 Manuel Azcárate: »Die UdSSR gegen uns – Dissidenten und Eurokommunisten«. Vgl. *Wiener Tagebuch*, Nr. 1, Januar 1979, S. 28.
185 *Unità*, Rom, 18. März 1978.
186 dto.
187 dto., 1. Dezember 1978.
188 dto., 30. September 1979.
189 *Nuestra Bandera*, Nr. 92, März 1978; dtsch. in *Beiträge zum wissenschaftlichen Sozialismus*. Hamburg, Heft 19, September 1978, S. 119–126.
190 *L'Humanité*, Paris, 28. September 1978.
191 Artikel in der französischen Wochenzeitung der KP *France Nouvelle*, zitiert nach *Le Monde*, Paris, 28. August 1979; dtsch. in *Wiener Tagebuch/Internationale Presseschau*, Nr. 4, 6. September 1979, S. 6–7.
192 *Unità*, Rom, 3. November 1979; dtsch. in *Wiener Tagebuch*, Nr. 12, Dezember 1979, S. 5–6.
193 dto., 18. September 1978; vgl. auch *Wiener Tagebuch*, Nr. 2, Februar 1979, S. 27–28.
194 dto., 10. Dezember 1978; dtsch. in *Wiener Tagebuch/Internationale Presseschau*, Nr. 370, 14. Dezember 1978, S. 4.

III. Die eurokommunistischen Parteien: Modelle der Verselbständigung und Neuorientierung

1 Beratung des Informationsbüros kommunistischer Parteien. Ost-Berlin 1951, S. 51–67.
2 Vgl. Helmut König »Der Konflikt zwischen Stalin und Togliatti um die Jahreswende 1950/51«. In: *Osteuropa*. Stuttgart, Nr. 10/1970, S. 697–706.
3 Vgl. die Broschüre »Man kann die Revolution nicht mit Bajonetten eines fremden Heeres machen«. Bologna 1951, außerdem Berichte in *New York Times*, 29. Januar 1951; in *Le Figaro*, Paris, 10./11. Februar 1951; dtsch. in *Ostprobleme*, Bonn, Nr. 6. 10. Februar 1951, S. 160, und Nr. 11, 17. März 1951, S. 226/7, sowie Wolfgang Leonhard: »Valdo Magnani und Aldo Cucchi«, in *Freie Tribüne*,

Düsseldorf, Nr. 7, 17. Februar 1951; und Leonhard: »Die Krise in der KP Italiens«, in: *Freie Tribüne*, Düsseldorf, 10. März 1951.

4 Pietro Secchia, damals stellvertretender Generalsekretär, in: *Für dauerhaften Frieden, für Volksdemokratie*, 22.–26. Februar 1951; vgl. auch *Ostprobleme*, Bonn, Nr. 11, 17. März 1951, S. 327–328.

5 »Das Problem der Einheit«, in *Rinascita*, Rom, August/September 1953; dtsch. in *Ostprobleme*, Bonn, Nr. 48, 26. November 1953, S. 2044/2045.

6 Togliatti, Bericht an das Zentralkomitee der KPI über die Ergebnisse des XX. Parteitages der KPdSU, in *Unità*, Rom, 15. März 1956; vgl. auch Helmut König: »Die italienischen Kommunisten und der Weltkommunismus«. In: *Osteuropa*, Stuttgart, Nr. 10, 1965, S. 708–715.

7 In: *Unità*, Rom, 17. Juni 1956; deutsch in *Ostprobleme*, Bonn, Nr. 28, Juni 1956, S. 938–942.

8 Vgl. *Ostprobleme*, Bonn, Nr. 12, 22. März 1957, S. 422–424, sowie Aldo Mardelli: »Die Krise der KPI und ihrer Intellektuellen«, in: *Aggiornamenti Sociali*, Mailand, März 1957; dtsch. in: *Ostprobleme*, Bonn, Nr. 16, 24. Mai 1957, S. 542–550.

9 Politische Resolution des 8. Parteitages. In: *Unità*, Rom, 15. Dezember 1956; dtsch. auszugsweise in *Ostprobleme*, Bonn, Nr. I, 4. Februar 1957, S. 5–7.

10 Roger Garaudy: »Bemerkungen zum italienischen Weg des Sozialismus«. In: *Cahiers du Communisme*, Paris, Januar 1957; dtsch. in *Ostprobleme*, Bonn, Nr. 12, 22. März 1957, S. 418–419.

11 In: *Rinascita*, Rom, Dezember 1956 (erst Anfang Februar 1957 erschienen); dtsch. in *Ostprobleme*, Bonn, Nr. 12, 22. März 1957.

12 Vgl. Franz Marek: »Antonio Gramsci – zu seinem 30. Todestag«. In: *Weg und Ziel*, Wien, April 1967, S. 183–195; Iring Fetscher: »Ein Marxist namens Gramsci«. In: *Frankfurter Allgemeine Zeitung*, 6. Mai 1967; Franz Marek: »Internationaler Gramsci-Kongreß in Cagliari«. In: *Weg und Ziel*, Wien, Juni 1967, S. 309–311; Helmut König: »Die italienische kommunistische Partei nach der Krise«. In: *Osteuropa*, Stuttgart, Nr. 5/6, 1967, vor allem S. 354–356.

13 A. Dormont: »Der 9. Parteitag der KPI«. In: *East & West*, Paris, April 1960; dtsch. in *Ostprobleme*, Bonn, Nr. 6, 17. März 1961, S. 179–181.

14 Berichte des Genossen Togliatti über den 22. Parteitag der KPdSU. In: *Unità*, Rom, 11. November 1961; dtsch. in *Ostprobleme*, Bonn, Nr. 26, 22. Dezember 1961, S. 869–870.

15 Jacques Duclos: »Probleme der Einheit der internationalen kommunistischen und Arbeiterbewegung«. In: *Probleme des Friedens und des Sozialismus*, Ost-Berlin, 9. Dezember 1961.

16 *Neues Deutschland*, Ost-Berlin, 2. Dezember 1961; vgl. auch Helmut König: »Die italienischen Kommunisten und der Weltkommunismus«. In: *Osteuropa*, Stuttgart, Nr. 8, 1965, S. 713.

17 *Prawda*, Moskau, 26. August 1962; dtsch. in *Ostprobleme*, Bonn, Nr. 24, 30. November 1962, S. 748–763.
18 *Unità*, Rom, 20. August, 3. und 4. September 1962; dtsch. in *Ostprobleme*, Bonn, Nr. 24, 30. November 1962, S. 764–767.
19 Luciano Gruppi: »Die Thesen Lenins und Engels über den Staat«, In: *Rinascita*, Rom, 25. Juli 1964; dtsch. in *Ostprobleme*, Bonn, Nr. 26, 13. November 1964, S. 622–666.
20 Roland Leroy in *L'Humanité*, 14. Oktober 1964; dtsch. in *Ostprobleme*, Bonn, Nr. 23, 13. November 1964, S. 656–660.
21 Enrico Berlinguer: »Antwort an den Genossen Leroy zum Memorandum von Jalta«. In: *Rinascita*, Rom, 24. Oktober 1964; dtsch. in *Ostprobleme*, Bonn, Nr. 23, 13. November 1964, S. 660–661.
22 »Genosse Luigi Longo«. In: *Neues Deutschland*, Ost-Berlin, 27. August 1964.
23 Togliattis Nachfolger zum Wechsel in Moskau. Luigi Longos Rede in Mailand. In: *Die andere Zeitung*, Hamburg, 12. November 1964.
24 Peter Geller: »Parteitag der italienischen Kommunisten«. In: *Weg und Ziel*, Wien, März 1966, S. 143–146.
25 Franz Marek: »Internationaler Gramsci-Kongreß in Cagliari«. In: *Weg und Ziel*, Wien, Juni 1967, S. 309–311; Iring Fetscher: »Ein Marxist namens Gramsci«. In: *Frankfurter Allgemeine Zeitung*, Frankfurt, 6. Mai 1967; vgl. auch Helmut König: »Die italienische Kommunistische Partei nach der Krise«. In: *Osteuropa*, Stuttgart, Nr. 5/6, 1967, S. 354–356.
26 Luigi Longos Denkschrift über Einheit in Vielfalt. In: *Rinascita*, Rom, 20. und 27. Oktober, 3. und 10. November 1967; dtsch. in *Ostprobleme*, Bonn, Nr. 25, 15. Dezember 1967, S. 671–677.
27 *Unità*, Rom, 12. Januar 1968; vgl. *Weg und Ziel*, Wien, Februar 1968, S. 68.
28 *Woprossy Ekonomici* (Fragen der Wirtschaft), Moskau, Nr. 9, 1968, S. 153; dtsch. in *Osteuropa*, Stuttgart, Nr. 10/11, 1968, S. 768.
29 Vgl. Helmut König: »Bologna und das rote Weltkonzil«. In: *Osteuropa*, Stuttgart, Nr. 7/1969, S. 481.
30 Zit. nach »Der 12. Parteitag der KP Italiens«. In: *Weg und Ziel*, Wien, April 1969, S. 194–205.
31 *Prawda*, Moskau, 2. April 1971.
32 *Unità*, Rom, 14. November 1970 und 20. Juni 1971.
33 *Unità*, Rom, 14. März 1972; dtsch. in *Osteuropa*, Stuttgart, Nr. 7, 1975, S. 458; vgl. auch Heinz Timmermann: »Die außenpolitische Dimension des historischen Kompromisses«. *Berichte des Bundesinstitutes für ostwissenschaftliche und internationale Studien*, Köln.
34 *Rinascita*, Rom, 28. September, 5. und 12. Oktober 1973.
35 Vgl. Berlinguer/Gramsci/Togliatti: »Der historische Kompromiß«. West-Berlin 1976, S. 13–67.

36 *Bolletino Doxa,* Mailand, 1. September 1976; zit. nach Giacomo Sani: »The PCI on the Threshold«. In: *Problem of Communism,* Washington, Nr. 6, November/Dezember 1976, S. 27–51.
37 *Unità,* Rom, 31. März 1979.
38 *Prawda,* Moskau, 31. März und 2. April 1979; vgl. auch H. Timmermann in: *Osteuropa,* Stuttgart, 10/79, S. 785ff.
39 *Unità,* Rom, 8. Juni 1979.
40 Willy Brandt: »Wir Sozialdemokraten dürfen nicht so weinerlich sein«. Interview im *Stern,* Hamburg, Nr. 34, 11. August 1977, S. 84–92.
41 Waldeck-Rochet vor dem Zentralkomitee der KPF; dtsch. in *Weg und Ziel,* Wien, Februar 1966, S. 91–93.
42 Das Wahlbündnis der französischen Linken; dtsch. in *Weg und Ziel,* Wien, Februar 1967, S. 110–112.
43 Waldeck-Rochet: »Diskussionen zwischen Sozialisten und Kommunisten«. Rede auf dem 18. Parteitag der KPF am 4. Januar 1967; dtsch. in *Weg und Ziel,* Wien, Februar 1967, S. 63/64; vgl. auch Jakob Ferner: »Tauziehen um die Einheit der Linken in Frankreich«. In: *Weg und Ziel,* Wien, November 1966, S. 586–594.
44 Vgl. Heinz Timmermann: »Die Kontroverse um den Dialog von Prag. Zum Protokoll der Unterredung Rochet–Dubček vom Juli 1968«. In: *Osteuropa,* Stuttgart, Nr. 2, 1971, S. 107–116.
45 Roger Garaudy: »Die große Wende des Sozialismus«. Wien–München–Zürich 1970; – »Die Aktualität des Marx'schen Denkens«. Wien 1964; – »Marxismus im 20. Jahrhundert«. Reinbek b. Hamburg 1969; – »Die ganze Wahrheit oder Für einen Kommunismus ohne Dogma«. Reinbek b. Hamburg 1970; – »Kommunisten am Scheideweg«. In: *Wiener Tagebuch,* Nr. 1/2, 1970, S. 8–9.
46 Dtsch. in *Osteuropa,* Stuttgart, Nr. 12, 1969, S. 399–402.
47 »Der Parteitag der französischen Kommunisten«. In *Wiener Tagebuch,* Nr. 3, 1970, S. 9/10.
48 In: *Wiener Tagebuch,* 1970, S. 16.
49 *Les Lettres Françaises,* Paris, 6.–12. Januar 1971.
50 *Unità,* Rom, 11. Oktober 1972.
51 *Le Monde,* Paris, 15. Januar 1972.
52 »Volksfront – 2. Auflage?« In: *Wiener Tagebuch,* Nr. 9, 1972, S. 8.
53 Werner Goldschmidt (Hrsg.): »Das gemeinsame Regierungsprogramm der Sozialisten und Kommunisten in Frankreich«. Köln 1972, S. 12–64.
54 17. November 1972.
55 »Die französischen Wahlen«. In *Wiener Tagebuch,* Nr. 4, 1973, S. 8.
56 *Le Monde,* Paris, 29./30. April 1973.
57 *L'Humanité,* Paris, 25./26. Mai 1973.
58 Georges Marchais: »Die demokratische Herausforderung«. Frankfurt/Main 1974, S. 119f.

59 Franz Marek: »Gemeinsames Programm, verschieden programmiert«. In: *Wiener Tagebuch*, Nr. 12, Dezember 1974.
60 *L'Humanité*, Paris, 17. Mai 1975.
61 Gemeinsame Erklärung der KPI und der KPF. In: *Unità*, Rom, 18. November 1975; dtsch. in *Osteuropa*, Stuttgart, Nr. 2, Februar 1976, S. 69–74.
62 Vgl. Bericht vom 22. Parteitag der KPF in der *Frankfurter Allgemeinen Zeitung* v. 6. Februar 1976.
63 Georges Marchais: »Der französische Weg zum Sozialismus«. In: *L'Humanité*, Paris, 5. Februar 1976; dtsch. in *Osteuropa*, Stuttgart, Nr. 6, Juni 1976, S. 348–354.
64 Vgl. die Kommentare von Klaus Burckhardt: »Wandlungen im französischen Kommunismus«. In: *Politik und Zeitgeschichte*, Bonn, 24. April 1976; und Franz Marek: »Neuer Wein in alte Schläuche«. In: *Wiener Tagebuch*, Nr. 4, April 1976, S. 7/8.
65 *Prawda*, Moskau, 10. Februar 1976.
66 dto., 13. Februar 1976.
67 *La Stampa*, Turin, und *Times*, London, 5. März 1976.
68 *Le Monde*, Paris, 23. Juni 1976.
69 Franz Marek: »Linksunion in Frankreich – Erfolge, Erwartungen«. In: *Wiener Tagebuch*, Nr. 5, Mai 1976, S. 9.
70 *L'Humanité*, Paris, 17. Dezember 1976.
71 *Le Monde*, Paris, 16. Dezember 1976.
72 Vgl. Georg Scheuer: »Das Geständnis der KPF«. In: *Vorwärts*, Bonn, Nr. 1, 6. Januar 1977.
73 *L'Humanité*, Paris, 25. Januar 1977.
74 *Neue Zeit*, Moskau, Nr. 5/Januar 1977.
75 *Le Monde*, Paris, 24. Februar 1977.
76 dto., 9. März 1977.
77 Nach *Süddeutsche Zeitung*, München, 3. Juni 1977.
78 *L'Humanité*, Paris, 1. April 1976.
79 *L'Humanité*, Paris, 2. April 1975; vgl. Paul Branet: »Inwieweit haben sich die französischen Kommunisten geändert?« In: *Die Zukunft*, Wien, Nr. 11, Juni 1976.
80 »Marchais gibt harte Linie gegen europäische Direktwahl auf«. In: *Die Welt*, Hamburg, 19. April 1977, sowie in *Le Monde*, Paris, 19. April 1977.
81 *Le Monde*, Paris, 13. Mai 1977; vgl. »Frankreichs KP für Atommacht«. In: *Frankfurter Rundschau*, 13. Mai 1977.
82 *Frankfurter Allgemeine Zeitung*, 20. Mai 1977.
83 *L'Humanité*, Paris, 28. April 1978.
84 *Neue Zürcher Zeitung*, 8. April 1978.
85 *Le Monde*, Paris, 13./14. und 16./17. April 1978.
86 13. April 1978.
87 *NIN*, Belgrad, 10. Dezember 1978.

88 Die entscheidenden Textstellen in: *Beiträge zum wissenschaftlichen Sozialismus*, Nr. 2, 1979, S. 108ff.
89 *Le Monde*, Paris, 21.–23. Februar 1979; dtsch. in: *Beiträge zum wissenschaftlichen Sozialismus*, Heft 2, 1979, S. 110–120.
90 *Unità*, Rom, 16. Mai 1979.
91 »Das Konzept Santiago Carrillos«. In: *Wiener Tagebuch*, Nr. 12, Dezember 1975, S. 4.
92 Regis Debray, Max Gallo, Santiago Carrillo: »Spanien nach Franco«. Hamburg 1975, S. 87–88.
93 Santiago Carrillo: »Eurokommunismus und Staat«. Hamburg-–West–Berlin 1977, S. 140.
94 Jesus Hernández: »Was ist Titoismus?« Dtsch. in *Freie Tribüne*, Düsseldorf, 6. Januar 1951.
95 Debray/Gallo/Carrillo: »Spanien nach Franco«. Hamburg 1975, S. 99 und 102.
96 »Programm für den Zusammenschluß aller antifaschistischen Kräfte«. In: *Probleme des Friedens und des Sozialismus*, Ost-Berlin, Nr. 7, Juli 1959, S. 63–66.
97 Fernando Claudin: »Einheit – Der Weg zum Sieg«. In: *Probleme des Friedens und des Sozialismus*, Ost-Berlin, Nr. 4, April 1960, S. 39–45.
98 Die Daten und Darstellungen zur Biographie Carrillos sind entnommen dem Buch Debray/Gallo/Carrillo: »Spanien nach Franco«, Hamburg 1975, in dem Carrillo sein eigenes Leben erzählt.
99 Carillo in *Probleme des Friedens und des Sozialismus*, Ost-Berlin, April 1961.
100 Debray/Gallo/Carrillo: »Spanien nach Franco«. Hamburg 1975, S. 125.
101 dto., S. 120.
102 dto., S. 121.
103 Santiago Carrillo: »Eurokommunismus und Staat«. Hamburg-–West-Berlin 1977, S. 141.
104 Debray/Gallo/Carrillo: »Spanien nach Franco«. Hamburg 1975, S. 123/4.
105 *Mundo Obrero* (mit roten Lettern, Organ der Lister-Gruppe), Juli 1972 und September 1972; vgl. Kevin Devlin: *Bulletin von Radio Freies Europa*, 9. Januar 1973, Nr. 1664.
106 Vgl. Heinz Timmermann: »Spaniens Kommunisten auf dem Weg in die Legalität«. In: *Osteuropa*, Stuttgart, Nr. 2, 1976, S. 125–145.
107 Zit. nach *Neuer Weg*, Bukarest, 5. September 1971.
108 Debray/Gallo/Carrillo: »Spanien nach Franco«. Hamburg 1975, S. 114.
109 Vgl. das Interview mit Azcárate in *Australian Left Review*, Sydney, Nr. 40, Mai 1973.
110 Nach *Beiträge zum wissenschaftlichen Sozialismus*. Hamburg-West-Berlin, Nr. 2, 1976, S. 115–173.

111 *Parteileben*, Moskau, Nr. 4, Februar 1974.
112 *Prawda*, Moskau, 16. Oktober 1974.
113 Interview mit Carrillo in *Le Monde*, Paris, 23. Juni 1974.
114 Pressekonferenz mit Carrillo in Paris, 12. April 1975.
115 Interview Carrillos in *Time*, New York, 28. Juli 1975; vgl. dtsch. in Heinz Timmermann: »Spaniens Kommunisten auf dem Weg in die Legalität«. In: *Osteuropa*, Stuttgart, Nr. 2, 1976, S. 125–145.
116 *Unità*, Rom, 1. August 1976.
117 Nach *Le Monde*, Paris, 12./13. Dezember 1976.
118 *Le Monde*, Paris, 12./13. Dezember 1976.
119 *Neue Zürcher Zeitung*, 9. Dezember 1976.
120 *Frankfurter Rundschau*, 3. Januar 1977.
121 *Frankfurter Allgemeine Zeitung*, 14. Februar 1977.
122 *Il Manifesto*, Rom, 12. April 1977.
123 *Cambio*, Madrid, Ende April 1977.
124 *Unità*, Rom, 4. Februar 1978; *Mundo Obrero*, Madrid, 23. Februar – 1. März 1978.
125 *Nuestra Bandera*, Nr. 90, November 1977; dtsch. in *Wiener Tagebuch*, Nr. 2, 1978, S. 14–15.
126 dto., Nr. 92, März 1978; dtsch. in: *Beiträge zum wissenschaftlichen Sozialismus*, Nr. 5, 1978, S. 119–126.
127 *Mundo Obrero*, Madrid, 26. Januar–1. Februar 1978.
128 dto., 30. März–5. April 1978.
129 *Le Monde*, Paris, 12. April 1978.
130 *Prawda*, Moskau, 24./25. April 1978.
131 *Wiener Tagebuch*, Nr. 6, Juni 1978, S. 11–12.
132 *Prawda*, Moskau, 24./25. April 1978.
133 Larsen in *Frit Danmark*, Kopenhagen, Juli 1958; zit. nach Ursula Schmiederer: » Die Sozialistische Volkspartei Dänemarks«. Frankfurt a. Main 1969, S. 33.
134 Aksel Larsen: »Wo stehen wir? Was ist zu tun?« In: *Land og Folk*, Kopenhagen, 28. August 1958, zit. nach »Kommunisten im Norden«, herausgegeben von Ake Sparring, Köln 1966, S. 55.
135 Gert Petersen: »Die Sozialistische Volkspartei in Dänemark«. In: *Internationale Politik*, Belgrad, Nr. 388, 5. Juni 1966.
136 *Neues Deutschland*, Ost-Berlin, 30. August 1967.
137 Vgl. Ake Sparring (Hrsg.): »Kommunisten im Norden«. Köln 1966, S. 35.
138 »Die Kommunisten Skandinaviens suchen eine Linie«. In: *Die Welt*, Hamburg, 18. September 1964.
139 Wolfgang Leonhard: »Chruschtschow«. In der Enzyklopädie »Sowjetsystem und demokratische Gesellschaft«, Freiburg i. Br., Bd. I. S. 1011–1026.
140 Carl-Henrik Hermansson im schwedischen Rundfunk, 28. Januar 1965: zit. nach »Kommunisten im Norden«, hrsg. v. A. Sparring, Köln 1966, S. 48.

141 Hermansson: »Zur Strategie und Taktik der schwedischen Kommunisten«. In: *Vorwärts*, Basel, 29. April 1965.
142 Nach »Kommunisten im Norden«, hrsg. v. A. Sparring, Köln 1966, S. 4.
143 dto., S. 47.
144 *Norrskensflamman*, 4.–11. Februar 1967; dtsch. in: *Ostprobleme*, Bonn, 1967, S. 396–402.
145 Irma Trevi: »Die Strategie der schwedischen Kommunisten«. In: *Rinascita*, Rom, 26. Mai 1967, dtsch. in *Ostprobleme*, Bonn, S. 392–394.
146 *Vart Ny Land*, Stockholm, Nr. 5, 1972; dtsch. in *Internationale Presseschau*, Wien, Nr. 122, 17. Mai 1973.
147 Partiprogram for Vänsterpartiet Kommunisterna, Göteborg 1972.
148 »Schwedens Kommunisten grenzen sich ab«. In: *Frankfurter Allgemeine Zeitung*, 14. Dezember 1973.
149 D. Cramer: »Bei den schwedischen Kommunisten ist die Moskauer Richtung noch schwach«. In: *Frankfurter Allgemeine Zeitung*, 15. Dezember 1973.
150 »Gemäßigte Kommunisten setzen sich in Schweden durch«. In: *Frankfurter Allgemeine Zeitung*, 15. März 1975; vgl. auch die Analyse von Zdenek Hejzlar, »Schweden – der vertagte Konflikt«. In: *Wiener Tagebuch*, Mai 1975, S. 18/19.
151 »Der schwedischen KP droht die Zersplitterung«. In: *Die Welt*, Hamburg, 11. November 1975, und »Der Bruch der schwedischen Kommunisten vertieft sich«. In: *Frankfurter Allgemeine Zeitung*, 6. Dezember 1975.
152 Zdenek Hejzlar: »Linkssozialisten in Skandinavien«. In: *Wiener Tagebuch*, Nr. 5, 1977.
153 *Prawda*, Moskau, 28. April 1979.
154 Eeinar Olgeirsson: »Inselkommunisten: Island«. In: *Wiener Tagebuch*, Nr. 7/8, Juli/August 1976, S. 24–27.
155 *Frankfurter Allgemeine Zeitung*, 19. und 23. August 1978. *Der Spiegel*, 21. August 1978.
156 Vgl. Bericht in *Unità*, Rom, 26. Oktober 1974.
157 *Wiener Tagebuch*, Nr. 7–8, August 1978, S. 14–16.
158 »The British Road to Socialism. Program of the Communist Party«. London 1968.
159 *Morning Star*, London, 26. August 1968.
160 *Prawda*, Moskau, 16. September 1968.
161 *Morning Star*, London, 18. November 1968.
162 dto., 13. Juni 1969.
163 dto., 29. Juni 1970.
164 dto., 8. August 1970.
165 »Erfrischende Diskussionen«. In: *Wiener Tagebuch*, Nr. 11, 1971, S. 3.

166 »Brief aus London: Zur Spaltung der KP Großbritanniens«. In: *Wiener Tagebuch*, Nr. 9, September 1977, S. 16–17; vgl. auch »Die britischen Kommunisten spalten sich«, in: *Frankfurter Allgemeine Zeitung*, 19. Juli 1977.
167 *Parteileben*, Moskau, Nr. 14/1965; dtsch. in *Ostprobleme*, Bonn, Nr. 11, 4. Juni 1965, S. 340.
168 *Prawda*, Moskau, 25. August 1963.
169 Brief des ZK der KPdSU an das ZK der KP Japans vom 18. April 1964; dtsch. in *Ostprobleme*, Bonn, Nr. 11, 4. Juni 1965, S. 337–344.
170 Brief des ZK der KP Japans an das ZK der KP der Sowjetunion vom 15. Juli 1964. In: *Akahata*, Tokio, 20. Juni 1964; dtsch. in *Ostprobleme*, Nr. 11, 4. Juni 1965, S. 345–347.
171 Brief des ZK der KP Japans an das ZK der KPdSU vom 26. August 1964. in: *Akahata*, Tokio, 2. September 1964; dtsch. in *Ostprobleme*, Bonn, Nr. 11, 4. Juni 1965, S. 347–351.
172 *Akahata*, Tokio, 8. Februar 1968.
173 dto., 25. August 1968.
174 dto., 19. Oktober 1968; *Prawda*, Moskau, 25. Oktober 1968; *Akahata*, Tokio, 27. Oktober 1968.
175 »Über neue ernste Einmischungen der KPdSU in unsere Angelegenheiten der Partei«. In: *Akahata*, Tokio, 5. Mai 1970.
176 *Parteileben*, Moskau, Nr. 13, Juli 1970, S. 76–79.
177 *Akahata*, Tokio, 5. August 1970.
178 *Prawda*, Moskau, 28. September 1971.
179 Probleme der Geschichte der KPdSU. Moskau, Nr. 8, 1972, S. 56–69.
180 *Unità*, Rom, 22. März 1973.
181 dto., 9. Dezember 1973.
182 *Prawda*, 16. November 1973, S. 4.
183 Athos Faya: »Der 12. Parteitag der KP Japans und einige seiner Positionen, mit denen wir nicht einverstanden sind«. In: *Parteileben*, Moskau, Nr. 10, Mai 1975, S. 54–58.
184 *Akahata*, Tokio, 17. September 1974.
185 *Le Monde*, Paris, 10. Juli 1974.
186 *Unità*, Rom, 3. April 1976.
187 *International Herald Tribune*, 13. Juni 1977; vgl. auch Uwe Engelbrecht: »Auch Japans Kommunisten geraten in Moskaus Schußlinie«. In: *Stuttgarter Nachrichten*, 26. Juli 1977.
188 *Prawda*, Moskau, 15. April 1979; *Neues Deutschland*, Ost-Berlin, 16. April 1979.
189 Eric Aarons: »Australien: Eine autonome KP«. In: *Wiener Tagebuch*, Nr. 10, 1970, S. 18–20.
190 dto.
191 *Tribune*, Sydney, 24. April 1968.
192 dto., 4. September 1968.

193 dto., 24. November 1968; vgl. *RFE-Bulletin*, 28. April 1972.
194 *Prawda*, Moskau, 29. März 1970.
195 *Rude Pravo*, Prag, 15. Juli 1970.
196 *Tribune*, Sydney, 11. bis 17. April 1972.
197 *Daily World*, New York, 8. Juli 1974.
198 *Tribune*, Sydney, November 1973.
199 dto., 21. bis 27. Mai 1974.
200 »Der XXIV. Parteitag der KPdSU, 20. März bis 9. April 1971«. APN-Verlag, Moskau, dtsch. Ausgabe, S. 38.
201 *Tribuna Popular*, Caracas, 14. November 1969.
202 *Prawda*, Moskau, 20. Oktober 1970.
203 Zit. nach *Wiener Tagebuch*, Nr. 4, 1972, S. 8.
204 *Deslinde*, Caracas, 9. Februar 1971.

IV. Eurokommunismus als Herausforderung für Ost und West

1 George F. Kennan: »Kann der Westen bestehen?« In: *Europäische Rundschau*, Wien, Nr. 1, 1977, S. 3–32.
2 Seton-Watson: »George F. Kennans Illusionen. Eine Antwort«. In: *Europäische Rundschau*, Wien, Nr. 1, 1977, S. 33–48.
3 Victor Zorza: »Der Kreml prüft das Risiko«. In: *Vorwärts*, 4. September 1975.
4 Boris Meissner: »Moskauer Orthodoxie und Reformkommunismus«. In: *Moderne Welt*, Düsseldorf, Heft 2, 1970.
5 Wolf Ruthardt Born: »Der Eurokommunismus«. In: *Informationen für die Truppe*, Nr. 5, 1977; Harry Schleicher: »Immer Ärger mit dem Westen«. In: *Frankfurter Rundschau*, 8. November 1977; Eduard Neumeier: »Spaltpilz im Ostblock«. In: *Die Zeit*, 22. Juli 1977; Theo Sommer: »Ein weißer Kommunismus«. In: *Die Zeit*, 28. November 1975; Harry Hamm: »Moskau in Bedrängnis«. In: *Frankfurter Allgemeine Zeitung*, 2. Juli 1977; Georg Scheuer: »Vom Umgang mit Kommunisten«. In: *Vorwärts*, 29. Juni 1976.
6 Milovan Djilas: »Auf dem demokratischen Weg«. In: *Die Zeit*, 11. März 1977. *Der Spiegel*, Nr. 26, 23. Juni 1975.
7 Ernest Mandel: »Die drei Gesichter des Eurokommunismus«. In: *Was tun?* Frankfurt/M., Nr. 156, 28. April 1977.
8 Vgl. »Wissenschaftlicher Kommunismus«. Lehrbuch. Ost-Berlin 1972, S. 219, und »Kleines politisches Wörterbuch«. Ost-Berlin 1973, S. 685–689.
9 Rede Berlinguers auf der Jugendkundgebung in Mailand am 6. Juni 1976.
10 In: *Australian Left Review*, Sydney, Nr. 40, Mai 1973.
11 Vgl. *Beiträge zum wissenschaftlichen Sozialismus*, Nr. 2, 1976, S. 124.

12 Santiago Carrillo: »Eurokommunismus und Staat«. Hamburg–West-Berlin 1977, S. 166–175.
13 Jean Elleinstein: »Ich möchte in der Sowjetunion nicht leben«. In: *Der Spiegel*, Nr. 21, 16. Mai 1977.
14 *La Stampa*, Turin, 8. Dezember 1976.
15 P. Jegerow: »Was ist demokratischer Kommunismus?« In: »Aufzeichnungen aus dem sowjetischen Untergrund«. Hamburg 1977, S. 131–160, und Rudolf Bahro: »Die Alternative«. Eine Dokumentation. Köln–Frankfurt/Main 1977.
16 Zit. nach Heinz Timmermann: »Eurokommunismus, eine Herausforderung für Ost und West«. In: *Deutschland Archiv*, Köln, Nr. 12, 1976, S. 1283/1284.
17 Santiago Carrillo: »Eurokommunismus und Staat«. Hamburg–West-Berlin 1977, S. 184.
18 In: *Neues Deutschland*, Ost-Berlin, 11. Juli 1976.
19 Interview in *La Stampa*, Turin, 8. Dezember 1976.
20 Lombardo-Radice: »Havemann ist ein sehr treuer Kommunist«. In: *Der Spiegel*, Nr. 10, 28. Februar 1977, S. 41–44.
21 In: *Der Spiegel*, Nr. 21, 16. Mai 1977.
22 »Über das Mehrparteiensystem. Bund der Kommunarden«. Leningrad 1965. Zit. nach Cornelia Gerstenmaier: »Die Stimme der Stummen«. Stuttgart 1971, S. 323–327.
23 Roy Medwedjew: »Sowjet-Bürger in Opposition«. Hamburg/Düsseldorf 1973. S. 44, 113/114.
24 Roy Medwedjew: »Wir brauchen eine zweite Partei«. In: *Der Spiegel*, Nr. 37, 1974, S. 98–105.
25 »Wissenschaftlicher Kommunismus«. Ost-Berlin 1972, S. 9.
26 »Grundlagen des Marxismus-Leninismus«. Ost-Berlin, Einführung S. 7 bis 13.
27 Vgl. Wolfgang Leonhard: »Was ist Kommunismus? Wandlungen einer Ideologie«. München 1976, S. 69ff.
28 Vgl. den Aufsatz von Lombardo-Radice. In: *Praxis*, Belgrad, Nr. 1/2, 1974.
29 Vgl. *NIN*, Belgrad, 12. Februar 1972, und *Unità*, Rom, 20. Mai 1971.
30 Santiago Carrillo: »Eurokommunismus und Staat«. Hamburg–West-Berlin 1977, S. 96–98 und 160–162.
31 Interview in *Corriere della Sera*, Rom, 15. Juni 1976.
32 Vgl. *Beiträge zum wissenschaftlichen Sozialismus*, Nr. 2, 1976, S. 155.
33 Enrico Berlinguer: »Rechenschaftsbericht vor dem 14. Parteitag der KPI«. Rom, 18. März 1975.
34 Santiago Carrillo: »Eurokommunismus und Staat«. Hamburg–West-Berlin 1977, S. 28–35.
35 Rudolf Bahro: »Die Alternative«. Eine Dokumentation. Köln–Frankfurt/Main 1977.

36 Referat Berlinguers auf dem 14. Parteitag der KPI, 23. März 1975.
37 Interview mit *Corriere della Sera*, Rom, 15. Juni 1974.
38 Robert Havemann: »Eine neue Internationale auf dem Marsch?« In: *Frankfurter Allgemeine Zeitung*, 3. November 1977.
39 Rudolf Bahro: »Die Alternative«. Eine Dokumentation. Köln–Frankfurt/Main 1977.
40 *Unità*, Rom, 26. Mai 1977.
41 Eduard Lipinski: »Offener Brief an den Genossen Eduard Gierek«; dtsch. in: *Wiener Tagebuch*, Nr. 7/8, Juli 1976, S. 17–20.
42 »Offener Brief russischer Kommunisten aus dem Gefängnis«. In: *Wiener Tagebuch*, Nr. 9, September 1972, S. 24.
43 Nach *Frankfurter Rundschau*, 8. November 1977.
44 Nach *Le Monde*, Paris, 21. Juli 1976.
45 Jiri Pelikan: »Ein Frühling, der nie zu Ende geht«. Frankfurt/Main 1976, S. 317.
46 Interview mit *Die Neue Welt*, Frankfurt/Main, Nr. 3, Mai 1977.
47 Eugen Loebl: »Eurokommunismus und Demokratie«. In: *Die Welt*, 1. Dezember 1977.
48 »Kadar widerspricht Shiwkoffs Urteil über Eurokommunismus«. In: *Frankfurter Allgemeine Zeitung*, 8. Dezember 1976.
49 Vgl. *Frankfurter Allgemeine Zeitung*, 20. Juni 1977.
50 Herbert Mies: »Die deutsche Bourgeoisie und der Eurokommunismus«. In: *Unsere Zeit*, Organ der DKP, 25. Januar 1977.
51 Sergej Trapesnikow in *Kommunist*, Moskau, Nr. 12, August 1976, S. 28.
52 A. Koslow / B. Pyschkow: »Der XXV. Parteitag und die internationale kommunistische Bewegung«. In: *Politisches Selbststudium*, Moskau, Nr. 8, 1976, S. 23.
53 W. Katschanow: »In der Vorhut des Klassenkampfes in den Ländern des Kapitals«. In: *Kommunist der bewaffneten Streitkräfte*, Moskau, Nr. 18, September 1976, S. 82; vgl. auch Boris Leytzkyj: »Zur Auseinandersetzung mit dem Eurokommunismus in der UdSSR«. In: *Bundesinstitut für ostwissenschaftliche und internationale Studien*. Nr. 16, 1977.
54 Wolfgang Wagner: »Kommunisten im westlichen Bündnis«. In: *Europa-Archiv*, Bonn, Nr. 10, 1976, S. 319–320.
55 Hans Günther Brauch: »Eurokommunismus und atlantische Allianz«. In: *Frankfurter Hefte*, Nr. 5, 1977, S. 3.
56 Enrico Berlinguer: »Die grundlegende Verschiedenheit der Wege zum Sozialismus im europäischen Westen«. Referat vor dem ZK der KPI am 29. Oktober 1975.
57 In: *Cambio*, Madrid, 20. März 1977; zit. nach Heinz Timmermann: »Die Entspannungskonzepte der Eurokommunisten«. In: *Berichte des Instituts für ostwissenschaftliche und internationale Studien*, Nr. 48, 1977, S. 14.

58 Nach Johann Georg Reismüller: »Ein Wort vielleicht für später«. In: *Frankfurter Allgemeine Zeitung*, 8. November 1977.
59 Jiri Pelikan: »Ein Frühling, der nie zu Ende geht«. Frankfurt/Main 1976, S. 299.
60 Karl Grobe: »Das Gespenst des Eurokommunismus«. In: *Frankfurter Rundschau*, 8. März 1977.
61 Milovan Djilas: »Auf dem demokratischen Wege«. In: *Die Zeit*, 11. März 1977.
62 Jiri Pelikan in einem Interview in: *Die Neue Welt*, Frankfurt/Main, Nr. 3, Mai 1977.
63 So auch Günther Nenning: »Realisten oder Verräter? Die Zukunft der Sozialdemokratie«. München 1976.
64 Interview in: *Deutsche Zeitung*, Stuttgart, 25. November 1977, Nr. 49, S. 7.
65 Enrico Berlinguer: »Die unterschiedlichen und neuen Wege zur Überwindung des Kapitalismus in den entwickelten Ländern Westeuropas«. Rede auf der Jugendkundgebung in Mailand am 6. Juni 1976.
66 Enrico Berlinguer: »Unsere Politik entspricht am meisten den wahren Interessen Italiens«. Interview mit *Corriere della Sera*, Rom, 15. Juni 1976.
67 Santiago Carrillo: »Eurokommunismus und Staat«. Hamburg–West-Berlin 1977, S. 112.
68 Enrico Berlinguer: »Die unterschiedlichen und neuen Wege zur Überwindung des Kapitalismus in den entwickelten Ländern Westeuropas«. Rede auf einer Jugendkundgebung in Mailand am 6. Juni 1976.
69 Santiago Carrillo: »Spanien nach Franco«. West-Berlin 1977, S. 79.
70 *Der Spiegel*, Nr. 21, 16. Mai 1977.
71 *Der Spiegel*, Nr. 4, 26. Januar 1976.
72 Horst Ehmke: »Der Demokratische Sozialismus als geistige und politische Kraft«. Friedrich-Ebert-Stiftung, Bonn-Bad Godesberg 1976. – Richard Löwenthal: »Im Osten erstarkt, im Westen gescheitert«. In: *Der Spiegel*, Nr. 18, 25. April 1977. – »Entwurf des SPÖ-Programms«; zit. nach *Wiener Tagebuch*, Nr. 11, November 1977, S. 4–6.
73 Santiago Carrillo: »Spanien nach Franco«. Berlin 1975, S. 175.
74 *Der Spiegel*, Nr. 51, 12. Dezember 1977.
75 Vgl. Das Wahlprogramm der KPI für eine Einheitsregierung zur Rettung und Erneuerung Italiens. *Politica ed Economia*, Heft 1–2, Rom, 1976; dtsch. in »Sozialismus für Italien / Programm einer gesellschaftlichen Umgestaltung«. Verlag für das Studium der Arbeiterbewegung, Hamburg 1977, S. 13–54.
76 Vgl. *Prawda*, Moskau, 26. August 1962, und *Unità*, Rom, 20. August, 3. und 4. September 1962; dtsch. in *Ostprobleme*, Bonn, Nr. 24, 30. November 1962, S. 748–767.

77 Vgl. *Rinascita*, Rom, 5. September 1964; dtsch. in *Ostprobleme*, Bonn, Nr. 23, November 1964, S. 650–656.

78 Enrico Berlinguer: Rechenschaftsbericht auf dem 14. Parteitag der KPI, Rom, 18. März 1975; vgl. Enrico Berlinguer: »Die internationale Politik der italienischen Kommunisten«. Stuttgart 1978, S. 66, 72–73 und 78–79.

79 Enrico Berlinguer: Rede auf der Konferenz der kommunistischen und Arbeiterparteien Europas, zit. nach Enrico Berlinguer: »Die internationale Politik der italienischen Kommunisten«. Stuttgart 1978, S. 251.

80 Interview mit Sergio Serge im Oktober 1977, zit. nach Heinz Timmermann: »Eurokommunismus: Fakten, Analysen, Interviews«. Frankfurt/Main, März 1978, S. 186.

81 Vgl. »Die Italienischen Kommunisten«, in *Bulletin der KPI für das Ausland*, dtsch., Nr. 3, Juli–September 1978, S. 111.

82 Georgio Amendola: »Die Politik und das Engagement der Kommunisten in Aussicht auf die Europawahl«. Bericht an das Zentralkomitee der KPI, Rom, 4. Dezember 1978. Vgl. »Die Italienischen Kommunisten« in *Bulletin der KPI für das Ausland*, Nr. 4, Oktober– –Dezember 1978, S. 16–48; zitierte Stellen S. 34–40.

83 »Die außenpolitischen Thesen der KPI«, vgl. *Osteuropa*, Nr. 10, Oktober 1979, Archivteil, S. A620–A626.

84 *Le Monde*, Paris, 19. April 1977, und *Die Welt*, Hamburg, 19. April 1977.

85 Interview mit Jacques Denis; vgl. Heinz Timmermann: »Eurokommunismus: Fakten, Analysen, Interviews«. Frankfurt/Main 1978, S. 164.

86 Erklärung des ZK der KP Frankreichs zu den Europawahlen in *L'Humanité*, Paris, 14. Dezember 1978.

87 Santiago Carrillo: »Eurokommunismus und Staat«. Hamburg– –West-Berlin 1977, S. 114.

88 Interview mit Manuel Azcárate im September 1977. In: Heinz Timmermann: »Eurokommunismus: Fakten, Analysen, Interviews«. Frankfurt/Main 1978, S. 198 und 200–202.

89 *Unità*, Rom, 14. März 1972; dtsch. in *Osteuropa*, Stuttgart, Nr. 7, 1975, S. 485.

90 Rechenschaftsbericht Berlinguers auf dem 14. Parteitag der KPI, Rom, 18. März 1975. Vgl. Enrico Berlinguer: »Die internationale Politik der italienischen Kommunisten«. Stuttgart 1978, S. 72.

91 *Unità*, Rom, 23. März 1975. Vgl. Enrico Berlinguer: »Die internationale Politik der italienischen Kommunisten«. Stuttgart 1978, S. 81–82.

92 Interview Berlinguers in *Time Magazine*, 24. Juni 1975; dtsch. in Enrico Berlinguer: »Die internationale Politik der italienischen Kommunisten«. Stuttgart 1978, S. 133–134.

93 Rede vor der Sitzung des Zentralkomitees am 13./14. Mai 1976; dtsch. in Enrico Berlinguer: »Die internationale Politik der italienischen Kommunisten«. Stuttgart 1978, S. 190.
94 *Corriere della Sera*, Mailand, 15. Juni 1976; dtsch. in Enrico Berlinguer: »Die internationale Politik der italienischen Kommunisten«. Stuttgart 1978, S. 241.
95 »Die außenpolitischen Thesen der KPI«. In: *Osteuropa*, Stuttgart, Nr. 10, Oktober 1979, Archivteil, S. A623.
96 Interview in *Corriere della Sera*, 6. Mai 1979; vgl. auch Heinz Timmermann: »Der neue Internationalismus der KPI«. In: *Osteuropa*, Stuttgart. Nr. 10, Oktober 1979, S. 793.
97 *Le Monde*, 8. Mai 1979; dtsch. in *Wiener Tagebuch*/Internationale Presseschau, Nr. 389, 10. Mai 1979.
98 Warschau, 16.–18. Oktober 1974.
99 *Le Monde*, Paris, 13. Mai 1977; vgl. »Frankreichs KP für Atommacht«. In: *Frankfurter Rundschau*, 13. Mai 1977.
100 »Die Position der KPF«. Interview mit François Hicker in *Beiträge zum wissenschaftlichen Sozialismus*, Hamburg, Nr. 22, März 1979, S. 77.
101 Interview mit Jacques Denis im Oktober 1977; vgl. Heinz Timmermann: »Eurokommunismus: Fakten, Analysen, Interviews«. Frankfurt/Main 1978, S. 176.
102 *Unità*, Rom, 1. August 1976.
103 Interview mit *Time*, New York, 28. Juli 1975.
104 Interview im *Stern*, Nr. 43, 13. Oktober 1977.
105 *Die Welt*, 18. Mai 1977.
106 Interview in *Der Spiegel*, Nr. 5, 26. Januar 1976.
107 Horst Ehmke: »Der demokratische Sozialismus als geistige und politische Kraft«. Friedrich-Ebert-Stiftung, Bonn-Bad Godesberg 1976.
108 Heinz Timmermann: »Euro-Kommunismus, eine Herausforderung für Ost und West«. In: *Deutschland Archiv*, Köln, Nr. 12, 1976, S. 1295.
109 Wolfgang Wagner: »Kommunisten im westlichen Bündnis«. In: *Europa-Archiv*, Bonn, Nr. 10, 1976, S. 315–324.

Sachregister

Namenregister